Vikram Seth
Verwandte Stimmen

Vikram Seth
Verwandte Stimmen

Roman

Aus dem Englischen von
Anette Grube

verlegt bei Kindler

Originaltitel: An Equal Music
Originalverlag: Phoenix House, London

Die Widmung und die Gedichte wurden von
Dr. Eberhard Breidert übersetzt.

1. Auflage April 2000

Copyright © 1999 by Vikram Seth
Copyright © 2000 der deutschsprachigen Ausgabe bei
Kindler Verlag GmbH, Reinbek bei Hamburg
Alle Rechte vorbehalten
Umschlaggestaltung: Büro Jorge Schmidt, München
Umschlagfoto: Tony Stone, München
Satz: Ventura Publisher im Verlag
Druck und Bindung: Clausen & Bosse, Leck
Printed in Germany
ISBN 3-463-40357-9

Für Philippe Honoré

Pardon, daß es wird ausgequasselt.
Hätt' andres das Gespräch berührt
Im Park; hätt' Regen nicht geprasselt –
Leben hätt' andern Klang verspürt.
Ich deinen Teil nenn an der Meist'rung:
Papier, Stift, Tinte, und Begeistrung.
Per Seelen-Streicheln oder Wort,
Erleichterung durch Herz-Akkord.

Hat der Spaziergang, Winternächte,
Offenbart dies? Kein Blitz einschlug,
Noch mein Gefühl ein Feuer trug –
Ohne das Zutun fremder Mächte
Retour wir kriegten, was an Geist,
Erglüht in Worten, in uns gleißt.

Und durch dieses Tor werden sie treten, und an diesem Ort werden sie verweilen, wo es weder Wolken noch Sonne geben wird, weder Dunkelheit noch strahlenden Glanz, sondern ein immer gleiches Licht, weder Lärm noch Stille, sondern eine immer gleiche Musik, weder Angst noch Hoffnung, sondern ein immer gleiches Erfülltsein, weder Feind noch Freund, sondern eine immer gleiche Gemeinschaft und Natur, weder Anfang noch Ende, sondern eine immer gleiche Ewigkeit.

John Donne

1. Teil

1.1

Die Äste sind kahl, der abendliche Himmel milchig lila. Es ist nicht still hier, aber friedlich. Der Wind treibt das schwarze Wasser auf mich zu.

Niemand ist in der Nähe. Die Vögel sind verstummt. Der Verkehr tost durch den Hyde Park. Ich höre ihn als weißes Rauschen. Ich betrachte prüfend die Bank, setze mich jedoch nicht. Wie gestern, wie vorgestern stehe ich da, bis ich mich in Gedanken verliere. Ich schaue auf das Wasser des Serpentine.

Als ich gestern durch den Park ging, hielt ich an einer Gabelung des Wegs an und hatte das Gefühl, daß hinter mir ebenfalls jemand stehenblieb. Ich ging weiter. Das Geräusch von Schritten auf dem Kies folgte mir. Sie hatten es nicht eilig; sie schienen immer den gleichen Abstand zu wahren. Dann überlegten sie es sich plötzlich anders, wurden schneller und überholten mich. Sie gehörten zu einem Mann in einem dicken schwarzen Mantel. Er war ziemlich groß – ungefähr so groß wie ich –, seinem Gang und seiner Haltung nach zu schließen, war er jung, sein Gesicht allerdings sah ich nicht. Seine Eile war jetzt offenkundig. Weil ich die blendende Bayswater Road noch nicht überqueren wollte, blieb ich nach einer Weile erneut stehen, diesmal neben dem Reitweg. Ich hörte das leise Getrappel von Hufen. Sie blieben jedoch gestaltlos. Ich blickte nach links, nach rechts. Nichts.

Als ich mich Archangel Court nähere, bin ich mir bewußt, daß ich beobachtet werde. Ich betrete die Eingangshalle. Blumen stehen hier, Gerbera und Grünzeug. Eine Kamera überwacht die Halle. Ein überwachtes Gebäude ist ein sicheres Gebäude, in einem sicheren Gebäude leben glückliche Menschen.

Vor ein paar Tagen wies mich die junge Frau hinter der Theke von

Etienne's darauf hin, daß ich glücklich sei. Ich verlangte sieben Croissants. Als sie mir das Wechselgeld gab, sagte sie: »Sie sind ein glücklicher Mann.«
Ich starrte sie so ungläubig an, daß sie den Blick abwandte.
»Sie summen immer«, sagte sie mit ruhigerer Stimme. Vielleicht meinte sie, sich erklären zu müssen.
»Das ist meine Arbeit«, sagte ich und schämte mich für meine Bitterkeit. Ein anderer Kunde betrat das Geschäft, und ich ging.
Als ich die wöchentliche Ration Croissants – alle bis auf eins – ins Gefrierfach legte, bemerkte ich, daß ich die nahezu tonlose Melodie von einem von Schuberts letzten Liedern wieder vor mich hin summte:

Da steht auch ein Mensch und starrt in die Höhe,
Und ringt die Hände vor Schmerzensgewalt;
Mir graust es, wenn ich sein Antlitz sehe –
Der Mond zeigt mir meine eigne Gestalt.

Ich stelle Wasser für Kaffee auf und schaue aus dem Fenster. Aus dem achten Stock sehe ich bis St. Paul's, Croydon, Highgate. Über den braunen Ästen des Parks kann ich Dächer, Türme und Kamine jenseits davon erkennen. London macht mich nervös – auch von so großer Höhe aus ist keine Landschaft zu sehen.
Aber es ist nicht Wien. Es ist nicht Venedig. Es ist auch nicht meine Heimatstadt im Norden, umgeben von Mooren.

Nicht der Arbeit wegen summte ich dieses Lied. Schubert habe ich seit über einem Monat nicht mehr gespielt. Meine Geige vermißt ihn mehr als ich. Ich stimme sie, und wir gehen in meine schalldichte Zelle. Kein Licht, kein Geräusch aus der Welt dringt bis hierher. Elektronen auf Kupfer, Pferdehaar auf Acryl erschaffen hier meine Sinneseindrücke.
Ich werde nichts spielen, was unser Quartett spielt, nichts, was mich an mein derzeitiges Musizieren mit anderen erinnert. Ich werde seine Lieder spielen.

Die Tononi scheint auf diesen Vorschlag hin zu schnurren. Etwas Heiteres, etwas Heiteres, gewiß:

In einem Bächlein helle,
Da schoß in froher Eil
Die launische Forelle
Vorüber wie ein Pfeil.

Ich spiele die Liedzeilen, ich spiele die hohen und tiefen Sprünge der rechten Hand des Klaviers, ich bin die Forelle, der Angler, der Bach, der Betrachter. Ich singe die Worte, bewege mein eingezwängtes Kinn auf und ab. Die Tononi hat nichts dagegen; sie klingt. Ich spiele es in H, in A, in Es. Schubert hat nichts dagegen. Es sind nicht seine Streichquartette, die ich transponiere. Wenn eine Klaviernote für die Geige zu tief ist, springt sie eine Oktave höher. Sie spielt die Melodie eine Oktave höher als in der Partitur vorgesehen. Wenn sie allerdings eine Bratsche wäre ... aber es ist Jahre her, seit ich eine Bratsche gespielt habe.

Zum letztenmal vor zehn Jahren als Student in Wien. Wieder und wieder kehre ich in Gedanken dorthin zurück und frage mich: Habe ich falsch gehandelt? War ich mit Blindheit geschlagen? Auf welche Seite neigte sich die Waage des Schmerzes zwischen uns beiden? Was ich dort verlor, habe ich auch nicht annähernd wiedergewonnen.

Was passierte mir vor so vielen Jahren? Liebe hin oder her, ich konnte nicht länger in dieser Stadt bleiben. Ich strauchelte, mein Geist war blockiert, jeder Atemzug eine Anstrengung. Ich sagte ihr, daß ich gehen würde, und ich ging. Zwei Monate lang war ich zu nichts in der Lage, nicht einmal schreiben konnte ich ihr. Ich ging nach London. Der Nebel lichtete sich, aber es war zu spät. Wo bist du jetzt, Julia, und hast du mir vergeben?

1.2

Virginie übt nicht, trotzdem besteht sie auf den Unterrichtsstunden. Ich habe schlechtere Schüler – das heißt anmaßendere –, aber keiner von ihnen frustriert mich so wie sie.

Ich gehe durch den Park zu ihrer Wohnung. Sie ist überheizt und sehr rosa. Das machte mir bislang nichts aus. Als ich jetzt das Bad betrete, zucke ich zusammen.

Rosa Badewanne, rosa Waschbecken, rosa Toilette, rosa Bidet, rosa Kacheln, rosa Tapete, rosa Badvorleger. Bürsten, Seife, Zahnbürste, Seidenblumen, Toilettenpapier: alles rosa. Sogar der kleine, mit dem Fuß zu öffnende Abfalleimer ist hellrosa. Ich kenne diesen kleinen Abfalleimer sehr gut. Jedesmal, wenn ich hier übernachte, frage ich mich, was ich mit meiner und ihrer Zeit tue. Sie ist sechzehn Jahre jünger als ich. Sie ist nicht die Frau, mit der ich mein Leben teilen will. Aber nachdem es angefangen hat, geht es weiter. Sie will es so, und ich mache mit, getrieben von Lust und Einsamkeit vermutlich; und Faulheit und Mangel an Willenskraft.

Der Unterricht ist ein klar umrissener Raum. Heute fordere ich sie auf, die Partita in E-Dur von Bach von Anfang bis Ende durchzuspielen, aber nach der Gavotte bedeute ich ihr abzubrechen.

»Willst du nicht wissen, wie sie endet?« fragt sie gut gelaunt.

»Du hast nicht viel geübt.«

Sie schafft es, schuldbewußt dreinzublicken.

»Fang von vorne an«, schlage ich vor.

»Mit der Gavotte?«

»Mit dem Präludium.«

»Meinst du Takt siebzehn? Ich weiß, ich weiß, ich sollte für die E-Saite immer das Handgelenk benutzen.«

»Ich meine Takt eins.«

Virginie schmollt. Sie legt ihren Bogen auf ein rosa Seidenkissen.

»Virginie, du kannst es, du tust es nur einfach nicht.«

»Was tue ich nicht?«

»Du denkst nicht über die Musik nach. Sing die erste Phrase, sing sie einfach.«

Sie nimmt den Bogen.

»Ich meine, mit deiner Stimme.«

Virginie seufzt. Tonrein und sauber singt sie: »Mi-re-mi si sol si mi-fa-mi-re-mi ... «

»Mußt du immer diese Nonsenssilben singen?«

»So hab ich's gelernt.« Ihre Augen funkeln.

Virginie stammt aus Nyons, über das ich nur weiß, daß es sich in der Nähe von Avignon befindet. Zweimal hat sie mich gebeten, mit ihr dorthin zu fahren, dann hat sie nicht mehr gefragt.

»Virginie, du kannst nicht nur eine verdammte Note nach der anderen singen. Im zweiten Mi-re-mi sollte das erste nachklingen. So.« Ich nehme meine Geige und spiele es ihr vor. »Oder so. Oder auf deine Art.«

Sie beginnt noch einmal von vorn, spielt gut und spielt weiter. Ich schließe die Augen. Ein Potpourri unterschiedlichster Sinneseindrücke stürmt auf mich ein. Es wird dunkel. Der Winter steht bevor. Wie jung sie ist, wie wenig sie tut. Sie ist erst einundzwanzig. Meine Gedanken wandern zu einer anderen Stadt, zu der Erinnerung an eine andere Frau, die damals ebenso jung war.

»Soll ich weiterspielen?«

»Ja.«

Ich sage zu Virginie, daß sie ihr Handgelenk locker halten, hier auf ihre Intonation, dort auf die Dynamik achten, ihr Détaché gleichmäßig gestalten soll – aber sie weiß das alles. Nächste Woche wird sie Fortschritte gemacht haben, sehr kleine Fortschritte. Sie hat Talent, aber sie nutzt es nicht. Obwohl sie angeblich nichts anderes zu tun hat, als zu studieren, ist Musik für sie nur eins unter vielen Dingen. Sie ist aufgeregt wegen des College-Wettbewerbs, bei dem sie diese Partita vortragen will. Sie spricht davon, ihre Miremont zu verkaufen und ihren Vater – der ihren nicht gerade studentischen Lebensstil unterstützt – dazu zu überreden, ihr etwas Altes und Italienisches zu kaufen.

Sie hat hier einen großen Bekanntenkreis, zahllose Freunde aus ganz Frankreich, die zu jeder Jahreszeit über sie hereinbrechen, eine weitverzweigte Verwandtschaft und drei Exfreunde, mit denen sie

15

sich nach wie vor gut versteht. Sie und ich sind jetzt seit über einem Jahr zusammen.

Diejenige, an die ich mich erinnere, sehe ich vor mir, mit geschlossenen Augen spielt sie Bach: eine Englische Suite. Sachte bewegen sich ihre Finger über die Tasten. Vielleicht mache ich eine abrupte Bewegung. Die geliebten Augen blicken mich an. Hier sind so viele Wesen, in Gedanken vertieft, gedankenverloren. Ich will glauben, daß sie atmet, daß es sie noch immer gibt, irgendwo in dieser vom Zufall bestimmten Welt.

1.3

Das Maggiore Quartett versammelt sich zu einer Probe am gewohnten Ort, in Helens kleinem zweistöckigen Haus, ehemals eine Stallung.

Helen kocht Kaffee. Nur sie und ich sind bislang da. Das nachmittägliche Sonnenlicht fällt schräg herein. Eine samtige Frauenstimme singt Cole Porter. Vier dunkelblaue Stühle ohne Armlehnen sind in einem Halbkreis unter einem minimalistischen Bücherregal aus Kiefernholz aufgestellt. In einer Ecke dieses offenen Koch-Wohn-Eßraums stehen ein Bratschenkasten und zwei Notenständer.

»Einen? Zwei?« fragt Helen. »Ich kann's mir einfach nicht merken. Ich frag mich bloß, warum. So was vergißt man eigentlich nicht, wenn man jemandes Kaffeegewohnheiten kennt. Aber was Zucker anbelangt, hast du keine Gewohnheiten, stimmt's? Manchmal hast du überhaupt keine Gewohnheiten. Ach, gestern habe ich jemand getroffen, der sich nach dir erkundigt hat. Nicholas Spare. Ein schrecklicher Mensch, aber je elitärer er wird, um so mehr wird er gelesen. Bring ihn dazu, über uns zu schreiben, Michael. Er schwärmt für dich, bestimmt. Immer wenn ich deinen Namen erwähne, runzelt er die Stirn.«

»Danke, Helen. Das fehlt mir gerade noch.«

»Das tue ich natürlich auch.«

»Für Kollegen soll man nicht schwärmen.«

»So hinreißend bist du nun auch wieder nicht.«

»Was gibt's Neues von der Gartenfront?«

»Es ist November, Michael«, sagt Helen. »Außerdem interessiert mich die Gärtnerei nicht mehr. Hier ist dein Kaffee. Wie findest du meine Frisur?«

Helen hat rotes Haar und ändert jährlich die Frisur. Dieses Jahr ist es sorgfältig nachlässig gelockt. Ich nicke beifällig und konzentriere mich auf meinen Kaffee.

Es klingelt. Es ist Piers, ihr älterer Bruder und unser erster Geiger. Er kommt herein, zieht dabei den Kopf etwas ein. Er küßt seine Schwester – die nur wenige Zentimeter kleiner ist –, sagt hallo zu mir, legt seinen verschmuddelt eleganten Mantel ab, holt seine Geige heraus und murmelt: »Kannst du das abstellen? Ich will meine Geige stimmen.«

»Ach, nur noch dieses Stück«, sagt Helen.

Piers schaltet das Gerät selbst aus. Helen sagt nichts. Piers ist es gewohnt, sich durchzusetzen.

»Wo zum Teufel ist Billy?« fragt er. »Er kommt ständig zu spät zu den Proben. Hat er angerufen?«

Helen schüttelt den Kopf. »So ist es nun mal, wenn man in Loughton oder Leyton oder wo auch immer wohnt.«

»Leytonstone«, sage ich.

»Ja, klar«, sagt Helen und tut so, als wüßte sie jetzt Bescheid. London besteht für sie aus dem Zentrum. Außer Billy wohnen wir alle, obschon unter unterschiedlichen Umständen, zentral, in oder nahe Bayswater; Hyde Park und Kensington Gardens sind zu Fuß zu erreichen. Piers ist häufig ein paar Minuten lang, nachdem er bei Helen angekommen ist, gereizt, ja sogar verärgert. Er lebt in einer Souterrainwohnung.

Nach einer Weile fragt Helen ihn leise, wie ihm der gestrige Abend gefallen habe. Piers war in einem Konzert des Steif Quartetts, das er seit Jahren bewundert. Sie spielten ausschließlich Beethoven.

»Ach, es war okay«, brummt Piers. »Aber beim Steif weiß man nie. Gestern ging es ihnen in erster Linie um Klangschönheit – ganz schön narzißtisch. Und allmählich kann ich das Gesicht des ersten

Geigers nicht mehr sehen. Jedes Jahr wird es verkniffener. Und nach der Großen Fuge sind sie aufgesprungen, als hätten sie gerade einen Löwen erlegt. Das Publikum ist natürlich schier durchgedreht ... Hat Erica angerufen?«

»Nein ... Dir hat das Konzert also nicht gefallen?«

»Das habe ich nicht gesagt«, sagt Piers. »Wo bleibt der verdammte Billy? Für jede Minute, die er zu spät kommt, sollten wir ihm ein Schokoladenplätzchen abziehen.« Nachdem er seine Geige gestimmt hat, spielt er eine schnelle Figur in Pizzikato-Vierteltönen.

»Was war denn das?« fragt Helen und verschüttet fast ihren Kaffee.

»Nein, nein, nein, spiel's nicht noch mal.«

»Ein Kompositionsversuch à la Billy.«

»Das ist nicht fair«, sagt Helen.

Piers lächelt zweideutig. »Billy ist gerade mal flügge. In zwanzig Jahren wird er ein wahres Monster sein und etwas kratzig Schreckliches für den Covent Garden schreiben – wenn es den noch geben wird – und als Sir William Cutler aufwachen.«

Helen lacht, reißt sich dann zusammen. »Aber, aber. Über Abwesende redet man nicht«, sagt sie.

»Ich mache mir Sorgen«, fährt Piers fort. »Billy redet viel zuviel über das, was er gerade komponiert.« In Erwartung einer Antwort wendet er sich mir zu.

»Hat er wirklich vorgeschlagen, daß wir etwas spielen, was er geschrieben hat?« frage ich.

»Nein. Nicht wirklich. Noch nicht. Aber er wird es tun, das sagt mir mein kleiner Finger.«

»Warum warten wir nicht einfach ab?« schlage ich vor.

»Ich bin dagegen«, sagt Helen bedächtig. »Es wäre schrecklich, wenn es uns nicht gefallen würde – ich meine, wenn es wirklich so klingen würde wie dein Erguß.«

Piers lächelt wieder, nicht sehr freundlich.

»Also, es kann doch nicht schaden, wenn wir es einmal durchlesen«, sage ich.

»Und was, wenn es einem Teil gefällt und dem anderen nicht?« fragt Helen. »Ein Quartett ist ein Quartett. Es könnte alle möglichen

Spannungen geben. Aber noch schlimmer wäre es, wenn Billy die ganze Zeit schlecht gelaunt wäre. Da haben wir den Salat.«

»Helenische Logik«, sagt Piers.

»Aber ich mag Billy … «, setzt Helen erneut an.

»Das tun wir alle«, unterbricht Piers sie. »Wir mögen uns alle, das ist doch klar. Aber in diesem Fall sollten wir drei uns unseren Standpunkt – unseren gemeinsamen Standpunkt – überlegen, bevor uns Billy ein viertes Razumovsky-Quartett präsentiert.«

Bevor wir weiterreden können, kommt Billy. Erschöpft hievt er sein Cello herein, entschuldigt sich, blickt erfreut drein, als er seine Lieblingsschokoladenplätzchen entdeckt, die Helen für ihn hingestellt hat, ißt ein paar davon, nimmt dankbar einen Kaffee entgegen, entschuldigt sich erneut und beginnt, sein Cello zu stimmen.

»Lydia hat den Wagen – Zahnarztbesuch. Es war eine Riesenhetze – beinahe hätte ich den Brahms vergessen. Die U-Bahn – schrecklich.« Auf seiner Stirn glänzt Schweiß, und er atmet hörbar. »Tut mir leid. Tut mir leid. Tut mir leid. Ich werde nie wieder zu spät kommen. Nie wieder.«

»Iß noch ein Plätzchen«, sagt Helen liebenswürdig.

»Schaff dir ein Handy an, Billy«, sagt Piers in einem lässig gebieterischen Tonfall.

»Warum?« fragt Billy. »Warum sollte ich? Warum sollte ich mir ein Handy zulegen? Ich bin weder Zuhälter noch Installateur.«

Piers schüttelt den Kopf, läßt es aber durchgehen. Billy ist viel zu dick und wird immer viel zu dick sein. Er wird immer von Familie und Geldsorgen, von der Autoversicherung und vom Komponieren abgelenkt sein. Trotzdem wir frustriert sind und ihn zurechtweisen, wird er nie pünktlich sein. Aber sobald sein Bogen auf die Saiten trifft, ist er wie verwandelt. Er ist ein wunderbarer Cellist, leicht und tiefgründig zugleich: die Grundlage unseres Zusammenspiels, der Fels, auf dem wir bauen.

1.4

Jede Probe des Maggiore Quartetts beginnt mit einer sehr schlichten, sehr langsamen Tonleiter über drei Oktaven unisono auf allen vier Instrumenten: manchmal in Dur, manchmal in Moll, je nach der Tonart des ersten Stücks, das wir spielen werden. Gleichgültig, wie belastet unser Leben während der Tage zuvor gewesen ist, gleichgültig, wie hitzig unsere Gespräche über Personen oder Politik oder wie aufreibend unsere Streitigkeiten darüber waren, was und wie wir spielen sollen, sie erinnert uns daran, daß wir, wenn es darauf ankommt, eins sind. Wir versuchen einander nicht anzusehen, wenn wir die Tonleiter spielen; niemand scheint die Führung übernommen zu haben. Auch der erste Auftakt wird von Piers nur geatmet und nicht von einer Kopfbewegung angedeutet. Wenn ich sie spiele, gebe ich mich ganz dem Geist des Quartetts hin. Ich werde zur Musik der Tonleiter. Ich bringe meinen Willen zum Verstummen, ich befreie mich.

Nachdem Alex Foley das Quartett vor fünf Jahren verließ und ich von Piers, Helen und Billy als möglicher zweiter Geiger in die engere Wahl gezogen wurde, spielten wir verschiedene Stücke zusammen, probten gemeinsam, gaben sogar ein paar Konzerte, aber wir spielten nie die Tonleiter. Ich wußte nicht einmal, daß diese Tradition existierte. Unser letzter Auftritt war in Sheffield. Um Mitternacht, zwei Stunden nach dem Konzert, rief Piers mich in meinem Hotelzimmer an und sagte, daß sie mich einstimmig endgültig aufnehmen wollten.

»Es war gut, Michael«, sagte er. »Helen besteht darauf, daß du einfach zu uns gehörst.« Trotz dieser kleinen Spitze gegen seine Schwester, die zweifellos am anderen Ende der Leitung mithörte, klang er nahezu hochgestimmt – eine Seltenheit bei Piers. Zwei Tage später trafen wir uns in London zu einer Probe und begannen diesmal mit der Tonleiter. Als sie sich erhob, ruhig und fast ohne Vibrato, spürte ich, wie ein Glücksgefühl in mir aufstieg. Als die Tonleiter innehielt, bevor sie wieder abstieg, blickte ich nach links und nach rechts zu meinen neuen Kollegen. Piers hielt das Gesicht leicht abgewandt. Das erstaunte mich. Piers gehört nicht zu der Kategorie von Musikern, die angesichts der Schönheit von Tonleitern in lautlose Tränen ausbrechen. Damals hatte ich keine Ahnung, was ihm durch den Kopf gehen mochte. Vielleicht ließ er im Spielen der Tonleiter Alex gehen.

Heute proben wir zwei Quartette von Haydn und eins von Brahms. Die Haydn-Stücke sind wunderbar; sie erfüllen uns mit Freude. Dort, wo es Schwierigkeiten gibt, verstehen wir sie – und können uns deswegen untereinander verständigen. Wir lieben Haydn, und Haydn bringt uns dazu, uns gegenseitig zu lieben. Nicht so Brahms. Er war schon immer ein Kreuz für unser Quartett.

Ich fühle mich nicht zu Brahms hingezogen, Piers kann ihn nicht ausstehen. Helen liebt ihn, Billy findet ihn »zutiefst interessant«, was immer das heißen soll. Wir wurden gebeten, für ein Konzert in Edinburgh etwas von Brahms in unser Programm aufzunehmen, und Piers, verantwortlich für das Programm, fügte sich ins Unvermeidliche und entschied sich für das erste Streichquartett, in c-Moll.

Wir sägen uns tapfer ohne Pause durch den ersten Satz.

»Gutes Tempo«, sagt Helen vorsichtig und sieht nicht uns, sondern die Noten an.

»Ein bißchen schwülstig, finde ich. Wir sind nicht das Busch Quartett«, sage ich.

»Sag bloß nichts gegen das Busch Quartett«, erwidert Helen.

»Tu ich nicht. Aber sie waren sie, und wir sind wir.«

»Und du willst nicht arrogant sein?« sagt Helen.

»Sollen wir weitergehen? Oder ausputzen?« frage ich.

»Ausputzen«, sagt Piers gereizt. »Das war total durcheinander.«

»Präzision ist der Schlüssel«, sagt Billy, mehr oder weniger zu sich selbst. »Wie bei Schönberg.«

Helen seufzt. Wir beginnen erneut zu spielen. Piers unterbricht uns. Er sieht mich an.

»Es liegt an dir, Michael. Irgendwie wirst du plötzlich ohne Grund intensiv. Du hast hier nichts Besonderes zu sagen.«

»Nun, er schreibt mir espressivo.«

»Wo?« fragt Piers, als hätte er es mit einem geistig behinderten Kind zu tun. »Wo genau?«

»Takt fünfzehn.«

»Ich sehe nichts.«

»Pech für dich«, gebe ich kurz angebunden zurück. Piers schaut ungläubig in meine Noten.

»Rebecca wird Stuart heiraten«, sagt Helen.

»Was?« sagt Piers, plötzlich abgelenkt. »Du machst Witze.«

»Nein. Ich weiß es von Sally. Und Sally weiß es direkt von Rebeccas Mutter.«

»Stuart!« sagt Piers. »O Gott. Alle ihre Kinder werden gehirntot geboren werden.«

Billy und ich blicken uns an. Während der Proben haben viele unserer Gespräche etwas Sprunghaftes, Schroffes, Irrelevantes, das auf merkwürdige Weise zu der musikalischen Genauigkeit und Ausdruckskraft paßt, nach der wir suchen. Helen zum Beispiel sagt einfach das erstbeste, was ihr einfällt. Manchmal denkt sie schneller, als sie spricht; manchmal ist es umgekehrt.

»Laßt uns weitermachen«, schlägt Billy vor.

Wir spielen ein paar Minuten lang. Es kommt zu einer Reihe falscher Einsätze, wir haben kein Gefühl für den Fluß der Musik.

»Ich komme einfach nicht durch«, sagt Billy. »Vier Takte vor B fühle ich mich wie ein Versager.«

»Und Piers setzt bei einundvierzig wie ein kollernder Truthahn ein«, sagt Helen.

»Sei nicht so gehässig, Helen«, sagt ihr Bruder.

Schließlich kommen wir zu Piers' hohem Crescendo.

»O nein, o nein, o nein«, ruft Billy, nimmt die Hand von den Saiten und gestikuliert herum.

»Wir spielen hier alle ein bißchen laut«, sagt Helen, die taktvoll sein will.

»Es klingt zu hysterisch«, sage ich.

»Wer ist hysterisch?« fragt Piers.

»Du.« Die anderen nicken.

Piers' ziemlich große Ohren werden rot.

»Spiel mit weniger Vibrato«, sagt Billy. »So hört es sich an wie ein obszöner Telefonanruf.«

»Okay«, meint Piers grimmig. »Und kannst du bei einhundertacht ein bißchen dunkler klingen, Billy?«

Normalerweise ist es nicht so. Die meisten Proben verlaufen heiterer. Ich gebe dem Stück die Schuld.

»Insgesamt kommen wir so nicht weiter«, sagt Billy, in dessen Augen unschuldige Aufregung leuchtet. »Das klang schrecklich organisiert.«

»Du meinst, organisiert schrecklich?« frage ich.

»Ja. Irgendwie müssen wir das hinkriegen. So ist es einfach nur Krach.«

»Er nennt sich Brahms, Billy«, sagt Piers.

»Du bist schlicht voreingenommen«, sagt Helen. »Er wird dir noch gefallen.«

»Wenn ich alt und senil bin.«

»Warum bauen wir keine Struktur um die Melodien?« fragt Billy.

»Tja, weil die Melodien fehlen«, sage ich. »Nicht eigentlich die Melodie, sondern die Melodiösität. Meine ich das? Wie heißt das Wort?«

»Das Melodische«, sagt Helen. »Und zufälligerweise fehlen die Melodien nicht.«

»Wie meinst du das?« fragt mich Piers. »Es ist nur Melodie. Ich will damit nicht sagen, daß es mir gefällt, aber ... «

Ich zeige mit dem Bogen auf Piers' Partitur. »Ist das eine Melodie? Ich bezweifle, daß Brahms selbst es Melodie genannt hätte.«

»Also, es ist kein Arpeggio, es ist keine Tonleiter, es ist keine Verzierung, deswegen ... ach, ich weiß nicht. Es ist verrückt und verstopft. Verdammtes Edinburgh ... «

»Hör auf zu meckern, Piers«, sagt Helen. »Du hast den letzten Teil wirklich gut gespielt. Der Rutscher hat mir gefallen. Ziemlich schockierend, aber schön. Den solltest du beibehalten.«

Das Lob verblüfft Piers, aber er erholt sich schnell. »Nur Billy hat jetzt überhaupt kein Vibrato mehr«, sagt er.

»Das war mein Versuch, dunkler zu klingen«, kontert Billy.

»Hm, klingt knirschend.«

»Soll ich mir ein neues Cello zulegen?« fragt Billy. »Nachdem ich mir ein Handy gekauft habe?«

Piers stöhnt. »Warum gehst du nicht einfach die C-Saite hinauf?«

»Das brummt doch zu sehr.«

»Noch einmal? Ab zweiundneunzig?« frage ich.

»Nein, ab dem Doppelstrich«, sagt Helen.

»Nein, ab fünfundsiebzig«, sagt Billy.

»Okay«, sagt Piers.

Nach ein paar weiteren Minuten halten wir wieder inne.

»Es kostet Kraft, das zu spielen«, sagt Helen. »Damit diese Noten klingen, muß man jede einzelne ausgraben. Es ist nicht so, daß die Geige … «

»Arme Helen«, sage ich und lächle sie an. »Sollen wir Instrumente tauschen?«

»Halt dich ran, Helen«, sagt Piers. »Brahms ist dein Baby.«

Helen seufzt. »Sag was Nettes, Billy.«

Aber Billy konzentriert sich im Augenblick auf eine kleine gelbe Partitur, die er mitgebracht hat.

»Mein neues Deodorant hat versagt«, sagt Helen plötzlich und hebt einen sahneweißen Arm.

»Wir machen jetzt besser weiter, sonst kommen wir nie durch«, sagt Billy.

Schließlich, nach eineinhalb Stunden, sind wir beim zweiten Satz. Draußen ist es dunkel, und wir sind erschöpft, von unseren unterschiedlichen Temperamenten ebensosehr wie von der Musik. Aber wir führen eine eigenartige Ehe zu viert mit sechs Beziehungen, von denen jede jederzeit herzlich oder neutral oder angespannt sein kann. Das Publikum, das uns zuhört, hat keine Vorstellung davon, wie ernsthaft, wie gereizt, wie anpassungsfähig unsere Suche nach etwas außerhalb von uns selbst ist, das sich jeder von uns im Kopf ausmalt, das wir aber gemeinsam zu verkörpern gezwungen sind. Wo in all dem ist die geistige Harmonie, ganz zu schweigen von Erhabenheit? Wie verwandeln sich trotz unserer zänkischen Persönlichkeiten diese Mechanismen, diese Abbrüche und Einsätze, diese

nachlässige Respektlosigkeit in musikalisches Gold? Doch oft genug
gelangen wir von so trivialen Anfängen zu einem Verständnis eines
Werks, das uns sowohl wahr als auch originell erscheint, und zu
einem Ausdruck desselben, der uns – und vielleicht auch diejenigen, die uns hören, zumindest für eine Weile – andere, noch so
wahre und originelle Versionen, von anderen Händen gespielt, vergessen läßt.

1.5

In meiner Wohnung ist es aufgrund der immerwährenden Hei-
zungsprobleme hier im obersten Stock kalt. An den alten Heizkör-
pern in Archangel Court, die jetzt lauwarm sind, werde ich mich
im Frühjahr verbrennen. In jedem Winter verspreche ich mir Dop-
pelfenster, und jedes Frühjahr, wenn die Preise heruntergesetzt
werden, entscheide ich mich dagegen. Letztes Jahre wurde das
Geld, das ich dafür beiseite gelegt hatte, aufgesaugt von urzeitlichen
Rohren, die durchgerostet waren, sich im Beton nahezu aufgelöst
hatten, so daß das Wasser auf den Kopf meines Nachbarn im siebten
Stock tropfte. Aber dieses Jahr muß ich zumindest die Fenster in
meinem Schlafzimmer erneuern lassen.

Ich liege im Bett, denke nach, döse. Die Messingklappe wird ange-
hoben; Briefe fallen auf den Holzboden. Die Aufzugtür schlägt zu.
Ich stehe auf, ziehe meinen Bademantel an und gehe zur Wohnungstür: die Telefonrechnung, eine Postkarte von einem meiner
Schüler, ein Reiseprospekt, ein Brief.

Ich öffne die Post mit dem silbernen Brieföffner, den Julia mir an
dem Tag schenkte, an dem wir uns genau ein Jahr kannten. Die
Rechnung kommt auf den Schuldenstapel, wo sie ein oder zwei
Wochen liegenbleiben wird. Der Prospekt wandert in den Papier-
korb. Ich gehe, ein bißchen fröstelnd, in die Küche, fülle den Wasserkocher, schalte ihn an und nehme den Brief mit ins Bett.

Er ist von meinem früheren Lehrer, Carl Käll – ausgesprochen wird
der Name, mit typischer Widerspenstigkeit, »Schell«. Seit Jahren

haben wir keinen Kontakt mehr. Die Briefmarke stammt aus Schweden. Professor Källs Handschrift auf dem Umschlag wirkt verkrampft. Es ist nur ein kurzer Brief, erstaunlich milde.

Er unterrichtet nicht länger in Wien. Er ist im letzten Jahr in den Ruhestand getreten und in seine kleine Heimatstadt in Schweden zurückgekehrt.

Er schreibt, daß er zufällig in Stockholm war, als wir dort spielten. Er war im Konzert, zog es jedoch vor, anschließend nicht hinter die Bühne zu kommen. Wir haben gut gespielt. Insbesondere muß er erwähnen: Er hat mir immer gesagt, ich solle einen Ton »halten«, und ich habe gehalten. Seine Gesundheit läßt in letzter Zeit zu wünschen übrig, und er hat an ein paar seiner früheren Studenten gedacht. Vielleicht war er zu manchen ein bißchen hart, aber was passiert ist, ist passiert, er kann es nicht wiedergutmachen, er hofft jedoch, daß der Gewinn den Schaden überdauert. (Der letzte Satz klingt in Professor Källs Deutsch sonderbar, als würde er aus dem Marsischen übersetzen.) Er wünscht mir alles Gute und hofft, daß ich, sollte ich unterrichten, von ihm gelernt habe, wie man es nicht macht. Er hat nicht vor, nach England zu kommen.

Der Wasserkocher hat sich vor ein paar Minuten ausgeschaltet. Ich gehe in die Küche und kann mich nicht mehr daran erinnern, wo die Teebeutel sind. Der Brief hat etwas Beunruhigendes. Carl Käll stirbt; dessen bin ich mir sicher.

Jemand hämmert Schindeln auf ein Dach. Ein paar laute Schläge, eine Pause, ein paar laute Schläge. Ich ziehe die Jalousie hoch, und Licht strömt herein. Es ist ein klarer, kalter himmelblauer Tag.

An einem Tag wie diesem kann ich den Professor riechen. Er steht in einem grauen Klassenzimmer und starrt seine fünf nervösen Schüler an. Er hat bei Mnozil zu Mittag gegessen, und sein kohlschwarzer Mantel verströmt einen Geruch von Knoblauch und Tabak. *»Und jetzt, meine Herren ...«,* sagt er und ignoriert Yuko, »unsere Kollegin aus dem Morgenland«, wie er sie bisweilen nennt. Er klopft mit dem Geigenbogen auf das Klavier.

Nachdem die Stunde vorbei ist, bleibe ich da für meinen Einzelunterricht bei ihm. Sobald die anderen gegangen sind, fällt er über mich her.

»Wenn ich Sie hier als Gasthörer zulasse, dann nur unter bestimmten Voraussetzungen.«

»Ich verstehe, Professor Käll.«

»Ich wollte die Kreutzer Sonate, und Sie bereiten statt dessen das vor.«

»Ich habe zufällig ein Faksimile der Partitur bekommen, und ausnahmsweise ist Beethovens Handschrift hier ganz deutlich, das hat mich überrascht. Ich dachte, es würde Ihnen nichts ausmachen … «

»Sie sind überrascht. Und zweifellos auch gespannt.«

»Ja.«

»Überrascht und gespannt.« Der große Carl Käll läßt die Worte auf der Zunge zergehen, klangvolle, fremdartige Gewächse auf dem Korpus der Musik. Aber es war nicht sein Ruhm, sondern die innere Spannung in seinem Spiel, die mich zu ihm hinzog, und diese innere Spannung hat sein Spiel beibehalten – und sie teilt sich jenen mit, die das Glück haben, ihn zu hören. Aber wie viele Konzerte gibt er heutzutage noch? Fünf im Jahr? Sechs?

»Ich dachte, daß eine andere Sonate … die letzte vor der Kreutzer … «

Carl Käll schüttelt den Kopf. »Hören Sie auf zu denken, ich kann Ihnen nur davon abraten.«

»Julia McNicholl und ich haben sie zwei Wochen lang einstudiert. Ich habe sie gebeten, in einer halben Stunde hier zu sein.«

»Was für ein Tag ist heute?«

»Freitag.«

Professor Käll scheint über etwas nachzudenken.

»Freitags geht diese alberne Yuko immer zum Zentralfriedhof, um Blumen auf Beethovens Grab zu legen«, sagt er.

Obwohl ich es nicht will, muß ich lächeln. Es wundert mich nicht, daß Yuko all die Dinge tut, die man von jungen japanischen Studentinnen erwartet: Sie übt willig, leidet schrecklich und besucht alle Beethoven- und Schubert-Häuser, die sie ausfindig machen kann. Aber Yuko tut zudem, was auch ich machen sollte – machen

27

würde, wenn ich wüßte, wie. Sie ignoriert die Tatsache, daß Carl sie ignoriert, übergeht seine Beleidigungen, indem sie nicht darauf reagiert, und filtert die musikalischen Botschaften aus seinem Spiel, nicht aus dem, was er sagt.

»Am Montag will ich die Kreutzer hören«, fährt Carl Käll fort.

»Aber, Professor ... «, versuche ich zu widersprechen.

»Montag.«

»Professor, ich kann unmöglich – und selbst wenn ich könnte, ein Pianist könnte nie ... «

»Ich bin sicher, Fräulein McNicholl wird Ihnen beistehen.«

»Unser Trio hat dieses Wochenende für Proben vorgesehen. Wir geben demnächst ein Konzert.«

»Ihr Trio scheint mit recht wenig Proben auszukommen.«

Ich schweige eine Weile. Carl Käll hustet.

»Wann spielen Sie?«

»In zwei Wochen – im Bösendorfer Saal.«

»Und was?«

»Wir fangen mit einem frühen Beethoven an ... «

»Drücken Sie sich absichtlich so unpräzise aus?«

»Nein, Professor.«

»Also was?«

»Opus 1, Nummer 3. In c-Moll.«

»Ja, ja, ja, ja«, sagt Carl Käll, den es ärgert, daß ich die Tonart erwähne. »Warum?«

»Warum?«

»Ja, warum?«

»Weil unsere Cellistin das Stück liebt.«

»Warum? Warum?« Carl wirkt nahezu wie von Sinnen.

»Weil sie es überraschend und spannend findet.«

Carl Käll mustert mich genau, als würde er sich fragen, welchen meiner Halswirbel er mit dem geringsten Kraftaufwand brechen könnte. Er wendet sich ab. Früher war ich einer seiner Lieblingsschüler. Während meines letzten Jahrs in der Meisterklasse des Royal Northern College of Music in Manchester lernten wir uns flüchtig kennen, und er war es, der zu meiner ungläubigen Freude vorschlug, ich solle bei ihm in Wien außerhalb des regulären Lehrangebots studieren. Er glaubte, ich hätte das Zeug zu einer Solokarriere und würde eine solche anstreben. Jetzt ist er vielleicht ebenso enttäuscht von mir wie ich von ihm.

»Sie widmen der Kammermusik zuviel Zeit«, sagt er. »Sie könnten eine bessere Karriere machen.«

»Wahrscheinlich«, sage ich, beunruhigt von der Vorstellung, was er unter »besser« versteht, aber nicht gewillt, mich mit ihm zu streiten.

»Sie sollten sich von mir leiten lassen. Deswegen sind Sie doch hier, oder? Sie sind sehr eigensinnig. Zu sehr.«

Carls Stimme klingt jetzt milde. Ich sage nichts. Er summt eine Phrase aus der Kreutzer, greift nach dem Faksimile, betrachtet es ein paar Minuten lang fasziniert, gibt jedoch nicht nach.

»Also, bis Montag.«

Mein Tee hat zu lange gezogen; er ist bitter, aber noch trinkbar. Ich schalte den Fernseher ein und kehre in die Gegenwart zurück. Vier plumpe humanoide Geschöpfe, rot, gelb, grün und lila, hüpfen über einen grasbewachsenen Hügel. Hasen mümmeln im Gras. Die Geschöpfe umarmen einander. Aus einer Kuppe fährt ein Persikop und teilt ihnen mit, daß sie sich verabschieden müssen. Nach kurzem Protest fügen sie sich und hüpfen eines nach dem anderen in ein Loch im Erdboden.

Nicht Carl Käll allein, dieser alte Mann, dieser starrköpfige Zauberer, brutal und so energisch, daß ich keine Luft mehr bekam, hat mich aus Wien vertrieben. Es war ebenso mein jüngeres Selbst, das unnachgiebig und nicht willens war, einen Mentor gegen einen Diktator einzutauschen oder einer Kollision auszuweichen.

Hätte ich ihn nicht kennengelernt, hätte ich die Stimme meiner Hände nie zum Leben erweckt. Ich hätte nie an der Wiener Musikhochschule studiert. Ich wäre Julia nie begegnet. Ich hätte Julia nie verloren. Ich wäre jetzt nicht so haltlos. Wie kann ich Carl heute noch hassen? Nach so vielen Jahren ist alles den Instanzen der Veränderung unterworfen: Regen, Sporen, Gewebe, Dunkelheit. Vielleicht hätte ich mehr von ihm gelernt, wenn ich meinen Stolz hinuntergeschluckt hätte. Julia muß recht gehabt haben, sie muß einfach recht gehabt haben. Trotzdem denke ich: Soll er sterben, seine Zeit ist gekommen, ich kann ihm nicht antworten. Warum sollte ich mir die Verantwortung der Absolution auferlegen lassen? Ich konnte nicht mehr von ihm lernen. Sie glaubte, ich könnte es, oder hoffte, ich könnte es, oder hoffte, daß ich um ihretwillen noch eine Weile in Wien bleiben würde. Aber ich lernte nicht, ich verlernte, ich zerfaserte. Als ich während eines Konzerts zusammenbrach, lag es nicht daran, daß ich krank gewesen wäre oder mich nicht vorbereitet hätte. Es lag daran, daß er gesagt hatte, ich würde versagen, und ich sah ihn im Publikum sitzen und wußte, daß er es so wollte.

1.6

»Wir scheinen einander heute abend auf die Nerven zu gehen«, sagt Virginie. Ohne sich abzustützen, wendet sie sich mir zu.
Ich schüttle den Kopf. Ich habe zur Decke geschaut, aber jetzt schließe ich die Augen.
»Ich werde dich in die Schulter beißen.«
»Tu's nicht«, sage ich. »Ich beiße fester, und es wird ein schlimmes Ende nehmen.«
Virginie beißt mich in die Schulter.
»Hör auf, Virginie«, sage ich. »Hör auf, okay? Es tut weh, und ich mag es nicht. Nein, du sollst mich auch nicht zwicken. Und ich bin nicht gereizt, sondern müde. Und es ist zu heiß in deinem Schlafzimmer. Wir haben heute wirklich lange geprobt, es ist spät, und ich will jetzt keinen französischen Film im Fernsehen sehen. Warum nimmst du ihn nicht auf?«
Virginie seufzt. »Du bist so langweilig. Wenn du am Freitag abend schon so langweilig bist, will ich gar nicht erst wissen, wie du am Montag abend bist.«
»Tja, das brauchst du auch nicht. Wir fahren am Montag nach Lewes und anschließend nach Brighton.«

30

»Quartett. Quartett. Puh.« Virginie tritt mich.

Nach einer Weile sagt sie nachdenklich: »Ich kenne deinen Vater nicht. Und du willst meinen nicht kennenlernen, nicht einmal wenn er in London ist.«

»Oh, Virginie, bitte, ich will schlafen.«

»Kommt dein Vater nie nach London?«

»Nein.«

»Dann werde ich mit dir nach Rochdale fahren. Wir werden mit meinem Wagen in den englischen Norden fahren.«

Virginie hat einen kleinen – wie sie es nennt – metallic-pantherschwarzen Ford Ka. Wir haben damit kurze Ausflüge nach Oxford und Aldeburgh gemacht. Wenn ich fahre, sagt sie immer wieder: »Bieg dort ab«, statt »da«. Das hat viele Umwege und Auseinandersetzungen zur Folge.

Virginie ist überaus stolz auf ihr Auto (sie beschreibt es als »spritzig, schmissig, schick«). Wagen mit Allradantrieb haßt sie leidenschaftlich, vor allem seitdem der am Heck angebrachte Ersatzreifen eines solchen Fahrzeugs eine kleine Delle auf der Motorhaube ihres abgestellten Ka hinterlassen hat. Sie fährt mit dem Flair und der Vorstellungskraft, die sie ihrem Geigenspiel für gewöhnlich vorenthält.

»Irgendwie sehe ich dich nicht in Rochdale«, sage ich ein bißchen traurig, vermutlich weil ich mich selbst dort kaum mehr sehen kann.

»Ach, und warum?« will sie wissen.

»Die Geschäfte sind nicht elegant, Virginie. Keine hübschen Schals. Du wärst eine Gazelle in einer Zementfabrik.«

Virginie richtet sich halb auf. In ihren pantherschwarzen Augen schwelt es, und ihr schwarzes Haar fällt über ihre Schultern bis auf ihre Brüste. Sie sieht hinreißend aus. Ich nehme sie in den Arm.

»Nein«, sagt sie und leistet Widerstand. »Sei nicht so herablassend. Meinst du, ich interessiere mich nur fürs Einkaufen?«

»Nein, du interessierst dich nicht nur fürs Einkaufen«, sage ich.

»Ich dachte, du willst schlafen«, sagt sie.

»Will ich auch, aber er nicht. Was machen schon zehn Minuten hin oder her?«

Ich ziehe die Nachttischschublade auf.

»Wie praktisch du bist, Michael.«

»Mm, ja … nein, nein, Virginie, nicht. Hör auf. Hör bitte auf.«

»Entspann dich, entspann dich«, sagt sie und lacht, »es kitzelt nur, wenn du dich anspannst.«

»Kitzelt? Kitzelt? Du beißt mich und glaubst, es *kitzelt* mich?«

Virginie biegt sich vor Lachen. Das lenkt mich nicht ab, sondern trägt mich vollends davon.

Nach einer Dusche im rosa Badezimmer stelle ich den Wecker.

»Warum?« fragt Virginie schläfrig. »Morgen ist Samstag. Wir können bis Mittag schlafen. Oder willst du üben, um mir als gutes Beispiel voranzugehen?«

»Wasserschlangen.«

»O nein«, sagt Virginie angewidert. »In diesem schmutzigen eiskalten Wasser. Ihr Engländer seid verrückt.«

1.7

Ich ziehe mich im Dunkeln an, ohne Virginie zu wecken, und gehe. Sie wohnt auf der Südseite des Hyde Park, ich auf der Nordseite. Als ich eines frostigen Freitagmorgens von ihr nach Hause ging, sah ich, wie zwei Köpfe im Serpentine auf und ab hüpften. Ich fragte den näheren der beiden Köpfe, was er vorhabe.

»Wie sieht es denn aus?«

»Wie schwimmen. Aber warum?«

»Warum nicht? Machen Sie mit. Wir schwimmen hier seit 1860.«

»Für Ihr Alter sehen Sie aber jung aus.«

Der Schwimmer lachte, kam aus dem Wasser und stand bibbernd am Ufer. Er war in den Zwanzigern, ungefähr so groß wie ich, aber etwas muskulöser. Er trug eine schwarze Speedo-Badehose und eine gelbe Bademütze.

»Ich will Sie nicht aufhalten«, sagte ich.

»Nein, nein, ich wollte sowieso raus. Bei dieser Temperatur reichen drei, vier Minuten.«

Er schlang die Arme um seinen Körper, der von der Kälte gerötet war – hummerrot, wie Virginie sagen würde. Während er sich abtrocknete, betrachtete ich das seichte Wasser des Serpentine.

»Sie tun vermutlich etwas rein«, sagte ich.

»O nein«, entgegnete der gutgelaunte junge Mann. »Im Sommer tun sie Chlor rein, aber im Winter schwimmt hier niemand außer uns Wasserschlangen, und wir mußten gegen die Parkbehörde, das Gesundheitsamt, den Stadtrat und weiß Gott wen noch um unser Recht kämpfen, hier weiterhin schwimmen zu dürfen. Man muß Mitglied des Clubs werden und wegen der Rattenpisse und der Gänsescheiße unterschreiben, daß man alle gesundheitlichen Risiken selbst trägt, und dann darf man an jedem Tag des Jahres zwischen sechs und neun Uhr morgens schwimmen.«

»Klingt kompliziert. Und unangenehm. Und das auch noch in einem Teich.«

»O nein, nein, nein – es ist kein stehendes Wasser – es fließt unterirdisch in die Themse. Ich würde mir keine Sorgen machen. Wir kriegen alle gelegentlich einen Schluck davon ab, und bislang ist noch niemand daran gestorben. Kommen Sie einfach morgen um acht. Dann werden alle da sein. Samstag veranstalten wir Wettschwimmen. Ich schwimme freitags und auch samstags, aber ich bin ein bißchen komisch. Ach, ich heiße übrigens Andy.«

»Michael.« Wir gaben uns die Hände.

Zwei Jogger starrten Andy ungläubig an und liefen weiter.

»Sind Sie professioneller Schwimmer?« fragte ich. »Ich meine, wie hoch ist der Standard im Club?«

»Ach, machen Sie sich deswegen keine Sorgen. Ein paar von uns sind durch den Kanal geschwommen, aber andere schaffen es kaum bis zu der gelben Boje dort. Ich bin Student. Ich studiere Jura am University College. Und was machen Sie?«

»Ich bin Musiker.«

»Wirklich? Was spielen Sie?«

»Geige.«

»Ausgezeichnet. Schwimmen ist das beste Training für die Arme. Also, bis morgen.«

33

»Ich bin nicht sicher, daß ich kommen werde«, sagte ich.

»Versuchen Sie's«, sagte Andy. »Nur keine Angst. Es ist ein tolles Gefühl.«

Ich kam tatsächlich am nächsten Tag. Obschon ich nicht besonders sportlich bin, reizte mich der schrullige Luxus, im Herzen Londons unter freiem Himmel zu schwimmen. Im Winter war es ein masochistischer Luxus, aber nach ein paar Wochen begann ich sogar Gefallen daran zu finden. Das Wasser machte mich mehr als vollständig wach und stärkte mich für den Tag. Kaffee und Kekse im Clubhaus, die überwiegend männliche Gesellschaft, die Debatte über Giles' launische Vorgaben im Wettschwimmen, die Erinnerungen der Oldtimer, der Small talk, geführt mit einer erstaunlichen Bandbreite an Akzenten, all das erschloß mir eine Welt außerhalb von Archangel Court, des Maggiore Quartetts, Virginies Wohnung, der Vergangenheit wie der Zukunft und des nicht nachlassenden Drucks meiner Gedanken.

1.8

Was meinen eigenen Akzent betrifft: Was ist daraus geworden? Wenn ich nach Rochdale fahre, stelle ich fest, daß ich betone, manchmal übertone, was ich einst versteckte. Von Anfang an bleute mir meine Mutter ein, »anständig zu reden«. Sie war der Ansicht, daß die trostlose und beengte Kleinstadt, in der wir lebten, mir nichts zu bieten hatte. Den Ausweg für ihr einziges Kind sah sie in einer anständigen Schulbildung – ich ging auf ein humanistisches Gymnasium – und später wenn möglich Universitätsstudium und eine Karriere als Akademiker. Meine Eltern verstanden nicht, daß ich auf meiner Berufung beharrte, entzogen mir ihre Unterstützung und äußerten wiederholt den Vorwurf, daß ich verriet, was für sie echte Opfer gewesen waren. Mein Vater hatte eine Metzgerei in einer kleinen Straße. Niemand in der Familie hatte je davon geträumt, zu studieren. Jetzt war da jemand, der die Möglichkeit dazu hatte und sich weigerte, es auch nur zu versuchen.

»Aber Dad, warum sollte ich mich einschreiben? Ich will nicht studieren. Ich will Musik machen. In Manchester gibt es ein College für Musik ... «

»Du willst Geigenspieler werden?« fragte Dad bedächtig.

»Geiger, Stanley«, warf meine Mutter ein.

Er ging an die Decke. »Es ist eine verdammte Fidel, sonst nichts, eine verdammte Fidel.« Er drehte sich zu mir um. »Wie willst du deine Mutter mit der verdammten Fidel unterstützen, wenn ich nicht mehr bin?«

»Wie wäre es mit einem Musikstudium an der Universität?« schlug meine Mutter vor.

»Das geht nicht, Mum. Ich bin nicht gut genug in Musik. Ich will doch nur spielen.«

»Und was willst du damit anfangen?« wollte Dad wissen. »Eine verfluchte Pension wird es dir nicht einbringen.« Er versuchte, ruhiger zu sprechen. »Du mußt vorausdenken. Wirst du an diesem College ein Stipendium kriegen?«

»Also, vielleicht.«

»Vielleicht!« schrie er. »Vielleicht! Und wenn du zur Universität gehst, kriegst du auf jeden Fall ein Stipendium. Glaub bloß nicht, daß ich das nicht alles weiß. Du solltest dir das Gehirn untersuchen lassen. Schau nur, was während des letzten Jahres aus uns und dem Laden geworden ist. Glaubst du etwa, wir könnten dich unterstützen, während du fidelst?«

»Ich suche mir einen Job. Ich werde mich selbst finanzieren«, sagte ich und sah sie dabei beide nicht an.

»Du wirst die Geige der Schule zurückgeben müssen«, sagte Dad. »Rechne nicht damit, daß wir dir eine kaufen.«

»Mrs. Formby kennt jemand, der mir eine leihen kann – zumindest für ein paar Monate.«

Die Augen meines Vaters sprühten Funken, und er stürmte davon. Als er ein paar Stunden später zurückkam, war er nicht mehr so wütend, dafür aber noch verwirrter und bedrückter.

»Ich war in der Schule«, sagte er bedächtig und schaute immer wieder Mum und mich an, »und dieser Mr. Cobb hat zu mir gesagt:

›Ihr Michael ist ein sehr heller Junge, sehr gescheit, er könnte es mit Sprachen versuchen oder Jura oder Geschichte. Er würde genommen werden und könnte es schaffen, wenn er wollte.‹ Also, was ist los? Warum willst du nicht? Das will ich wissen. Deine Mutter und ich, wir haben gearbeitet und gearbeitet, damit du einmal ein besseres Leben hast – und du wirst als Geiger in einem Pub oder Nachtclub enden. Was für eine Zukunft soll das sein?«

Es dauerte Jahre, bis wir uns dank der Intervention Dritter wieder versöhnten. Eine von ihnen war seine Schwester, Auntie Joan, eine Art irritierende Friedensstifterin, die uns beide zusammenstauchte, bis wir es kaum mehr aushielten.

Nach Mums Tod waren wir für eine Weile zusammen, aber es war klar, daß Dad glaubte, ich hätte ihr das ihr zustehende Glück vorenthalten, indem ich ihren Träumen den Rücken kehrte.

Später kam er zu meinem ersten Konzertabend in Manchester, aber nur widerwillig und voller Skepsis. Im letzten Moment versuchte er zu kneifen, und unsere ältliche Nachbarin, Mrs. Formby, mußte ihn förmlich in ihren Wagen zerren. An diesem Abend erlebte er, wie mir ein städtisches Publikum, mit dem er nichts gemein hatte, applaudierte, und schloß daraus, daß vielleicht doch einiges für meine Berufswahl sprach. Jetzt ist er stolz auf mich und merkwürdig unkritisch.

Als ich nach Wien ging, hatte Dad nichts dagegen. Auch Auntie Joan erleichterte mein Gewissen, weil sie darauf bestand, daß eine Person, die sich um ihn kümmerte, mehr als genug war. Vielleicht haben ihn die Schicksalsschläge des Lebens milder gestimmt, indem sie ihn brachen. Wenn einerseits die Art, wie er sich voll und ganz auf unsere Katze Zsa-Zsa konzentriert, auch etwas Beunruhigendes hat, so ist andererseits kaum mehr etwas übrig von seinem alten Zorn, der mich einst in Angst und Schrecken versetzte – und gelegentlich in mir etwas Ähnliches hervorrief, das nur langsam zu entfachen ist und nur langsam wieder erlischt.

1.9

Ich komme von meinem wöchentlichen Bad im Hyde Park zurück, summe etwas von Schubert vor mich hin, während ich Archangel Court betrete. Ich halte meinen kleinen, schwarzen elektronischen Schlüssel in der Hand, höre jedoch die Glastür klicken, bevor ich ihn vor den Sensor halte.

»Danke, Rob.«

»Nichts zu danken, Mr. Holme.«

Rob, unser sogenannter Chefportier, aber tatsächlich unser einziger, spricht mich manchmal mit dem Vornamen, manchmal mit dem Nachnamen an, ohne daß eine erkennbare Logik dahintersteckt.

»Scheußlicher Tag«, sagt er durchaus begeistert.

»Ja.« Ich drücke auf den Knopf für den Aufzug.

»Sie waren doch nicht etwa schwimmen, oder?« fragt er und betrachtet mein zerzaustes Haar und das zusammengerollte Handtuch.

»Doch. Es ist eine Sucht. Apropos, haben Sie heute schon Lotto gespielt?«

»Nein, nein, wir spielen immer erst nachmittags. Mrs. Owen und ich reden beim Mittagessen über die Zahlen.«

»Gibt's was Neues von den Kindern?«

»O ja. Übrigens, Mr. Holme, wegen des Lifts – am Montag vormittag kommt der Wartungsdienst, das sollten Sie sich vielleicht notieren.«

Ich nicke. Der Aufzug kommt ratternd zum Stehen. Ich fahre zu meiner Wohnung hinauf.

Ich denke oft, wie glücklich ich mich schätzen kann, weil ich habe, was viele Musiker nicht haben – ein Dach über dem Kopf, das ich mein eigen nennen kann. Obwohl mich die Hypotheken belasten, ist es besser, als Miete zu zahlen. Es war Glück, daß ich die Wohnung zum richtigen Zeitpunkt fand – und in dem schrecklichen Zustand, in dem sie war. Die drei kleinen Mansardenräume sind trotz der Eigenarten von Wasserrohren und Heizung eine Zuflucht aus Licht, die ich mir angesichts der Marktlage heute nicht mehr leisten könnte. Ich liebe die Aussicht. Da niemand über mir wohnt, höre ich kein Getrampel, und in dieser Höhe ist sogar der Verkehrslärm gedämpft.

Das Gebäude ist trotz seines seriösen Äußeren aus roten Ziegeln im Inneren sehr uneinheitlich, auf manche Weise sogar seltsam: Es wurde in den dreißiger Jahren, glaube ich, nach den Wünschen der Bewohner maßgeschneidert, die Wohnungen sind von ungleicher Größe, von einem Zimmer bis zu vier, und infolgedessen leben die unterschiedlichsten Leute hier: junge, beruflich erfolgreiche Menschen, alleinerziehende Mütter, Rentner, Geschäftsinhaber aus der Gegend, zwei Ärzte, Touristen, an die untervermietet wird, Leute, die im leicht über die Central Line erreichbaren Zentrum arbeiten. Manchmal dringen Geräusche durch meine Wände – ein Baby weint, ein Saxophon bläst »Strangers in the Night«, jemand bohrt ein Loch in die Wand; aber meistens ist es auch außerhalb meiner schallgedämpften Zelle ruhig.

Ein Mann, der kam, um sich meinen Fernsehapparat anzusehen, erzählte mir, daß manche Bewohner ihre Geräte an das Überwachungssystem des Hauses angeschlossen haben und ihre Nachbarn dabei beobachten, wenn sie das Gebäude betreten oder verlassen oder in der Eingangshalle stehen und auf den Aufzug warten. Wenn wir uns überhaupt begegnen, dann im Lift oder in der Lobby. Wir lächeln, halten einander die Tür auf und wünschen uns gegenseitig einen guten Tag. Über uns wacht der wohlwollende Rob, der seine vielfachen Rollen als Eingangsmanager, Wetterbeobachter, Handwerker und psychologischer Berater geschickt ausbalanciert.

In der Wohnung nehme ich mir die Zeitung vor, die ich auf dem Rückweg gekauft habe, kann mich aber nicht darauf konzentrieren. Ich habe das eigenartige Gefühl, unter einem Zwang zu stehen. Es gibt irgend etwas, was ich tun muß, aber ich bin mir nicht ganz sicher, was es ist. Ich versuche nachzudenken. Ja, ich muß Dad anrufen. Seit fast einem Monat habe ich nicht mehr mit ihm gesprochen.

Das Telefon klingelt über ein dutzendmal, bevor er abnimmt. »Hallo? Hallo? Joan, bist du es?« Er klingt verärgert.

»Dad, ich bin's, Michael.«

»Wer? Michael? Ach, hallo, hallo, wie geht es dir, Michael? Ist irgendwas passiert? Geht's dir gut? Ist alles in Ordnung?«

»Ja, Dad. Ich rufe an, um zu fragen, wie es dir geht.«

»Gut, gut, mir ging's nie besser. Danke für den Anruf. Schön, deine Stimme zu hören.«

»Ich sollte öfter anrufen, aber du weißt ja, wie es ist, Dad. Plötzlich stelle ich fest, daß schon wieder ein Monat vergangen ist. Wie geht es Auntie Joan?«

»Nicht sehr gut, überhaupt nicht gut. Sag's nicht weiter, aber sie verkalkt allmählich. Gestern hat sie einen Strafzettel gekriegt, weil sie nicht mehr wußte, wo sie ihr Auto abgestellt hat. Um ehrlich zu sein, mit ihrer Arthritis sollte sie überhaupt nicht mehr Auto fahren. Es wird ihr leid tun, daß sie deinen Anruf verpaßt hat. Sie ist gerade einkaufen gegangen. Ich werde ihr sagen, daß du dich nach ihr erkundigt hast.«

»Und Zsa-Zsa?«

»Zsa-Zsa ist in Ungnade gefallen.« Er kichert.

»Ach. Warum?«

»Vor zwei Wochen hat sie mich gekratzt. Meine Hände. Es hat ziemlich gedauert, bis es wieder verheilt war.«

»Hast du sie irgendwie geärgert?«

»Nein. Joan war nicht da. Ich habe im Fernsehen Inspector Morse gesehen, Zsa-Zsa lag auf meinem Schoß, und das Telefon hat geklingelt. Ich dachte, es klingelt im Fernsehen, und dann erst habe ich gemerkt, daß es mein Telefon war. Da bin ich aufgesprungen, um ranzugehen, und sie hat mich gekratzt. Aber ich bin noch rechtzeitig ans Telefon gekommen.«

»Und?«

»Ach, ja. Ich kam rechtzeitig ran. Blutflecken auf dem Hörer. Der Inspektor hätte was daraus gemacht. Als Joan wieder da war, hat sie den Arzt gerufen. Er hat mich verbunden. Es hätte sich entzünden können. Joan hat natürlich zu Zsa-Zsa gehalten und behauptet, ich hätte sie irgendwie gereizt.«

Mein Vater klingt zerbrechlich.

»Dad, ich will versuchen, in ungefähr vierzehn Tagen zu kommen.

Und wenn ich es nicht schaffe, komme ich auf jeden Fall an Weihnachten. Wir machen keine Tournee oder so.«

»Ja? Ja, gut, ich freue mich sehr, dich zu sehen, Michael. Wirklich sehr.«

»Wir werden bei Owd Betts zu Mittag essen.«

»Ja, das wäre schön.« Er seufzt. »Ich habe letzte Nacht vom Parkplatz geträumt.«

»Es war doch nur ein Strafzettel, Dad.«

»Nein, von dem anderen Parkplatz. Wo der Laden war.«

»Ach so.«

»Sie haben unser Leben zerstört. Sie haben deine Mutter umgebracht.«

»Dad. Dad.«

»Es stimmt doch.«

»Ich weiß, Dad, aber das ist, das ist vorbei.«

»Ja. Du hast recht.« Er hält einen Augenblick inne, dann sagt er: »Du solltest zur Ruhe kommen, Sohn.«

»Ich bin zur Ruhe gekommen.«

»Man kann zur Ruhe kommen und zur Ruhe kommen. Triffst du dich mit hübschen Mädchen, oder liebst du nur deine Geige?«

»Ich treffe mich mit jemandem, Dad, aber … « Ich beende den Satz nicht. »Ich muß jetzt gehen, wir haben heute nachmittag eine Probe, und ich habe mir die Partitur noch nicht richtig angesehen. Ich rufe bald wieder an. Laß nicht zu, daß sich Zsa-Zsa und Auntie Joan gegen dich verschwören.«

Mein Vater kichert erneut. »Letzte Woche hat sie uns einen Fisch vor die Tür gelegt.«

»Wer?«

»Die Nachbarn haben ihn auf dem Fensterbrett aufgetaut. Zsa-Zsa hat ihn gerochen und rübergezerrt, mit Plastiktüte und allem Drum und Dran.«

Ich lache. »Wie alt ist Zsa-Zsa jetzt?«

»Sechzehn im letzten August.«

»Ganz schön alt.«

»Ja.«

»Also, auf Wiedersehen, Dad.«

»Auf Wiedersehen, Sohn.«

Nach dem Gespräch sitze ich ein paar Minuten still da und denke an meinen Vater. Als er vor drei Jahren in London war, funktionierte der Aufzug zwei Tage lang nicht. Er bestand darauf, in langsamen Etappen zu meiner Wohnung im achten Stock hinaufzusteigen. Am nächsten Tag brachte ich ihn in einem kleinen Hotel in der Nähe unter. Aber da er nach London gekommen war, um mich zu sehen, entsprach das nicht dem Zweck des Besuchs. Jetzt verläßt er Rochdale nur noch selten. Hin und wieder fährt er nach Manchester. London macht ihn nervös. Eins der Dinge, die hier sein Mißfallen erregen, ist, daß das Wasser keinen richtigen Rasierschaum ergibt.

Nach dem Tod meiner Mutter verlor er jeden Halt. Seine verwitwete Schwester glaubte, er würde die Einsamkeit nicht überleben, vermietete ihr eigenes Haus und zog zu ihm. Zsa-Zsa, die unverbesserlich unsoziale, damals noch junge Katze schlug sich sofort auf ihre Seite. Mein Vater kommt jetzt zurecht. Aber den Tod meiner Mutter hat er nie überwunden.

Die Sache mit der Metzgerei und dem Parkplatz war eine bittere Geschichte. Der Stadtrat, der die Hauptstraße verbreitern wollte, klebte einen Enteignungsbescheid an unsere Metzgerei, die sich gleich neben der Hauptstraße in einer kleinen Seitenstraße befand. Es war mehr als unser Laden, es war unser Zuhause. Auch ein paar Nachbarn wurden die Häuser weggenommen. Die Entschädigung war lächerlich. Meine Eltern kämpften jahrelang dagegen an, vergeblich.

Während dieser Zeit war ich in Manchester und versuchte mich mit Gelegenheitsjobs sowohl über Wasser zu halten als auch zu sparen, um später aufs College gehen zu können. Anfänglich konnte ich sie überhaupt nicht unterstützen und später nur sehr wenig. Außerdem war unser Verhältnis noch immer angespannt. Zwei oder drei Jahre später, ungefähr zu dem Zeitpunkt, als ich im Royal Northern College of Music angenommen wurde, erkrankte mein Vater, der Arbeit und Lebenszweck verloren hatte, mehrmals an den Bronchien.

41

Meine Mutter rieb sich auf damit, ihn zu pflegen, in einer Schul-
kantine einen Lebensunterhalt zu verdienen und gegen die Enteig-
nung zu kämpfen. Er war krank, aber sie starb – ganz plötzlich, an
einem Schlaganfall.

Nach ein paar Jahren des Zauderns beschloß die Stadtverwaltung,
die Straße doch nicht zu verbreitern. Die Grundstücke wurden an
Baufirmen veräußert, die mittlerweile verfallenen kleinen Läden
und Häuser abgerissen. Wo Stanley Holme, Metzger, einst seinem
Beruf nachging, ist jetzt nur noch Asphalt. Ein Parkplatz.

1.10

Wenn ich sage, ich stamme aus Rochdale, lächeln die Leute in London, als ob der Name als solcher schon amüsant wäre. Ich ärgere
und wundere mich nicht mehr darüber. Wenn es ein Objekt des
Ärgers gibt, dann vielleicht die Stadt selbst. Aber was uns dort geschehen ist, hätte vermutlich überall geschehen können.

Außerdem war ich als Kind ziemlich glücklich in Rochdale. Unser
Haus war nicht allzuweit vom Stadtrand entfernt, und sobald ich
ein Fahrrad hatte, fuhr ich hinaus in die Moore, manchmal mit einem Schulfreund, meistens allein. Innerhalb von Minuten war ich
auf dem offenen Land. Manchmal spazierte ich die Erhebungen entlang, manchmal legte ich mich in die grasbewachsenen Mulden, wo
ich das Geräusch des Windes nicht mehr hörte. Als ich das zum erstenmal tat, war ich vollkommen überrascht: Nie zuvor hatte ich
eine solche Stille gehört. Und in dieser Stille erklang nach einer
Weile das aufsteigende Lied einer Lerche.

Manchmal lag ich stundenlang da, mein Fahrrad sicher abgestellt bei
der abgelegenen Gastwirtschaft von Owd Betts. Manchmal sang nur
eine Lerche; manchmal, wenn eine Stimme sich höher und höher
in den Himmel erhob, setzte eine zweite ein. Und wenn nach einem Nieselregen die Sonne herauskam, sang bisweilen eine ganze
Schar Feldlerchen.

In London, auch so hoch oben, wie ich wohne, gibt es keine natürliche Stille. Sogar inmitten des 24 Quadratkilometer großen Parks höre ich den Verkehr von allen Seiten und oft von oben. Aber manchmal nehme ich morgens einen Campingstuhl und gehe zu den tiefliegenden Gärten bei der Orangerie. Ich setze mich in eine Lücke in der hohen Lindenhecke und blicke über die absinkenden Farbflächen zu dem ruhigen länglichen Teich. Zwischen den Wasserlilien sprühen die Springbrunnen und dämpfen alle Geräusche, die die Hecke nicht verschluckt. Eichhörnchen laufen unerschrocken herum, kleine Mäuse furchtsam. Eine fette Taube gurrt zu meinen Füßen. Und – in der richtigen Jahreszeit, dem diesem entgegengesetzten Monat des Jahres – die Amseln singen.

Während ich heute durch den Garten gehe, fällt mir ein Gespräch mit Julia ein. Unser Klaviertrio gab ein Konzert irgendwo in der Nähe von Linz, und danach gingen wir beide im Wald hinter dem Haus unseres Gastgebers spazieren. Es war eine Vollmondnacht, und eine Nachtigall zwitscherte wie verrückt.

»Sehr geschniegelt«, sagte ich. »Der Donizetti der Vogelwelt.«

»Pst, Michael«, sagte Julia und lehnte sich an mich.

Die Nachtigall hielt inne, und Julia sagte: »Gefällt es dir nicht?«

»Es ist nicht gerade mein Lieblingsvogel. Deiner?«

»Ja.«

»Das muß dein österreichisches Blut sein.«

»Ach, sei nicht albern. Wie wäre es mit einem Kuß?«

Wir küßten uns und gingen weiter.

»Wenn es wirklich dein Lieblingsvogel ist, Julia, nehme ich zurück, was ich gesagt habe.«

»Danke. Und was ist deiner?«

»Die Lerche natürlich.«

»Aha, verstehe. ›Die aufsteigende Lerche‹?«

»O nein – damit hat das nichts zu tun.«

»Ein ziemlich langweilig aussehender Vogel, oder?«

»Deine Nachtigall ist auch nicht gerade ein Paradiesvogel.«

»Vermutlich gibt es nicht viele gutaussehende Komponisten«, sagte Julia nach einer Weile. »Schubert hatte was von einem Frosch.«

»Aber den Frosch hättest du geküßt?«

»Ja«, sagte Julia, ohne zu zögern.

»Auch wenn es ihn vom Komponieren abgelenkt hätte?«

»Nein«, sagte Julia. »Dann nicht. Aber ich glaube nicht, daß es ihn abgelenkt hätte. Es hätte ihn inspiriert, und er hätte die Unvollendete vollendet.«

»Ich glaube, das hätte er, meine Liebe. Gut, daß du ihn nie geküßt hast.«

Es begann zu nieseln, und wir kehrten zum Haus zurück.

1.11

Während ich für das Maggiore Quartett in Betracht gezogen wurde, fragte mich Helen, wie es Julia gehe. Sie kannten sich, weil sich unser Trio und ihr Quartett – beide erst kurz zuvor gebildet – während des Sommerfestivals in Banff in den kanadischen Rocky Mountains trafen.

Ich antwortete, daß wir keinen Kontakt mehr hätten.

»Ach, das ist aber schade«, sagte Helen. »Und wie geht es Maria? Sie ist eine wunderbare Cellistin! Ich fand, daß ihr drei unheimlich gut zusammengespielt habt. Ihr habt einfach zusammen*gehört*.«

»Ich glaube, Maria geht's gut. Sie ist noch immer in Wien.«

»Ich finde es immer schade, wenn man den Kontakt zu Freunden verliert«, plauderte Helen mitfühlend. »Ich hatte mal einen Schulfreund. Er war eine Klasse über mir. Ich habe ihn angebetet. Er wollte ausgerechnet Zahnarzt werden … Oh, das ist doch kein heikles Thema, oder?«

»Nein, überhaupt nicht. Aber vielleicht sollten wir weiterproben. Ich habe um halb sechs einen Termin.«

»Klar. Du hast ja gesagt, daß du's eilig hast, und ich plappere vor mich hin. Wie dumm von mir.«

Keinen Kontakt mehr haben – und nicht mehr mit ihr reden, sie nicht mehr riechen, nicht mehr schmecken, nicht mehr sehen. Es vergeht keine Woche, in der ich nicht an sie denke. Und das nach zehn Jahren: eine zu hartnäckige Spur im Gedächtnis.

Nachdem ich Wien verlassen hatte, schrieb ich ihr, vielleicht zu spät. Sie schrieb nicht zurück. Ich schrieb wieder und wieder, in eine Leere.

Ich schrieb an Maria Novotny, die antwortete, daß Julia noch immer sehr durcheinander sei und ich ihr Zeit geben sollte. Meine Briefe brächten Unruhe in ihr letztes Studienjahr. Vielleicht sollte ich mich etwas zurückhalten. Aber Maria war immer mehr Julias als meine Freundin gewesen. Sie kannten sich schon, bevor ich die Bühne betrat und so rasch wieder abging. Sie erzählte mir keine Geheimnisse und machte mir keine Hoffnungen.

Nach dem Studium verschwand Julia vom Erdboden. Ich schrieb an die Musikhochschule mit der Bitte, meinen Brief weiterzuleiten. Ich hörte nichts von ihr. Ich schrieb ihr an die Adresse ihrer Eltern in der Nähe von Oxford, vergeblich. Ich schrieb an ihre Tante in Klosterneuburg und erhielt keine Antwort. Ich schrieb noch einmal Maria. Maria schrieb zurück, daß sie auch nichts von Julia gehört hätte. Sie war aber sicher, daß sie Wien verlassen hatte.

Schließlich, ein Jahr nachdem wir uns getrennt hatten, rief ich, überwältigt von meinem Verlust, ihre Eltern an. Ihr Vater war anläßlich eines Historikerkongresses in Wien gewesen. Er war Auden-Fan und nahm uns an einem Tag auf eine kleine Wallfahrt nach Kirchstetten mit, das kleine Dorf, in dem Auden seine letzten Jahre verbracht hatte. Abends, zurück in Wien, gingen wir essen und in ein Konzert. Wir mochten uns sofort.

Eine Frau nahm ab. »Hallo«, sagte ich. »Spreche ich mit Mrs. McNicholl?«

»Ja. Und mit wem spreche ich?« Irgendwo tief vergraben entdeckte ich einen österreichischen Akzent.

»Ich bin Michael Holme.«

»Ach, ja, ja. Einen Augenblick, bitte. Ich hole meinen Mann.« Etwas wie Panik war an die Stelle von Selbstsicherheit getreten.

Kurz darauf war Dr. McNicholl am Apparat. Er war nicht unfreundlich, machte aber den Eindruck von jemandem, der schnellstmöglich aus einem überfüllten Aufzug herauswill.

»Hallo, Michael. Es ist vermutlich wegen Julia. Ich habe Ihre Briefe weitergeleitet, aber, nun ja, es ist ihre Entscheidung, ob sie antworten will oder nicht.«

»Wie sind ihr die Prüfungen gelungen?« Von Maria wußte ich bereits, daß sie sehr gut abgeschnitten hatte, aber ich versuchte alles, um das Gespräch weiterzuführen.

»Sie hat bestanden.«

»Es geht ihr doch gut, oder?«

»Ja, es geht ihr gut«, sagte er bestimmt.

»Würden Sie ihr ausrichten, daß ich angerufen habe? Bitte.«

Eine Pause, und dann eine widerwillige Lüge: »Ja.«

»Wo ist sie? Ist sie da − ich meine − ist sie bei Ihnen in Oxford?«

»Um Himmels willen, Michael, haben Sie ihr nicht genug weh getan?« Dr. McNicholl konnte nicht länger höflich sein und legte auf. Ich legte auch auf, zitterte vor Niedergeschlagenheit und wußte, daß es zwecklos war.

1.12

Meine erste Aufgabe heute ist eine wechselseitige Schinderei mit einem zwölfjährigen Jungen, der viel lieber Gitarre spielen würde. Nachdem er gegangen ist, wende ich mich der Quartett-Arbeit zu. Ich sehe mir die Noten für die nächste Probe an, kann mich aber nicht konzentrieren. Statt dessen lege ich eine CD von Beethovens Klaviertrio in c-Moll auf, nach dem mich Carl Käll vor so vielen Jahren fragte.

Was für eine wunderbare Sache sind diese ersten von Beethoven mit Opuszahlen numerierten Werke, ein Trio von Trios, die der Welt sagen, ja, ich kann es ertragen, daß sie mir zugeschrieben werden. Die Perle der drei ist: Opus 1, Nummer 3. Carl war selbstverständlich anderer Meinung; er hielt es für das schwächste der drei.

Es war Julias Lieblingstrio von Beethoven. Besonders mochte sie die Moll-Variationen im zweiten Satz, obschon ihr das Cello und die Violine in dieser stillen Melancholie die eigene Bedeutung zu rauben schienen. Wann immer sie es hörte, spielte oder auch nur las, bewegte sie den Kopf langsam von einer Seite zur anderen. Und sie liebte den unspektakulären Schluß des Werks.

Ich habe es zwar oft gehört, aber während der letzten Jahre kein einziges Mal gespielt. Wenn ich gelegentlich ad hoc mit einem Trio spiele und es vorgeschlagen wird, überrede ich die anderen, davon abzusehen, manchmal behaupte ich sogar, daß mir nichts daran läge.

Von den Aufnahmen erinnert mich keine an die Art, wie sie es spielte, manche machen mir jedoch das Herz leichter.

Aber was hat mich je an ihre Art zu spielen erinnert? Manchmal in einem Konzert eine oder zwei Phrasen, manchmal etwas mehr, aber nie etwas, was länger dauert. Zu sagen, daß ihr Spiel etwas Natürliches hatte, sagt nicht viel, schließlich spielen alle gemäß ihrer Natur. Angemessene Überraschung, Intensität, Nach-Innen-Gekehrtheit – der Versuch zu erklären, was sie vermittelt hat, ist sinnlos. Ich kann die Schönheit ihres Spiels genausowenig beschreiben wie das, was ich fühlte, als ich sie zum erstenmal sah. Wenn ich während der letzten Jahre das Radio anschaltete, hörte ich gelegentlich jemanden spielen und war überzeugt, daß es Julia war. Aber die Wendung einer Phrase überzeugte mich vom Gegenteil; und wenn ich noch Hoffnung oder Zweifel hatte, gab mir die Ansage am Schluß recht.

Letztes Jahr hörte ich ausgerechnet in einem Taxi ein Stück Bach. Ich fahre selten Taxi, in Taxis hört man selten Musik, die Musik, die man hört, ist selten klassiche Musik. Wir waren schon fast vor dem Studio angekommen, als der Taxifahrer beschloß, Radio 3 anzuschalten. Es war das Ende eines Präludiums und der Beginn einer Fuge, merkwürdigerweise in c-Moll. Das ist Julia, sagte ich mir. Das ist Julia. Alles klang nach ihr. Wir kamen an; er schaltete das Radio aus; ich zahlte und lief. Ich hatte mich verspätet, und außerdem wußte ich, daß ich mich irren mußte.

47

1.13

Virginie ruft an, um eine Unterrichtsstunde abzusagen. Als sie den Termin festlegte, hat sie ihren Kalender nicht konsultiert. Jetzt hat sie gemerkt, daß sie bereits eine Verabredung hat. Eine Freundin aus Paris ist gerade angekommen. Die Freundin wird es nicht verstehen, aber ich, und außerdem hatte sie es schon vorher vereinbart, ob es mir sehr viel ausmacht?

»Wer ist diese Freundin?« frage ich.

»Chantal. Ich habe dir doch von ihr erzählt, oder? Sie ist Jean-Maries Schwester.« Jean-Marie war Virginies vorletzter Freund.

»Okay, Virginie.«

»Wann sollen wir uns treffen?«

»Das will ich jetzt nicht besprechen.«

»Warum nicht?«

»Ich bin beschäftigt.« Tatsache ist, Virginies Herangehensweise an die Dinge ärgert mich.

»Aha!« sagt Virginie vorwurfsvoll.

»Selbst aha.«

»Du klingst so verdrossen, Michael. Hast du heute schon ein Fenster aufgemacht?«

»Es ist kalt. Ich will nicht immer frische Luft.«

»Na klar, der große arktische Schwimmer hat Angst vor der Kälte.«

»Virginie, langweile mich nicht.«

»Warum bist du sauer auf mich? Warst du gerade mitten in irgendwas?«

»Nein.«

»Warst du gerade fertig mit irgendwas?«

»Ja.«

»Was?«

»Ich habe Musik gehört.«

»Was für Musik?«

»Virginie!«

»Es interessiert mich.«

»Du meinst, du bist neugierig – was etwas völlig anderes ist.«

»Nein, es ist nur ein bißchen was anderes. Also?«

»Was also?«

»Also, was für geheimnisvolle Musik hast du gehört?«

»Beethovens Trio in c-Moll, entschuldige, *ut mineur*, für Klavier, Violine und Violoncello, Opus 1, Nummer 3.«

»Sei einfach nur nett, Michael.«

»Ich versuche es.«

»Warum hat dich diese Musik gegen mich aufgebracht?«

»Sie hat mich nicht gegen dich aufgebracht, wie du es ausdrückst. Wenn ich gegen jemand aufgebracht bin, dann gegen mich selbst.«

»Ich mag das Trio sehr gern«, sagt Virginie. »Wußtest du, daß er es auch als Streichquintett arrangiert hat?«

»Was für ein Unsinn, Virginie. Na gut, laß es uns hinter uns bringen und einen Termin für den Unterricht ausmachen.«

»Aber das hat er getan, Michael. Er hat es nicht transponiert oder so.«

»Virginie, glaub mir, wenn es ein Streichquintett in c-Moll von Beethoven gäbe, wüßte ich definitiv davon, hätte es mit allergrößter Sicherheit gehört und hätte es sehr wahrscheinlich auch gespielt.«

»Ich habe es in meinem *Guide de la Musique de Chambre* gelesen.«

»Das ist unmöglich!«

»Warte. Warte. Nur einen Augenblick.« Gleich darauf ist sie wieder am Telefon. Ich höre, wie sie umblättert. »Hier steht es. Opus 104.«

»Was hast du gesagt?«

»Opus 104.«

»Aber das ist ja verrückt. Das wäre ja am falschen Ende seines Lebens. Bist du sicher?«

»Bist du nicht zu beschäftigt? Willst du jetzt mit mir sprechen?« fragt Virginie, und ihrer Stimme sind deutlich die hochgezogenen Augenbrauen anzuhören.

»Ja. Ja. Was steht da noch?«

»Mal sehen«, sagt Virginie und übersetzt fließend aus ihrem Buch. »Hier steht, daß er 1817 das dritte Klaviertrio aus dem Opus 1 als Streichquintett neu arrangiert hat … Zuerst hat es ein Amateur getan, und Beethoven schreibt eine, wie sagt man, humoristische

Würdigung, daß das schreckliche Arrangement des Amateurs ein Quintett für drei Stimmen sei, und Beethoven hat es dann richtig für fünf Stimmen gemacht und es von einer großen Miserabilität in einen präsentablen Aspekt verwandelt. Und das ursprüngliche Arrangement des Amateurs für drei Stimmen wird den infernalischen Göttern in einer feierlichen Vernichtung dargebracht. Hast du alles mitgekriegt?«

»Ja, ja. Unglaublich! Steht noch was da?«

»Nein. Für weitere Kommentare verweist es auf das Trio.«

»Liest du häufig Nachschlagewerke, Virginie?«

»Nein, ich habe es nur überflogen, wie ihr Engländer sagt.«

Ich lache. »Dieser Engländer nicht.«

»Bist du jetzt zufrieden?« fragt Virginie.

»Ich denke schon. Ja, ja, ich bin zufrieden. Danke, Virginie. Tut mir leid, daß ich vorhin so unfreundlich war. Wann soll der Unterricht stattfinden?«

»Donnerstag nächster Woche um drei Uhr.«

»Ist das nicht ein bißchen lange hin?«

»Nein, nicht sehr lange.«

»Na gut, aber übe regelmäßig.«

»O ja, natürlich«, sagt Virginie fröhlich.

»Du hast das doch nicht erfunden?« frage ich. »Es hört sich so unglaublich an.« Aber sie hätte nie so viele plausible Einzelheiten aus dem Stegreif erfinden können.

»Sei nicht albern, Michael.«

»Und es sind zwei Geigen, zwei Bratschen und ein Cello – keine ungewöhnliche Kombination, stimmt's?«

»Nein. So steht es hier.«

»Opus 104?«

»Opus 104.«

1.14

»Opus 104?«

»Opus 104.«

»Das ist sehr merkwürdig, Sir. In c-Moll? Im CD-Katalog steht es nicht. Unter Beethovens Streichquintetten kann ich es nicht finden.«

»Vielleicht ist es aus irgendeinem Grund unter den Klaviertrios aufgeführt.«

»Ich schaue nach … nein, tut mir leid, dort ist es auch nicht. Ich versuch's im Computer. Ich gebe ›Streichquintett in c-Moll‹ ein, mal sehen, was er ausspuckt. Nein, das hilft uns auch nicht weiter. Er meldet: ›Kein Eintrag unter Ihrem Suchbegriff‹ … Mal sehen, was passiert, wenn ich ›Opus 104‹ eingebe … Tut mir leid, da meldet er nur Dvořák … Sie meinen doch nicht Dvořák?«

»Nein, Dvořák meine ich nicht.«

»Soll ich statt dessen das Trio für Sie bestellen, Sir?«

»Nein, danke.«

Die Stimme des Mädchens bei Chimes klingt ungläubig. »Ein Streichquintett in c-Moll von Beethoven? Haben Sie das Stück selbst gehört, Sir?«

»Nein, aber eine Freundin hat mir davon erzählt. Es ist gut dokumentiert.«

»Also, Sir, leider haben wir keine Partitur, die Ihrer Beschreibung entspricht. Vielleicht, wenn Sie uns Ihre Telefonnummer hinterlassen … «

»Sie müssen doch irgendwo eine Liste mit Beethovens Opus-Nummern haben. Könnten Sie bitte unter eins-null-vier nachsehen?«

Halb seufzend, halb schnaubend: »Vermutlich.«

Als sie wieder am Apparat ist, klingt sie verwirrt und reumütig. »Also, Sir, Sie scheinen recht zu haben.«

»Ich scheine recht zu haben?«

»Ich meine, Sie haben recht. Ich weiß nicht, was ich sagen soll. Tut mir leid. Wir haben es nicht hier, und es ist vergriffen.«

»Aber es handelt sich um Beethoven, nicht um Engelbert Humperdinck. Sind Sie ganz sicher, daß Sie es nicht irgendwo bestellen können?«

Einen Augenblick herrscht Schweigen. Dann sagt sie: »Mir ist da gerade was eingefallen. Haben Sie noch eine Minute Zeit?«

»Wenn nötig eine Woche.«

Als sie wiederkommt, sagt sie: »Ich habe in den Microfiches nachgesehen. Ich weiß nicht, was Sie davon halten werden. Emerson Editions haben es als Arrangement für ein Klarinettenquintett. Das könnten wir für Sie bestellen. Partitur und Stimmen. Es kostet zweiunddreißig Pfund und würde nur zwei Wochen dauern, wenn es auf Lager ist. Mehr gibt es nicht.«

»Als Klarinettenquintett? Das ist absolut verrückt. Na gut, bestellen Sie es. Nein, bestellen Sie es nicht. Ich melde mich wieder.«

Die bedeutendste öffentliche Musikbibliothek in London öffnet erstaunlicherweise erst um ein Uhr mittags, deswegen beschließe ich, es statt dessen in Manchester zu versuchen.

Ich rufe die Henry Watson Music Library an, mein zweites Zuhause als Student in Manchester – und, noch wichtiger, während der drei Jahre zwischen Schule und College, als ich mir einen unregelmäßigen Lebensunterhalt verdienen mußte. Damals konnte ich mir keine Partituren und Musik leisten. Wenn es diese Bibliothek nicht gegeben hätte, weiß ich nicht, wie ich meinen Traum, Musiker zu werden, hätte beibehalten können. Ich verdanke ihr soviel; gewiß wird sie nichts dagegen haben, wenn ich ihr noch ein bißchen mehr zu danken habe.

Eine tiefe männliche Stimme meldet sich. Ich erkläre mein Anliegen.

Die Antwort klingt leicht überrascht. »Sie wollen sagen, daß dieses Arrangement von ihm ist? Ja, natürlich, natürlich, wenn es eine Opus-Nummer gibt, muß es von ihm sein, nicht wahr? ... Einen Augenblick.«

Ich muß lange warten. Zwei, drei Minuten. Schließlich: »Ja, wir haben die Stimmen für eine Reihe von Beethoven-Quintetten: Ihres ist dabei. Mal sehen, da sind 4, 29, 104 und 137. Diese Ausgabe wurde von Peters publiziert, aber ich weiß nicht, ob sie nicht vergriffen ist. Wir haben sie seit Ewigkeiten. Seit den zwanziger Jahren, wenn nicht länger. Und Sie werden erfreut sein zu hören, daß wir auch eine Miniatur-Partitur haben – eine von den Eulenburgs. Auch schon ziemlich alt. Drauf steht ›10. August 1916‹. Tja, man lernt jeden Tag was Neues. Ich muß zugeben, daß ich nie von Opus 104 gehört habe.«

»Ich kann Ihnen gar nicht genug danken. Das einzige Problem ist, ich bin in London.«

»Das sollte keine Schwierigkeit sein. Wir leihen an andere Bibliotheken aus, es kann also jede seriöse Bibliothek bei uns nachfragen.«

»Die Westminster Music Library zum Beispiel?«

»Ja. Auch sie mußten, nun, leiden, aber ich vermute, sie können ein Trio noch von einem Quintett unterscheiden.«

Ich muß lächeln. »Sie haben recht, sie ist nicht in der besten Verfassung«, sage ich. »Aber wie ich gehört habe, hatten auch Sie während der letzten Jahre Schwierigkeiten. Etatkürzungen und so weiter.«

»Seit 1979 gibt es jede Menge Aufregung. Verglichen mit anderen, sind wir ganz gut weggekommen. Das Wichtigste ist weiterzumachen.«

»Ich verdanke Ihrer Bibliothek sehr viel«, sage ich. »Ich war sieben Jahre in Manchester.«

»Aha.«

Während wir uns unterhalten, sehe ich die Krümmung der Wände vor mir, das Licht, das durch die Fenster fällt, und die massiven Mahagoniregale. Und die Bücher, die wunderbaren Partituren, die ich ausleihen konnte, noch bevor ich am Royal Northern College of Music studierte – als ich mich damit abplagte, zu überleben und zu sparen, und keinerlei Unterstützung von einer akademischen oder musikalischen Institution erhielt.

»Übrigens«, fahre ich fort, »als ich das letztemal in Manchester war, ist mir aufgefallen, daß ihr moderne Regale angebracht und die schönen alten Mahagonisachen rausgeworfen habt.«

53

»Ja.« Er klingt ein bißchen defensiv. »Es sind gute solide Regale, aber, hm, etwas rutschig. Sobald wir das gelöst haben, werden sie ihren Zweck hervorragend erfüllen.«

»Wie wollen Sie das machen?«

»Klebebänder. Oder Sandpapier.«

»Sandpapier?«

»Ja, Sandpapier – das funktioniert ausgezeichnet. Ich persönlich votiere für Sandpapier. Sandpapier ist eine merkwürdige Sache: Es macht glatte Dinge rauh und rauhe Dinge glatt ... Also die Partitur werde ich nicht wieder ins Regal stellen. Ich lege sie zur Seite mit einer Notiz, die besagt, daß wir aus London eine Bitte um Ausleihe erwarten.«

»Das wäre nett. Danke. Vielen herzlichen Dank.«

Ich kann es kaum glauben. Sobald ich die Noten habe, werde ich dieses Quintett spielen. Das Maggiore kann sich einen zweiten Bratschisten ausleihen. Ich weiß, daß sich im Gegensatz zum Trio nichts meiner bemächtigen oder mein Herz und meinen Arm lähmen wird. Aber jetzt will ich es unbedingt hören. Irgendwo in London muß eine Aufnahme davon aufzutreiben sein.

Ich nehme den Bus und setze mich oben ganz nach vorn. Es ist ein kalter klarer Tag. Der Wind bläst durch die Abdichtungen des Fensters vor mir. Vertrocknete Platanenblätter liegen auf der Straße. Durch die kahlen Bäume sehe ich bis zum Serpentine.

Bald aber bin auf der Oxford Street, der Antithese von Grün und Wasser. Rote Busse und schwarze Taxis übernehmen wie zwei feindselige Arten riesiger Ameisen die Straßen. Auf den Gehsteigen eilen vorweihnachtliche Einkäufer umher wie wahnsinnige Blattläuse.

Ich gehe in jeden Laden, den ich finde – Tower, HMV, Virgin, Music Discount Center –, rede mit zahllosen Verkäufern und überfliege Hunderte von Dünndruckseiten in der CD-Bibel, bevor mir klar wird, daß es von diesem Werk keine CD gibt und mit großer Wahrscheinlichkeit nie eine gegeben hat.

Frustriert rufe ich Piers an und frage ihn um Rat. Er glaubt, von dem Stück gehört zu haben, kann mir jedoch nicht sagen, wie an eine Aufnahme zu kommen ist. Als nächstes versuche ich es bei Billy, der – erstaunlich für einen durch und durch modernen Komponisten – an die Tugenden von Vinyl glaubt.

»Hm«, sagt Billy, »es ist nur eine Vermutung, aber versuch es mal bei Harold Moore. Sie haben jede Menge alter Platten, vielleicht wirst du dort fündig. Du bist sowieso in der Gegend. Kann nicht schaden, es zu versuchen.«

Er nennt mir die Adresse und fügt hinzu: »Es wäre wunderbar, es zu spielen, falls es das Ding tatsächlich gibt.«

»Es gibt kein ›Falls‹, Billy. Ich habe Stimmen und Partitur aufgetrieben.«

»Ach, ich möchte mir die Partitur ansehen«, sagt Billy enthusiastisch. Der Komponist in ihm tritt in den Vordergrund. »Unbedingt. Es ist zwar Recycling, stimmt doch, oder, aber nicht nur Recycling. Er muß eine Menge Veränderungen vorgenommen haben – ich meine, richtige Veränderungen. Wie kann ein Cello doppelte Arbeit leisten? Und was ist mit den Arpeggio-Passagen des Klaviers? Die sind doch nichts für Streichinstrumente, oder? Und … «

»Billy, tut mir wirklich leid, ich muß los. Aber vielen Dank. Wirklich. Bis heute abend.«

Ich breche belebt auf und finde den Laden. Nach den Glas- und Chromgiganten in der Oxford Street, in denen Aufzüge, Dezibel und Wachmänner den Ton angeben, ist Harold Moore ein Dickensscher Hafen, in dem ein paar dubios wirkende Menschen schläfrig den Inhalt von Pappkartons inspizieren. Ich werde in den Keller geschickt und schaue alles an, was angeboten wird. Ich spreche mit einem alten Mann, der sehr hilfsbereit ist, mir letztlich jedoch nicht helfen kann.

»Und Sie meinen bestimmt nicht Opus 29?«

»Nein.«

»Schreiben Sie Ihren Namen und Ihre Adresse auf diese Karte, und wenn wir etwas kriegen, geben wir Ihnen Bescheid.«

Oben bemerke ich hinter einem Tisch ganz hinten im Laden einen besorgt dreinblickenden Mann. Ich bin auf dem Weg hinaus und weiß, daß es hoffnungslos ist, aber ich versuche es trotzdem, nur für den Fall.

Er schließt die Augen und tippt sich mit dem Zeigefinger auf den Mund. »Wissen Sie, da klingelt etwas bei mir. Ich will nicht allzu optimistisch sein, aber wollen Sie noch mal mit nach unten kommen? Es gibt einen Stapel osteuropäischer Aufnahmen, der schon eine Weile rumliegt. Ich habe die Platten noch nicht bei den Komponisten eingeordnet, aber ich meine mich vage zu erinnern ... Ich kann mich natürlich täuschen – oder wenn ich recht habe, kann sie schon verkauft sein.«

Nach fünf Minuten zieht er eine Platte heraus, liest beide Seiten der Hülle und überreicht sie mir.

1.15

In der Regent Street nehme ich einen Bus nach Hause. Der vorderste Platz ist besetzt, und ich setze mich auf halber Länge ans Fenster. Hinter mir kichert, plappert und streitet sich ein halbes Dutzend französischer Schuldmädchen.

Ich freue mich über die wertvolle Platte. Auf der Hülle ist ein großer Raum in herrschaftlichem Braun und Mattgold abgebildet, ein kunstvoller glänzender Parkettboden, hier und da eine Vase oder ein Gemälde, ein Kronleuchter, ein Perserteppich, eine Tür mit Behang, die in einen anderen Raum führt, der seinerseits in einen dritten übergeht, die gesamte Zimmerflucht lichterfüllt: ein angenehmes Vorspiel zu den Vinyl-Freuden darin. Die einzige Merkwürdigkeit ist ein hölzerner Ständer mitten im Raum, wie ich ihn für gewöhnlich mit roten Plüschseilen in Verbindung bringe, die Besucher zurückhalten sollen. Hätte man ihn nicht entfernen können? Ist er am Boden befestigt? Ist es vielleicht ein Einrichtungsgegenstand, ein Hutständer für nur einen Hut?

Als der Bus in die Oxford Street biegt, applaudieren die französischen Schülerinnen.

Auf der LP sind zwei Streichquintette von Beethoven: das in

c-Moll, nach dem ich so verzweifelt gesucht und das ich erstaunlicherweise gefunden habe; und eins in Es-Dur, eine weitere Überraschung, wiewohl ich mich daran erinnere, daß der Bibliothekar
beiläufig seine Opus-Nummer, 4, erwähnte. Sie wurden (mit einem
zusätzlichen Bratschisten) vom Suk Quartett aufgenommen und
1977 von der tschechischen Plattenfirma Supraphon herausgebracht.
Laut dem Text auf der Plattenhülle haben die Mitglieder des Quartetts, die alle auch in Orchestern spielen, »nur begrenzt Gelegenheit
Konzerte zu geben, aber sie machen das Beste daraus. Sie bemühen
sich systematisch darum, wenig bekannte, ihrer Meinung nach zu
Unrecht vernachlässigte Werke zur Aufführung zu bringen, und
bitten weitere Musiker, mit ihnen Werke in ungewöhnlichen
Kombinationen zu spielen, die die Öffentlichkeit sonst nur selten
zu hören bekommt.«
Bravo. Bravo Suk. Bravo Supraphon. Was hätte ich ohne euch getan? In zwanzig Minuten werde ich in meiner Wohnung sein, aber
ich werde es mir nicht sofort anhören. Spät am Abend, nach der
Probe, werde ich nach Hause kommen, eine Kerze anzünden, mich
auf mein Bett legen und in das Quintett versenken.
Während der Bus sich durch die Oxford Street wälzt, aufgehalten
von Haltestellen, Ampeln, Staus und hin und wieder von einem
verrückten Fußgänger, der sich einen Weg über die Straße bahnt,
beginnen die französischen Schülerinnen eine lebhafte Diskussion
über, wie ich glaube, die Verdienste miteinander konkurrierender
Kosmetika. Ich wende mich wieder der Plattenhülle zu.
Das Suk Quartett, gegründet 1968, hieß ursprünglich Quartett 69,
ein eindeutig nicht durchdachter Name. Ein Jahr später nahm es jedoch »mit dem Einverstädnis des Nachlaßverwalters des Komponisten Josef Suk seinen heutigen Namen an«.
Mein erster Eindruck, daß der Name etwas mit dem Geiger Josef
Suk zu tun haben mußte, war also vollkommen falsch. Oder vielleicht doch nicht, denn weder die deutsche noch die französische
Version des Texts erwähnen das Wort »Komponist«. Und der Geiger war schließlich der Urenkel des Komponisten … der seinerseits,
wenn ich mich recht erinnere, der Schwiegersohn Dvoráks war, der

wiederum wie ich Sohn eines Metzgers war. Meine Gedanken schweifen in immer wirrere Regionen ab, und ich blicke von der Platte auf, um festzustellen, warum wir nicht weiterfahren.

Wir sitzen hinter einer Reihe von Bussen fest, die an der Ampel vor Selfridges stehen. Ich wende den Kopf etwas, um eins meiner liebsten Kennzeichen zu betrachten, den großartigen, in Lapis gekleideten weiblichen Engel von Selfridges mit den dazugehörigen Meermännern, die verehrungsvoll vor ihm knien. Der Engel und das exzentrische Gebäude sind die einzigen Dinge in der Oxford Street, die mir ein Lächeln abnötigen.

Meine Augen schaffen es nicht bis zum Engel von Selfridges.

Julia sitzt eineinhalb Meter von mir entfernt und liest ein Buch.

1.16

Im Bus nebenan, am Fenster direkt gegenüber meinem sitzt Julia. Der Bus blieb an der Ampel stehen.

Ich schlage gegen das Fenster und rufe: »Julia! Julia! Julia! Julia! Julia!«

Sie kann mich nicht hören. Wir befinden uns in zwei voneinander getrennten Welten.

Hör auf zu lesen, Julia. Schau. Schau aus dem Fenster. Sieh mich an. O Gott.

Um mich herum hören die Fahrgäste auf, sich zu unterhalten. Die Schulmädchen starren mich an. Im Bus nebenan scheint niemand etwas zu bemerken.

Ich trommle weiterhin gegen das Fenster. Jeden Augenblick kann sich ihr Bus oder meiner in Bewegung setzen.

Sie lächelt über etwas in dem Buch, und mich verläßt der Mut.

Der Mann, der hinter ihr sitzt, wird auf mich und die von mir hervorgerufene Aufregung aufmerksam. Er wirkt verwirrt, aber nicht beunruhigt. Ich gestikuliere und deute verzweifelt – und nach langem Zögern tippt er Julias Schulter an und zeigt auf mich.

Julia sieht mich an, ihre Augen werden groß vor – ja was? Erstaunen? Entsetzen? Wiedererkennen? Ich muß wild aussehen – mein Gesicht rot – meine Augen mit Tränen gefüllt – meine Fäuste noch immer geballt – ein Jahrzehnt älter – jeden Augenblick wird die Ampel umschalten.

Ich wühle in meinem Rucksack nach Papier und Stift, notiere meine Telefonnummer in großen Ziffern und halte sie gegen das Glas. Sie schaut darauf, dann sieht sie wieder mich an, ihr Blick perplex. Gleichzeitig setzen sich beide Busse in Bewegung.

Mein Blick folgt ihr. Ihr Blick folgt mir.

Ich halte Ausschau nach der Nummer auf der Rückseite ihres Busses. 94.

Ich greife nach meiner Schallplatte und laufe zur Treppe. Man macht mir reichlich Platz. Die Schuldmädchen flüstern: »Fou.« »Soûl.« »Non. Fou.« »Non. Soûl.«

Der Schaffner kommt die Treppe herauf. Ich kann nicht an ihm vorbei, muß zur Seite treten. Ich verliere Zeit, ich verliere sie.

Schließlich bin ich unten, dränge mich an zwei Personen vorbei und springe aus dem fahrenden Bus.

Ich schlängle mich durch den Verkehr auf die andere Straßenseite.

Ich habe zuviel Zeit verloren. Ihr Bus ist davongefahren. Er ist weit vor mir, Busse und Taxis dazwischen. Ich versuche mich durch die Menge zu drängen, aber es sind zu viele Menschen. Ich werde ihn nicht einholen.

Ein Fahrgast steigt aus einem Taxi aus. Eine junge Frau, die Arme voller Einkäufe, will es nehmen, als ich mich vor sie stelle. »Bitte«, sage ich. »Bitte.«

Sie tritt einen Schritt zurück und starrt mich an.

Ich steige ein. Zum Taxifahrer sage ich: »Ich möchte die Nummer vierundneunzig da vorn einholen.«

Er wendet sich halb um, nickt. Wir fahren. Die Ampel schaltet auf Gelb. Er bleibt stehen.

»Können Sie nicht noch weiterfahren?« flehe ich. »Es ist noch nicht rot.«

»Man nimmt mir meine Lizenz weg«, sagt er verärgert. »Wozu die Eile? Damit ist nicht viel Zeit gewonnen.«

»Darum geht es nicht«, bricht es aus mir heraus. »In dem Bus ist jemand, den ich seit Jahren nicht mehr gesehen habe. Ich muß ihn erwischen. Womöglich steigt sie aus.«

»Nur die Ruhe, Mann«, sagt der Fahrer. Aber er versucht sein Bestes. Als unsere Fahrbahn sich um eine Busspur verbreitert, überholt er einen oder zwei Busse. Dann wird die Straße erneut eng, und er kann nichts tun. Plötzlich wird der gesamte Verkehr wieder langsam. Nur Fahrradkuriere können sich rasch zwischen den Spuren hindurchschlängeln.

»Können Sie nicht von der Oxford Street runter und weiter vorn wieder drauf?«

Er schüttelt den Kopf. »Hier nicht.«

Nach einem weiteren heiklen Überholmanöver sagt der Fahrer: »Schaun Sie, Mann, ich bin näher dran, aber um ehrlich zu sein, ich werd's nicht schaffen, nicht in der Oxford Street. Der Verkehr ist hier immer zäh, aber nicht so langsam wie jetzt. Die besten Chancen haben Sie, wenn Sie aussteigen und laufen.«

»Sie haben recht. Danke.«

»Das macht zwei Pfund sechzig.«

Ich habe nur einen Fünf-Pfund-Schein und kann nicht auf das Wechselgeld warten. Ich sage zu ihm, daß er es behalten soll, und lange nach meiner Tasche.

»He! Nicht *die* Tür«, ruft er, als ich die rechte Tür öffne. Aber mir ist klar, daß ich gegen die Menschenmenge auf dem Gehsteig keine Chance habe. Meine einzige Hoffnung besteht darin, durch den mir entgegenkommenden Verkehrsstrom zu laufen.

Schwitzend, von Dieselabgasen vergiftet, unfähig mit meinen unpassenderweise in Tränen schwimmenden Augen etwas zu sehen, laufe ich und keuche und laufe. Auf der anderen Seite beschleunigt der Verkehr, auf meiner bleibt er Gott sei Dank stehen.

Kurz vor dem Oxford Circus erreiche ich den Bus. Ich überquere die Straße und steige ein. Ich will die Treppe hinauflaufen und kann nicht. Langsam gehe ich hinauf, voller Hoffnung und Angst.

Julia ist nicht da. Wo sie saß, sitzt jetzt ein kleiner Junge neben seinem Vater. Ich gehe bis ganz nach vorn und sehe in jedes Gesicht.

60

Ich gehe wieder hinunter und sehe in jedes Gesicht. Sie ist nicht da.

Ich bleibe stehen. Die Leute schauen mich an und wenden sich ab. Der Schaffner, ein schwarzer Mann mit grauem Haar, will etwas sagen, tut es aber nicht. Ich muß das Fahrgeld nicht bezahlen. Der Bus biegt in die Regent Street. Am Piccadilly Circus steige ich wie alle anderen aus. Ich überquere Straßen, gehe dorthin, wo die Menschen um mich herum hingehen. Der Wind bläst kleine Teile Abfall durch die Luft. Vor mir sehe ich das Schild von Tower Records.

Bestürzt schließe ich die Augen. Den Rucksack trage ich auf dem Rücken, aber meine Hände sind leer. Ich habe die Schallplatte im Taxi vergessen.

Ich setze mich unter Eros' Pfeil und weine.

1.17

Unter Eros' Statue, zwischen Touristen, Drogenhändlern und jungen Strichern sitze ich. Jemand spricht mich an, aber was er sagt, kann ich nicht begreifen.

Ich stehe auf. Ich gehe die Piccadilly entlang, durch eine von den Kalten und Elenden bevölkerte Unterführung, durch den Hyde Park, bis zum Serpentine. Ich habe mich allen Geldes entledigt, das ich bei mir hatte. Eine weiße Sonne steht tief. Gänse schnattern. Ich setze mich auf eine Bank und bedecke das Gesicht mit den Händen. Nach einer Weile gehe ich weiter. Schließlich gelange ich zu Hause an.

Das Lämpchen meines Anrufbeantworters blinkt, und ich drücke sofort auf den Knopf. Aber nichts; eine Nachricht von Billy; eine Nachricht vom Glaser; eine Nachricht von jemandem, der mich für eine Londoner Fischköderfirma hält.

Wie hätte es möglich sein sollen? Wie sollte sich jemand in ein paar Sekunden sieben zufällig aneinandergereihte, unleserlich hingekritzelte Zahlen merken? Aber ich stehe im Telefonbuch. Da sie mich gesehen hat, wird sie wissen, wie sie mich ausfindig machen kann.

Sie war es. Ich weiß, daß sie es war. Und dennoch, war es möglich, daß ich mich mit den Augen genauso täuschte wie mit den Ohren: wenn jemand anders im Radio spielte und alles darauf hindeutete, daß sie es war? Ihr goldbraunes Haar, das sie länger hat wachsen lassen, ihre graublauen Augen, ihre Augenbrauen, ihre Lippen, ihr ganzes geliebtes Gesicht, es kann keine zwei davon in der Welt geben. Sie war nicht weiter von mir entfernt als die Sitze auf der anderen Seite des Gangs, aber sie hätte auch in Wien sein können. Ihre Miene – es war Julias Miene –, die Art, wie sie den Kopf schräg hielt, als sie las, die Art, wie sie lächelte, wie sie vertieft war. Ein schwarzer Mantel an einem Tag wie diesem, ein pfaublauer Schal um ihren Hals. Was tut sie in London? Wohin war sie unterwegs? Wohin fuhr sie? Stieg sie aus, um nach mir Ausschau zu halten? Sind wir aneinander vorbeigelaufen? Stand sie irgendwo auf dem Gehsteig, suchte die Menschenmenge mit Blicken ab und weinte?

Zwei Schichten Glas zwischen uns; es war wie der Gefängnisbesuch eines geliebten Menschen nach vielen Jahren.

Busse sind berüchtigt dafür, daß sie im Konvoi fahren. Fuhren vielleicht zwei Busse Nummer 94 hintereinander, und sie saß noch im vorderen, als ich die Hoffnung aufgab? Warum jetzt noch daran denken, was für einen Sinn könnte es haben?

War sie während der letzten zehn Jahre in London? Nein, das hätte ich sicher erfahren. In England? Was tut sie jetzt hier? Wo ist sie?

Mein Magen rebelliert. Mir ist schlecht. Woran liegt es? Der Spaziergang in der Kälte, nachdem ich geschwitzt hatte? Ich habe den ganzen Tag so gut wie nichts gegessen.

Was habe ich in ihren Augen gelesen? Verwirrung – Beunruhigung – Mitleid? Habe ich Liebe gesehen? Habe ich in den Augen dieser Frau Liebe gesehen?

Zweiter Teil

2.1

Ich bringe die Probe hinter mich. Ein Tag vergeht, noch einer. Ich kaufe Brot und Milch. Ich esse, ich trinke, ich dusche, ich rasiere mich. Erschöpft vom Wachsein, schlafe ich. Ich unterrichte. Ich nehme an den Proben teil. Ich schalte die Nachrichten an und nehme die Worte auf. Ich tausche Grüße mit dem Portier und den Bewohnern unseres Hauses aus. Wie damals, als ich aus Wien floh, dirigieren sich Kopf und Körper selbst.

Wenn Julia in London lebt, so steht sie nicht im Telefonbuch. Wenn sie nicht in London lebt, kann sie überall sein.

Die verlorene LP kann ich auch nicht aufspüren. Der Taxifahrer, so erfahre ich, hätte sie in irgendeinem Polizeirevier abgeben sollen, von wo sie ins Fundbüro überstellt worden wäre. Dort rufe ich an. Kann ich mich an die Nummer des Taxis erinnern? Nein. Ich soll in ein paar Tagen wieder anrufen. Ich tue es, vergeblich. Zwei Tage später frage ich erneut nach. Man macht mir keine Hoffnung. Vielleicht hat sie der nächste Fahrgast mitgenommen. Das passiert ständig mit Regenschirmen. Wenn sie etwas hören, werden sie sich melden. Aber ich bin mir sicher, daß ich die Schallplatte nicht wiedersehen werde. Ich werde nicht hören, was ich beinahe gehört hätte.

Ich rufe Erica Cowan, unsere Agentin, an. Sie ist überrascht, daß ich es bin. Normalerweise verhandelt Piers mit ihr. Ich bitte sie um Rat, wie ich Julia McNicholl finden kann.

Sie stellt ein paar Fragen, notiert sich ein paar Einzelheiten und sagt dann: »Aber warum jetzt plötzlich, Michael, nach so vielen Jahren?«

»Weil ich sie neulich in London gesehen habe, in einem Bus, und ich muß sie finden. Ich muß es einfach.«

Erica schweigt und sagt dann ernst und zögernd: »Michael, ist es möglich, daß du dich getäuscht hast?«

»Nein.«

65

»Und du willst eure Bekanntschaft nach diesem, nun, Riß bestimmt wieder aufleben lassen?«

»Ja. Und, Erica – bitte sprich nicht darüber. Ich meine, ich will nicht, daß Piers, Helen und Billy ständig darüber reden.«

»Gut«, sagt Erica, die sich offensichtlich über unsere Komplizenschaft freut, »ich werde in England herumfragen, und ich werde Lothar in Salzburg fragen, ob er helfen kann.«

»Würdest du das tun, Erica, wirklich? Vielen herzlichen Dank. Ich weiß, wie beschäftigt du bist. Aber – wenn wir schon von Österreich reden – es gibt da eine Cellistin, Maria Novotny, die ziemlich aktiv am musikalischen Leben in Wien teilnimmt und eine Freundin von Julia war – *ist*, würde ich meinen. Wir waren alle drei an der Musikhochschule und haben als Trio zusammen gespielt. Das könnte – ich weiß nicht, aber das könnte eine Spur sein.«

»Vielleicht«, sagt Erica. »Aber würdest du der nicht lieber selbst nachgehen?«

»Ich weiß nicht«, sage ich. »Ich glaube einfach, daß eine Nachfrage von einem Agenten – einem einheimischen Agenten wie Lothar – besser funktionieren würde.« Im Hinterkopf habe ich das beunruhigende Gefühl, daß Maria weiß, wo Julia ist, und es mir nicht sagen will.«

»Und du glaubst, daß deine Freundin Julia McNicholl noch immer auftritt?« fragt Erica. »Daß sie die Musik nicht aufgegeben hat?«

»Das ist unvorstellbar.«

»Wie alt wird sie jetzt sein – ungefähr?«

»Dreißig. Nein, einunddreißig vermutlich. Nein, zweiunddreißig.«

»Wann hast du sie zum letztenmal gesehen? Vor London meine ich.«

»Vor zehn Jahren.«

»Michael, bist du sicher, daß du sie wiedersehen willst?«

»Ja.«

»Aber zehn Jahre – ist das nicht ein bißchen lange?«

»Nein.«

Erica schweigt eine Weile und wird dann pragmatisch. »Mac mit A? Ein L oder zwei?«

»Kein A, zwei L. Und ein H nach dem C.«

»Ist sie Schottin? Oder Irin?«

»Ich glaube, ihr Vater ist zu einem Viertel Schotte, aber praktisch ist sie Engländerin. Das heißt halb Engländerin, halb Österreicherin.«

»Ich werd's versuchen, Michael. Vielleicht ist das der Anfang einer völlig neuen Karriere für mich.« Erica klingt wie fast immer immens optimistisch.

Wenn Erica, unser Großer Weißer Häuptling mit ihrer Mischung aus mütterlichen und haifischartigen Eigenschaften sie nicht finden kann, weiß ich nicht, wer es sonst schaffen sollte. Aber wieder vergehen Tage, und mit jeder von Ericas Mißerfolgsmeldungen schrumpft mein Reservoir an Hoffnung.

Schließlich erzähle ich ihr, daß Julias Eltern in Oxford leben.

»Warum um alles in der Welt hast du mir das nicht früher gesagt?« fragt Erica, notiert die Einzelheiten und kann den Ärger in ihrer Stimme nicht unterdrücken. »Das hätte mir Zeit erspart.«

»Ja, Erica, du hast ja recht, aber ich dachte, es wäre am besten, es zuerst auf professionellem Weg zu versuchen. Ich wollte nicht, daß du deine Zeit vergeudest, aber der Gedanke, ihre Eltern zu belästigen, ist mir unerträglich.«

»Michael, das werde ich dir überlassen.«

»Ich kann nicht. Wirklich, ich kann nicht. Ich habe es einmal versucht, vor Jahren, und kam nicht weiter. Du warst so nett, und ich hasse es, dich darum zu bitten. Aber ich kann es einfach nicht selbst tun.«

Erica seufzt. »Ich weiß nicht, wie ich mich ausdrücken soll. Mir ist dieses, hm, Projekt nicht ganz geheuer. Aber ich mag dich, Michael, und ich werd's versuchen. Wenn ich sie finde, kann ich nicht mehr tun, als dafür zu sorgen, daß sie weiß, wie sie sich mit dir in Verbindung setzen kann.«

»Ja. Das ist fair. Das akzeptiere ich.«

Erica ruft mich am nächsten Wochenende an. »Rate, von wo ich anrufe.«

»Keine Ahnung – nein, ich weiß es. Erica, soviel hättest du nicht auf dich nehmen müssen.«

»Also«, sagt Erica, »Oxford ist auch nicht weiter weg als manche Stadtteile in London. Und ein richtiger Spürhund nimmt die Fährte an der Quelle auf. Außerdem mußte ich hier sowieso jemanden treffen«, fügt sie rasch hinzu.

»Und?«

»Michael, schlechte Nachrichten«, sagt Erica eilig. »Der Pförtner des College hat mir erzählt, daß Dr. McNicholl vor fünf oder sechs Jahren gestorben ist. Man glaubt, daß Mrs. McNicholl nach Österreich zurückgegangen ist, aber sie haben keine Adresse von ihr. Was Julia anbelangt, wissen sie überhaupt nichts. Die Telefonnummer, die du mir gegeben hast, existiert noch − man muß nur eine Fünf davor wählen −, aber da lebt jetzt jemand ganz anders. Und ich war bei ihrem Haus in der Banbury Road. Die jetzigen Eigentümer haben es nicht von ihr gekauft, die Besitzer haben also mindestens zweimal gewechselt.«

Mir fällt nichts ein. Deswegen fährt Erica fort: »Die Spur hat uns nicht weitergebracht. Tut mir leid. Die Sache hat angefangen, mir Spaß zu machen, und aus irgendeinem Grund war ich heute morgen ganz sicher, daß ich Erfolg haben würde. Aber du siehst ja. Ich habe mir gedacht, daß ich dich von Oxford aus anrufe, um es dir zu erzählen und dich zu fragen, ob ich's hier in der Stadt noch irgendwo versuchen kann.«

»Du hast alles versucht«, sage ich und hoffe, meine Enttäuschung nicht durchklingen zu lassen. »Du warst wunderbar.«

»Weißt du, Michael«, sagt Erica plötzlich zuversichtlich, »jemand ist einmal vollständig aus meinem Leben verschwunden. Einfach verschwunden. Ich brauchte Jahre, um es − nicht zu verstehen, verstanden hab ich's nie, vermutlich verstehe ich immer noch nicht, warum es praktisch ohne Vorwarnung passiert ist −, sondern mich damit auszusöhnen. Aber wenn ich jetzt meinen Mann ansehe und meine Kinder, dann denke ich, Gott sei Dank.«

»Tja … «

»Du mußt demnächst zu uns zum Abendessen kommen«, sagt Erica. »Allein. Nein, mit den anderen. Nein, allein. Wie wäre es mit nächsten Donnerstag?«

»Erica … ich bin zur Zeit nicht sehr gesellig.«

»Natürlich.«

»Aber es ist wirklich sehr freundlich von dir.«

»Überhaupt nicht. Mein eigenes Interesse. Ich muß meine Herde
füttern. Meinen Stall pflegen. Und, wie gesagt, ich hatte hier einen
Termin. Heute nachmittag ist Oxford wunderschön, nach dem Regen *glänzt* einfach alles. Aber einen Parkplatz zu finden ist die Hölle.
Wie immer. Tschü-üs.«

Darauf folgen zwei hörbare Küsse, und dann legt Erica auf.

2.2

Tage vergehen, ich halte es in Gesellschaft anderer nicht aus, aber
wenn ich allein bin, machen mich die Erinnerungen krank.

Ich klammere mich an die Routine eines Lebens, das naturgemäß –
abgesehen von den Unterrichtsstunden, deren Zeiten ich selbst be-
stimme – aus willkürlichen Verabredungen besteht: Auftritte mit
dem Quartett, Proben, Aufnahmen, Aushilfsauftritte bei der Camerata Anglica.

Ich unterrichte Virginie und finde Ausreden, um nicht zu bleiben.
Sie spürt, daß etwas nicht stimmt. Wie sollte sie nicht? Bisweilen
sieht sie mich an, mit einer Mischung aus Schmerz und zorniger
Verwirrung.

Mein wöchentlicher Fixpunkt ist das Schwimmen am Samstagmorgen. Wenn ich das aufgebe, werden meine Tage jegliche Struktur
verlieren.

Heute gibt es allerdings einen Unterschied. Die Wasserschlangen
werden fürs Fernsehen gefilmt. Wir tun alle unser Bestes, um desinteressiert zu wirken.

Für einen Novembermorgen ist es nicht sonderlich kalt, da die Sendung aber irgendwann an Weihnachten ausgestrahlt werden soll,
wird es kälter erscheinen. Drei vom Studio angeheuerte hübsche
Mädchen kündigen die Aktion an. Sie stehen auf dem langen Steg,
bibbern in ihren Badeanzügen und quietschen übertrieben laut. Phil

und Dave stoßen durchdringende bewundernde Pfiffe aus und werden vom Kamerateam zum Schweigen gebracht. »Ooooh«, sagt ein Mädchen, »gleich nach der Werbung sind wir wieder da, wir sind ganz verrückt danach, das zu tun, aber … « Die Kamera schwenkt zu den Schwänen und Gänsen, die auf dem See schwimmen und am Ufer herumwatscheln. Der kleine Lido ist bemerkenswert sauber. Phil hat die Exkremente, Berge davon, ins Wasser gefegt. »Wohin sonst?« fragt er und zuckt die Achseln.

Ein Golden Retriever schwimmt mit seinem Herrn. Die Aufnahme ist nicht zufriedenstellend. Der triefend nasse Hund und sein frierender Herr müssen noch einmal ins Wasser.

Dann beginnt unser Wettschwimmen. Giles gibt uns unsere Vorgaben, die auf früheren Leistungen beruhen. Wir gehen auf den Steg und springen ins Wasser, der langsamste zuerst, dann der Rest einer nach dem anderen, während an Land die Sekunden laut vorgezählt werden. Andy, der junge Jurastudent, springt als letzter. Seine Handicap ist für gewöhnlich so groß, daß er keine Chance hat.

Alle kommen bibbernd und mit Ehren bedeckt aus dem Wasser. Im Clubhaus sind die Kameras nicht zugelassen.

»Hier könnt ihr nicht rein, das ist privat.«

»Was ist, Phil, gibt's was, für das du dich schämst?« fragt Dave. »Laß die Mädels doch rein. Und ihr Team.«

Andy, plötzlich beunruhigt, zieht sein Hemd an und die Schöße nach unten, bevor er sich seiner Badehose entledigt.

»Nonnenwitz! Nonnenwitz!« ruft Gordon. »Ruhe für den Nonnenwitz. Es waren einmal vier Nonnen, und sie kamen an die Himmelstür … «

»Sei still, Gordon. Das war mal ein anständiger Club«, sagt jemand lachend.

»Das war vor meiner Zeit«, sagt Gordon stolz.

Der Wasserkessel pfeift. Während Phil Tee braut, verwickelt mich der niedergeschlagene Ben in ein Gespräch. Vor seiner Pensionierung war Ben Fleischbeschauer.

»Ich bin auf Diät. Ich ernähre mich von Birnen«, sagt er mit großem Ernst. »Birnen und Wasser.«

»Klingt nach einer Modediät«, sage ich.

»Sechs Pfund Birnen.«

»Warum?« sage ich und frage mich – nicht aber ihn –, ob das seine tägliche oder wöchentlich Ration ist und ob es alles ist, was er essen darf.

»Prostata.«

»Oh«, murmle ich mitfühlend, nicht gerade klüger, aber mehr will ich trotzdem nicht wissen. »Ah, Tee. Ich hole dir eine Tasse.«

Der Golden Retriever bellt und bettelt. Phil taucht sein Haferplätzchen in den Tee und gibt dem Hund die Hälfte.

Als ich angezogen bin, verabschiede ich mich.

»Bis dann, Mike.« »Bis nächste Woche.« »Mach uns keine Schande, Kumpel.«

Drei Schwäne fliegen über das Wasser und landen. Auf dem gegenüberliegenden Ufer trabt eine Truppe Kavallerie, Helme und Brustpanzer blitzen in der Sonne. Auf der dreibögigen Brücke zu meiner Linken hält und fährt der Verkehr immer wieder an. Das Kamerateam steht auf dem Steg, aber von den drei schicken Mädchen ist nichts zu sehen.

Ich gehe unter der Brücke durch und den See entlang. An der Bayswater Road lege ich eine Pause ein, um Wasser zu trinken. Auf dem kleinen Brunnen steht die bronzene Statue zweier Bären, die sich spielerisch liebevoll umarmen. Ich muß lächeln. Nachdem ich getrunken habe, tätschle ich ihnen zum Dank die Köpfe und gehe nach Hause.

2.3

Vor Archangel Court befindet sich eine von einer niedrigen Buchshecke eingefaßte Rasenfläche. Ein paar Blumenbeete, ein kleiner Goldfischteich, ein großer Stechpalmenbaum, bewachsen von einer Clematis. Unser Teilzeitgärtner, ein Cousin von Rob, pflegt diese Zone. Er ist so schweigsam, wie Rob redselig ist.

Ich gehe über die Grünfläche, als mir eine Frau in Blazer und Hose auffällt – hager, stark geschminkt, Ende Fünfzig, würde ich sagen –, die forsch den Weg entlangschreitet. Ich blicke sie kurz an, sie blickt mich kurz an und fragt sich vermutlich, ob wir als Fremde, die auf dasselbe Gebäude zusteuern, einen freundlichen Gruß austauschen sollten.

Als ich auf den Weg trete, sieht sie mich direkt an. »Ich glaube, Sie sollten nicht über den Rasen gehen«, sagt sie mit einem verächtlich diphtonggeschwängerten Akzent, der stark nach Pferdemist klingt und mich maßlos aufregt. Ich brauche ein, zwei Sekunden um mich zu erholen. »Normalerweise tue ich das nicht«, sage ich, »aber manchmal empfinde ich es als sehr angenehm. Danke für Ihre Ansicht zu diesem Thema.«

Wir gehen Seite an Seite weiter. Ich öffne die äußere Tür und halte sie ihr auf, aber – da ich sie nie zuvor gesehen habe und auch nicht allzu galant sein will – nicht die innere. Ich habe meinen elektronischen Schlüssel in der Hand, warte jedoch, während sie in ihrer Handtasche herumkramt. Wir sind eingeschlossen zwischen den zwei Glasscheiben, und die Nähe macht sie nervös.

»Übrigens«, sage ich, »warum um alles in der Welt haben Sie es für nötig befunden, mich anzusprechen, wenn Sie nicht mehr zu sagen hatten?«

Etwas wortkarg, aber immer noch bestimmt sagt sie: »Ich habe nur an das Gras gedacht.«

Rob, der in der Lobby hinter seinem Tisch sitzt, blickt von der Daily Mail auf und macht uns die Tür auf. Die Frau geht zu dem rückwärtigen Aufzug. Ich warte neben dem vorderen.

»Haben Sie sich mit Bee angefreundet?« fragt mich Rob.

Ich erzähle ihm von unserem seltsamen Wortwechsel, und er lacht. »Ach ja, Bee, sie kann ganz schön scharfzüngig sein … Sie sind neu eingezogen – kommen einmal die Woche aus Sussex. Ihr Mann kann es nicht ausstehen, wenn jemand über den Rasen geht. Vor ein paar Tagen hat er zu mir gesagt: ›Rob, da spielen Kinder auf der Wiese.‹ ›Wie schön‹, habe ich gesagt. Wozu gibt es denn Wiesen?«

Ein Kurier in schwarzer Lederkluft klingelt und wird eingelassen.

»Ein Paket für Nummer sechsundzwanzig. Unterschreiben Sie?«
fragt er Rob und hat es offensichtlich eilig weiterzukommen.

»Nummer sechsundzwanzig – das ist Mrs. Goetz. Sie ist im Haus –
Sie übergeben es ihr besser selbst. Der hintere Lift ... Ach, da fällt
mir was ein, Michael. Ein Taxifahrer hat das für Sie vorbeigebracht.
Sie waren nicht da, deswegen hat er es bei mir hinterlegt.«

Er langt in das Fach unter seinem Tisch und überreicht mir eine
weiße Plastiktüte. Ich starre sie an.

»Geht's Ihnen nicht gut?« fragt Rob.

»Doch – doch«, sage ich und setze mich auf das Sofa.

»Es ist doch hoffentlich alles in Ordnung, Michael«, sagt Rob. Das
Telefon klingelt. Er ignoriert es.

»Alles in Ordnung«, sage ich. »Tut mir leid ... ich kann einfach
nicht glauben, daß irgend jemand ... Hat er etwas hinterlassen? Hat
er etwas gesagt?«

»Nein, nur daß Sie das im Taxi vergessen haben und daß er sich
gefreut hat, daß er Sie ausfindig gemacht hat.«

»Wie sah er aus?«

»Ich hab nicht richtig hingesehen, wissen Sie. Weiß. Brille. Um die
Vierzig. Klein. Frisch rasiert. Er muß auf dem Videoband sein,
wenn Sie ihn sich ansehen wollen. Es ist erst zwanzig Minuten her.«

»Nein, nein – ich fahre jetzt nach oben.«

»Ja, ja, tun Sie das. Die Platte bedeutet Ihnen wohl viel?« sagt Rob
ein wenig amüsiert.

Ich nicke und drücke auf den Knopf für den Aufzug.

2.4

Ohne den Serpentine von mir abzuwaschen, lege ich das Streichquintett auf. Der Klang erfüllt den Raum: so vertraut, so geliebt, so
verwirrend und hinreißend anders. Von der Stelle, nur zehn Takte
nach dem Anfang, als nicht das Klavier der Geige antwortet, sondern die Violine sich eine eigene Antwort gibt, bis zur letzten Note
des letzten Satzes, als das Cello, statt die Terz zu spielen, mit seinem

tiefsten, am stärksten resonierenden, offensten Ton den wunderbar sparsamen C-Dur-Akkord unterstützt, befinde ich mich in einer Welt, in der ich alles und nichts zu wissen scheine.

Meine Hände wandern über die Saiten des c-Moll-Trios, während meine Ohren in dem Quintett aufgehen. Hier nimmt mir Beethoven, was mir gehört, und gibt es der anderen Geige; dort überläßt er mir die höheren Bereiche dessen, was Julia spielte. Es ist eine magische Transformation. Ich höre es mir noch einmal von Anfang bis Ende an. Im zweiten Satz ist es die erste Geige – wer sonst? –, die das Thema des Klaviers übernimmt, und die Variationen verharren in einer merkwürdigen, geheimnisvollen Distanz, als wären sie in gewisser Weise um eine Stufe versetzte Variationen, orchestrale Varianten von Variationen, aber auf eine Weise verändert, die über das hinausgeht, was sich durch Orchestrierung allein erklären läßt. Ich muß es mit dem Maggiore spielen, ich muß einfach. Wenn wir es mit einer befreundeten Bratsche spielen, wird Piers sicher nichts dagegen haben, wenn ich nur dieses eine Mal den Part der ersten Geige übernehme.

Ich weiß nach wie vor nicht, wie mich der Taxifahrer gefunden hat. Die einzige Möglichkeit, die mir einfällt, ist, daß er die Aufschrift auf der Tüte oder den Kassenzettel gelesen hat, daß er am selben Tag, an dem ich sie vergessen habe, noch zu Henry Moore's fuhr, daß dort jemand die Platte wiedererkannte, daß der alte Mann im Untergeschoß sich daran erinnerte, daß ich meine Adresse hinterlassen hatte. Aber lag Bayswater so viele Tage lang nicht auf seiner Strecke? Hatte er Urlaub? Und was hat ihn dazu bewogen, diese Mühe auf sich zu nehmen, mir diese Freundlichkeit zu erweisen? Ich kenne weder seinen Namen noch die Nummer seines Taxis. Ich kann ihn nicht ausfindig machen oder ihm danken. Aber irgendwo in dieser Musik, die für mich mit so vielen nicht-musikalischen Erinnerungen durchdrungen ist, hat auch diese seltsame Tat ein Zuhause gefunden.

2.5

Ich schreibe an Carl Käll: einen unbeholfenen Brief, wünsche ihm alles Gute für den Ruhestand und sage wenig über mich selbst. Ich gebe allerdings meiner Freude Ausdruck, daß er uns in Stockholm gehört hat und sich seines Studenten nicht schämte. Ich weiß, daß ich nicht die Art Karriere gemacht habe, die er sich für mich vorstellte, aber ich spiele die Musik, die ich liebe. Wenn ich überhaupt an Wien denke, dann an die frühen Tage. Das stimmt zwar nicht, aber warum sollte ich einen Riß zwischen Fremden – zwischen einander Entfremdeten – vergrößern? Ich füge an, daß ich es ihm und meiner Bewunderung für ihn verdanke, wenn ich mich fordere. Das entspricht großenteils der Wahrheit.

Er war ein Spötter: »Ach, ihr Engländer! Finzi! Delius! Es wäre besser, in einem Land ohne Musik zu leben als in einem Land mit so einer Musik.« Und ein Charmeur: Als Julia und ich ihm einmal etwas vorspielten, gab er sich alle Mühe, sie zu loben, beiläufig, intelligent, extravagant. Sie konnte nicht verstehen, was ich gegen ihn hatte, weder damals noch später. Sie liebte mich, ja, aber sie meinte, ich hätte einen Balken im Auge. Und als ich ihn in Manchester kennenlernte, hatte er mich da nicht ebenfalls bezaubert?

Warum nannten wir ihn unter uns Carl? Weil er das am allermeisten gehaßt hätte. »Herr Professor. Herr Professor.« Was hatte der edle Klang, den er erzeugte, mit dem geforderten Katzbuckeln, der von ihm verlangten Unterwürfigkeit der Seele zu tun? Aber warum damit hadern, wenn ich mich der Gegenwart zuwenden sollte?

Der Dezember schreitet voran. Eines Morgens, als ich den Weg vor Archangel Court entlanggehe, bleibe ich wie angewurzelt stehen. Zehn Meter vor mir lauert ein Fuchs. Er starrt konzentriert in einen Lorbeerbusch. In dem grauen Licht wirft die Straßenlampe harte Schatten. Zuerst dachte ich, es müßte eine Katze sein, aber nur einen Augenblick lang. Ich halte den Atem an. Eine gute halbe Minute lang bewegt sich keiner von uns. Dann, aus irgendeinem Grund – ein unbeabsichtigtes Geräusch, ein Wechsel der Windrichtung, intuitive Vorsicht –, wendet der Fuchs den Kopf und schaut mich an. Mehrere Sekunden hält er meinem Blick stand. Dann trottet er über die Straße in den Park und verschwindet im Dunst.

Virginie fährt für ein paar Wochen nach Nyons, um Weihnachten mit ihrer Familie zu verbringen, und besucht dann der Reihe nach alte Schulfreundinnen: Montpellier, Paris, St. Malo. Ich merke, daß ich erleichtert bin.

Ich stelle mir vor, wie sie in ihrem kleinen schwarzen Ka über die Autobahnen flitzt. Ich selbst habe kein Auto. Piers oder Helen oder Billy – meine mitfühlenden Kollegen – nehmen mich für gewöhnlich mit, wenn wir außerhalb spielen. Ich fahre gern Auto; vielleicht sollte ich ein gebrauchtes kaufen. Aber ich habe keine großen Ersparnisse und zu viele Ausgaben, die ich bedenken muß: reale wie meine Hypothek; potentielle wie eine eigene gute Geige. Meine Tononi ist geliehen – sie wird mir großzügig überlassen und ist seit Jahren in meinen Händen, aber es gibt kein Papierstück, das mein Recht auf dieses Stück Holz bekräftigt. Ich liebe sie, und sie reagiert auf mich, aber sie gehört Mrs. Formby, und auf ihren Wunsch hin kann sie mir auch wieder genommen werden und jahrelang ungespielt, ungeliebt, stumm in einem Schrank herumliegen. Oder Mrs. Formby kann sterben, und die Violine wird der Erbmasse zugeschlagen. Was ist mit ihr während der letzten zweihundertsiebzig Jahre geschehen? Wessen Hände werden auf meine folgen?

Die Glocke des Kirchturms schlägt acht Uhr. Ich liege im Bett. Meine Schlafzimmerwände sind leer: keine Bilder, keine Wandbehänge, kein Muster in der Tapete: nur Farbe, weiß und magnolienfarben und ein kleines Fenster, durch das ich, so wie ich liege, den Himmel sehen kann.

2.6

Das Leben gestaltet sich als erträgliches Alleinsein. Das Wiederauftauchen der Schallplatte hat die Dinge verändert. Ich höre Sonaten und Trios, die ich seit Wien nicht mehr gehört habe. Ich höre Bachs Englische Suiten. Ich schlafe besser.

Auf dem Serpentine bildet sich Eis, aber die Wasserschlangen schwimmen weiterhin. Das eigentliche Problem ist nicht die Kälte, es kann nicht kälter als null Grad werden, sondern die scharfen kleinen Splitter und Nadeln aus treibendem Eis.

Nicholas Spare, der Musikkritiker, lädt mich und Piers (nicht jedoch Helen und Billy) zu seiner vorweihnachtlichen Party ein: Hackfleischpastete, starker Punch und bösartiger Klatsch, unterbrochen von Weihnachtsliedern, die Nicholas selbst auf einem nicht gestimmten Flügel herunterklopft.

Nicholas irritiert mich. Warum gehe ich dann auf diese alljährliche Party? Und warum lädt er mich überhaupt ein?

»Mein lieber Junge, ich bin absolut in dich verknallt«, sagt er zu mir, obschon ich, der ich nur zwei Jahre jünger bin als er, wohl kaum Nicholas' lieber Junge sein kann. Abgesehen davon ist Nicholas in alle Welt verknallt. Piers sieht er mit ungeheucheltem (aber leicht übertriebenem) Verlangen an.

»Gestern abend habe ich Erica Cowan im Barbican getroffen«, sagt Nicholas. »Sie hat mir erzählt, daß euer Quartett nicht mehr aufzuhalten ist, daß ihr überall spielt – Leipzig, Wien, Chicago, sie hat die Namen heruntergerasselt wie eine Reiseleiterin. ›Wie aufregend‹, habe ich gesagt. ›Und wie schaffen Sie es, ihnen so wunderbare Einnahmequellen zu verschaffen?‹ ›Ach‹, sagte sie, ›in der Musik gibt es zwei Mafias, die jüdische Mafia und die schwule Mafia, und Piers und ich decken gemeinsam beide ab.‹«

Nicholas stößt ein schnaubendes Lachen aus und beißt in ein Stück Hackfleischpastete, als er merkt, daß Piers vor Wut schnaubt.

»Erica übertreibt«, sage ich. »Alles ist ziemlich unsicher für uns – wie vermutlich für die meisten Quartette.«

»Ja, ja, ich weiß«, sagt Nicholas. »Allen geht es schrecklich außer den Drei Tenören und Nigel Kennedy. Red bloß nicht weiter. Wenn ich es noch einmal höre, dann fange ich an zu schreien.« Sein Blick schweift durch den Raum. »Ich muß euch mal wieder spielen hören, das muß ich wirklich. Jammerschade, daß es von euch keine Aufnahmen gibt. Spielt ihr nächsten Monat nicht in der Wigmore?«

»Warum schreibst du nicht was über uns?« sage ich. »Bestimmt hat
Erica dir das auch vorgeschlagen. Ich weiß nicht, wie wir es schaffen
sollen, daß wir bekannter werden. Niemand bespricht uns.«

»Es sind die Redaktionsleiter«, sagt Nicholas schlau. »Sie wollen,
daß wir nur über Oper und moderne Musik schreiben. Sie halten
Kammermusik für rückständig – das Standardrepertoire meine ich.
Ihr solltet bei einem wirklich guten Komponisten etwas in Auftrag
geben. Dann werdet ihr besprochen. Ich stell dich Zensyne Church
vor. Dort drüben steht er. Er hat gerade ein wunderbares Stück für
Bariton und Staubsauger geschrieben.«

»Redaktionsleiter?« sagt Piers verächtlich. »Es sind nicht die Redaktionsleiter. Es liegt an Leuten wie dir, die sich nur für sensationelle
Dinge interessieren oder für das, was im Trend liegt. Ihr geht lieber
zur Weltpremiere von irgendeinem Schrott als zu einer hervorra-
genden Aufführung von irgend etwas, was ihr langweilig findet, nur
weil es gut ist.«

Nicholas Spare genießt diesen Angriff. »Ich liebe es, wenn du leidenschaftlich wirst, Piers«, sagt er, um ihn zu provozieren. »Was
würdest du sagen, wenn ich in die Wig komme und eine Kritik
schreibe. Und euch als meinen wöchentlichen Konzerthöhepunkt
empfehle?«

»Ich wäre sprachlos«, sagt Piers.

»Na gut, ich verspreche es. Ich gebe euch mein Ehrenwort. Was
spielt ihr?«

»Mozart, Haydn, Beethoven«, sagt Piers. »Und es gibt eine thema-
tische Verbindung zwischen den Stücken, die dich interessieren
könnte. Jedes Quartett hat einen Fugensatz.«

»Fugen? Wunderbar«, sagt Nicholas, während sich seine Aufmerksamkeit anderem zuwendet. »Und in Wien?«

»Nur Schubert: Quartettsatz, Forellenquintett, Streichquintett.«

»Ach, die Forelle«, sagt Nicholas und seufzt. »Wie süß. All dieser
öde Charme. Ich hasse die Forelle. Sie ist so provinziell.«

»Leck mich, Nicholas«, sagt Piers.

»Ja!« sagt Nicholas, und seine Miene hellt sich auf. »Ich hasse sie.
Ich verabscheue sie. Sie macht mich krank. Sie ist so kitschig. Sie

weiß genau, welches die richtigen Züge sind, und macht sie alle. Sie ist leicht und seicht. Mich wundert, daß sie überhaupt noch gespielt wird. Nein, wenn ich darüber nachdenke, wundert es mich *nicht*. Manche Leute sollten ihr Gehör überprüfen lassen. Apropos, Piers, weißt du eigentlich, daß deine Ohren viel zu groß sind. Also, wie gesagt, ich bin kein Snob – ich mag eine Menge leichte Musik – aber … «

Piers, aschfahl, gießt ein Glas warmen Punsch über den Kopf des Gastgebers.

2.7

Am nächsten Tag proben wir bei Helen. Bruder und Schwester blicken niedergeschlagen drein. Piers' Verhalten hat sich herumgesprochen. Helen hat ihn zusammengestaucht, weil er Nicholas Spare gegen sich aufgebracht hat, besonders nachdem er versprochen hatte, über uns zu schreiben. Aber, so sagt Piers, das hat er in der Vergangenheit bereits mehrmals versprochen, sein heiliges Ehrenwort darauf gegeben, Piers ein, zwei Monate nach dem nicht besprochenen Konzert gemieden und ihn dann mit »mein lieber Junge« angesprochen, als wäre nichts gewesen.

»Ich wußte nicht, daß du die Forelle so magst«, sage ich zu ihm.

»Ich mag sie«, sagt Piers. »Alle tun so, als sei sie eine Art Divertimento – oder Schlimmeres.«

»Ich finde sie einen Satz zu lang«, sage ich.

»Helen, könnte ich bitte eine Tasse Tee haben«, murmelt Piers. »Je heißer, um so besser.«

»Ich nehm's zurück«, sage ich rasch. »Sieht so aus, als käme Billy wie üblich zu spät. Woran liegt's wohl heute? An seiner Frau, den Kindern oder der U-Bahn?«

»Er hat angerufen«, sagt Helen. »Er hat sein Cello nicht in den Kasten gebracht. Der Stachel hat sich verfangen. Aber er ist unterwegs. Sollte gleich hier sein.«

»Das ist mal eine originelle Ausrede«, sagt Piers.

Als Billy kommt, entschuldigt er sich weitschweifig und verkündet dann, daß er etwas Wichtiges diskutieren möchte. Es handelt sich um etwas Strukturelles im Zusammenhang mit unserem Programm in der Wigmore Hall. Er hat den ganzen Tag darüber nachgedacht, und er wirkt besorgt.

»Sprich, Billy«, sagt Piers in geduldigem Tonfall. »Nichts verschafft mir mehr Genuß als eine gute strukturelle Diskussion.«

»Siehst du, so bist du, Piers, du bist entschlossen, skeptisch zu sein.«

»Komm schon, Billy, laß dich von Piers nicht aus dem Konzept bringen«, sage ich.

»Also«, sagt Billy, »wenn wir Haydn, Mozart und Beethoven in dieser Reihenfolge spielen, dann bringen wir die Beziehungen zwischen den Tonarten durcheinander. Alles total konfus. Erst drei Kreuze, dann ein Kreuz, dann vier. Das heißt keine fortschreitende Entwicklung, überhaupt keine fortschreitende Entwicklung, und das Publikum wird zwangsläufig strukturellen Streß empfinden.«

»O nein!« sagt Piers. »Wie schrecklich. Wenn wir Mozart dazu bringen könnten, ein Stück mit dreieinhalb Kreuzen zu schreiben ... «

Helen und ich lachen, Billy schließt sich widerwillig an.

»Also?« sagt Piers.

»Wir müssen nur die Reihenfolge verändern, erst Mozart, dann Haydn«, sagt Billy. »Und das Problem ist gelöst. Aufsteigende Ordnung von Kreuzen, die Struktur ist erkennbar, kein Problem mehr.«

»Aber, Billy, Mozart schrieb sein Stück nach Haydn«, sagt Helen.

»Ja«, sagt Piers. »Was ist mit dem chronologischen Streß des Publikums?«

»Ich dachte schon, daß du so was sagen würdest«, sagt Billy mit listigem Blick – so listig, wie Billy nur blicken kann. »Ich habe die Lösung. Wir wechseln den A-Dur-Haydn aus. Spielen einen späteren Haydn, etwas, was er nach Mozart geschrieben hat.«

»Nein«, sage ich.

»Was?« fragt Helen. »Nur aus Neugier.«

»Das Quartett in fis-Moll aus Opus 50«, sagt Billy. »Es hat auch drei Kreuze, also wird nichts verändert. Das ist überaus interessant. Es hat alle möglichen – ach ja, und der letzte Satz ist zudem eine Fuge, das Hauptthema des Konzerts wird demnach beibehalten.«

»Nein, nein, nein!« sage ich. »Wirklich, Billy, dem Publikum ist eine aufsteigende Ordnung der Kreuze vollkommen egal.«

»Aber mir nicht«, sagt Billy. »Uns sollte es nicht egal sein.«

»Hat es nicht einen Satz mit *sechs* Kreuzen?« fragt Piers zweifelnd. »Ich erinnere mich, daß ich es als Student einmal von Anfang bis Ende gespielt habe. Es war ein Alptraum.«

»Und außerdem ist es bestimmt zu spät, das Programm zu ändern«, sage ich rasch. »Die Wigmore hat es wahrscheinlich schon drucken lassen.«

»Wir können anrufen und fragen«, sagt Billy.

»Nein, nein!« sage ich. »Nein. Laßt uns proben. Das ist doch alles bloß reine Zeitverschwendung.«

Die anderen drei sehen mich an, überrascht.

»Ich liebe das A-Dur-Quartett«, sage ich. »Ich will es nicht aufgeben.«

»Uh«, sagt Billy.

»Oh«, sagt Piers.

»Ah«, sagt Helen.

»Nein. Will ich nicht. Was mich anbelangt, ist der Haydn der Höhepunkt des Konzerts. Es ist überhaupt schon immer mein Lieblingsquartett aller Zeiten.«

»Okay, war nur eine Idee«, sagt Billy und macht einen sanften Rückzieher, als hätte er es mit einem Wahnsinnigen zu tun.

»Wirklich, Michael?« fragt Helen. »Wirklich?«

»Aller Zeiten?« fragt Piers. »Das beste Streichquartett aller Zeiten?«

»Ich habe nicht behauptet, daß es das beste ist«, sage ich. »Ich weiß, daß es nicht das beste ist – was immer das ›beste‹ eigentlich bedeuten soll, und es ist mir eigentlich auch egal, was es bedeutet. Es ist mein Lieblingsquartett, und mehr ist mir nicht wichtig. Wir können den Mozart rauswerfen und den Beethoven, wenn ihr wollt, und dreimal den Haydn spielen. Dann wird es weder strukturellen noch chronologischen Streß geben – und wir müssen auch keine Zugabe spielen.«

81

Ein paar Sekunden lang herrscht Schweigen.

»Uh«, sagt Billy noch einmal.

»Tja«, sagt Piers. »Da haben wir's. Keine Programmänderung – Michael hat dagegen gestimmt. Tut mir leid, Billy. Also, eigentlich so leid tut's mir gar nicht.«

»Weil wir gerade von Zugabe reden«, sagt Helen, »halten wir an unserem Geheimplan fest? Das Publikum wird etwas schockiert sein, aber, Billy, das ist eine deiner wirklich brillanten Ideen.«

»Ja, brillant, Billy«, sage ich. »Nach einem Konzert wie diesem, was würde da besser passen?«

Billy ist besänftigt.

»Also«, sagt Piers, »Michael hat den schwierigsten Part bei der Zugabe, und wenn ihm die Idee gefällt, dann nichts wie los. Aber ich weiß nicht, ob wir es wirklich schaffen. Vorausgesetzt, wir gefallen dem Publikum so gut, daß es überhaupt eine Zugabe verlangt.« Er hält ein paar Sekunden inne. »Fangen wir heute damit an. Alles bis auf Michaels Problemnote. Auf diese Weise kriegen wir ein Gefühl dafür, wo wir eigentlich hinsteuern, bevor wir ihn gleich zu sehr belasten.«

Billy sieht aus, als wollte er etwas sagen, überlegt und nickt dann.

Und so proben wir, nachdem wir unsere Instrumente gestimmt und die rituelle Tonleiter gespielt haben, über eine Stunde lang die vierminütige Zugabe. Wir sinken in ihre seltsame, komplizierte überirdische Schönheit. Bisweilen stockt mir der Atem. Sie ist anders als alles, was wir als Quartett je gespielt haben.

2.8

Es sind noch drei Tage bis Weihnachten. Ich fahre nach Norden. Der Zug ist voll. Aufgrund falsch gestellter Weichen außerhalb des Bahnhofs Euston hat der Zug eine halbe Stunde Verspätung. Die Leute sitzen geduldig da, lesen, unterhalten sich oder blicken aus den gegenüberliegenden Fenstern.

Der Zug fährt. Kreuzworträtselfelder werden gefüllt. Plastiklöffel rühren in Teetassen. Ein Kind fängt an, grundlos und laut zu weinen. Handys klingeln. Papierservietten werden zerknüllt. Vor dem Fenster wird der graue Tag dunkler.

Stoke-on-Trent, Macclesfield, Stockport und endlich Manchester. Es ist ein windstiller, aber eiskalter Tag. Ich werde mich hier nicht aufhalten, hole den Wagen, den ich vorbestellt habe, und fahre weiter nach Rochdale. Es ist eine Extravaganz, aber so habe ich die Möglichkeit, wann immer ich will, in die Moore zu fahren und mit Mrs. Formby einen Ausflug zu machen.

»Alle unsere Wagen sind mit Alarmanlage ausgestattet«, sagt das Mädchen in breitem Dialekt. Sie blickt auf meine Adresse, als sie mir die Schlüssel aushändigt. Ich merke bereits, wie etwas von meinem eigenen Akzent zurückkehrt.

Ich fahre an der bürgerlich-heroischen Statue am Piccadilly Square vorbei, an dem Gebäude mit dunkler Glasverkleidung, in dem einst der *Daily Express* untergebracht war, an der Habib Bank und der Allied Bank of Pakistan, den Textillagerhäusern, dem jüdischen Museum, einer Moschee, einem McDonald's, einer Sauna, Rechtsanwaltskanzleien, einem Pub, einem Videoladen, Boots, Bäckern, einem Imbiß, einem Kebabstand ... an einem grauen Turm der Telecom mit Sender- und Empfängerpickeln, ein Rittersporn des Teufels. Ich fahre, bis die Ränder Manchesters Platz machen für grüne Kleckse, und gegen den dunkler werdenden Himmel sehe ich ein Pferd auf einer Wiese, ein oder zwei Bauernhöfe, kahle Kastanien und Platanen und bald den Ausläufer des Pennine, der meine Geburtsstadt schützend umgibt.

Alle meine Schulfreunde sind aus Rochdale fortgezogen. Außer meinem Vater, Auntie Joan, Mrs. Formby und einem alten Deutschlehrer, Dr. Spars, verbindet mich nichts mehr mit dieser Stadt. Doch was ihr zugestoßen ist, ihre langsame Ausweidung und ihr Tod erfüllen mich mit kalter Trauer.

Über den Himmel sollte ein graupeliger Wind wehen. Es ist ein zu stiller Tag. Aber Schnee ist vorhergesagt. Morgen werden wir drei bei Owd Betts zu Mittag essen. An Heiligabend werden wir in die Kirche gehen. Am zweiten Weihnachtsfeiertag werde ich wie gewöhnlich mit Mrs. Formby nach Blackstone Edge fahren. Ich möchte nicht auf den Friedhof gehen. Ich werde eine Weile in diesem mit Alarmanlage ausgestatteten und zentralverriegelten weißen Toyota sitzen auf dem Parkplatz, wo einst unser Haus stand, und eine weiße Rose – ihre Lieblingsblume – auf den platt gewalzten und, wie ich hoffe, schneebedeckten Schauplatz ihres Lebens legen.

2.9

Mein Vater sitzt da, Zsa-Zsa auf dem Schoß, und döst ein. Während der letzten Tage hat er etwas unter dem Wetter gelitten. Unser Plan, zu Owd Betts zu fahren, wurde auf nach Weihnachten verschoben. Er fühlt sich auch nicht in der Lage, heute abend in die Kirche zu gehen. Auntie Joan meint, daß er nachläßt.

Das kleine vordere Zimmer ist mit Stechpalmen- und Mistelzweigen geschmückt, aber seit Mums Tod haben wir keinen Christbaum mehr. Das Haus ist voller Weihnachtskarten, aber sie sind nicht wie früher an einer Schnur aufgehängt, sondern auf allen ebenen Flächen verteilt. Es ist kaum mehr Platz, um ein Glas abzustellen.

Ein paar Leute schauen vorbei: alte Freunde meiner Eltern oder von Auntie Joan, Leute, die uns aus der Zeit kennen, als wir die Metzgerei hatten, Nachbarn. Meine Gedanken schweifen ab. Der Nachbar, der im übernächsten Haus lebte, ist an Leberkrebs gestorben. Irene Jackson hat einen Kanadier geheiratet, aber die Ehe wird nicht halten. Mrs. Vaizeys Nichte hatte im vierten Monat eine Fehlgeburt. Als wäre es nicht genug, daß im Vormonat ein Sattelschlepper durch das Schaufenster von Susie Prentices Geschäft gekracht ist, ist jetzt auch noch ihr Mann mit ihrer besten Freundin, einer außerordentlich unscheinbaren Frau, durchgebrannt. Sie wurden in einem Hotel in Scunthorpe gesichtet.

»Scunthorpe!« ruft Auntie Joan begeistert und entsetzt.

In guten wie in schlechten Zeiten, ein Kind ward uns geboren, Asche zu Asche.

Zsa-Zsa und ich werden unruhig und gehen hinaus. Ein Rotkehlchen hüpft auf dem Kies unterhalb der Waschbetonmauer herum. Die kalte Luft klärt meine Gedanken. Zsa-Zsa beobachtet aufmerksam das Rotkehlchen.

Als ich in die Grundschule ging, mußte ich zeitweilig unbedingt weiße Mäuse haben. Ich kaufte zwei Stück. Meine Mutter hatte Angst vor ihnen und ließ sie nicht ins Haus, weswegen ich sie in einer alten Toilette neben den Mülltonnen unterbrachte. Eines Morgens stand ich vor einer grauenhafte Szene. Eine Maus war gestorben. Die andere hatte ihren Kopf gefressen.

Zsa-Zsa senkt die Schultern und schleicht sich an. Der Gartenzwerg des Nachbarn lächelt ungerührt.

2.10

Als wir die Metzgerei noch hatten, war Weihnachten eine komplizierte und geschäftige Zeit. Nahezu alle wollten ihren Truthahn in letzter Minute abholen – oder geliefert bekommen. Als Teenager half ich bei den Lieferungen. Auf meinem Fahrrad konnte ich zwei Truthähne gleichzeitig transportieren (zwei sind immer leichter zu balancieren als einer), aber ich weigerte mich, an der Lenkstange einen Drahtkorb anzubringen, obwohl Dad es oft genug vorschlug. Warum sollte ich, solange ich den Job irgendwie so erledigen konnte, das Erscheinungsbild meines Rads ruinieren, das neben meinem Radio mein wertvollster Besitz war?

Im Dezember war der riesige hölzerne Kühlschrank – eher eine Kammer als ein Kühlschrank, die eine ganze Wand des Kellers bedeckte – bis oben hin voll mit rosaroten Leichen. Die Tür fiel mit einer imposanten mechanischen Kadenz zu. Und wenn unten auf der linken Seite der tuckernde Motor samt Schwungrad und Schutzblech aus Metall ansprang, war oben im Wohnzimmer ein lautes, grimmiges, vibrierendes Geräusch zu spüren.

An meinem sechsten Geburtstag, als ich mit meinen Freunden Verstecken spielte, beschloß ich, daß der Kühlschrank ein hervorragendes Versteck wäre. Ich zog zwei Pullover an, kroch hinein und konnte mit ein bißchen Mühe die Tür zuziehen. Nach ein paar Sekunden in diesem vollgestopften, dunklen, eiskalten Ort war ich soweit aufzugeben. Allerdings hatte ich nicht bedacht, daß ich ihn, wenn die Tür einmal ins Schloß gefallen war, von innen nicht mehr öffnen konnte.

Mein Hämmern und Schreien gingen im Brummen des Motors und im Lärm des Spiels nahezu unter. Es konnten jedoch nicht mehr als ein paar wenige Minuten vergangen sein, bis mich in den Räumen oben jemand hörte und rettete. Als ich herauskam, befand ich mich in einem Zustand kraftlosen Entsetzens, schrie noch immer, konnte jedoch kaum sprechen. Monate danach noch hatte ich Alpträume und wachte schweißgebadet auf, sprachlos vor Klaustrophobie und Panik.

Der Kühlschrank spielte auch eine Rolle in meiner ersten Rebellion gegen Essen. Als ich ungefähr zehn war, fuhren Dad und ich in einem Lieferwagen los, um Vögel von einer Truthahnfarm zu holen. Den einen wurde gerade der Kopf abgehackt, andere wurden gerupft, wieder andere rannten noch herum und kollerten. Der Gedanke, daß die Vögel, die ich gerade herumlaufen sah, in leblose Berge verwandelt würden, die unseren Kühlschrank auffüllten, machte mich so unglücklich, daß ich mir schwor, nie wieder einen Weihnachtstruthahn anzurühren. Trotz des Dufts der Füllung und des Spotts meines Vaters blieb ich ein Weihnachten meinem Schwur treu.

Unter Auntie Joans Regime wurde das Apfelmus meiner Mutter von Preiselbeergelee abgelöst, und Dad beschwert sich jedes Jahr darüber. Ohne Apfelmus ist es kein richtiges Weihnachten, Preiselbeergelee ist eine amerikanische Neuerung, es ist zu säuerlich und verursacht ihm Verdauungsstörungen.

Dieses Jahr gibt es schließlich doch keine weiße Weihnachten, sondern wie gewöhnlich ist es nieslig grau. Aber nach einem üppigen Essen, das in Plumpudding mit weißer Rumsauce gipfelte, bin ich guter Laune. Auntie Joans Versuch, statt dessen Brandybutter zu servieren, wurde vor ein paar Jahren erfolgreich abgewehrt. Ich habe eine Flasche Champagner gekauft, und mein Vater hat mehrere Gläser getrunken.

»Ein bißchen was von dem, worauf man Lust hat, tut einem gut«, sagt er.

»Ja«, sagt Auntie Joan, »und viel von dem, worauf man Lust hat, tut einem vermutlich noch besser.«

»Champagner ist gut für mein Herz«, sagt mein Vater. »Sind das nicht deine Wasserschlangen?« sagt er und zeigt auf den Fernseher. Tatsächlich kommt in den Nachrichten ein Bericht über die Wasserschlangen, die ihr jährliches Hundert-Meter-Weihnachtswettschwimmen abhalten. Ungefähr die halbe alte Bande hat sich versammelt und treibt Unfug, und auf dem Steg steht ein Gruppe Ehemaliger. Viele Zuschauer haben sich eingefunden und feuern sie an. Ich bin froh, zu sein, wo ich bin, und Zsa-Zsa träge hinter den Ohren zu kraulen. Ich frage mich beiläufig, wann der Beitrag, den sie über uns gedreht haben, laufen wird. Vielleicht wurde er schon gesendet.

»Ich habe Maggie Rice nie verziehen«, sagt Auntie Joan, den Blick auf den Fernseher gerichtet.

»Was hast du gesagt, Auntie Joan?«

»Maggie Rice. Ich habe ihr nie verziehen.«

»Was hast du ihr nie verziehen?«

»Sie hat mir bei dem Wettrennen am Freitag vor Pfingsten ein Bein gestellt.«

»Nein!«

»Ihr Ausrede lautete, daß ich schon zweimal gewonnen hatte. Ich habe nie wieder ein Wort mit ihr gesprochen.«

»Wie alt warst du?« frage ich.

»Ich war sieben.«

»Aha.«

»Ich habe es nicht vergessen und nicht verziehen«, sagt Auntie Joan zufrieden.

»Was ist aus ihr geworden?« frage ich.

»Weiß ich nicht. Weiß ich nicht. Vielleicht ist sie schon gestorben. Eigentlich war sie ein nettes Mädchen.«

»Ja?« frage ich. Ich fühle mich sehr schläfrig.

Auntie Joan blickt zu Dad, der mit einem glücklichen Lächeln im Gesicht eingenickt ist.

»Ihr Vater hatte ein Geschäft in der Drake Street«, fährt Auntie Joan fort. »Aber die Drake Street ist tot – umgebracht vom Einkaufszentrum. Sie haben sogar die Champness Hall verkauft.«

»Ich gehe spazieren«, sage ich. »Die Rede der Königin werde ich dieses Jahr auslassen.«

»In Ordnung«, sagt Auntie Joan zu meiner Überraschung.

»Ich könnte mit ein bißchen von deinem Plumpudding zu Mrs. Formby hinübergehen.«

»Ihr Mann war im Stadtrat«, sagt mein Vater, die Augen geschlossen.

»Ich bin in ein, zwei Stunden zurück«, sage ich.

2.11

Mrs. Formby lacht vor Freude, als sie mich in der Tür sieht. Sie ist eine ziemlich wohlhabende, häßliche Frau mit einer sehr dicken Brille und Hasenzähnen. Ihr Mann, der vor ein paar Jahre gestorben ist, war ebenfalls ziemlich häßlich. Als Kind sah ich ihn seltener als sie. Sie waren für mich ein aufregend exotisches Paar. In seiner Jugend war er – ausgerechnet – Meister im Rollschuhlaufen, und sie spielte Geige in einem Orchester, obwohl sie mir schon damals so alt erschienen, daß ich Schwierigkeiten hatte, sie mir jung vorzustellen. Sie lebten in einem großen Haus aus Stein mit einem großen Garten voll herrlicher Blumen, ganz in der Nähe von unsrem langweiligen, kopfsteingepflasterten Viertel mit kleinen Reihenhäusern und Läden. Wie sie sich kennenlernten, woher ihr Wohlstand rührte oder wie ihr Mann in den Stadtrat kam, weiß ich nicht.

»Hallo, Michael, wie schön, dich schon heute zu sehen. Ich dachte, du kämst erst morgen, um mich auszufahren.«

»Heute bin ich zu Fuß da. Ein Spaziergang nach dem Mittagessen.«

»Was ist das? Ist das für mich?«

»Ein bißchen was vom Plumpudding meiner Tante. Wird wochenlang vorbereitet und in Sekunden gegessen. In etwa wie Musik.«
Die Formbys hatten keine eigenen Kinder. Ich, ein Einzelkind, hatte zu Hause keine altersgemäße Gesellschaft. Besonders Mrs. Formby schloß mich ins Herz und bestand darauf, daß ich mit ihr Dinge
unternahm, die außerhalb meiner Welt waren und es ohne sie auch
geblieben wären. Sie war es – nicht er –, die mir das Rollschuhlaufen beibrachte und mich, als ich erst neun war, ins Belle Vue mitnahm, um den großartigen »Messias« zu hören.
»Kennst du meinen Neffen und seine Familie? Wir sind gerade mit
dem Essen fertig. Aber unser Pudding ist nur gekauft. Warum
trinkst du nicht ein Glas mit uns?«
»Ich glaube, ich gehe lieber weiter, Mrs. Formby.«
»O nein, nein, nein, Michael, nichts da, du kommst jetzt rein.«
Der Neffe, ein kahler, rüstiger Mann um die Fünfzig, ein Architekt
aus Cheshire, begrüßt mich mit: »Ach ja, der Geiger.« Er mustert
mich etwas mißbilligend. Seine viel jüngere Frau hat alle Hände voll
mit den drei Mädchen zu tun, die sich unter quengligen Schuldzu-
weisungen gegenseitig an den Haaren ziehen und streiten, welchen
Kanal sie sehen wollen.
Kaum halte ich ein Glas Wein in Händen, macht es sich Mrs. Formby in einem Sessel bequem und sitzt gelassen den Lärm aus. Ich leere mein Glas so schnell, wie es die Höflichkeit erlaubt, und verabschiede mich.
Ich bin jetzt in der Nähe meines alten Viertels. Kaum jemand ist
unterwegs. Meine Füße schlagen die Richtung zu dem Parkplatz
ein, wo unser Geschäft war. Er müßte heute leer sein. Aber im letzten Moment hält mich irgend etwas ab, und ich bleibe stehen, bin
mir unsicher, was ich eigentlich dort will, und fürchte beunruhigende Gedanken.
Ich erinnere mich an einen außergewöhnlich schönen Klang. Ich
bin neun Jahre alt. Ich sitze in einem Zustand erregter Erwartung
zwischen Mr. und Mrs. Formby. Auf den Plätzen um uns herum
plaudern Leute und rascheln mit Programmheften. Die Zirkusma-
nege betreten nicht Elefanten und Löwen, sondern eine Gruppe

Männer und Frauen, von denen viele erstaunliche, schimmernde und schillernde Instrumente tragen. Ein kleiner, zerbrechlicher Mann kommt unter Applaus herein, wie ich ihn nie zuvor gehört habe, gefolgt vom eigenartigen absoluten Schweigen der Menge.
Er senkt einen Bogen, und ein wunderschöner Ton erfüllt die Welt. Mehr als alles andere möchte ich Teil solcher Musik sein.

2.12

Am zweiten Weihnachtsfeiertag fahre ich Mrs. Formby nach Black-stone Edge. Als ich von zu Hause wegging und nach Manchester zog, lieh mir eine alte Freundin von ihr eine Geige, die sie nicht brauchte. Aber als Mrs. Formby hörte, daß ich in Wien bei Carl Käll höchstpersönlich studieren sollte, bestand sie darauf, daß ich ihre Tononi mitnahm. Seitdem habe ich sie. Sie freut sich, daß sie gespielt wird und daß ich es bin, der sie spielt. Wann immer ich nach Rochdale fahre, habe ich sie dabei. Diese jährliche Fahrt nennt sie die Miete für ihre Violine.
Abgesehen von ein paar Wolken ist der Himmel klar. Ich liebe das Licht in der Nähe von Blackstone Edge. Wir sollten weit in die Ferne blicken können, über die gesamte Ebene, über Rochdale und Middleton hinaus bis nach Manchester, sogar bis nach Cheshire.
»Ist zu Hause alles in Ordnung?« fragt sie. Mrs. Formbys Verhältnis zu unserer Familie hatte seine Höhen und Tiefen. Sie war immer eine der besten Kundinnen der Metzgerei, aber eine Weile lang wurde sie nur als diejenige gesehen, die mich von der Universität weggelockt hatte.
»Ja«, sage ich. »Alles in Ordnung. Dad war nicht ganz auf dem Damm, aber, na ja, es geht schon wieder ...«
»Und in London?«
»Dort läuft auch alles gut.«
»Hast du jetzt Blumenkästen?« Mrs. Formby schilt mich oft wegen meiner blumenlosen Existenz. Da ich als Kind in ihrem Garten herumtoben durfte, lernte ich viel über Pflanzen von ihr. Aber ich bin

zu faul, ich reise zu häufig, um sie richtig versorgen zu können, der Park ist so nahe, und die Hausverwaltung von Archangel Court runzelt die Stirn über Blumenkästen. Ich erkläre es ihr, wie ich es ihr schon ein-, zweimal zuvor erklärt habe.

»Reist du viel?«

»Nicht mehr als sonst. Im nächsten Mai geben wir ein Konzert in Wien. Es würde Ihnen gefallen. Nur Schubert.«

»Ja«, sagt Mrs. Formby, und ihre Miene erhellt sich. »Schubert! Als ich jung war, haben wir Schubert-Abende veranstaltet. Ein Freund wollte etwas von Schumann spielen. Ich habe es nicht zugelassen. Ich nannte ihn den falschen Schu! ... Da fällt mir etwas ein, Michael. Unser örtlicher Musikverein läßt anfragen, ob dein Quartett hier in Rochdale, im Gracie Fields Theatre auftreten möchte. Ich sagte, ich glaube nicht, aber ich habe versprochen, dich zu fragen. Glaub mir, ich gebe nur eine Bitte weiter und möchte dich in keiner Weise unter Druck setzen.«

»Warum glauben Sie, daß ich hier nicht auftreten möchte, Mrs. Formby?«

»Mein sechster Sinn. Der Musikverein ist noch ziemlich aktiv. Meiner Meinung nach ist er unser einziger Lichtblick, in kultureller Hinsicht. Selbstverständlich ist es aberwitzig, daß der einzig anständige Saal in dieser Stadt mit öffentlichen Verkehrsmitteln nicht zu erreichen ist ... Also, was meinst du dazu?«

»Ich weiß es nicht, Mrs. Formby«, sage ich endlich. »Ich würde gern hier auftreten – ich meine, ich hätte es gern, wenn wir hier auftreten würden. Aber ich habe einfach das Gefühl, daß ich allem, was ich hier spielen würde, keine Gerechtigkeit widerfahren ließe. Ich glaube, ich kann es nicht einmal erklären. Es klingt dumm, ich weiß, und irgendwie sogar, na ja, ein bißchen engstirnig.«

»Das tut es nicht, Michael«, sagt Mrs. Formby. »Du wirst hier spielen, wenn du soweit bist. Und, ehrlich gesagt, wenn es nicht mehr zu meinen Lebzeiten ist, macht es mir nichts aus. Manche Dinge kann man nicht erzwingen. Oder wenn doch, dann wird nichts Gutes daraus ... Übrigens, du mußt dich für mich bei deiner Tante bedanken. Ihr Plumpudding war ganz köstlich.«

»Haben Sie etwas davon gegessen oder alles an Ihre Großnichten verfüttert?«

»Also«, sagt Mrs. Formby und lacht. »Ich habe ein wenig davon probiert. Wie geht es unserer Geige?«

»Es geht ihr wunderbar. Ich habe dieses Jahr ein paar Sachen richten lassen. Sie hat ein bißchen geschnarrt, aber jetzt singt sie wieder wie eine Lerche.«

Ich habe den Wagen am Straßenrand angehalten und blicke den steilen grünen Abhang hinunter. Früher bin ich mit dem Fahrrad hier mit Volldampf hinuntergerast, und der Wind blies mir durchs Haar. Wo verbringen Lerchen den Winter?

»Du weißt, ich möchte, daß du sie spielst, Michael«, sagt Mrs. Formby in besorgtem Tonfall.

»Ich weiß. Und ich liebe sie, Mrs. Formby«, sage ich plötzlich angespannt. »Habe ich Ihnen erzählt, daß wir im Anschluß an Wien nach Venedig fahren? Ich bringe sie zu einem Besuch zurück an ihren Geburtsort. Das sollte sie eigentlich glücklich machen. Sie denken doch nicht daran, sie zurückzufordern, oder?«

»Nein, nein, nicht wirklich«, sagt Mrs. Formby. »Aber mein Neffe geht mir damit auf die Nerven, daß ich Geld für die Ausbildung seiner Töchter beiseite lege, ein Testament mache und so weiter. Ich weiß nicht, was ich tun soll. Und er hat Nachforschungen angestellt und herausgefunden, daß sie jetzt sehr wertvoll ist – die Violine.«

»Tja, ja, das ist sie wohl«, sage ich niedergeschlagen.

»Vor vielen Jahren hat sie mich nicht sehr viel gekostet«, fährt sie fort. »Es bekümmert mich, daß ihr Wert so gestiegen ist. Ich mag meinen Neffen nicht, aber ich liebe meine Großnichten.«

»Wenn Sie sie mir nicht geliehen hätten, hätte ich mir nie eine leisten können«, sage ich. »Sie waren sehr großzügig.«

Wie wir beide wissen, wäre ich ohne ihre Unterstützung aller Wahrscheinlichkeit nach nicht einmal Musiker geworden.

»Ich glaube nicht, daß ich es ertragen könnte, wenn ein Fremder sie spielen würde«, sagt Mrs. Formby.

Dann schenken Sie sie mir, Mrs. Formby, möchte ich sagen. Ich liebe sie, und sie liebt mich. Wir haben einander so gut kennengelernt. Wie kann ein Fremder halten und zum Klingen bringen, was ich so lange in Händen hatte? Wir sind seit zwölf Jahren zusammen. Ihr Klang ist mein Klang. Ich könnte es nicht ertragen, mich von ihr zu trennen.

Aber ich kann es nicht aussprechen. Ich sage überhaupt nichts. Ich helfe ihr aus dem Wagen, und ein paar Minuten lang stehen wir am Straßenrand und schauen an den blockartigen Türmen vorbei, die Rochdale von der verschwommenen Ebene dahinter abgrenzen.

2.13

Als ich gerade neun Jahre alt war, besuchte unsere flegelhafte, ständig schwätzende, Bonbonpapier zerknüllende, Papierflugzeuge werfende Klasse ein Schulkonzert. Es war meine erste Erfahrung mit Livemusik. Als ich Mrs. Formby am nächsten Tag besuchte, erzählte ich ihr alles darüber. Besonders im Gedächtnis haftengeblieben war mir ein Stück über eine Lerche – »Die aufsteigende Lerche«, glaube ich, lautete der Titel.

Mrs. Formby lächelte, ging zum Plattenspieler und legte, wie sie mir erklärte, ein anderes Stück auf, das vom gleichen Vogel inspiriert war. Von der ersten Note von »Die aufsteigende Lerche« an war ich bezaubert. Unter den vielen Wundern, die in diesem Haus herumlagen, hatte ich zwei Geigen bemerkt, und ich wußte, daß Mrs. Formby früher Geige gespielt hatte, aber ich konnte es kaum glauben, als sie mir erzählte, daß sie dieses Stück einst selbst gespielt hatte. »Ich spiele jetzt nicht mehr oft Geige«, sagte sie, »aber ich möchte dir das Gedicht vorlesen, auf dem dieses Stück beruht.« Und sie las mir die Zeilen von George Meredith vor, die Vaughan Williams vertont hatte. Es war merkwürdiger Stoff für einen Neunjährigen, und die Situation wurde noch merkwürdiger, als ich Mrs. Formbys Gesicht betrachtete, den ekstatischen Blick in ihren von den dicken Brillengläsern vergrößerten Augen.

Sie steigt hinauf, dreht ihre Kreise;
Die Silber-Kette ihrer Weise
Läßt fallen sie in vielen Gliedern
Mit Pfeifen, Zwitschern, Triller-Liedern ...

Daß ihr zuteil der Himmel werde,
Flößt sie uns Liebe ein zur Erde;
Für ihre Flügel unser Tal
Ihr ist ein goldener Pokal
Sie selbst der Wein, in dessen Schaum
Sie hebt uns mit zum Himmelsraum ...

Bis sie in Lüften leicht entschwingt
Und schließlich Phantasie noch singt.

Mrs. Formby machte sich nicht die Mühe, mir das Gedicht zu erklären. Statt dessen erzählte sie mir, daß sie in ein paar Wochen
Händels »Messias« hören – eine Nichte von ihnen aus Sheffield sang
mit – und mich mitnehmen würden, wenn meine Eltern nichts dagegen hatten. Und so hörte und sah ich, wie der kleine, kränkelnde
Barbirolli in der King's Hall im Belle Vue diese himmelstürmenden
Klänge neu erschuf, die tagelang in meinem Kopf widerhallten und
mich zusammen mit »Die aufsteigende Lerche« veranlaßte, Mrs.
Formby darum zu bitten, mir das Geigespielen beizubringen.
Eine Weile lang unterrichtete sie mich auf der kleinen Geige, auf
der sie als Kind gespielt hatte. Es löste Rollschuhlaufen als meine
liebste Obsession ab. Während ich in die Grundschule ging, ver-
schaffte sie mir einen guten Lehrer. Meine Eltern waren einerseits
perplex, andererseits der Meinung, daß es sich um eine soziale Tu-
gend handelte und mich jedenfalls ein paar Stunden in der Woche
davon abhielt, in Schwierigkeiten zu geraten. Sie zahlten dafür, so
wie sie für die Schulausflüge zahlten, den Nachhilfeunterricht, die
Bücher, die ich unbedingt haben mußte, all die Dinge, die ihrer
Ansicht nach meinen Horizont erweitern und mir auf dem Weg zur
Universität weiterhelfen würden. Sie hatten keine spezielle Vorliebe

für Musik. Im Wohnzimmer meiner Großeltern hatte ein Klavier gestanden, die Möbel waren darum herum arrangiert worden wie heutzutage um ein Fernsehgerät, aber es wurde nie darauf gespielt außer gelegentlich von einem Besucher.

Weil die höhere Schule, die ich besuchte, humanistisch ausgerichtet war, gab es dort eine ehrenvolle Musiktradition. Die Dienste der an mehreren Schulen unterrichtenden Musiklehrer wurden von der örtlichen Schulbehörde organisiert. Aber all das existiert heute nur noch in reduzierter Form, wenn es nicht ganz verschwunden ist. Für diejenigen, die sich keine Musikinstrumente leisten konnten, gab es die Möglichkeit, Instrumente umsonst oder nahezu umsonst zu leihen – alles zerschlagen von dem Haushaltsbeil, das wieder und wieder auf den Erziehungssektor eindrosch. Das Musikzentrum, in dem sich samstags junge Musiker aus der Gegend versammelten, um als Orchester zu spielen, ist jetzt verfallen. Gestern fuhr ich daran vorbei: Die Fenster sind eingeworfen; es ist seit Jahren tot. Wenn ich fünf Jahre später zur Welt gekommen wäre, hätte ich in Rochdale – mit meinem Hintergrund, und es gab so viele, die wesentlich ärmer waren – meine Liebe zur Violine vermutlich nicht am Leben erhalten können.

Das ansehnliche Rathaus verwaltet eine Ödnis – es ist eine Stadt, der das Herz herausgerissen wurde. Alles zeugt von ihrem Niedergang. Im Verlauf eines Jahrhunderts verlor sie, während ihre Industrie einging, Arbeitsplätze und Wohlstand. Dann kam die geplante Verwahrlosung: Statt menschlicher Armenviertel entstanden unmenschliche Armenviertel, um Kirchen wurden Verkehrsinseln angelegt, wo früher Läden waren, wurden Einkaufszentren gebaut. Schließlich, nach zwei Jahrzehnten im Würgegriff der Londoner Regierung, hatten kulturelle und soziale Einrichtungen nahezu kein Geld mehr: Schulen, Bibliotheken, Krankenhäuser, öffentliche Verkehrsbetriebe. Die Stadt, die die Heimat der kooperativen Bewegung gewesen war, hatte jeglichen Sinn für das Gemeinschaftliche verloren.

Die Theater schlossen. Alle fünf Kinos wurden zugemacht. Die literarischen und wissenschaftlichen Vereine schrumpften oder lösten sich auf. Ich erinnere mich an meine Verzweiflung, als ich hörte, daß unsere Buchhandlung schloß. Jetzt gibt es noch ein paar Regale mit Büchern ganz hinten im Kaufhaus W. H. Smith.

In den nächsten Jahren wird mein Vater sterben, Auntie Joan wird sterben, Mrs. Formby wird sterben. Ich bezweifle, daß ich danach noch nach Rochdale kommen werde. Mit welchem Recht trauere ich jetzt mit solchem Zorn um meine Heimatstadt, da ich entschlossen bin, meine Bande zu ihr zu durchtrennen?

2.14

Auf dem Rückweg nach London gehe ich ein paar Stunden in Manchester spazieren.

Gegen Mittag stehe ich vor der Bridgewater Hall. Ich bin hier, um den großen Probierstein mit den glatten Kurven davor zu befragen. Als ich mit den Händen darüber streiche, gibt er mir zuerst ein Gefühl des Friedens; aber von irgendwo aus seinem kalten Herzen dringt ein verzögerter Impuls von Gefahr.

In der Henry Watson Music Library stöbere ich herum. Bislang habe ich die Partitur und Stimmen des Streichquintetts von Beethoven noch nicht bestellt. Ich bin begierig darauf, es zu spielen, zugleich auch unsicher. Aber hier bin ich, an dem Ort, an dem die Musik liegt. Der Bibliothekar überprüft meine Personalien und akzeptiert dann meinen alten Ausweis.

Im Zug nach London studiere ich die Partitur. Als ich am frühen Abend zu Hause bin, rufe ich Piers an.

»Also«, sagt Piers, »wie war Weihnachten?«

»Schön. Und bei dir?«

»Auf die übliche Art furchtbar. Scharaden. Endlose beschissene Fröhlichkeit. Mir hat's ganz gut gefallen, abgesehen davon, daß Mutter jetzt definitiv Alkoholikerin ist. Die Eltern haben mich endgültig aufgegeben. Jetzt wird Helen mit der Ehe-und-Kinder-Flak beschossen. Du auch?«

»Nein, mein Vater hat diesmal nicht viel von Familiengründung gesprochen. Normalerweise tut er es.«

»Also, worum geht's?« fragt Piers.

»Erinnerst du dich an das Beethoven-Quintett, von dem wir mal geredet haben?«

»Ja, in c-Moll, stimmt's, das auf dem Trio basiert? Du sagtest, du hättest die Partitur aufgespürt. Hast du eine Aufnahme davon gefunden?«

»Ja. Und ich habe mir heute die Partitur von der Musikbibliothek in Manchester ausgeliehen.«

»Ausgezeichnet! Dann brauchen wir bloß noch einen Bratschisten, und schon geht's los. Wen sollen wir fragen? Emma?«

»Klar – warum nicht? Du kennst sie besser als ich. Willst du sie anrufen?«

»Aber sofort.«

»Noch etwas, Piers. Würde es dir sehr viel ausmachen, wenn ich nur dieses eine Mal die erste Geige spiele?«

Einen Augenblick herrscht Schweigen. »Es geht nicht bloß darum, ob es *mir* etwas ausmacht«, sagt Piers.

»Sollen wir die anderen fragen?«

»Nein, Michael«, sagt Piers eine Spur verärgert. »Was immer sie sagen, ich halte es für keine gute Idee. Als Alex und ich uns mit der ersten und zweiten Geige abwechselten, hat es nicht nur uns in den Wahnsinn getrieben, sondern auch Helen. Sie hat immer wieder gesagt, daß sie mit der Umstellung nicht zurechtkommt, vor allem nicht mit der zweiten Geige. Und auch Billy kam es vor, als würde er jedesmal mit einem anderen Quartett spielen.«

»Aber es handelt sich doch nur um dieses eine Stück. Wir wollen es ja nicht aufführen.«

»Was, wenn es uns gefällt? Wenn wir es aufführen wollen? Dann stecken wir in dieser Konfiguration fest.«

»Piers, dieses Stück bedeutet mir unheimlich viel.«

»Warum bittest du dann nicht ein paar Kollegen von der Camerata Anglica, es mit dir zu spielen?«

»Ohne unser Quartett hat es für mich keinen Sinn.«

»Für mich hat es mit unserem Quartett keinen Sinn.«

»Denk drüber nach, Piers.«

»Michael, es tut mir leid, ich habe darüber nachgedacht.«

»Das hast du natürlich nicht«, sage ich sehr laut und bin wütend über etwas, was in meinen Augen mehr mit Egoismus als mit Rigidität zu tun hat.

»Ich habe darüber nachgedacht. Im voraus. Ich habe hundertmal darüber nachgedacht. Als Alex ging«, sagt Piers ein bißchen zittrig, »habe ich mich immer wieder gefragt, wo wir einen Fehler gemacht haben. Es spielten auch noch andere Dinge eine Rolle, aber ich bin sicher, daß genau das der wesentliche Punkt war.«

»Du mußt es wissen«, sage ich, zu aufgebracht, um Mitgefühl zu haben. Und die bedauernde Erwähnung von Alex erfreut mich tatsächlich nicht: Wenn Piers und er sich nicht getrennt hätten, würde ich schließlich nicht in diesem Quartett spielen.

»Michael«, sagt Piers, »als er gegangen ist, habe ich die Hölle durchgemacht. Ich weiß, daß ich jetzt als zweiter Geiger nicht gut bin, falls ich es jemals war.«

Nach einer kurzen Pause fährt er fort: »Wenn ich in unserem Quartett jemals wieder diesen Part übernehmen sollte, würde es mich an vergangene Zeiten erinnern und mein Spiel beeinträchtigen. Es wäre für uns alle schlecht.«

Ich schweige.

»Wir haben übermorgen um fünf eine Probe bei Helen«, sagt er. »Bist du nach wie vor damit einverstanden?« Piers hat das Visier wieder hochgezogen.

»Ja. Warum sollte ich nicht damit einverstanden sein?«

»Also, bis dann.«

»Ja. Bis dann.«

2.15

Ich kannte Alex nicht gut, obwohl wir uns ab und zu trafen während der Wochen, die wir in Banff verbrachten. Sogar Helen, die Klatsch liebt, spricht nicht von ihm und seinem Einfluß auf sie alle; und ich hatte immer das Gefühl, daß es nicht an mir war zu fragen, was genau vor meiner Zeit passierte. Zuerst schien mir, daß die anderen drei willentlich vermieden, über ihren früheren Partner zu sprechen, und später, als ich mit ihnen und sie sich mit mir wohl fühlten, war es nicht mehr wichtig.

Sein Name wurde nur selten erwähnt. Und wenn doch, geriet Piers häufig ins Grübeln. Und wenn Helen ihn erwähnte, schnappte er bisweilen zu wie ein verletzter Luchs.

Wenn ich gewußt hätte, daß ich sechs Jahre später Alex' Stelle einnehmen würde, wäre ich neugieriger gewesen, als wir uns kennenlernten. Nach außen hin war er ein fröhlicher Mensch, voller Energie, unbeschwert, er liebte Aufmerksamkeit, machte gern Witze oder rezitierte humoristische Verse, war Frauen gegenüber überaus galant, und möglicherweise fühlte er sich von ihnen auch angezogen. Julia mochte ihn sehr. Als ich ihn bisweilen bei Auftritten die erste, dann wieder die zweite Geige spielen hörte (damals in Kanada und hin und wieder in einem Konzert in London, zu dem ich ging), wurde mir klar, daß er nicht nur ein hervorragender Geiger war, sondern auch ein überaus flexibler – flexibler als Piers, der immer ein bißchen herausstach, wenn er die zweite Geige spielte. Vielleicht wären sie zusammengeblieben, wenn Alex, wie Piers andeutete, zufrieden gewesen wäre, nur die zweite Geige zu spielen, und ich wäre nie Mitglied des Maggiore geworden. Aber vielleicht waren sie, da sie beides waren, ein Liebespaar und Musikerkollegen, zum Scheitern verurteilt. Wenn Spannungen in einem Bereich auftraten, müssen sie das Verhältnis insgesamt belastet und unter Druck gesetzt haben. Und Piers ist selbst zu seinen besten Zeiten kein einfacher Mensch.

Alex verließ Piers, das Quartett und London und nahm eine Stelle beim Scottish Chamber Orchestra an. Piers litt und trauerte. Nachdem ich ins Quartett gekommen war, hatte er noch über ein Jahr lang keinen Partner. Und dann tauchte Tobias auf der Bildfläche auf – oder, genauer gesagt, platzte herein.

Tobias Kahn war ein mitreißender, konzentrierter, ernsthafter Geiger. Musik war sein Leben – er hatte keine anderen Interessen –, und er war felsenfest davon überzeugt, daß es einen richtigen und einen falschen Weg gibt, Musik zu machen. Auch er war Mitglied eines Streichquartetts. Piers geriet in seinen Bann.

Piers und Alex waren einander ebenbürtig gewesen. Aber mit Tobias war es, als würde Piers Befehle von einem Höherstehenden entgegennehmen, von einer unsichtbaren fünften Person, die ständig unter uns anwesend war. Es war eine eigenartige, beunruhigende Episode und etwas, was mir klarmachte, wie brüchig trotz aller Stärke die Bande zwischen uns sind.

Piers ist und war schon immer ein geborener Musiker: Er ist sehr konzentriert, sehr diszipliniert, aber in seiner Musizierweise nicht rigide. Wenn er etwas spielt, läßt er sich vom Augenblick und von der Struktur des Stücks leiten. Unter Tobias' Einfluß war er besessen von den heiligen Gesetzen der Theorie: was ein Stück ist, was es sein sollte, was es sein muß, was es nie sein kann. Ein Takt oder eine Phrase oder eine Passage hat ein bestimmtes Tempo; man hatte sich daran zu halten, komme, was da wolle. Unsere Aufgabe war es, eine Partitur zu reproduzieren. Alles andere – eine phantasievolle Idee, eine Fluktuation im Tempo, eine Laune, alles, was von der Schablone abwich – war verabscheuungswürdig. Unsere Musik vermittelte kein Gefühl des »Ah!«. Wir spielten mit lebloser Luzidität. Piers handelte vollkommen gegen seine eigene Natur, und für uns war es die Hölle. Die zwanglosen Dinge, die Dinge, die eine Entwicklung von Minute zu Minute ermöglichen, verschwanden – zuerst wurden sie ausgemerzt, dann nicht einmal mehr versucht. Manchmal schien es, als würde nicht Piers, sondern Tobias spielen und argumentieren. Es ist schwierig, diese Phase fair zu schildern, auch nachdem soviel Zeit vergangen ist. Es war ein bißchen wie *Die Invasion der Körperfresser*.

Helen konnte sich nicht vorstellen, was in ihren Bruder gefahren war. Tobias war ein sonderbarer Kerl – er hatte nahezu keine Persönlichkeit, nur einen Geist im Griff von mächtigen ernsten Ideen –, und sie verstand nicht, was Piers an ihm fand. Er war letztlich das genaue Gegenteil von Alex. Sogar Billy, der sich sehr für Theorie interessiert, war zutiefst unglücklich. Für ihn bedeutete Tobias' Linie ein zügelloses Ausleben des eigenen Willens. Proben waren eine

Qual. Manchmal redeten wir drei Stunden und spielten nicht eine
Note. Es fraß sich in unser Leben. Beinahe hätte es uns auseinan-
dergebracht, und wenn es noch ein bißchen länger gedauert hätte,
hätten wir uns getrennt. Helen wollte aussteigen, bevor sie ihren
Bruder verlor. Als wir in Japan waren, sagte sie einmal, daß sie aufhören würde, sobald die Tournee vorüber wäre. Aber nach über
einem Jahr ließ das Fieber nach. Irgendwie exorzierte Piers Tobias,
und nicht nur er, sondern wir alle wurden langsam wieder wir
selbst.

Wenn es sich vermeiden läßt, erwähnen wir Tobias nicht. Wir um-
kreisen das Thema, berühren es jedoch nicht. Die Erfahrung dieses
Jahrs, den Schmerz, auf den wir nicht vorbereitet waren, wird
wahrscheinlich keiner von uns je vergessen.

Viele Musiker – ob sie nun fest in Orchestern spielen oder Frei-
schaffende sind – betrachten Mitglieder von Quartetten als eine
seltsame, obsessive, introspektive, separatistische Gattung, die ständig an exotische Orte reist und Lob einstreicht, als würde es ihr von
Rechts wegen zustehen. Wenn sie den Preis dieser nur allzu unge-
wissen Wertschätzung kennen würden, hätten sie nicht soviel gegen
uns. Ganz abgesehen von unserer unsicheren Finanzlage und unserer beständigen Angst, nicht engagiert zu werden, ist es die Nähe
zueinander und zu niemandem sonst, die unseren Gedanken, öfter
als wir merken, Grenzen setzt und uns sonderlicher wirken läßt, als
wir tatsächlich sind. Vielleicht ist sogar unser Zustand der Hochstimmung dem Schwindelgefühl ähnlich, das von mangelnder Luft
herrührt.

2.16

Auf meinem Anrufbeantworter sind mehrere Nachrichten von Virginie. Ich rufe sie an und spreche auf ihren Anrufbeantworter.
Spätabends, als ich schon fast eingeschlafen bin, klingelt das Telefon.
»Warum hast du mich an Weihnachten nicht angerufen?« fragt Virginie.

»Virginie, ich habe dir doch gesagt, daß ich nicht anrufen werde. Ich war im Norden.«

»Und ich war im Süden. Deswegen gibt es doch Telefone.«

»Ich habe dir gesagt, daß ich nicht anrufe – ich wollte meine Ruhe.«

»Aber wie sollte ich glauben, daß du so schrecklich bist?«

»Hattest du eine schöne Zeit in – wo genau warst an Weihnachten? Montpellier? Saint-Malo?«

»Nyons natürlich, bei meiner Familie, wie du sehr genau weißt, Michael. Ja, es war schön. Sehr schön. Ich brauche dich nicht, um Spaß zu haben.«

»Ja, ich weiß, Virginie.«

»Je länger wir zusammen sind, um so weniger verstehe ich dich.«

»Virginie, ich hab schon halb geschlafen.«

»Ach, Michael, du bist so ein Langweiler«, sagt Virginie. »Du schläfst immer schon halb. Du bist ein langweiliger alter Kauz«, fügt sie stolz hinzu.

»Du übertreibst mit deinen Idiomen. Aber genau darüber habe ich auch nachgedacht. Ich bin sechzehn Jahre älter als du.«

»Na und? Warum sagst du mir immer, daß du nicht verliebt in mich bist?«

»Das habe ich nicht gesagt.«

»Nein, aber das hast du gemeint. Unterrichtest du mich gern?«

»Wenn du dich darauf einläßt.«

»Und redest du gern mit mir?«

»Ja, wenn es nicht so spät ist.«

»Und hast du gern Sex mit mir?«

»Was? … Ja.«

»Damit bin ich zufrieden. In Frankreich habe ich jeden Tag zwei Stunden geübt.«

»Sex?«

Virginie kichert. »Nein, alberner Michael, Geige.«

»Braves Mädchen.«

»Morgen haben wir Unterricht, und du wirst sehen, was ich für Fortschritte gemacht habe.«

102

»Morgen? Hör mal, Virginie, wegen morgen – können wir es nicht ein paar Tage verschieben?«

»Warum?« Ein hörbarer Schmollmund.

»Erinnerst du dich an das Beethoven-Quintett, von dem du mir erzählt hast? Ich habe die Partitur, und wir wollen es übermorgen spielen. Ich möchte es mir vorher aber noch genau ansehen.«

»Ach, das ist ja wunderbar, Michael. Da kann ich doch mitspielen?«

»Aber, Virginie, halt ...«

»Nein, hör zu. Du spielst die zweite Bratsche – du sagst doch immer, daß du gern einmal wieder Bratsche spielen würdest –, und ich werde die zweite Geige spielen.«

»Nein, nein, nein, nein ...«, schreie ich und wehre den Gedanken ab wie einen Schwarm Bienen.

»Warum bist du so heftig, Michael?«

»Es ist nur ... Piers hat bereits jemand anders gefragt.«

»Aber es war doch nur ein Vorschlag.« Virginie klingt verwirrt.

Was für ein grausamer Dummkopf bin ich bloß. Aber ich werde nicht alles noch schlimmer machen, indem ich es erkläre.

»Michael«, sagt Virginie. »Ich liebe dich. Du verdienst es nicht, aber es ist so. Und ich *will* dich morgen nicht sehen. Ich will dich nicht eher wiedersehen oder mit dir sprechen, bevor du nicht diese blöde Musik gespielt hast. *Ich* habe dir davon erzählt. Du hast mir nicht einmal geglaubt, daß es sie gibt.«

»Ich weiß. Ich weiß.«

Virginie legt auf, ohne gute Nacht oder auf Wiedersehen zu sagen.

2.17

Wir treffen uns bei Helen, um das Beethoven-Quintett zu spielen. Am Tag zuvor habe ich meinen Part und die gesamte Partitur studiert.

Weder Piers noch ich erwähnen unser Telefongespräch. Ich habe den Status quo als zweiter Geiger akzeptiert, auch für dieses Stück. Die Stimmen des Quintetts sind an die Musiker verteilt, und wir haben unsere Instrumente gestimmt. Emma Marsh, die Piers seit seinen Studententagen am Royal College of Music kennt, spielt die zweite Viola. Sie ist eine kleine, mollige, hübsche junge Frau, die in einem eigenen Quartett die Bratsche spielt, sie sollte sich also gut einpassen. Billy und Helen sehen einander an und machen opernhafte Gesten der Trennung.

»Alle Wiederholungen?« fragt Helen.

»Ja«, antworte ich.

Billy studiert seinen Part mit großem Interesse und will die gesamte Partitur sehen. Er wird im Quintett im Gegensatz zum Trio, das sein ursprünglicher Avatar war, nahezu ununterbrochen spielen, aber einige seiner höheren lyrischen Linien sind an Helen gegangen.

Piers blickt unbehaglich drein. Gut.

Nie zuvor war ich unglücklich mit meiner Position als zweiter Geiger, obschon ich demjenigen – wer immer es war – zustimme, der sagte, daß man ihn korrekter »den anderen Geiger« nennen sollte. Seine Rolle ist anders, nicht geringer: interessanter, weil vielseitiger. Manchmal befindet sich die zweite Geige, wie die Bratsche, im strukturellen Herzen eines Quartetts, oder sie spielt lyrische Passagen wie die erste Geige, aber in einem dunkleren und schwierigeren Register.

Heute jedoch bin ich unglücklich und bedrückt. Ich mußte die Erwartung aufgeben, den Part zu spielen, den ich als meinen gesehen und gehört habe. Piers hat keine Ahnung, wie bedenkenlos ich ihn mit der vergifteten Spitze meines Bogens erstechen würde. Ich hätte nie gedacht, daß er so unnachgiebig sein kann.

Aber jetzt gibt er mit einem raschen, mürrischen Viertel-Schnaufer den Einsatz, und wir spielen los, allegro con viel Brio.

Binnen kurzem habe ich allen Groll, alle Rechte und Freuden, die mir zustehen, vergessen. Die wunderschöne, kraftvolle Musik macht sie bedeutungslos. Wir spielen den ersten Satz, ohne zu unterbrechen, und verhaspeln uns kein einziges Mal. Er endet mit Piers, der eine unglaublich schwungvolle Reihe von auf- und absteigenden Tonleitern spielt, gefolgt von einem lauten widerhallenden Akkord von uns allen fünf, der zügig in drei leiseren Akkorden verebbt.

Wir sehen einander strahlend an.

Helen schüttelt den Kopf. »Wie ist es möglich, daß ich es noch nie gehört habe? Wie ist es möglich, daß niemand davon weiß?«

»Es ist wunderbar«, ist alles, was Emma sagen kann.

»Danke, Michael«, sagt Piers, sein Gesicht strahlt. »Das ist eine echte Entdeckung. Aber man kommt ins Schwitzen.«

»Nach dem zweiten Satz wirst du mir noch dankbarer sein«, sage ich. »Er ist wahrhaft großartig.«

»Aber das muß er gut zwanzig Jahre nach dem Trio geschrieben haben«, sagt Billy. »Was hat er zu dieser Zeit sonst noch komponiert?«

»Nicht viel«, sage ich, da ich es recherchiert habe. »Also, was meint ihr? *Avanti*?«

»*Avanti*«, rufen alle, und nach einem kurzen erneuten Stimmen unserer Instrumente und erneutem Initialisieren unserer Herzen beginnen wir mit dem langsamen Thema-mit-Variationen-Satz.

Wie gut es tut, dieses Quintett zu spielen, es zu spielen und nicht daran zu arbeiten – es zu unserem eigenen Vergnügen zu spielen, ohne jemandem außerhalb unseres Kreises der Neu-Schöpfung etwas vermitteln, ohne an einen zukünftigen Auftritt, an das schnell wirkende Beruhigungsmittel Applaus denken zu müssen. Das Quintett existiert ohne uns und kann ohne uns doch nicht existieren. Es erklingt für uns, wir erklingen in ihm, und irgendwie spricht der Mann, der taub transformierte, was er so viele Jahre zuvor hörend komponierte, durch diese kleinen schwarzen Insekten, die sich um fünf dünne Linien scharen, zu uns über Land, Wasser und zehn Generationen hinweg und erfüllt uns hier mit Traurigkeit, dort mit verwunderter Freude.

Für mich ist noch jemand in dieser Musik präsent. Wie ihr Bild durch zwei Scheiben sich bewegenden Glases auf meine Retina fallen kann, so spüre ich in diesem Irrgarten winziger Teilchen, die von unseren Armen in Schwingungen verwandelt werden – sensorisch, sinnlich – ihr Wesen wieder. Das Labyrinth meiner Ohren schockt die Windungen meines Gedächtnisses. In meinem Arm ist ihre Kraft, in meinem Puls ist ihr Geist. Aber wo sie ist, weiß ich nicht, noch besteht Hoffnung, daß ich es je wissen werde.

2.18

Ich lernte Julia zwei Monate nach meiner Ankunft in Wien kennen, im frühen Winter bei einem Konzert von Studenten. Sie spielte eine Sonate von Mozart. Danach erzählte ich ihr, wie hingerissen ich von ihrem Spiel war. Im Lauf des Gesprächs stellten wir fest, daß wir beide aus England kamen – aus unterschiedlichen Englands, da ihr Vater in Oxford Geschichte lehrte. Ihre Eltern hatten sich nach dem Krieg kennengelernt: wie wir in Wien. Nach wochenlangen Kämpfen mit der deutschen Sprache war es so ein Vergnügen, so eine Erleichterung, wieder Englisch sprechen zu können, daß ich wesentlich mehr redete als üblich. Sie lächelte, als ich sagte, daß ich aus Rochdale stammte – aber dann brachte sie mich dazu, von meiner Stadt auf eine Art zu erzählen, wie ich es nie zuvor getan hatte. Ich lud sie zum Abendessen ein. Es war eine kalte Nacht, der Boden war mit Schnee und Matsch bedeckt, und Wien war so grau und grimmig, wie es nur sein kann. Wir gingen zu Fuß. Unterwegs rutschte ich aus, und sie hielt mich fest, so daß ich nicht fiel. Ich küßte sie instinktiv – und während des Kusses erstaunt über mich selbst –, und sie war zu überrascht, um sich zu wehren. Sie trug ein seidenes graues Tuch auf dem Kopf – sie mochte Kopftücher. Ich sah ihr in die Augen und wieder weg, und mir wurde klar, wie auch ihr klargeworden sein mußte, daß ich weit davongetragen war.

Vom Augenblick unseres Kennenlernens an dachte ich nur noch an sie. Ich weiß nicht, was sie in mir sah außer meine nahezu verzweifelte Sehnsucht nach ihr, aber innerhalb einer Woche nach unserem ersten Treffen waren wir ein Liebespaar. Eines Morgens, nach einer Nacht, in der wir uns geliebt hatten, versuchten wir zusammen zu musizieren. Es klappte nicht; wir waren beide zu nervös. Ein paar Tage später versuchten wir es noch einmal und erschraken darüber, wie natürlich, wie empfänglich – füreinander, für die Musik – wir spielten. Gemeinsam mit einer Cellistin – Julias Freundin und Kommilitonin Maria – gründeten wir ein Trio und begannen aufzutreten, wo immer wir konnten, in und außerhalb von Wien. Auf den Vorschlag eines Freundes hin schickten wir ein Band und eine Bewerbung los und wurden in der Sommerschule von Banff angenommen. Diesen Winter, diesen Frühling und diesen Sommer lebte ich in einem Tagtraum.

Sie war fünf Jahre jünger als ich – eine ordentliche Studentin, nicht jemand wie ich, der eine Art Aufbaustudium bei einem bestimmten Lehrer absolvierte. Sie wirkte jedoch auf vielfältige Weise älter. Sie fühlte sich in unserer gemeinsamen Stadt wohl, in der sie bereits seit drei Jahren lebte. Obschon sie, bevor sie zum Studium nach Wien kam, nur in England gelebt hatte, war sie zweisprachig aufgewachsen, mit Englisch und Deutsch. Sie war in einer Welt groß geworden, die unüberbrückbar anders war als meine, in der Malerei, Literatur und Musik als etwas Selbstverständliches rezipiert wurden – in Gesprächen und auf Reisen, aus Büchern und von Schallplatten, von Wänden und Regalen. Trotz meines Lernens in der Schule und des vielen autodidaktischen Lesens, manchmal nach dem Zufallsprinzip, manchmal obsessiv ein Thema verfolgend, während meiner Jahre in Manchester, wurde sie meine beste Lehrerin, und dafür wie für alles andere legte ich mein Herz in ihre Hände.

Sie lehrte mich, Kunst zu genießen, verbesserte mein Deutsch enorm, sie brachte mir sogar Bridge bei. Sie zeigte mir Dinge in der Musik, indem sie einfach nur spielte; das Musizieren mit ihr allein oder mit unserem Trio machte mir ebensoviel Freude wie heute mit unserem Quartett. Später wurde mir klar, daß ich auch über Musik mehr von ihr lernte als von irgend jemand anders, denn was ich von ihr lernte, wurde mir nicht beigebracht.

Manchmal ging sie in die Kirche, nicht jeden Sonntag, aber hin und wieder, für gewöhnlich wenn sie dankbar oder besorgt war. Das war eine mir undurchsichtige Welt. Seit meiner Schulzeit hatte ich nicht einmal mehr pro forma gebetet. Zweifellos war es eine Grundlage ihres Selbstvertrauens, aber mir war nicht wohl dabei, und es war klar, daß auch sie nicht darüber reden wollte, obwohl sie es nie ausdrücklich sagte. Sie hatte einen wachen Verstand und war sanftmütig, wie ich es noch nie erlebt hatte. Vielleicht fand sie in mir etwas ähnlich Unbekanntes – eine Unbeständigkeit, einen Art Aufbegehren, Skepsis, Rauheit, Impulsivität, bisweilen sogar dunkle Panik, nahezu Geisteskrankheit. Aber wie konnte irgend etwas davon attraktiv für sie sein? Sie sagte, weil ich jahrelang für meinen Lebensunterhalt hätte arbeiten müssen, wäre ich anders als die Studenten, die sie kannte. Sie sagte, sie liebe meine Gesellschaft, obwohl sie nie wisse, was sie von meinen Launen zu erwarten habe. Sie muß gespürt haben, wie sehr ich sie brauchte, als ich immer tiefer in Depression versank. Vor allem aber muß sie gewußt haben, wie sehr ich sie liebte.

Es wurde wieder Winter. Zu Beginn des neuen Jahres begann mein Mittelfinger mir Schwierigkeiten zu bereiten. Er büßte Beweglichkeit ein und konnte nur nach einer langen Aufwärmphase effektiv eingesetzt werden. Carl reagierte mit Wut und Ungeduld: Meine müden Triller beleidigten ihn, und meine Ängste spiegelten meine Kraftlosigkeit wider. Es war, als erwiese sich ein potentieller Diamant in seiner Krone als Kohlenstoff, der nur unter intensivem und beständigem Druck seine ideale Form annehmen würde. Er übte ihn aus, und ich zerbrach.

Während des Winters und des Frühlings versuchte sie mit mir zu reden, mir Mut zu geben, damit ich den Rest des Jahres bleiben würde, wo ich geplant hatte zu bleiben, wenn nicht wegen etwas anderem, dann um unserer Liebe willen. Aber ich konnte mit ihr nicht über die Trostlosigkeit meiner Gedanken sprechen. Sie sagte, ich solle nicht im Streit mit meinem Lehrer gehen, wieder und wieder erinnerte sie mich an das, was ich anfänglich in Carl gesehen hatte, was sie, wie ich merkte, immer noch in ihm sah: jemanden, dessen Spiel tiefer ging und weiter reichte als seine Virtuosität, dessen Musik mit jeder Phrase Würde des Geistes ausstrahlte. Aber mein Konflikt mit ihm hatte sich in meinem Schädel so festgesetzt, daß mir ihr Eintreten für ihn als unerträglicher Verrat erschien: in gewisser Weise schlimmer als seiner, denn von ihm erwartete ich kein Verständnis mehr.

Ich ging fort. Ich wurde zu einem Flüchtling in London, denn ebensowenig hätte ich es ertragen, nach Hause zurückzukehren. Ich schrieb ihr nicht und rief sie nicht an. Nur langsam konnte ich wieder mit Augen sehen, die weniger verletzt und blind waren, um zu verstehen, wie aufrichtig und mit wieviel Liebe sie gehandelt hatte, und mir darüber klarwerden, daß ich sie durch meine plötzliche Abreise und mein Schweigen wahrscheinlich verloren hatte. So war es. Zwei Monate waren vergangen. Als ich endlich schrieb, muß es ihr bereits gleichgültig gewesen sein.

Ich versuchte sie anzurufen, aber wer immer in dem Studentenwohnheim abnahm, kehrte nach ein, zwei Minuten zurück, um mir mitzuteilen, daß sie nicht da war. Auf meine Briefe erhielt ich keine Antwort. Ein-, zweimal dachte ich daran, nach Wien zu fahren, aber ich hatte nur sehr wenig Geld und immer noch Angst vor den Erinnerungen an meinen Zusammenbruch und vor der Präsenz von Carl Käll und davor, wie Julia eine Erklärung meinerseits aufnehmen würde. Außerdem waren mittlerweile Sommerferien, und sie konnte überall sein. Monate vergingen. Im Oktober begann das nächste Semester, und ich hörte immer noch nichts von ihr.

Das schmerzhafte Bewußtsein, sie verloren zu haben, ging in London in einen dumpfen Zustand der Selbsterhaltung über. Nach einer Weile verlor ich alle Hoffnung, und die größten Seelenqualen wurden leichter. Ich hatte noch zwei Drittel meines Lebens vor mir. Ich ging zu einer Künstleragentur, die mir Arbeit besorgte. Nach ungefähr einem Jahr spielte ich bei der Camerata Anglica vor und wurde genommen. Ich spielte; ich überlebte; mit der Zeit sparte ich sogar etwas Geld, weil es niemanden gab, für den ich es hätte ausgeben wollen. Ich ging in Museen, Galerien, Bibliotheken. Ich machte lange Spaziergänge. Ich lernte London kennen und die Möglichkeiten, die es bot, aber ich hätte mich nicht weniger als Londoner fühlen können. Meine Gedanken waren woanders, im Norden und im Süden. Die Bilder, die ich sah, die Bücher, die ich las, erinnerten mich an sie, denn in vieler Hinsicht war ich ihr Werk. Wenn ich Musik hörte, war es häufig Bach. Schließlich hatte ich es ihr zu verdanken, daß sich mein Gefühle für ihn von Bewunderung in Liebe verwandelten. Manchmal spielten sie und Maria die Gamben-Sonaten, manchmal spielten sie und ich seine Geigen- und Orgelstücke, und ein paarmal mußte ich auf ihre Anweisung hin den Pedalpart eines Orgelwerks ganz links auf dem Piano übernehmen. Ein Prelude zu einem Choral, *An den Wasserflüssen Babylon*, überwältigte mich, noch während wir es spielten. Aber wenn nur sie spielte, für sich spielte – eine Suite oder eine Invention oder eine Fuge –, dann gab ich mich Bach und ihr am vollständigsten hin.

Ich hatte vor ihr mit anderen Frauen geschlafen, und sie hatte einen Freund gehabt, aber ich war ihre erste Liebe, und sie meine. Seitdem war ich nicht mehr verliebt. Aber ich habe auch nie aufgehört, sie zu lieben – sie, wie sie damals war oder, wie mir später klar wurde, ich mir vorstellte, daß sie gewesen war. Was ist sie jetzt, wer ist sie jetzt? Bin ich mit alberner Treue auf eine Frau fixiert, die sich völlig verändert haben kann (Aber ist das möglich? Konnte sie sich wirklich so sehr verändern?), die mich vielleicht haßt, weil ich sie verließ, die mich vielleicht vergessen oder gelernt hat, mich willentlich aus ihren Gedanken zu verbannen? Wie viele Sekunden oder Wochen überlebte ich in ihren Gedanken, nachdem wir uns im Bus gesehen hatten?

Wie hätte sie mir vergeben können, da ich mir selbst nicht vergeben kann? Wenn ich Bach höre, denke ich an sie. Wenn ich Haydn, Mozart, Beethoven oder Schubert spiele, denke ich an die Stadt, in der sie lebten. Sie zeigte mir diese Stadt, jeder Schritt und jeder Stein dort erinnert mich an sie. Seit zehn Jahren war ich nicht mehr dort. Aber dorthin fahren wir im nächsten Frühling, und mir fällt nichts ein, was mich dagegen stählen könnte.

2.19

Während der letzten drei Monate folgt uns ein merkwürdiger Kerl: ein lästiger Fan. Zuerst hielten wir ihn für einen harmlosen Enthusiasten: Krawatte, Brille an der Schnur, die Art Jackett, wie sie Akademiker tragen. Er folgte uns hierhin und dorthin, kam hinter die

Bühne in die Garderobe, spendierte Getränke, hängte sich mit monopolisierender Manie an uns, sprach kenntnisreich über unser Programm, bestand darauf, uns zum Essen einzuladen. Das meiste konnten wir abbiegen. Helen war am argwöhnischsten von uns und – untypisch für sie – reagierte ein paarmal ziemlich scharf auf ihn. Bisweilen wirkte er nahezu außer sich vor Aufregung, aber was er sagte, war eine so eigenartige Mischung aus Irrelevantem und Vernünftigem, daß es nicht leicht war, ihn vollständig abzutun. Als er erzählte, er wisse, wie unser Name zustande käme, war Piers aufgebracht und wütend; es sollte eigentlich ein Geheimnis sein.

Letzten Monat nahm der lästige Fan in York eine Party als Geisel. Der Gastgeber, der etwas mit dem örtlichen Musikverein zu tun hatte, lud nach dem Konzert Gäste zu sich zum Abendessen nach Hause ein. Der lästige Fan, der uns bis hierher gefolgt war, wurde für einen Freund von uns gehalten. Er schloß sich uns an und übernahm die Veranstaltung. Zum Erstaunen unserer Gastgeber tauchte aus dem Nirgendwo ein Partyservice auf, brachte Essen und Getränke, um überflüssigerweise zu ergänzen, was bereits zur Genüge vorhanden war. Mittlerweile war klar, daß das Quartett den Mann nicht freiwillig mitgebracht hatte, aber es war zu spät: Er saß fest im Sattel und agierte als eine Art Zeremonienmeister, plazierte die Leute hier und dort, gab Kellnern Anweisungen, bat darum, daß das Licht gedämpft würde. Er plauderte, er sang, um seinen Standpunkt zu illustrieren, er tanzte. Er stand auf, um ein überschwengliches Lob auf die Kunst und unsere Meisterschaft auszusprechen. Er fiel auf die Knie. Zu diesem Zeitpunkt stellte unser Gastgeber fest, daß er früh am nächsten Morgen zum Flughafen mußte, entschuldigte sich vielmals für seine mangelnde Gastfreundschaft und komplimentierte alle aus dem Haus. Der Fan tanzte eine Weile auf der Straße, dann setzte er sich in den Lieferwagen des Partyservice und sang. Zwischendurch hustete er heftig.

So ein extremes Verhalten hatte er bislang noch nicht an den Tag gelegt, und wir wußten nicht, was wir tun sollten.

»Sollten wir uns nicht vergewissern, daß mit ihm alles in Ordnung ist?« fragte Billy und ließ den Motor an.

»Nein«, sagte Piers. »Wir sind nicht für ihn verantwortlich. Er soll allein zurechtkommen. Ich bete zu Gott, daß wir diesen Mistkerl nie wiedersehen.«

»Ach, komm schon, Piers, er ist harmlos«, sagte Billy. »Aber unsere Gastgeber tun mir leid.«

»Heb ein bißchen Mitleid für dich selbst auf. Ich bezweifle, daß wir hier wieder eingeladen werden.«

»Ach, Piers«, sagte Helen.

»Was weißt du schon darüber?« entgegnete Piers, drehte sich auf dem Vordersitz um und starrte sie böse an. »Ich bin es, der Erica davon erzählen und dafür sorgen muß, daß sie den Schaden wiedergutmacht. Nicht, daß Schadensbegrenzung ihre Stärke ist. Und was ist, wenn er bei unserem nächsten Konzert wieder auftaucht?«

Dieser Gedanke schien Helen zu erschüttern. Um sie zu beruhigen, legte ich ihr einen Arm um die Schultern. Merkwürdigerweise glaube ich, daß Helens Beunruhigung Piers' Wut noch steigerte.

»Wenn er in Leeds im Publikum sitzt«, sagte sie, »höre ich einfach auf zu spielen. Nein, laß deinen Arm da, Michael.« Sie seufzte. »Ich bin so müde heute abend. Frage: Wie kann man als Musiker in einem Streichquartett mit einer Million Pfund enden?«

»Indem man mit zehn Millionen anfängt«, sagte Billy.

»Billy, das ist nicht fair, den Witz hast du schon einmal gehört«, sagte Helen.

»Indem man eine Tante beerbt«, murmelte Piers und sah sich diesmal nicht um. Helen entgegnete nichts, aber ich spürte, wie sich ihre Schultern anspannten.

»Piers«, sagte ich. »Jetzt reicht's.«

»Soll ich dir einen guten Rat geben, Michael?« sagte Piers. »Misch dich nicht in Familienangelegenheiten.«

»O Piers«, stöhnte Helen.

»O Piers, o Piers, o Piers!« sagte Piers. »Mir reicht's. Laß mich raus. Ich gehe zu Fuß zum Hotel.«

»Aber wir sind schon da«, sagte Billy. »Schau — dort ist es.«

Piers knurrte und beließ es dabei.

2.20

Es ist halb acht an einem Februarabend. Das Oberlicht über dem Publikum ist dunkel. Als wir zu unseren Stühlen gehen, schweift mein Blick dorthin, wo Virginie sitzt. In unserem Rücken befindet sich eine mattgoldene geschwungene Wand und über uns eine mit einem bizarren Relief geschmückte Kuppel. Wir setzen uns. Der Applaus verebbt. Wir stimmen unsere Instrumente noch einmal kurz und sind bereit zu beginnen. Piers hebt den Bogen, um die erste Note zu spielen. Dann niest Billy, sehr laut. Er niest oft vor einem Konzert, Gott sei Dank jedoch nie, während wir spielen. Eine Welle mitfühlenden Amüsements geht kurz durch das Publikum. Wir blicken Billy an, der rot geworden ist und in seiner Tasche nach einem Taschentuch kramt. Piers wartet ein paar Sekunden, vergewissert sich, daß wir alle soweit sind, lächelt Billy zu, senkt den Bogen, und wir spielen.

Ein Winterabend in der Wigmore Hall, der heiligen Schuhschachtel der Kammermusik. Den letzten Monat über haben wir intensiv für diesen Abend geprobt. Die Kost ist simpel − drei klassische Quartette: Haydns Opus 20 Nr. 6 in A-Dur, mein Lieblingsquartett; dann das erste der sechs Quartette, die Mozart Haydn widmete, in G-Dur; und schließlich, nach der Pause, Beethovens Hindernisplus Marathonlauf, das ätherische, witzige, nie verweilende, wundersame, anstrengende Quartett in cis-Moll, das er ein Jahr vor seinem Tod komponierte. So wie ihn die Partitur des »Messias« auf dem Totenbett tröstete und erfreute, sollte dieses Quartett Schubert trösten und erfreuen, als er ein Jahr später in derselben Stadt starb. Vergänglich, unvergänglich, ein ersterbender Fall, ein Anstieg: Klangwellen umgeben uns, während wir sie erschaffen: Helen und ich in der Mitte und auf den Seiten Piers und Billy. Unsere Augen sind auf die Noten gerichtet; wir blicken uns kaum an, aber wir setzen ein, und uns wird der Einsatz gegeben, als würde uns Haydn selbst dirigieren. Wir sind ein eigenartiges zusammengesetztes Wesen, nicht länger wir selbst, sondern das Maggiore, bestehend aus unzähligen Einzelteilen: Stühle, Notenständer, Noten, Bögen, In-

113

strumente, Musiker – sitzend, stehend, das Gewicht verlagernd, klingend – gemeinsam produzieren wir diese komplexen Schwingungen, die das innere Ohr und dadurch die graue Masse anregen, die sagt: Freude, Liebe, Trauer, Schönheit. Und über uns in der Apsis die sonderbare Gestalt eines nackten Mannes, umgeben von Dornen, der auf einen Gral aus Licht zustrebt; vor uns 540 halb zu sehende Wesen, 540 unterschiedliche Systeme der Empfindung, des Denkens und des Fühlens, und durch uns der Geist von jemandem, der 1772 mit der angespitzten Feder eines Vogels dieses Stück zu Papier brachte.

Ich liebe alles an dem Haydn. Es ist ein Quartett, das ich in jeder Stimmung hören und spielen kann. Das ungestüme Glück des Allegro; das wunderschöne Adagio, in dem meine kleinen Figuren eine Gegenlyrik zu Piers' Melodie darstellen; das kontrastierende Menuett und Trio, jedes ein Mikrokosmos, doch beide darum bemüht, unvollendet zu klingen; und die melodiöse, überhaupt nicht bombastische, abwechslungsreiche Fuge – alles bezaubert mich. Aber am liebsten mag ich den Teil, wenn ich nicht spiele. Das Trio ist ein echtes Trio. Piers, Helen und Billy spielen auf ihren tiefsten Saiten, während ich pausiere – angespannt, konzentriert. Meine Tononi ist verstummt. Der Bogen liegt in meinem Schoß. Meine Augen sind geschlossen. Ich bin da und doch nicht da. Schlafe ich im Wachen? Ein Flug ans Ende der Galaxie und vielleicht noch ein paar Milliarden Lichtjahre darüber hinaus? Ein wenn auch kurzer Urlaub von meinen nur allzu präsenten Kollegen? Ernsthaft, dunkel strebt die Melodie voran, und jetzt beginnt erneut das Menuett. Aber das sollte ich doch spielen, denke ich erschrocken. Das ist das Menuett. Ich hätte einsetzen sollen, ich sollte wieder spielen. Und, seltsam genug, ich höre mich spielen. Und ja, die Geige befindet sich unter meinem Kinn, der Bogen in meiner Hand, und ich spiele.

2.21

Es gelingt uns, die letzten zwei Akkorde der Fuge Haydns perfekt zu spielen: keine massive »Götterdämmerung« eines dämonischen Ringkampfes – die heben wir uns für die drei enormen zwölfstimmigen Akkorde am Schluß des Beethoven auf –, sondern ein vergnügtes *Au revoir*, leicht, aber nicht leichthin.

Der Applaus ist so groß, daß wir die Bühne mehrmals verlassen und wieder zurückkommen müssen. Helen und ich grinsen von einem Ohr zum anderen, Piers versucht, staatsmännisch dreinzublicken, und Billy niest zweimal.

Als nächstes kommt der Mozart. Die Proben dazu waren wesentlich schweißtreibender als zum Haydn, obwohl er in einer für unsere Instrumente natürlicheren Tonart geschrieben ist. Die anderen mögen das Stück, Helen hat allerdings geringfügige Bedenken. Billy findet es faszinierend; andererseits gibt es kaum ein Stück, das Billy vom kompositorischen Standpunkt aus nicht faszinierend findet.

Ich bin nicht gerade verrückt danach. Piers, der starrsinnigste Mensch, den ich kenne, behauptete, ich wäre starrsinnig, als bei einer Probe das Gespräch darauf kam. Ich versuchte, meine Einstellung zu erklären. Ich sagte, mir gefiele die epidemische Verbreitung von dynamischen Kontrasten nicht. Sie erschienen mir hektisch. Warum könnten wir nicht einmal die eröffnenden Takte selbst gestalten? Zudem gefällt mir die exzessive Chromatik nicht. Sie wirkt seltsam angestrengt, so gar nicht wie Mozart. Piers hielt mich für verrückt. Jedenfalls spielen wir es jetzt, und wir spielen es gut. Glücklicherweise hat sich meine Meinung nicht auf die anderen übertragen. Im Gegenteil, ihre Begeisterung hat mein Spiel zum Leben erweckt. Wie beim Haydn ist das Trio mein liebster Teil, obwohl ich diesmal auch selbst spielen muß. Im letzten Satz, der Fuge, sind die nicht-fugenhaften Teile am lebendigsten und tun, was eine Fuge – besonders eine schnelle – tun sollte: Sie ergreifen die Flucht.

Na gut. Inspiriert oder nicht, wir nehmen den Applaus glücklich an. In der Pause sitzen wir in der Garderobe, erleichtert und angespannt. Ich tätschle nervös meine Geige. Manchmal verhält sie sich wie ein temperamentvolles Wesen, und ich werde sie vierzig Minuten lang nicht stimmen können. Zwischen den sieben Sätzen des Beethoven gibt es keine Pause.

Billy klimpert auf dem Klavier herum, und das vergrößert meine Anspannung. Er spielt ein paar Takte der kuriosen Zugabe, die wir so gewissenhaft vorbereitet haben, summt diverse Teile vor sich hin, und infolgedessen leide ich unter allen möglichen Ängsten. Ich hasse Pausen.

»Bitte, Billy!« sage ich.

»Was? Oh – oh, ich verstehe«, sagt Billy und hört auf. Er runzelt die Stirn. »Sagt mal, warum hüsteln die Leute sofort, nachdem ein Satz zu Ende ist? Wenn sie sich zehn Minuten lang zurückhalten können, warum können sie es dann nicht noch zwei Sekunden länger?«

»Publikum!« meint Piers, als ob das alles erklären würde.

Helen bietet mir einen Schluck Whisky aus dem silbernen Flachmann an, den sie immer dabeihat.

»Mach ihn nicht betrunken«, brummt Piers.

»Das ist Medizin«, entgegnet Helen. »Für die Nerven. Schaut nur, der arme Michael, er zittert.«

»Tu ich nicht. Jedenfalls nicht stärker als sonst auch.«

»Es läuft doch alles wunderbar«, sagt Helen beruhigend. »Sehr gut sogar. Den Leuten gefällt es.«

»Was ihnen wirklich gefällt, Helen«, sagt Piers, »ist dein rotes Kleid und deine nackten Schultern.«

Helen gähnt demonstrativ. »Billy, spiel uns was von Brahms«, sagt sie.

»Bloß nicht«, schreit Piers.

»Wie wär's dann mit Schweigen?« fragt Helen. »Keine unfreundlichen Bemerkungen, kein Gekeife, jede Menge kollegialer Liebe und Mitgefühl.«

»Sehr gut«, sagt Piers in versöhnlichem Ton, geht zu ihr und streichelt ihr die Schulter.

»Ich freue mich drauf, wirklich«, sage ich.

»Das ist die richtige Einstellung«, sagt Piers.

»Die langsame Fuge am Anfang, sie bringt mich zum Zittern«, sagt Billy zu sich selbst.

»Ihr Jungs seid Schwächlinge«, sagt Helen. »Könnt ihr nicht ein bißchen mehr Rückgrat zeigen, wenn's um Musik geht? Dann wärt ihr weniger nervös.«

Wir sind eine Weile lang still. Ich stehe auf, schaue aus dem Fenster, meine Hände liegen auf dem Heizkörper.

»Ich mache mir Sorgen, daß meine Geige die Stimmung hält«, sage ich ganz leise.

»Alles wird gutgehen«, murmelt Helen. »Alles wird gutgehen.«

2.22

Vierzig Minuten später nehmen wir unseren Applaus entgegen. Billys Hemd ist schweißgetränkt. Er sagte einmal über das Quartett in cis-Moll: »Man gibt alles in den vier ersten Takten, und was kommt dann?« Aber er und wir haben unsere eigene Antwort darauf gegeben.

Es ist ein Stück, nach dem es eigentlich keine Zugabe geben kann und auch keine geben sollte. Als wir zum viertenmal auf die Bühne geklatscht werden, hätten wir unsere Instrumente zurücklassen können, um darauf hinzuweisen, aber wir haben sie wie zuvor dabei, und diesmal setzen wir uns. Wie auf das Zeichen eines Taktstocks hin erstirbt der Applaus sofort. Erwartungsvolles Gemurmel, dann Schweigen. Wir blicken einander an, konzentrieren uns aufeinander. Wir brauchen keine Noten für das, was wir spielen wollen. Die Musik ist in unseren Zellen.

Ich habe die Tononi hinter der Bühne kurz gestimmt. Ich überprüfe sie jetzt nahezu tonlos und bitte sie, mich nicht im Stich zu lassen. Normalerweise würde Piers die Zugabe ankündigen. Statt dessen sehen er und die anderen zu mir und nicken kaum wahrnehmbar. Ich beginne zu spielen. Die ersten beiden Noten spiele ich auf leeren Saiten, fast als wären sie ein Übergang vom Stimmen zur Musik. Während ich die ersten langsamen Töne spiele, höre ich aus unter-

117

schiedlichen Ecken des dunklen Saals ein Luftholen, das auf verwundertes Wiedererkennen hinweist. Nach den von mir allein gespielten vier Takten setzt zuerst Piers ein, dann Billy, schließlich Helen.

Wir spielen den ersten Kontrapunkt von Bachs »Kunst der Fuge«.

Wir spielen nahezu ohne Vibrato, halten den Bogen auf den Saiten, spielen auf leeren Saiten, wo immer es sich natürlich ergibt, auch wenn es bedeutet, daß unsere Phrasen einander nicht exakt wiederholen. Wir spielen mit solcher Intensität, solcher Ruhe, wie ich mir nie vorstellen konnte, daß wir sie empfinden oder zustande bringen könnten. Die Fuge fließt, und unsere in Bewegung befindlichen Bögen folgen ihrem Kurs, angeleitet und anleitend.

Als ich mich der kleinen Achtelnote, dieser winzigen Spitzfindigkeit von einer Note, die die Ursache all meiner Angst ist, nähere, wendet Helen, die hier eine Pause hat, den Kopf und sieht mich an. Ich weiß, daß sie lächelt. Es ist das F unter dem eingestrichenen C. Ich mußte meine tiefste Saite um einen Ton herunterstimmen, um es spielen zu können.

Wir spielen in einer energiegeladenen Trance. Diese viereinhalb Minuten könnten ebenso viele Stunden oder Sekunden sein. Vor meinem geistigen Auge sehe ich die sonst kaum benutzten Notenschlüssel der Originalpartitur und das Absinken und Aufsteigen, schnell und langsam, parallel und versetzt, unserer Stimmen – und mit meinem geistigen Ohr höre ich, was bereits erklungen ist, was gerade erklingt und was erst noch erklingen wird. Ich muß auf den Saiten nur ausführen, was für mich bereits real ist; ebenso Billy, Helen und Piers. Unsere synchronen Visionen verschmelzen zu einer einzigen, und wir sind eins: miteinander, mit der Welt und mit dem lange toten Menschen, dessen Kraft wir mittels seiner in Notenschrift aufgezeichneten Phantasie und der einen schnell ausgesprochenen Silbe seines Namens spüren.

2.23

Piers und ich haben unsere Smokings aus- und bequemere Jacken angezogen. Das ist ein Vorgang, den wir mittlerweile in glatten neunzig Sekunden schaffen. Vor unserer Garderobe und auf der Treppe haben sich Leute aus dem Publikum eingefunden.

Wir öffnen die Tür, und die hingerissene Erica Cowan marschiert mit weit ausgebreiteten Armen herein. Ihr folgen zwanzig oder dreißig Personen.

»Wunderbar, wunderbar, wunderbar, mmh, mmh, mmh!« sagt sie und verteilt Küsse nach allen Seiten. »Wo ist Billy?«

»Unter der Dusche«, sagt Piers.

Billy ist vor der Ankunft der Fans den Korridor entlang verschwunden. In ein paar Minuten wird er wieder bei uns sein, unverschwitzt und präsentierbar. Lydia, seine Frau, unterhält sich mit Virginie. Piers, die Augen halb geschlossen, lehnt am Garderobenständer. Anerkennung zollende Mitglieder des Publikums sind überall.

»Danke, ja, danke, freut mich, freut mich, daß es Ihnen gefallen hat … He, Luis!« sagt er mit plötzlicher Begeisterung, als er jemanden wiedererkennt.

Wir wären alle lieber unter uns, aber das Maggiore muß lächeln, um zu leben.

Piers, dem es nicht gelingt, sich loszueisen, wird von einer ernsten jungen Frau die Frage gestellt, die er überhaupt nicht gern hört – die nach unserem Namen. Auf der anderen Seite des Raums erspäht er seine Eltern, winkt sie zu sich und beginnt sofort eine Unterhaltung über häusliche Angelegenheiten mit ihnen.

Der lästige Fan ist da, er klebt an Helen, die in Rot großartig aussieht. Glücklicherweise wird er bald von zwei ihrer Schüler aus der Guildhall verdrängt.

Unnötig zu erwähnen, daß Nicholas Spare nirgendwo zu sehen ist; nach dem, was Piers getan hat, wäre unwahrscheinlicher Edelmut seinerseits vonnöten gewesen, um hier zu erscheinen. Ebensowenig hat er sein Versprechen eingelöst und uns unter den musikalischen Höhepunkten der Woche angekündigt. Laut einer Gewährsperson im Management der Wigmore Hall war überhaupt kein Kritiker da. Es ist unglaublich frustrierend – ein wunderbarer Auftritt, und die Welt erfährt nichts davon. Aber vermutlich würde die Welt in der Presse des Universums auch nicht viele Spalten erhalten.

»Oh, *c'est la guerre*«, sagt Erica zu Piers, als er sich beschwert. »Kritiker sind unwichtig, wirklich.«

»Das ist Unsinn, Erica, und du weißt es«, erwidert Piers kurz angebunden.

»Es ist ein zu schöner Abend, um sich zu ärgern«, sagt Erica. »Ach, da ist ja Ysobel Shingle. Ysobel mit Y, man stelle sich vor! Sie ist von Stratus Records ... Ysobel, Ysobel«, ruft Erica und winkt wild.

Eine große junge Frau, die so grau wirkt, als hätte sie noch nie die Sonne gesehen, mit einer von tiefen Sorgenfalten gefurchten Stirn nähert sich und erzählt Erica und Piers mit tremolierendem Eifer, wie gut ihr das Konzert gefallen habe.

»Dann biete uns einen Plattenvertrag an«, sagt Erica nachdrücklich. Ysobel Shingle lächelt gehetzt. »Also, ich habe da eine Idee«, sagt sie. »Aber ich glaube nicht, also, daß das der richtige Ort ist ...«

»Halb elf morgen vormittag, ich komme zu dir ins Büro«, sagt Erica.

»Also, weißt du, Erica, ich, ähm, ich ruf dich an ... Laß mich erst darüber nachdenken. Ich wollte euch nur sagen, wie sehr mir ...«

Sie ringt in einer gequälten Geste die Hände und dreht sich dann nahezu panisch um und flüchtet.

»Was für eine sonderbare Frau«, sagt Mrs. Tavistock, die nach Piers' und Helens respektlosen Erzählungen selbst eine ziemlich sonderbare Frau ist.

»Sie ist die treibende Kraft hinter dem Erfolg von Stratus«, sagt Erica.

»Wirklich?« sagt Piers, wider Willen beeindruckt.

»Es ist phantastisch, daß sie heute abend hier war«, sagt Erica. »Ich werde ihr wie ein Bluthund auf der Fährte bleiben.«

Zehn Minuten später plaudern Helen und ich mit einer jungen Frau vom Saalmanagement, als wir den Schluß einer Unterhaltung von

Piers mitkriegen. »Tut mir leid«, sagt Piers. »Dieses Problem habe ich seit meiner Kindheit ... Mit dummen Fragen konnte ich noch nie was anfangen.«

»Ich stopf ihm lieber mal den Mund«, sagt Helen.

Das anfängliche Durcheinander hat sich aufgelöst; die Leute sind weniger geworden. Billy und Lydia sind nach Hause gegangen, um Billys Eltern zu entlasten, die auf Jango, ihren dreijährigen Sohn, aufpassen. Der lästige Fan hat sich in Luft aufgelöst. Aber es sind immer noch eine ganze Menge Menschen da.

Auch Virginie ist gegangen. Sie bot an, mich mitzunehmen, aber ich beschloß, statt dessen mit Helen zu fahren. Ich möchte mit ihr und Piers im Auto kurz das Konzert analysieren.

Ich sehe mich um, müde, aber irgendwie zufrieden, der Bach hallt noch immer in meinem Kopf wider.

»Michael«, sagt Julia, als mein Blick auf sie fällt.

2.24

»Julia.« Meine Lippen bilden den Namen, aber ich spreche ihn nicht aus, flüstere nicht einmal.

Sie sieht mich an, ich sehe sie an. Eine dunkelblättrige Lilie steht rechts von ihr, und sie trägt grün. Sie war es; sie ist es.

»Hallo«, sagt sie.

»Hallo.«

Ihr Blick ist aufmerksam. Die grüne Seide verschwimmt mit den dunkelgrünen Blättern, dem changierenden Grün der Tischdecke, dem Olivgrün der Stühle, dem dicken samtigen Grün der Vorhänge, dem Grasgrün eines unvollendeten Gemäldes. Ich schaue zu Boden. Der Teppich, ein sattes Chromoxid, ist mit kleinen roten Masern gemustert.

»Bist du schon lange da?« frage ich.

»Ich habe draußen gewartet. Ich konnte mich lange nicht entschließen hereinzukommen.«

Ich studiere die Masern. Sie sind unregelmäßig geformt, aber in regelmäßigen Reihen angeordnet. »Und jetzt bist du da«, sage ich.

»Ich wußte nicht, daß du im Maggiore spielst«, sagt Julia. »Ich habe das monatliche Programm gesehen und dachte an Banff, und wie wir sie dort getroffen haben.«

»Ich spiele seit ein paar Jahren mit ihnen.« Ist es das, worüber wir nach allem reden sollen? Ich sehe sie an. »Du bist in das Konzert gegangen, ohne zu wissen, daß ich spiele?«

»Es war ein wunderbares Konzert«, sagt sie. Ihre Augen sind feucht. Mein Blick schweift zum Fenster. Draußen regnet es. In der Einfahrt zu einer Sackgasse steht ein Berg schwarzer Plastikmüllsäcke. Das Licht der Straßenlampe spielt auf ihrer glatten Haut.

»Du warst es also. Damals im Bus. Ich wußte, daß ich mich nicht getäuscht hatte.«

»Ja.«

»Warum hast du dich nicht gemeldet? Warum hast du meine Nummer nicht im Telefonbuch nachgeschlagen?«

Sie schweigt. Überall um uns herum reden die Leute. Ich höre, wie Piers ein theoretisches Gesetz aufstellt. Julia geht einen Schritt auf mich zu.

»Ich wollte dich nicht wiedersehen.«

»Warum bist du dann hier?«

»Nach dem Bach wußte ich, daß ich in die Garderobe kommen würde. Ich kann nicht erklären, warum. Wahrscheinlich war es keine gute Idee. Ich habe die ganze Zeit über im Flur gestanden. Aber es ist schön, dich wiederzusehen und nicht nur spielen zu hören.«

Sie trägt keinen Ring, aber am Handgelenk eine kleine goldene Armbanduhr an einem geflochtenen goldenen Band. Um ihren Hals hängt ein kleiner Diamantanhänger. Ihre Augen wirken eher grün als blau. An ihrer Stimme, an der Art, wie sie ihre Handtasche festhält, weiß ich, daß sie gehen will.

»Bitte, geh noch nicht«, sage ich und nehme ihre Hand. »Ich muß dich wiedersehen. Lebst du jetzt in London? Wirst du mich anrufen? Morgen habe ich nichts vor.« Sie sieht mich verwirrt an. »Wo-

hin gehst du jetzt, Julia? Hast du schon gegessen? Hast du ein Auto?
Du kannst nicht in den Regen hinaus. Das kannst du einfach nicht.«
Julia lächelt. »Nein, ich werde dich nicht anrufen. Am Telefon war
ich noch nie sehr gut. Aber wir werden uns irgendwo wieder tref-
fen.«
»Wo? Und wann?«
»Michael, laß mein Hand los«, flüstert sie.
»Wo?«
»Ach, irgendwo«, sagt Julia und blickt sich um. »Wie wäre es mit
der Wallace Collection? Um eins?«
»Ja.«
»Ich treffe dich am Eingang.«
»Julia, gib mir deine Telefonnummer.«
Sie schüttelt den Kopf.
»Was, wenn du nicht kommst? Wenn du es dir anders überlegst?«
Aber bevor sie etwas antworten kann, kommt Helen zu uns. »Julia!«
sagt Helen. »Julia! Das ist ja Ewigkeiten her! Ewig! Kanada,
stimmt's? Banff. Was für eine wunderbare Zeit. Wie ist es dir er-
gangen? Bist du zu Besuch aus Wien da? Michael hat gesagt, daß
ihr keinen Kontakt mehr habt, aber hier bist du!«
»Ja«, sagt Julia mit ihrem klugen zärtlichen Lächeln. »Hier bin ich.«
»Piers!« sagt Helen. »Schau nur, wer hier ist. Julia!«
Piers, der in ein Gespräch mit einem jungen Mann vertieft ist,
schüttelt zerstreut den Kopf. Julia geht zur Tür.
»Ich bringe dich zum Wagen«, sage ich.
Sie zieht ihren Mantel an und öffnet die Tür zum Flur. »Ich komme
allein zurecht Michael. Du solltest dableiben für die Manöverkritik.
Eine Konzert ohne Manöverkritik ... «
»... ist wie Bridge ohne Chaos. Ja.«
»Wo ist Billy?« fragt Julia.
»Er ist nach Hause gegangen. Babysitter.«
»Billy hat Kinder?« sagt Julia nahezu verwundert.
»Ein Kind. Einen Sohn.«
»Als ich sah, wie ihr vier euch für den Beifall bedankt habt, dachte
ich an die erste Phrase von Beethovens Fünfter«, sagt sie. Sie paßt

ihre Gesten den Noten an: drei große dünne Musiker und ein kleiner Robuster.

Über dieses Bild muß ich lachen. Inwiefern hat sie sich verändert? Ihr Haar ist viel länger, ihr Gesicht ein bißchen abgespannt – aber das scheint nicht das Werk von zehn Jahren, sondern von zwei.

»Hast du noch mehr über unseren Auftritt zu sagen?« frage ich und versuche, sie in ein Gespräch zu verwickeln.

»Tja … ich wünschte, ich hätte den Namen ›Haydn‹ nicht durch deinen Notenständer gesehen, als ihr den Mozart spieltet.«

»Und?«

»Und – nichts. Es war sehr schön. Aber ich muß jetzt gehen. Ich muß wirklich … Wie geht es deinem Finger?«

»In letzter Zeit hat er mir keine Sorgen gemacht. Eigentlich überhaupt keine während der letzten fünf Jahre – seitdem ich in dem Quartett spiele … Seltsam, wenn der eigene Körper gegen einen rebelliert und dann plötzlich beschließt, daß es genug ist.«

Ich hole einen Filzstift aus meiner Tasche und nehme ihre Hand. Ich schreibe meine Telefonnummer auf die Kante ihrer Hand. Sie sieht mich an, erstaunt, wehrt sich jedoch nicht.

»Das ist Telefon, Anrufbeantworter und Fax. Schreib sie ab, bevor du ins Bett gehst«, sage ich. Ich beuge mich vor, um ihre Hand zu küssen, die Lebenslinie, die Liebeslinie. Meine Lippen wandern zu ihren Fingern.

»Michael, nein, nein, bitte.« In ihren Worten schwingt eine Verzweiflung mit, die mich aufhören läßt. »Laß mich. Bitte, laß mich. Wir sehen uns morgen.«

»Gute Nacht, Julia, gute Nacht.« Ich lasse ihre Hand los.

»Gute Nacht«, sagt sie ruhig und wendet sich ab.

Ich gehe zum Fenster. Nach ein paar Augenblicken tritt sie aus der Hintertür. Sie öffnet ihren Schirm, dann scheint sie ein, zwei Sekunden zu zögern, welche Richtung sie einschlagen soll. Der Regen fällt auf die Straße, auf die schwarzen Müllsäcke. Warum ausgerechnet die Wallace Collection? frage ich mich – nicht, daß es wichtig wäre. Wie soll ich heute nacht schlafen oder all das auch nur glauben, wenn ich allein bin? Einen Moment lang fällt Licht auf ihr Gesicht, aber es ist zu schwach, als daß ich viel erkennen könnte. Sie mag älter sein, aber sie ist so schön wie eh und je. Wie sehr habe ich mich verändert? Sie wendet sich nach rechts, und ich blicke ihr nach, bis sie um die Ecke zur Hauptstraße geht, wo meine Augen sie nicht mehr sehen können.

Dritter Teil

3.1

Sie ist kurz vor ein Uhr da. Ein nervöser Blick auf mich, ein kleines vorsichtiges Lächeln. Ich nehme ihre Hand nicht, sie nimmt meine nicht.

»Ich bin noch nie hier gewesen«, sage ich.

»Noch nie?«

»Nein. Obwohl ich schon oft kommen wollte.«

»Also, sollen wir hineingehen?« fragt sie.

»Ja. Oder wir könnten irgendwo einen Kaffee trinken, wenn du möchtest. Oder etwas essen.«

»Ich habe zu Mittag gegessen«, sagt sie. »Aber wenn du noch nicht …«

»Ich habe keinen Hunger«, sage ich.

»Als du in Wien zum erstenmal in einer Galerie warst, war ich dabei, richtig?«

»Ja«, antworte ich.

»Deswegen ist es nur recht und billig, wenn ich auch hier deine Führerin bin.«

»Nur daß Wien deine Stadt war und London meine ist.«

»Seit wann ist London deine Stadt?« Julia lächelt.

»Nein, sie ist es nicht wirklich«, sage ich und lächle sie an. »Aber ich werde allmählich heimisch.«

»Gegen deinen Willen?«

»Nicht gänzlich.«

»Die anderen sind Londoner, oder? Ich meine im Maggiore.«

»In gewisser Weise. Billy ist in London geboren und aufgewachsen, Piers und Helen stammen ursprünglich aus dem West Country, aber jetzt sind sie im Grunde Londoner.«

»Ich erinnere mich vor allem an Alec.«

»Alex«, sage ich.

Julia blickt etwas verwirrt drein, dann nickt sie. »Es war ein Schock, dich an seiner Stelle zu sehen.«

»Das glaube ich.«

»Ich erinnere mich, wie er einen kanadischen Dichter rezitierte, zum Erstaunen unserer Gastgeber. Service?«

»Ja. Albernes Zeug.«

»Und ich erinnere mich, in Banff wach gelegen und auf die Züge gehört zu haben.«

»Ich auch.«

»Warum ist er gegangen? Waren Piers und er nicht ein Paar?« Julia sieht mich direkt an, zärtlich und aufmerksam.

»Vermutlich. Aber nach ein paar Jahren − wie auch immer, Piers redet nicht gern darüber. Sie haben sich einfach entzweit, glaube ich, wie es manchmal eben passiert. Musikalisch und auch sonst. Erinnerst du dich, sie haben abwechselnd erste und zweite Geige gespielt.«

»Das beste Rezept für Katastrophen.«

»Ja. Wir tun das nicht mehr, seit ich vor fünf Jahren dazugestoßen bin … Und du − bist du in London heimisch? Ach, übrigens, tut mir leid wegen deinem Vater.«

Julia wirkt erschrocken.

»Julia, tut mir leid, daß es so flapsig geklungen hat«, sage ich und fühle mich plötzlich schuldig und bestürzt. »Ich habe es nicht so gemeint. Als ich dich im Bus sah, habe ich versucht, dich aufzuspüren. Aber in Oxford verlor sich deine Spur. Es tut mir schrecklich leid. Ich mochte ihn. Und ich weiß, daß du ihn sehr geliebt hast.«

Julia blickt auf ihre feingliedrigen, sich verjüngenden Finger, faltet sie und zieht sie langsam wieder auseinander, als wollte sie ihre Gedanken durch sie hindurchlaufen lassen.

»Sollen wir hineingehen?« frage ich.

Eine Weile lang antwortet sie nicht, dann sieht sie auf und sagt: »Also, gehen wir hinein?«

Ich nicke.

Als wir uns kennenlernten, lebte meine Mutter nicht mehr, und jetzt ist auch ihr Vater tot. Obwohl er mich nichts über sie wissen ließ, als ich ihrer so sehr bedurfte, war er im Grunde seines Herzens ein freundlicher Mann. Von Natur aus friedfertig, schrieb er mit

130

sachlicher Klarheit über die Geschichte der Kriege. Julia schlägt ihm nach, glaube ich, was ihre Geisteshaltung angeht. Aber wie kann ich solche Schlußfolgerungen ziehen, da ich ihn nur einmal für einen einzigen Tag getroffen habe?

3.2

Wir schlendern zwei Stunden herum, gehen von Raum zu Raum, sprechen kaum. Das hier ist keine neutrale Umgebung, sondern eine konkurrierende. Sie ist vertieft – manchmal in ein Bild, manchmal in etwas nicht Erklärbares. Sie scheint ihre ganze Aufmerksamkeit auf die Gesichter der Dargestellten zu richten, in sie zu versinken, sich meiner Anwesenheit nicht bewußt zu sein, auf meine Kommentare nicht zu reagieren. Eine Weile steht sie vor Velazquez' »Dame mit Fächer«.

»Tut mir leid, Michael – ich war ganz woanders.«

»Nein, nein, ist schon in Ordnung.« Sie betrachtet die Dame, ich betrachte sie. In Museen war sie schon immer so. In Wien hing ein Gemälde – ein Vermeer –, vor dem sie eine halbe Stunde stand, bis ich ihr auf die Schulter klopfte und sie aus ihrer Trance holte.

Ich folge ihren Schritten und ihrem Blick. Ein junger, undurchsichtiger, versunkener schwarzer Bogenschütze; eine kokette, alberne junge Frau auf einer Schaukel, die ihrem Liebhaber einen rosa Schuh zukickt; Rembrandts Sohn Titus. Wer sind diese Menschen, und welche Kette von Zufällen hat sie unter diesem Dach vereint? Wie viele Gesichter haben wir während der letzten zehn Jahre unserem Leben hinzugefügt?

Wir befinden uns in einem Raum mit einem Wächter, der diskret Gymnastik macht. Die Wände sind mit Gemälden von Venedig bedeckt. Das kann nicht der Grund sein, warum sie mich hierherbestellt hat.

Sie blickt von den Gemälden zum Wächter, dann zu mir. »Warst du endlich dort?« fragt sie.

»Nein, noch nicht.«

»Ich schon«, sagt sie still.

»Du wolltest unbedingt.«

»Ich?« fragt sie mit einer Spur von Anspannung in der Stimme.

»Wir.«

Sie steht vor dem Gemälde einer weit entfernten Kirche mit Kuppel und Turm, im Vordergrund das Meer. Obwohl ich nie dort war, kommt es mir bekannt vor.

»Maria und ich sind ein paar Monate nach meiner Abschlußprüfung hingefahren«, sagt sie. »Am ersten Abend gab es ein Gewitter, Blitze haben die ganze Lagune erhellt. Ich mußte die ganze Zeit weinen, was dumm war, weil es schließlich wunderschön aussah.«

»Das war nicht dumm.« Ich möchte ihre Schulter berühren, tue es jedoch nicht. Mir kommt es vor, als würden zwei Fremde diese Szene spielen.

»Du solltest hinfahren«, sagt sie.

»Ich werde hinfahren«, erwidere ich. »Wir fahren dieses Frühjahr.«

»Wer ist wir?«

»Das Quartett.«

»Was führt euch dorthin?«

»Zwei Konzerte – und Venedig selbst. Wir fliegen von Wien aus hin.«

»Wien?« fragt Julia. »Wien?«

»Ja«, sage ich. Da sie schweigt, füge ich hinzu: »Wir geben ein Schubertkonzert im Musikverein.«

Nach einem Augenblick sagt sie gleichmütig: »Ich werde meiner Mutter sagen, daß sie darauf achten soll. Sie lebt jetzt dort. Und meine Tante.«

»Und du? Wirst du nicht kommen?«

»Ich lebe jetzt in London.«

Meine Miene erhellt sich. »Du lebst also doch in London. Ich wußte es.«

Plötzlich fällt ihr etwas ein, und sie wird blaß vor ängstlicher Anspannung. »Michael, ich muß gehen. Es ist nach drei Uhr. Ich habe die Zeit völlig vergessen. Ich muß … jemanden abholen.«

»Aber …«

»Ich kann es jetzt nicht erklären. Ich muß gehen, wirklich, ich muß. Ich sehe dich morgen.«

»Aber wann? Wo?«

»Um eins?«

»Ja, aber wo? Wieder hier?«

»Nein – ich hinterlasse dir eine Nachricht auf dem Anrufbeantworter.«

»Warum rufst du mich nicht später an?«

»Ich kann nicht. Ich werde keine Zeit haben. Ich hinterlasse dir eine Nachricht, bevor du zu Hause bist.« Sie dreht sich um. Sie wirkt nahezu panisch.

»Warum rufst du nicht an und sagst, daß du dich etwas verspätest?« Aber sie blickt nicht mehr zurück und bleibt nicht stehen, um mir zu antworten.

3.3

Das war die Summe unseres Treffens. Auch beim Abschied berührten wir uns nicht. Wir sprachen nicht einmal fünf Minuten miteinander – und alles, was wir sagten, war gestelzt, zusammenhangslos. Ich weiß nicht, wie sie jetzt denkt oder wie sie jetzt ist. Ich fühle mich leer.

Ein Hauch ihres Parfums hängt noch in der Luft, ein leichter Zitronenduft. Ich gehe durch die Räume, starre Waffen an: Schwerter, Krummsäbel, Dolche, Harnische, Helme. Ein mit schwarzem Stahl bewehrtes Pferd stürzt sich auf mich wie ein Panzer. Ein Zimmer voller Kinder, von Greuze gemalt, die falsche Unschuld ausstrahlen und durch mich hindurch lächeln oder ängstlich zum Himmel blicken. Eine schwarze kugelförmige Uhr mit zwei goldenen Figuren, eine Göttin und ein junger Mann: ein Prinz oder König. Sie überragt ihn, aber ihre winzigen Finger liegen widersinnigerweise auf seiner riesigen Hand. Ich schlendere treppauf und treppab, unruhig, wie in Trance, sehend, nicht-sehend: Allegorie, Mythos, Landschaft, Königsfamilien, Schoßhunde, totes Wild. Der Wächter hat die Hände hinter dem Kopf, den er nach rechts und links bewegt, verschränkt. Er streckt die Finger. In diesem Saal höre ich die Stimme meiner Violine. Venedig umgibt uns – das türkise Wasser des heiteren Canaletto, die schmutzigen visionären Farbübergänge Guardis.

Wir haben diese Stunden nicht gemeinsam verbracht. Wir waren eingeschlossen in eigenen Welten. Das ist der einzige Raum, in dem wir geredet haben. Aber wie kann man eine erneuerte Bekanntschaft wie diese weitertreiben? Sie wirkte nicht verbittert; sie sagte sogar, daß sie mich wiedersehen will.

Vor all den Porträts, vor denen sie stehenblieb, bleibe ich jetzt stehen. Ich sehe und höre sie: ihre angespannten Schultern, als sie vor der »Dame mit Fächer« stand, ihr Lachen, als sie Fragonards rosa berüschte Kokette auf der Schaukel betrachtete.

Ich stehe vor dem Bild und erinnere mich an ihr Lachen. Ist sie glücklich? Warum will sie mich wiedersehen? Warum hat sie mich ausgerechnet hierher bestellt? War es das erstbeste, was ihr nach dem Konzert einfiel? Gewiß war es nicht wegen Venedig.

Ihr Lachen klang freudig. Und doch war sie plötzlich ängstlich und traurig.

Das gerötete Gesicht sieht schelmisch auf den Schuh, der über einem Haufen Blätter durch die Luft fliegt. Die Seile verschwinden oben in einem dunstigen Tumult von Dunkelheit. Das Bild hat Charme. Es hielt sie einen Augenblick lang fest. Warum nach einem anderen Grund suchen?

3.4

Die Welt bemächtigt sich über meinen Anrufbeantworter erneut meiner Gedanken. Sieben Nachrichten wurden hinterlassen: eine Rekordernte. Die erste ist von Julia. Sie schlägt vor, daß wir uns morgen in der Orangerie in den Kensington Gardens treffen. Das ist nur ein paar Minuten zu Fuß von meiner Wohnung entfernt, aber das kann sie unmöglich wissen.

Zwei Anrufe haben mit der Camerata Anglica und diversen Proben zu tun, die ich laut ihrem Büro »eintragen« oder »austragen« soll.

Erica Cowan hat angerufen, um von unserem Konzert zu schwärmen und mitzuteilen, daß Helen ihr gesagt habe, Julia sei hinter die Bühne gekommen. Wie wunderbar. Sie freut sich so für mich; Ende gut, alles gut. Und sie hat interessante Neuigkeiten für das Quartett, aber wir müssen uns bis morgen gedulden.

Ein Nachricht von Piers. Er meint, ich wäre etwas zerstreut gewesen, als wir auf dem Nachhauseweg über das Konzert diskutierten. Er hätte gern, daß wir es kurz analysierten. Und Erica hat uns etwas zu sagen. Können wir uns morgen um zwei bei Helen treffen?

Ich rufe Piers an. Wie wäre es um fünf statt um zwei? Er sei einverstanden, sagt er, und werde die anderen fragen. Was sind das für interessante Neuigkeiten von Erica, frage ich ihn. Piers reagiert verschlossen. Erica meint, wir sollten alle zusammensein, um darüber zu sprechen.

Die nächste Nachricht stammt von einer weiblichen Stimme, die sich etwas verärgert wundert, warum die Londoner Köderfirma mitten an einem ganz normalen Arbeitstag ihre Anrufe nicht entgegennimmt.

Eine Nachricht von Virginie, die gut gelaunt klingt. Sie war begeistert von unserem Konzert und unterbricht ihr Üben – ja, sie schwört, daß sie gerade übt –, um mir zu sagen, wie inspirierend wir gespielt haben.

Das Telefon klingelt, und mein Herz schlägt schneller. Aber es ist noch einmal Erica. Sie klingt, als hätte sie zu gut zu Mittag gegessen.

»Michael, Liebling, ich bin's, Erica, ich mußte dich einfach anrufen, das Konzert gestern abend war absolut brillant.«

»Danke, Erica. Ich habe gerade deine Nachricht gehört.«

»Aber deswegen rufe ich nicht an. Es ist nur so, Michael, Lieber, du mußt sehr vorsichtig sein. Das Leben ist nicht einfach. Ich habe gerade mit einem alten Freund zu Mittag gegessen, und ich glaube einfach, daß die Dinge passieren sollen, wenn sie passieren. Du verstehst doch, was ich meine?«

»Eigentlich nicht …«

»Natürlich kann es körperlich sein oder geistig oder, na ja, alles. Helen hat es mir natürlich erzählt.«

»Aber Erica …«

»Weißt du, wenn man auf die Vierzig zugeht, wird alles körperlich. Männer meines Alters interessieren mich überhaupt nicht, ich interessiere mich nur für jüngere Männer, die im großen und ganzen umwerfend sind, aber natürlich unerreichbar. Früher war ich unheimlich wählerisch, und all diese Leute haben dieses endlose Verlangen verströmt, und ich habe immer nein, o nein gesagt, und jetzt ist alles anders. Aber das Problem ist, wenn man mal ungezogen sein will, dann bitten dich diese jungen Männer nur, daß du sie Leuten vorstellst, die ihnen Jobs verschaffen können.«

»Tja …«

»Man hat also dieses Verlangen, aber man ist eine alte Schachtel. Manchmal schaue ich in den Spiegel und erkenne mich selbst nicht wieder. Wer ist sie? Woher kommen diese Falten? Ich hatte früher ein rundes Gesicht, ein ziemliches Mondgesicht, und ich wollte hager sein, und jetzt bin ich natürlich hager, schrecklich hager, und ich bin nicht erpicht darauf, eine alte Schachtel zu sein. Jetzt hätte ich gern wieder das Mondgesicht.«

»Du bist nicht hager, Erica, du bist attraktiv und betrunken.«

»Du bist noch nicht vierzig und hast ja keine Ahnung«, sagt Erica vorwurfsvoll. »*Und* du bist ein Mann.«

»Wo warst du beim Mittagessen?«

»Ach, im Sugar Club, sie nehmen diese unaussprechbaren Zutaten wie Jicama und Metaxa – meine ich Metaxa?«

»Ich bin mir nicht sicher.«

»Aber sie haben eine hervorragende Weinkarte.«

»Offensichtlich.«

»Ungezogener Junge! Mein Mann hat mich letztes Jahr an unserem Hochzeitstag dorthin ausgeführt, und es war eine echte Entdeckung. Jetzt gehe ich mit all meinen Freunden hin. Probier das Känguruh.«

»Werde ich. Erica, was ist die interessante Neuigkeit, die du für uns hast?«

»Ach, das. Ich glaube, Stratus will uns einen Plattenvertrag anbieten.«

Ich traue meinen Ohren nicht. Stratus! »Du machst Witze, Erica«, sage ich. »Das meinst du nicht ernst.«

»Das nenne ich Dankbarkeit.«

»Aber das ist unglaublich! Wie hast du das geschafft?«

»Ich hatte heute morgen ein nettes Gespräch mit Ysobel – aber darüber reden wir morgen um zwei.«

»Nicht um zwei. Um fünf.«

»Fünf?«

»Fünf. Schreib's auf.«

»Ach, ich werd's schon nicht vergessen.«

»Erica, du wirst dich an nichts erinnern. Nicht nach deinem feuchtfröhlichen Mittagessen.«

»Na gut. Aber sag den anderen nicht, was ich dir gesagt habe. Es soll eine Überraschung sein. Denk dran, Mund halten!«

Ich bezweifle nicht, daß Erica uns alle angerufen und Geheimhaltung hat schwören lassen.

Bevor ich auflege, rate ich ihr, viel Wasser zu trinken, eine Kopfschmerztablette zu nehmen und zehnmal schnell hintereinander »Ysobel Shingle« zu sagen.

3.5

Ich denke an Julia und kann nicht schlafen, schaue mir spätabends einen wirren Thriller an und döse um drei Uhr morgens ein.

Um elf ist es frisch und klar, aber es zieht zu, und mittags schüttet es heftig und beständig. Aber Julia ruft nicht an, um Ort oder Zeit unserer Verabredung zu ändern.

Um Viertel vor eins trete ich mit Schirm, Mütze und warm angezogen hinaus in den dunklen Tag. Alte, längst abgefallene Blätter wirbeln herum. Der Regen fällt schräg und durchnäßt meine Hose unterhalb der Knie. Der Schirm mit seinen dünnen Speichen wird zu einem verrückten schwarzen Segel. Der Park ist nahezu vollkommen verlassen, denn wer will bei diesem Wetter schon spazierengehen?

Auf jedem dickeren Ast einer Platane sitzt ungefähr ein Dutzend Tauben, darunter ein paar braune, dem Wind zugekehrt, die Federn gesträubt und still, wie fette Früchte. Eine Krähe schreitet unter dem Baum herum, gelassen, krächzend, als ob ihr der Baum gehörte. Zwei bemitleidenswerte Jogger laufen vorbei.

Ich komme zur Orangerie. Ein paar Leute, festgehalten vom Regen, trinken Tee oder lesen Zeitung. Im Inneren ist es ein wunderschönes Gebäude: ein sehr hohes weißes Rechteck mit Nischen, die südliche Wand besteht aus langen Säulen mit riesigen Fenstern dazwischen, um das Sonnenlicht hereinzulassen – oder was immer das Wetter bereithält. Von Julia kein Spur.

Zu seinen besten Zeiten hallt es an diesem Ort wider, aber heute erzeugen der heulende Wind, der in einer flachen Diagonale gegen die großen Fenster prasselnde Regen, das Geschrei eines unglücklichen Babys und das unberechenbare Geklapper in der Küche die Art Geräuschkulisse, die Billy zweifellos begeistern würde.

Ein paar Minuten später kommt Julia herein. Sie ist vollkommen durchnäßt. Ihr blondes Haar ist angeklatscht und sieht fast braun aus, ihr Mantel ist patschnaß. Als sie sich in der Orangerie umsieht, wirkt sie ängstlich.

Sofort bin ich an der Tür.

»Dieser Schirm«, sagt sie und kämpft damit.

Ich lache und umarme sie und küsse sie auf den Mund, ohne nachzudenken, so wie beim erstenmal vor vielen Jahren.

Halb erwidert sie meine Umarmung, dann zieht sie sich rasch zurück. Einen Moment lang blickt sie fort von mir, als wollte sie sich sammeln.

»Was für ein Wetter«, sagt sie und fährt sich mit der Hand durchs Haar.

»Warum hast du nicht angerufen, damit wir uns woanders treffen?« frage ich. »Du bist vollkommen durchnässt.«

»Ach, das hätte zuviel Verwirrung gestiftet.«

»Stell dich an den Heizkörper.«

138

Sie stellt sich zitternd davor und sieht in den Regen hinaus. Ich stehe hinter ihr, meine Hände auf ihren Schultern. Sie schüttelt sie nicht ab.

»Julia, ich liebe dich noch immer.«

Sie sagt nichts. Bilde ich es mir nur ein, oder spüre ich, wie sie die Schultern anspannt?

Sie dreht sich um und murmelt: »Trinken wir Kaffee. Wartest du schon lange?«

»Julia!« sage ich. Es ist eines, meine Worte zu ignorieren, aber warum diese willentliche Banalität?

Sie sieht den Schmerz in meinen Augen. Noch immer sagt sie nichts. Wir setzen uns. Eine Kellnerin kommt, und wir bestellen Kaffee und Ingwerkuchen.

Eine Weile lang sprechen wir nicht, dann sagt Julia zögernd: »Hast du etwas von Carl Käll gehört?«

»Vor ein paar Monaten bekam ich einen Brief von ihm.«

»Er hat dir geschrieben?«

»Ja. Wahrscheinlich weißt du, daß er jetzt in Schweden ist.«

Die Kellnerin bringt unsere Bestellung. Julia blickt auf ihren Teller.

»Gerüchte besagen, daß er sehr krank ist.«

»Etwas in seinem Brief hat darauf hingedeutet.«

Sie merkt, daß ich nicht über ihn sprechen will, und geht zu anderen Dingen über. Wir berühren die Themen vorsichtig, eins nach dem anderen, als könnten sie sich plötzlich auf uns stürzen und zuschlagen: flüchtige Bekannte, die Wahrscheinlichkeit, daß der Regen bald nachlassen wird, die Einrichtung. Ich erfahre, daß Maria, nachdem sie eine Reihe von Künstlerfreunden hatte, jetzt mit einem anständigen soliden Bürger verheiratet ist.

Ich berühre die rote Stelle auf der linken Seite meines Halses – den Geigerfleck. In diesem offenen und weitläufigen Raum scheint mich irgend etwas zu beengen. Wieder denke ich an Carl Käll. Sein Bogen bewegte sich auf und ab wie ein kleiner Schalter, wenn er mir sagte, was ich tun sollte. In seinen Augen war ein Orchester, was in den Augen meines Vaters eine Kneipe oder ein Nachtclub war. Nicht einmal Kammermusik war gut genug für mich. Wenn

139

er spielte, hörte ich einen so noblen Klang – rund, warm, unaffektiert –, daß ich ihn mir einverleiben wollte, aber wenn ich es mit seiner Technik versuchte, tat sie meinem Stil Gewalt an. Warum konnte er nicht zulassen, daß ich zu meiner eigenen Form fand – unter seiner Anleitung, nicht unter Zwang?

Sie sieht mich an – nahezu argwöhnisch. Dann sagt sie etwas, was ich im Lärm um uns herum nicht verstehe. Irgendwo klappert es laut, und das Baby drei Tische weiter schreit sich die Lunge aus dem Hals.

»Tut mir leid, Julia – dieser Ort ist unmöglich. Ich habe dich nicht gehört.«

»Ausgerechnet ...«, sagt sie, und in ihrer Miene lese ich sowohl Anspannung als auch eine Spur Amüsement.

»Ausgerechnet was?«

»Nichts.«

»Aber was hast du gesagt?«

»Ich muß es dir sagen, Michael, früher oder später. Es ist besser früher.«

»Ja?«

»Ich bin verheiratet.« Leise wiederholt sie es, fast als spräche sie mit sich selbst. »Ich bin verheiratet.«

»Aber das kann nicht sein.«

»Doch.«

»Bist du glücklich?« Ich bemühe mich, das Unglück aus meiner Stimme herauszuhalten.

»Ich glaube. Ja.« Ihr Finger bewegt sich in einem kleinen Quadranten um den Rand des blau-weißen Tellers.

»Und du?« fragt sie.

»Nein. Nein. Nein. Ich meine, ich bin nicht verheiratet.«

»Bist du allein?«

Ich seufze und zucke die Achseln. »Nein.«

»Ist sie nett?«

»Sie ist nicht du.«

»Oh, Michael« – ihr Finger hält in der Bewegung um den Tellerrand inne – »sag das nicht.«

140

»Kinder?« frage ich und sehe ihr in die Augen.

»Eins. Ein Junge. Luke.«

»Und ihr lebt alle glücklich und zufrieden in London.«

»Michael!«

»Und du machst natürlich immer noch Musik.«

»Ja.«

»Mehr muß ich nicht wissen. Nur – warum trägst du keinen Ring?«

»Ich weiß es nicht. Er lenkt mich ab. Er lenkt mich ab, wenn ich Klavier spiele. Ich sehe ihn und kann mich nicht mehr auf die Musik konzentrieren. Michael, du warst es, der aus Wien weggegangen ist.«

Es stimmt. Was kann ich sagen? Nur meine ungehobelte Wahrheit ist gut genug.

»Ich bekam in Carls Gegenwart keine Luft mehr. Ich wußte nicht, daß ich ohne dich nicht leben kann. Ich dachte nicht, daß ich dich verloren hätte – daß ich dich verlieren würde.«

»Du hättest schreiben können, nachdem du fort warst, und die Dinge erklären.«

»Ich habe geschrieben …«

»Monate später. Nachdem ich langsam zerbrochen war.« Einen Augenblick lang schweigt sie, dann fährt sie fort: »Ich habe mich nicht getraut, deine Briefe zu öffnen, nachdem sie endlich kamen. Ich habe nur an dich gedacht – jede Stunde, jeden Tag, wenn ich schlief, wenn ich wach war. Nein.« Sie spricht aus einer großen Distanz, nahezu jenseits der Erinnerung an Schmerz und Zorn.

»Es tut mir so leid, Liebling.«

»Michael, nenn mich nicht so«, sagt sie traurig.

Wir schweigen eine Weile, dann sagt Julia: »Das war damals.«

Es hat aufgehört zu regnen. Der Garten draußen liegt vor uns, mit den riesigen zu Türmen beschnittenen Bäumen. Der Himmel ist klar.

»Hör mal«, sage ich. »Ein Rotkehlchen.«

Julia sieht mich an und nickt.

»Weißt du«, fahre ich fort, »ich komme oft hierher – nicht so sehr zur Orangerie als vielmehr zu dem tiefliegenden Garten dort. Im

141

Frühling komme ich manchmal nur, um den Amseln zuzuhören. Und du – bist du noch immer verliebt in deine Nachtigallen?«

Julia hat Tränen in den Augen.

Nach einer Weile sage ich: »Laß uns hier raus- und spazierengehen. Ich wohne in der Nähe.«

Sie schüttelt den Kopf, fast als würde sie leugnen, was ich gerade gesagt habe.

»Du mußt richtig trocken werden«, sage ich.

Sie nickt. »Ich wohne auch nicht weit weg. Mein Wagen steht in der Nähe. Ich muß jetzt gehen.«

»Du willst mir deine Telefonnummer nicht geben?« frage ich.

»Nein«, sagt sie und tupft sich die Augen ab.

»Hier ist meine Adresse«, sage ich, nehme einen kleinen gelben Block aus meiner Tasche und schreibe sie darauf. »Jetzt schreib deine auf. Ich will dich nicht noch einmal verlieren.«

»Michael, ich bin nicht hier, weil ich gewonnen werden kann.«

»Du weißt, daß ich es nicht so gemeint habe. So dumm bin ich auch wieder nicht.«

»Ich weiß nicht, wie du es gemeint hast«, sagt sie. »Und ich weiß nicht, was ich hier eigentlich tue.«

»Gib mir deine Adresse«, sage ich.

Sie zögert.

»Für den Fall, daß ich dir eine Weihnachtskarte schicken will. Oder, wer weiß, vielleicht schreibe ich dir sogar noch mal einen Brief.«

Sie schüttelt den Kopf und notiert ihre Adresse. Sie wohnt in Elgin Crescent, Notting Hill, keine Meile von meiner Wohnung entfernt.

»Und heißt du noch McNicholl? Zu professionellen Zwecken?«

»Nein. Ich habe den Namen meines Mannes angenommen.«

»Und der wäre?«

»Hansen.«

»Ach, *du* bist Julia Hansen. Ich habe von dir gehört.«

Julia lächelt wider Willen. Doch vermutlich weil sie das Elend in meinen Augen sieht, hört sie gleich wieder auf.

Wir gehen durch den Park, ohne viel zu sagen, ich zu meiner Wohnung, sie zu ihrem Wagen.

3.6

»Nein, ist sie nicht, Piers, Liebling«, sagt Erica und stellt ihren Scotch auf einem von Helens Stühlen ab, die zugleich als Tisch dienen. »Exzentrisch, ja, neurotisch, ja, aber nicht verrückt.«

»Aber Erica«, sagt Billy, »konntest du ihr das nicht ausreden? Nein? Ich meine, konntest du ihr nicht sagen, daß wir das nicht machen können und daß wir Dutzende von Sachen in unserem Repertoire haben, die wir gern aufnehmen würden? Dutzende.«

Erica schüttelt vehement den Kopf. »Ich habe zwei Stunden in ihrem Büro gesessen und wieder und wieder darüber geredet, aber es hieß, entweder das oder gar nichts. An etwas anderem ist sie nicht interessiert. Sie sagt, vom gängigen Quartett-Repertoire gibt es Aufnahmen genug und sie wird keine weitere hinzufügen.«

»Ich versteh's nicht«, sagt Helen. »Sie hört sich das ganze Konzert an und beißt sich an der Zugabe fest.«

Erica lächelt mütterlich. »Ich habe ihr klargemacht, daß ihr so was üblicherweise nicht spielt. Sie sagte: ›Um so schlimmer. Wenn ich ihnen einen Vertrag anbieten soll, werden sie müssen.‹ Wirklich, Helen, ich habe Ysobel Shingle nur sehr, sehr selten so begeistert erlebt wie von eurer Art, den Bach zu spielen. Ein Angebot von Stratus ist eine große Sache. Womit ich nicht das Geld meine«, fügt sie rasch hinzu. »Ihr werdet nicht viel kriegen. Aber es wird zweifellos wahrgenommen werden.«

»Es könnte schrecklich schiefgehen«, sagt Billy. »Eine Aufnahme von der ›Kunst der Fuge‹ bei Stratus wird überall besprochen werden – und wenn die Leute sie nicht mögen, wird sie uns ins absolute Nichts katapultieren.«

»Ja«, sagt Erica. »Und wenn sie sie mögen, wird euch das Rampenlicht blenden. Also. Ihr habt die Wahl. Aber, da ich es ihr nicht ausreden beziehungsweise sie nicht davon abbringen konnte, bin ich bereit, zwei Stunden damit zu verbringen, euch dazu zu überreden.«

»Das ist verrückt«, sagt Piers. »Es wird uns von unserem regulären Repertoire ablenken.«

»Es ist eine Herausforderung«, entgegnet Erica.

»Das ist eine schlagfertige Antwort«, sagt Piers knapp.

Erica wendet sich ungerührt mir zu. »Du hast noch nicht viel gesagt, Michael.«

»Er hat noch kein Wort gesagt«, sagt Helen. »Was ist los mit dir, Michael? Du scheinst überhaupt nicht bei der Sache zu sein. Ist alles in Ordnung?«

Billy wirft mir einen Blick zu. »Was meinst du?« fragt er.

»Ich weiß nicht«, sage ich. »Ich bin immer noch ganz baff.« Ich wende mich an Erica und versuche, mich zu konzentrieren. »Hast du uns deswegen am Telefon nicht gesagt, was sie uns anbietet?«

»Vielleicht«, sagt Erica. »Ja. Ich wollte eure Reaktionen miterleben. Und ich wollte vermeiden, daß ihr euch im voraus gegenseitig beeinflußt.«

Piers stöhnt.

»Wie lang ist die ›Kunst der Fuge‹, Billy?« frage ich.

»Eineinhalb Stunden – zwei CDs.«

»Und wir haben nicht mehr als viereinhalb Minuten davon gespielt«, sagt Piers.

»Aber es hat uns Spaß gemacht«, sage ich.

»Ja«, sagt Helen, »mehr Spaß als irgendwas anderes, was ich jemals gespielt habe.«

»Ihr wart großartig, großartig!« ruft Erica und stachelt unsere Begeisterung an. »Und das Publikum war volle fünf Sekunden still, bevor es anfing zu klatschen. Eins, zwei, drei, vier, fünf! So etwas habe ich noch nie erlebt.«

»Es ist eine ganz schlechte Idee«, sagt Piers unbeeindruckt. »Es wird uns von dem abhalten, was wir tun wollen. Es wird mit unseren Auftritten konkurrieren und sie nicht ergänzen. Wir können das verdammte Ding nicht öffentlich spielen, sondern nur aufnehmen. Quartette spielen so etwas nicht auf der Bühne. Außerdem hat Bach es nicht für ein Streichquartett geschrieben.«

Billy stößt einen kleinen einführenden Huster aus. »Hm, wenn es zu seiner Zeit schon Streichquartette gegeben hätte, hätte er mit Sicherheit dafür geschrieben.«

144

»Ach ja, Billy, sagt das wieder einmal deine Hotline zu Bach?« sagt Piers.

»Tatsächlich ist gar nicht so klar, wofür er sie eigentlich komponiert hat«, fährt Billy gelassen fort. »Ich bin ziemlich sicher, daß er sie für Tasteninstrumente komponiert hat, da sie gut zu spielen ist, aber manche Leute glauben, daß sie für kein bestimmtes Instrument geschrieben wurde. Wieder andere meinen, daß sie überhaupt nicht geschrieben wurde, um gespielt zu werden, sondern als ein Opfer für Gott oder den Geist der Musik oder so, aber das halten ich und Jango für Blödsinn. Nein, es kann nicht schaden, wenn wir es öffentlich spielen.«

»Und die Bratsche hat zur Abwechslung soviel zu tun wie die anderen auch«, sagt Helen nachdenklich.

Piers blickt zur Decke.

»Beide Bratschen«, sagt Billy zu Helen.

»Wie meinst du das?« fragt sie.

»Also«, sagt Billy mit buddhagleicher Miene, »ihr erinnert euch doch, daß Michael seine tiefste Saite in der Wigmore Hall ein bißchen herunterstimmen mußte? Wenn wir, statt aufzutreten, eine Aufnahme gemacht hätten, hätte er die gesamte Fuge auf einer Bratsche statt auf der Geige spielen und das Problem vermeiden können. Und es gibt noch mehrere andere Fugen, wo sein Part so tief ist, daß er eine Bratsche spielen *muß*.«

Meine Miene hellt sich auf angesichts der Chance, wieder Bratsche spielen zu können.

»Also?« sagt Erica, die sich ein großes und weitgehend unverdünntes Glas Whisky eingeschenkt hat. »Was ist das Ergebnis des Treffens? Was soll ich Ysobel sagen?«

»Ja!« sagt Helen, bevor jemand anders etwas sagen kann. »Ja! Ja! Ja!« Billy zuckt auf komische Weise mit Schultern, Kopf und rechter Hand, was bedeuten soll: Es ist zwar ein Risiko, aber wofür lebt man schließlich, und Bach ist phantastisch, und Helen ist so begeistert, also, na gut, ja, in Ordnung.

»Ich frage mich, wessen Bratsche ich ausleihen könnte«, sage ich. Piers stellt normalerweise unser Programm zusammen, aber wenn

145

er jetzt das letzte Wort haben will, muß er sich auf eine Rebellion gefaßt machen.

»Laßt uns ein anderes Programm vorschlagen und sie zwingen, Farbe zu bekennen«, sagt er.

Erica schüttelt den Kopf. »Ich kenne Ysobel.«

»Wann sollen wir die Aufnahme machen?« fragt Piers gereizt. »Das heißt, wenn wir einverstanden sind.«

Erica lächelt ein kleines Lächeln vorausgeahnten Triumphes. »Diesbezüglich ist Ysobel erstaunlich flexibel, obwohl sie sehr bald eine Antwort haben will, ob wir es machen oder nicht. Es könnte zu einem Loch im Katalog werden, und wenn wir zögern oder ablehnen, wird sie vielleicht jemand anders suchen, um es zu füllen. Sie fing plötzlich an, ohne jeden Anlaß – oder vielleicht habe ich es auch bloß überhört, was nur typisch für mich wäre – auf ihre ganz eigene Art davon zu reden oder vielmehr zu flüstern, wie gut ihr das Vellinger Quartett gefällt … «

»Wir sollten nichts überstürzen«, sagt Piers, der angesichts von Ericas Taktik ins Rudern gerät.

»Nein, aber wir sollten auch nicht allzu lange überlegen«, sagt Helen. »Wir sind nicht das einzige anständige Quartett. Erinnert ihr euch noch, wie wir zu lange gezögert haben, dem Ridgebrook Festival Bescheid zu sagen, und sie statt uns das Škampa engagierten?«

»Weißt du was, Helen?« sagt Piers und geht auf sie los. »Am Anfang bist du immer hellauf begeistert, aber – erinnerst du dich an die Töpferscheibe? Du hast uns allen das Leben zur Hölle gemacht, bis Vater dir eine gekauft hat, und dann hast du einen Topf gemacht – keinen besonders ansprechenden, wenn ich mich recht erinnere –, und danach hast du aufgegeben. Sie steht noch immer in der Garage.«

»Ich war sechzehn«, sagt Helen verletzt. »Und was hat das damit zu tun? Wenn das Vellinger uns zuvorkommt, bist nur du schuld.«

»Ach, in Ordnung«, sagt Piers. »Na gut, na gut, laßt uns der verrückten Shingle sagen, daß wir dumm genug sind, ihren Einfall in Betracht zu ziehen. Aber wir brauchen Zeit, um darüber nachzudenken. Wir können das nicht sofort entscheiden. Ich weigere mich. Laßt uns nach Hause gehen und nachdenken. Eine Woche lang. Mindestens eine Woche lang.«

»In aller Ruhe«, schlägt Helen vor.

»Ja, in aller Ruhe, natürlich«, sagt Piers zähneknirschend.

3.7

Die Nacht senkt sich über diesen merkwürdigen Tag voller Veränderungen. Ich muß mir in meiner Gegend ein bißchen die Füße vertreten. Gerade als ich Archangel Court verlassen will, spricht mich der silberhaarige, makellos gekleidete und ziemlich geheimnisvolle Mr. Lawrence – Mr. S.Q. Lawrence – an.

»Hm, Mr. Holme, kann ich kurz mit Ihnen sprechen? Wegen des Aufzugs – wir haben mit der Hausverwaltung geredet, und … ein Wort mit Rob … einige Unannehmlichkeiten … aber ein erfreuliches Ergebnis, meinen Sie nicht auch?«

Ich höre kaum, was er sagt. Sätze, so vereinzelt wie Sternschnuppen am Horizont, dringen in meinen Kopf. Ich frage mich, wofür das Q in seinem Namen steht.

»Ja, ja, bin völlig Ihrer Meinung.«

»Nun, ich muß sagen«, sagt Mr. Lawrence und wirkt überrascht und erleichtert, »ich habe gehofft, daß Sie das sagen würden. Wir müssen natürlich auch die anderen langjährigen Mieter in Betracht ziehen … eine nicht befriedigende Leistung … besonders unangenehm für Sie … man könnte natürlich zu Otis wechseln … Wartungsvertrag … Schaukeln und Karussell … nun ja, so ist es eben.«

»Tut mir leid, Mr. Lawrence, ich muß mich beeilen. Etienne's wird gleich schließen. Croissants, Sie wissen schon.« Ich öffne die Tür und trete hinaus in die feuchte Nacht.

Warum mußte ich ihm erklären, daß ich Croissants kaufen will?

Wann werde ich Julia wiedersehen?

Bei Etienne's arbeitet ein anderes Mädchen; sie hat ein frisches Gesicht, auch jetzt am Abend noch, sieht polnisch aus und klingt polnisch. Ich gehe an griechischen Restaurants vorbei, an einem australischen Pub, an Reihen von Telefonzellen, in die mit Tesafilm Visitenkarten von Callgirls geklebt sind. Ich brauche leerere Straßen. Ich wende mich nach Westen, wo die weißen Häuserblöcke stehen.

In ihrer Mitte unerreichbare Bäume. Die Gehwege sind nahezu menschenleer. Ich spaziere eine Stunde lang hierhin, dorthin. Der Himmel ist bewölkt, die Luft mild dafür, daß Winter ist. Irgendwo, weit weg, beginnt die Alarmanlage eines Autos zu heulen, nach einer halben Minute hört sie wieder auf.

Ich sagte, daß ich sie liebe, und sie reagierte nicht. Meine Hände lagen auf ihren Schultern, und ich spürte, wie sie sich versteiften. Sie sah durch das riesige Fenster vor ihr auf die kahlen, vom Wind gebeutelten Äste der Roßkastanien.

Als wir durch den Park gingen, sprach sie kaum ein Wort. Zweige lagen verstreut auf dem Broad Walk, über dem Round Pond kreischten Möwen. Wir führten ein zusammenhangsloses Gespräch, als wollte sie nicht eingehen auf das, was ich zu sagen hatte.

Die mattsilberne Kuppel des Stakis Hotel; dort trennten wir uns.

Mr. und Mrs. Hansen und ihr Sohn Luke. Eine Katze? Ein Hund? Goldfische? Das Telefon darf nicht klingeln in ihrem Zuhause, ihrem sicheren Hafen.

Wenn ich heute abend mit ihr sprechen könnte, käme mein Geist zur Ruhe. Wenn ich sie noch einmal in den Armen halten könnte, würde ich Frieden finden.

3.8

Gegen Mitternacht schlafe ich ein, stelle mir vor, sie wäre bei mir. Ich schlafe, ohne zu träumen, vielleicht weil ich so müde bin.

Um zehn Uhr morgens klingelt jemand unten. Ich schaue auf den winzigen blauen Bildschirm neben der Gegensprechanlage und sehe ihr Gesicht, ein bißchen verzerrt. Ein Tuch bedeckt ihr Haar.

Es ist erstaunlich: als ob meine Gedanken sie heraufbeschworen hätten.

»Michael, ich bin's, Julia.«

»Hallo! Komm rauf. Ich bin beim Rasieren. Erster Lift, achter Stock«, sage ich und drücke auf den Türöffner.

Die Prozedur beim Hereinkommen scheint sie etwas zu verwirren. Sie zieht die innere Glastür auf und lächelt. Nach Ewigkeiten höre ich das Geräusch des Aufzugs, dann das Läuten an der Wohnungstür. Ich mache auf.

»Ach, tut mir leid – du bist gerade im Bad«, sagt sie und sieht mich an. Um meine Schultern hängt ein Handtuch, Schaum bedeckt mein Kinn und meinen Hals, und im Gesicht habe ich ein idiotisch breites Grinsen. »Ich wußte nicht, daß du beim Rasieren bist«, fährt sie fort.

»Es wundert mich, daß ich mich nicht geschnitten habe«, sage ich.

»Was führt dich hierher?«

»Ich weiß nicht. Ich war gerade zufällig in der Gegend.« Sie hält inne. »Was für eine Aussicht. Sie ist wunderbar. Und soviel Licht.«

Ich gehe auf sie zu, aber sie sagt sofort: »Bitte, Michael.«

»Okay, okay, gut – Schaum im Gesicht – ich verstehe. Möchtest du Musik hören? Ich bin sofort fertig.«

Sie schüttelt den Kopf.

»Geh nicht weg«, sage ich. »Du bist doch kein Tagtraum beim Rasieren?«

»Nein.«

Nach ein paar Minuten komme ich aus dem Bad. Ich folge dem Duft des Kaffees zu der kleinen Nische neben dem Wohnzimmer, die als Küche fungiert. Julia sieht aus dem Fenster. Als ich hinter ihr stehe, dreht sie sich erschrocken um.

»Ich hoffe, du hast nichts dagegen«, sagt sie. »Ich habe Kaffee gemacht.«

»Danke«, sage ich. »Es ist schon einige Zeit her, daß jemand hier für mich Kaffee gekocht hat.«

»Aber ich dachte …«

»Ja – aber sie bleibt nie über Nacht.«

»Warum?«

»Wir leben nicht zusammen. Ich besuche sie manchmal.«

»Erzähl mir von ihr.«

»Sie studiert Geige, ist Französin, stammt aus Nyons und heißt Virginie.«

»Würde ich sie mögen?«

»Ich weiß nicht. Möglicherweise nicht. Nein, das meine ich nicht – sie wäre dir nicht unsympathisch, ihr hättet nur nicht viel gemeinsam. Ich mag sie«, füge ich rasch hinzu, weil ich mir illoyal vorkomme.

»Ich habe im Wohnzimmer keine Fotos gesehen – außer von deiner Familie«, sagt Julia.

»Ich habe keine Fotos von ihr«, sage ich rasch. »Jedenfalls finde ich sie auf die Schnelle nicht. Ich kann sie dir vielleicht beschreiben: schwarzes Haar, schwarze Augen ... nein, ich kann es nicht. Ich bin nicht gut im Beschreiben von Gesichtern.«

»Ich mag das Aftershave, das sie dir geschenkt hat.«

»Hmm.«

»Wie heißt es?«

»Havanna.«

»Wie die Hauptstadt von Kuba?«

»Gibt es ein anderes Havanna?«

»Nein, vermutlich nicht.«

»Um mir gefällt dein zitroniger Duft. Was ist es?«

»Michael, tu nicht so, als würdest du dich für den Namen meines Parfums interessieren.«

»Ein Geschenk deines Mannes?«

»Nein. Ich habe es selbst gekauft. Vor einem Monat erst. Du würdest James mögen«, sagt Julia.

»Natürlich«, sage ich überflüssigerweise.

»Ich weiß nicht, warum ich gekommen bin. Es war dumm von mir. Ich war neugierig, wo du wohnst«, fährt sie fort. »Schon an dem Tag in der Oxford Street wußte ich, daß du in meiner Nähe lebst.«

»Woher wußtest du das?«

»Die ersten drei Ziffern.«

150

»Ich verstehe.«

»Ich habe unter deinem Namen im Telefonbuch nachgeschlagen. Ich konnte mir nicht die ganze Nummer merken.«

»Du hast also doch nachgesehen.«

»Ja.«

»Und mich nicht angerufen?«

»Ich erinnere mich, daß ich dachte, als ich diese Namen sah – Holland, Holliday, Hollis, Holt und so weiter – ›Das sind nur Namen. Ganz gewöhnliche Namen.‹ Und im Telefonbuch von Wien las ich Kind, Klimt, Ohlmer, Peters – nichts geschieht in meinem Kopf, nichts bewegt mich.«

»Wovon redest du, Julia?«

»Beethoven, Haydn, Mozart, Schubert – verstehst du nicht, was ich meine? Das sind nur Namen – Namen in einem Telefonbuch, denke ich manchmal. Nein, wie ich sehe, verstehst du mich nicht. Es ist so hoch hier – so hoch über allem.«

»Ja. Also«, sage ich und stürze mich auf etwas, was ich verstehe. »Viel Licht, wie du gesagt hast. In der Ferne sieht man St. Paul's, das gleicht den niedrigen Wasserdruck aus.« Ich deute auf eine Steckdose. »Wenn man den Staubsauger dort einsteckt, kann man die ganze Wohnung saugen. Drei kleine Zimmer – es ist kein Palast, aber größer als in Wien. Gefällt sie dir?«

»Milch, aber keinen Zucker?« fragt Julia und kontert mit einer Frage.

»Weder noch heutzutage.«

»Wie bitte?« Sie klingt verwirrt, als würde die Veränderung meiner Gewohnheiten sehr viel bedeuten.

Ich muß über ihre Verwirrung lächeln. »Ich nehme keine Milch mehr.«

»Oh? Warum?«

»Ich vergesse immer, welche zu kaufen. Und bei der im Kühlschrank ist meist das Verfallsdatum schon überschritten. Anstatt mir den Kaffee zu verderben, habe ich mir angewöhnt, ihn schwarz zu trinken.«

Wir nehmen unsere Becher mit ans andere Ende des Zimmers und setzen uns. Ich sehe sie an, sie sieht mich an. Was soll dieses Geplauder und dieses Schweigen?

»Freust du dich, daß ich gekommen bin?« fragt sie.

»Ja, aber ich kann's nicht glauben. Es ist wirklich unglaublich.«

»Störe ich dich nicht?«

»Nein. Und wenn es so wäre? Ich muß heute morgen nicht unterrichten. In einer Stunde haben wir allerdings eine Probe. Gestern ist das Allerseltsamste passiert. Nein, das Zweitseltsamste.«

»Was war das?«

»Wir wurden gefragt, ob wir die ›Kunst der Fuge‹ aufnehmen wollen.«

»Die ›Kunst der Fuge‹? Alles?«

»Ja. Von Stratus.«

»Michael, das ist absolut wunderbar.« Julias Miene strahlt vor Freude, vor Glück bei diesem Gedanken – sie freut sich für mich.

»Ja, nicht wahr? Du hast früher Teile davon gespielt. Tust du das noch immer?«

»Manchmal. Nicht oft.«

»Ich habe die Noten hier. Und im Zimmer nebenan steht ein Klavier.«

»O nein, nein – ich kann nicht, ich kann nicht.« Sie protestiert so heftig, als wollte sie etwas Schreckliches abwehren.

»Alles in Ordnung?« Ich berühre ihre Schulter, lege dann die Hand darauf.

»Ja. Ja«, sagt sie. Meine Hand wandert zu ihrem Hals. Sie schiebt sie behutsam weg.

»Tut mir leid, wenn ich dich aufgeregt habe. Ich würde dich nur gern wieder spielen hören. Und ich würde gern mit dir zusammen etwas spielen.«

»Nein!« sagt sie bedrückt. »Ich wußte, daß du das willst. Ich hätte nicht kommen sollen. Ich wußte es. Und ich habe dich enttäuscht.«

»Julia – was redest du da? Ich bin nicht enttäuscht, daß du hier bist. Wieso denn das?«

»Lukes Schule ist um die Ecke. Ich habe ihn hingebracht, dann saß ich im Auto und wußte nicht, was ich tun sollte.« Sie wirkt gequält.

152

»Und als ich beschloß, dich anzurufen, konnte ich es nicht tun, weil es noch zu früh war. Dann habe ich mich eine Stunde lang in ein Café gesetzt und es mir alle zehn Minuten anders überlegt.«

»Warum hast du nicht angerufen? Ich bin seit neun Uhr wach.«

»Ich mußte nachdenken. Es war nicht nur, weil ich in der Gegend war. Ich wollte dich sehen. Ich will dich sehen. Du warst so ein wichtiger Teil meines Lebens. Du bist es noch immer. Aber ich will nichts von dir – nichts Kompliziertes. Überhaupt nichts. Nicht, daß es damals einfach gewesen wäre.«

Ich komme mir vor, als ob mir die Hauptlast des Gesprächs aufgezwungen würde.

»Was macht James?« frage ich. Ich zwinge mich, den Namen so beiläufig wie möglich auszusprechen, aber alles in mir wehrt sich dagegen. Ich würde ihn lieber »deinen Mann« nennen.

»Er ist Bankier. Amerikaner. Aus Boston. Dort haben wir nach unserer Heirat gelebt. Bis wir nach London gezogen sind.«

»Wann war das?«

»Vor über einem Jahr ... Luke vermißt Boston. Er fragt oft, wann wir zurückgehen. Nicht, daß er hier unglücklich ist. Er ist so was wie der Anführer seiner Gruppe.«

»Und wie alt ist er?«

»Fast sieben. Sechs und zehn Zwölftel, wie er sagt. Zur Zeit liebt er Brüche – aber er ist kein Streber, er ist ein Schatz.«

Ich spüre, wie mein Herz schneller schlägt. »Julia, wann hast du geheiratet? Wie lange nachdem ich nach London gegangen bin?«

»Ungefähr ein Jahr danach.«

»Nein. Nein. Ich kann's nicht glauben. Das ist nicht möglich. Um die Zeit habe ich mit deinem Vater gesprochen. Er hat nichts davon gesagt.«

Julia schweigt.

»Gab es James schon, als ich noch in Wien war?«

»Natürlich nicht.« In ihrer Stimme schwingt eine Spur Verachtung mit.

»Ich kann es nicht ertragen.«

»Michael, ich gehe jetzt besser.«

153

»Nein, bleib.«

»Deine Probe.«

»Ja. Ich hatte sie vergessen ... Ja, vermutlich gehst du jetzt besser ... Aber kannst du morgen nicht wieder kommen? Bitte. Ich bin um neun auf und fertig. Sogar früher. Wann fängt die Schule an?«

»Um halb neun. Michael, ich kann nicht Luke zur Schule bringen und anschließend dich besuchen. Ich kann es nicht. Es wäre zu – ich weiß nicht – zu trostlos.«

»Warum nicht? Was haben wir getan?«

Julia schüttelt den Kopf. »Nichts. Nichts. Und ich will auch nichts. Und du auch nicht. Schick mir in ein, zwei Tagen ein Fax. Hier ist meine Nummer.«

»Ich soll dir ein *Fax* schicken?«

»Ja. Und – Michael, ich weiß, daß es albern klingt – fax mir auf deutsch ... Wir benutzen beide das Gerät, und ich will nicht, daß James sich Sorgen ... «

»Nein. Zufälligerweise sind deine Augen heute morgen extrem blau.«

»Was?« Sie blickt bestürzt drein. »Ich verstehe nicht ...«

»Deine Augen. Manchmal sind sie blaugrau, manchmal blaugrün, aber heute morgen sind sie einfach nur blau.«

Julia wird rot. »Hör auf damit, Michael. Sprich nicht so. Das verwirrt mich. Ich mag es nicht. Ich bin nicht mehr einundzwanzig.«

Ich stehe mit ihr vor meiner Wohnungstür. Der Aufzug kommt. Sie steigt ein. Ihr Gesicht ist eingerahmt von dem vergitterten Glas in der äußeren Tür. Es klickt, und die innere Tür aus glattem Stahl gleitet rasch vor ihr besorgtes Lächeln.

3.9

Wir treffen uns, um ein Programm von Quartetten aus dem 20. Jahrhundert zu proben – Bartók, Schostakowitsch, Britten –, aber daraus wird nichts. Seit einer halben Stunde diskutieren wir die Frage, ob wir das Angebot von Stratus annehmen sollen.

154

Helen starrt Billy finster an. Billy blickt unbehaglich drein.

Das Problem, auf das Billy gerade hingewiesen hat, ist leicht zu benennen und schwer zu lösen. Wenn ein Streichquartett die »Kunst der Fuge« in der vorgesehenen Tonart d-Moll spielen will – und nichts anderes kommt für Billy in Frage –, sind einige Passagen der zweithöchsten Stimme (die ich spiele) zu tief für den Umfang der Geige. Ich kann sie auf einer normalen Bratsche spielen, das bereitet keine Schwierigkeiten. Aber außerdem sind einige Passagen der dritthöchsten Stimme (gespielt von Helen) bis zu einer Quarte tiefer als der Umfang der Bratsche. Und da liegt der Hase im Pfeffer.

»Ich kann sie keine Quarte herunterstimmen, Billy. Red keinen Blödsinn. Wenn du auf der Tonart bestehst, müssen wir diese Teile eben eine Oktave höher transponieren«, sagt Helen.

»Nein«, sagt der eiserne Billy. »Darüber haben wir schon gesprochen. Das ist keine Option. Wenn schon, müssen wir es richtig machen.«

»Was können wir dann tun?« fragt Helen verzweifelt.

»Tja«, sagt Billy und sieht dabei niemanden wirklich an, »wir könnten einen Cellisten diese Kontrapunkte spielen lassen, und du spielst den Rest.«

Alle drei wenden wir uns Billy zu.

»Ausgeschlossen«, sage ich.

»Lächerlich!« sagt Piers.

»Was?« sagt Helen.

Billys kleiner Sohn Jango hat bislang in einer Ecke von Helens Wohnzimmer gespielt. Er spürt, daß sein Vater angegangen wird, und kommt zu uns. Gelegentlich läßt Billys Frau Lydia, die freiberuflich als Fotografin arbeitet, Jango bei ihm, und wenn es ein Probentag ist, müssen Billy – und der Rest von uns –, so gut wir können, damit zurechtkommen. Jango ist ein liebes Kind und sehr musikalisch. Billy sagt, daß Jango ihm stundenlang zuhört, wenn er übt, und manchmal zur Musik tanzt. Es ist nicht sehr wahrscheinlich, daß er uns stört, wenn wir spielen, trotz der Dissonanzen unseres Jahrhunderts.

Jetzt sieht Jango uns alle beunruhigt an.

»Hoppla«, sagt Billy und hebt ihn auf sein Knie.

Helen sieht Billy an und schüttelt immer noch ihren rotlockigen Kopf auf medusagleiche Art. »Ich wünschte, Erica hätte diese verdammte Idee nie erwähnt. Ich war schon richtig aufgeputscht«, sagt sie.

»Kannst du deine Bratsche nicht doch eine Quarte tiefer stimmen – zumindest die tiefste Saite? Oder wird sie dann zu schlaff?« sagt Billy.

Sein schlichter Vorschlag trifft auf einen angewiderten Blick.

»Manchmal, Billy«, sagt Helen, »glaube ich wirklich, daß du der größte Idiot von uns allen bist. Ich habe dir gerade gesagt, daß das nicht geht.«

»Oh!« mehr kann Billy dazu nicht sagen.

»Also – sagen wir Erica ab?« fragt Piers gelassen. »Es war von Anfang an keine umwerfende Idee.«

»Nein, das tun wir nicht, Piers, eine Woche lang tun wir nichts. Ich brauche Zeit zum Nachdenken«, sagt Helen.

»Worüber willst du nachdenken?«

»Ich will einfach nachdenken«, sagt Helen scharf. »Da wird mir dieses wirklich erstaunliche Angebot gemacht, und du willst es mir wegnehmen. Das werde ich nicht zulassen. Typisch für dich, Piers. Du bist offensichtlich hoch erfreut.«

»Jetzt komm schon«, sagt Piers. »Sollen wir mit den Proben anfangen? Wir haben viel vor.«

»Können wir, frage ich mich«, sagt Billy vorsichtig. »Vor der Probe, ich meine ...«

»Können wir was?« fragt Piers verärgert.

»Ich habe Jango was Kurzes von Bach versprochen, wenn er verspricht, brav zu sein.«

»Um Himmels willen«, sagt Piers. Auch ich bin etwas über Billys mangelnde Sensibilität erschrocken.

»Ach, warum zum Teufel nicht?« sagt Helen zu unserer Überraschung. »Laßt uns spielen.«

Ich stimme rasch meine Geige tiefer, und wir spielen den ersten Kontrapunkt der »Kunst der Fuge«. Arme Helen. Ich blicke nach

156

links, aber ihr ist kein Kummer anzusehen. Ich bemerke, daß auch Piers sie ansieht, mit einer gewissen brüderlichen Aufmerksamkeit. Billy schaut zu seinem Sohn, der vor ihm sitzt und den Kopf leicht schräg hält. Wieviel er in seinem Alter davon hat, ist unklar, aber seiner Miene nach zu schließen, gefällt es ihm.

Es ist zu schnell vorbei.

»Das war kein Lebwohl«, sagt Helen entschlossen. »Das war ein *Au revoir.* Wir werden *nicht* absagen.«

3.10

Früh am nächsten Morgen klingelt das Telefon. Ich liege im Bett und denke an Julia, aber es gelingt mir nicht, sie ans Telefon zu beschwören.

»Michael?«

»Ja. Ja. Helen ...?«

»Ein guter Rat. Denk dran, wenn du eine Frauenstimme hörst, nenn nie einen Namen. Wenn du dich irrst, wird sie sich ärgern.«

»Helen, weißt du, wieviel Uhr es ist?«

»Nur zu gut. Ich habe kein Auge zugetan. Ich sehe erschreckend aus.«

»Worum« – ich muß gähnen – »geht es?«

»Warum ist Billy so?«

»Wie ist er denn?«

»Unschokoladenhaft. Weich mit einem harten Kern.«

»Billy ist Billy.«

»Sprich mit ihm. Bitte.«

»Es wird nichts nützen.«

»Glaubst du, daß es ihn in seiner Position bestärken wird?«

»Nein, Helen, du weißt genausogut wie ich, daß es ihn in seiner Position nicht bestärken wird, es wird sie einfach nicht ändern.«

»Ja. Vermutlich weiß ich das. Deswegen mußt du mir helfen.«

»Helen, ich liebe Bach, und ich würde gern wieder Bratsche spielen, und wir beide hätten endlich einmal phantastische Parts, aber es ist, wie es ist. Was soll ich tun? Piers hat's Erica mittlerweile wahrscheinlich gesagt, und sie hat es an La Shingle weitergegeben.«

»Nein, hat er nicht. Ich habe den verdammten Piers schwören lassen, der verdammten Erica eine Woche lang nichts zu sagen.«

»Und was habe ich damit zu tun?«

»Du wirst mir helfen, eine Bratsche zu finden, die ich eine Quarte tiefer stimmen kann.«

Ich schnappe nach Luft. »Helen, du weißt, und ich weiß, daß die Bratsche – jede Bratsche – eigentlich zu klein ist für den Klang, den sie erzeugt. Man kann sie nicht noch tiefer stimmen. Und ganz bestimmt keine Quarte.«

»Ich werde. Ich muß. Ich werde mir eine bombenartige Dreiundvierzig-Zentimeter-Bratsche von Gasparo da Salò besorgen und unglaublich dicke Saiten und … «

»… und einen Osteopathen, einen Physiotherapeuten und einen Neurologen, und selbst dann würde es nicht funktionieren. Helen, sogar ich finde alles über vierzig Zentimeter unbequem. Ich sage das als jemand, der Probleme mit den Fingern hatte …«

»Ich bin so groß wie du«, sagt Helen. Die Obsession gewinnt die Oberhand über die Eitelkeit. »Und du bist an die Geige gewöhnt, deswegen findest du eine große Bratsche selbstverständlich schwierig. Ich habe mit Eric Sanderson gesprochen. Und er hält es für möglich.«

»Wirklich?«

»Also, er … er sagte, es sei ein interessanter Vorschlag. Wir werden ihn heute nachmittag um drei treffen. Du hast doch nichts vor? Wenn ich muß, werde ich einen Kredit aufnehmen und ihn dazu bringen, mir ein Instrument zu bauen.«

»Wann hast du mit Eric Sanderson gesprochen?«

»Bevor ich dich angerufen habe.«

»Helen! Du bist ein öffentliches Ärgernis.«

»Er hat zwei kleine Kinder, deswegen gehe ich davon aus, daß seine Familie um sieben wach ist.«

»Und er hat quietschvergnügt geklungen, oder, unser Meistergeigenbauer?«

»Nein, er klang verschlafen und überrascht, eher so wie du, war aber absolut in der Lage, ein Gespräch zu führen.«

»Und warum soll ich dich begleiten?«

»Um mich moralisch zu unterstützen. Das brauche ich. Wir mittleren Stimmen müssen zusammenhalten. Und weil du eine Menge lernen wirst. Und weil er der beste Restaurator und der beste Geigenbauer ist und du herausfinden mußt, warum deine Geige manchmal summt. Und weil ich dir meine hübsche Viola leihe, wenn du sie brauchst und ich die tiefere spielen muß.«

»Du bist gerissener, als ich gedacht habe, Helen.«

»Ich bin, wie Ricki Lake sich ausdrückt, *all das*.«

»Ich sehe mir Ricki nie an.«

»Dann verpaßt du mit das Beste, was das Leben zu bieten hat. Wenn ich mir ihren Rat zu Herzen nehmen würde, gäbe es einen Mann in meinem Leben und ich hätte immer ein Lied auf den Lippen und – ach ja – ein großes Selbstwertgefühl. Und du auch.«

»Ich will keinen Mann in meinem Leben.«

»Ich hole dich um Viertel nach zwei ab. Seine Werkstatt ist in Kingston.«

»Oh, im Land von British Rail. Es überrascht mich, daß du dich so tief in den Dschungel traust.«

»Aus purer Verzweiflung«, sagt Helen. »Bis kurz nach zwei.«

3.11

Ich lege auf und liege mit den Händen unter dem Kopf im Bett. Seit drei Tagen habe ich nichts mehr von Julia gehört. Ich stehe auf und tappe durch die Wohnung, ziehe die Jalousien hoch.

Ich schalte Radio 3 ein. Das ist für mich, obwohl ich ein ganzes Regal voller CDs zur Auswahl habe und in einer an Konzerten so reichen Stadt wie London lebe, morgens und abends eine nahezu instinktive Reaktion. Heutzutage birgt es oft Überraschungen und Vergnügen für mich; aber als ich in Rochdale lebte, war es meine Rettung, nahezu meine einzige Quelle klassischer Musik. Einmal im Jahr trat in der Champness Hall das Hallé Orchestra auf, drei- oder viermal nahm Mrs. Formby mich zu einem vom örtlichen Musikverein organisierten Konzert oder zu einer besonderen Veranstaltung in Manchester mit, aber das war mein ganzer Kontakt zu professionell aufgeführter Livemusik. Mein kleines Radio, das Musik aus dem öffentlichen Äther holte, war mein ein und alles; in meinem Zimmer hörte ich oft stundenlang Musik. Ich sehe nicht, wie ich ohne dieses Radio Musiker hätte werden können, ebensowenig wie ohne die öffentliche Bibliothek in Manchester.

In der schwächer werdenden Dunkelheit suche ich Venus. Es dämmert – am Horizont zieht Rosa auf, durchschnitten von einem nahezu vertikalen Kondensstreifen, wie der vom Himmel stürzende Luzifer. Ich stelle den Wasserkessel auf und leere eine Vase mit dicken Stechpalmenzweigen – die Beeren sind fast schwarz – in den Abfall.

Eine Bach-Kantate wird gespielt: »Wie schön leuchtet der Morgenstern …« Dabei fällt mir einer von Julias liebsten komischen Dichtern ein. Ich verfasse ein Schreiben in Deutsch, versuche den Stil nachzuahmen, den er zu deflationieren liebte, und drucke es aus.

Der Nicht-Untergezeichnete möchte hiermit den Beweis seiner fortgesetzten Existenz liefern und erbittet die Anwesenheit (nicht in dreifacher Ausführung) der Empfängerin in seinem bescheidenen, wenn auch erhöhten Quartier zwischen neun und zehn Uhr morgen morgen, so verhindert, übermorgen. Sollte sie in Begleitung des Geistes von Johann Sebastian seligen Andenkens erscheinen, wird er in gleichem und übermäßigem Maße Freude und Dankbarkeit zum Ausdruck bringen.

Beteuerungen höchsten Respekt entbietend verbleibt er unbeirrt, ja unheilbar ihr gehorsamster Diener.

Über den Namen Otto Schnörkel setze ich einen imposanten, selbstgefälligen Schnörkel. So etwas hat sie früher amüsiert, aber, wie sie selbst sagte, sie ist nicht mehr einundzwanzig.

Ich ziehe das Handbuch meines Faxgeräts zu Rate und entferne meinen Namen und meine Telefonnummer aus der Zeile, die normalerweise oben auf dem Blatt des Empfängers ausgedruckt wird, und schicke es ab.

Es ist ein verheddertes Netz, das ich spinne. Warum sind jetzt, nachdem ich ihre zehnjährige Abwesenheit und müßiges Bedauern überlebt habe, drei Tage so unerträglich?

3.12

Virginie ruft gegen Mittag an.

»Warum hast du mich nicht angerufen, Michael?«

»Ich hatte wirklich viel zu tun.«

»Du hast so gut gespielt, und ich habe dir mindestens drei Nachrichten hinterlassen.«

»Du hast nicht um Rückruf gebeten.«

»Du weißt meine Wertschätzung nicht wertzuschätzen.«

»Doch, aber ich habe wahrhaftig nicht wahrgenommen, daß es etwas Dringendes zu besprechen gäbe.«

»Es gibt nichts Dringendes«, sagt Virginie verärgert.

»Tut mir leid, Virginie, du hast recht, ich hätte zurückrufen sollen, aber ich hatte soviel um die Ohren.«

»Was?«

»Ach, dies und das.«

»Und jenes?«

»Jenes?«

»Ja, Michael, du sagst immer ›dies und das und jenes‹, wenn du ausweichen willst.«

»Ich will nicht ausweichen«, sage ich verdrossen.

»Wer ist sie?«

»Wer ist wer?«

»Triffst du dich mit einer Neuen?«

»Nein! Nein, ich treffe mich nicht mit einer Neuen«, sage ich mit einer Heftigkeit, die mich ebenso überrascht wie Virginie.

»Oh«, murmelt sie etwas zerknirscht, woraufhin ich mich schuldig fühle.

»Warum fragst du das?« frage ich.

»Ach, ich habe nur gedacht – aber – du – du schläfst doch nicht mit einer anderen, Michael?«

»Nein. Nein, tue ich nicht.«

»Warum schläfst du dann nicht mit mir?«

»Ich weiß es nicht. Ich weiß es einfach nicht. Wir haben schon mal länger nicht miteinander geschlafen. Ich habe viel um die Ohren.«
Ich tue mein Bestes, um gelassen zu klingen, aber daß ich gezwungen bin, Ausflüchte zu machen, erzürnt mich zunehmend.

»Ja, ja, Michael«, sagt Virginie geduldig, »genau das hast du schon mal gesagt. Was hast du um die Ohren?«

»Ach, Bach, die ›Kunst der Fuge‹, eine mögliche Plattenaufnahme.«
Virginie reagiert kaum auf diese Neuigkeiten. Kein Glückwunsch, kein Erstaunen, nichts. »Wirklich?« fragt sie. »Ich möchte dich heute nachmittag sehen. Laß uns ins Kino gehen.«

»Ich kann nicht, Virginie.«

»Was hast du vor?«

»Mußt du alles wissen?«

Am anderen Ende herrscht Schweigen.

»Wenn du es unbedingt wissen willst«, fahre ich fort, »ich muß zu Eric Sanderson, um ihm meine Geige zu zeigen. Wie du weißt, schnarrt sie manchmal, und das beunruhigt mich.«

»Gehst du allein hin?«

»Nein … nein, ich gehe nicht allein hin. Helen muß zu ihm wegen einer Bratsche.«

»Helen?« sagt Virginie gedämpft – und ein bißchen nachdenklich.

»Virginie, hör auf damit. Es geht mir auf die Nerven.«

»Warum hast du mir nicht gesagt, daß Helen mitkommt?«

»Weil du mich nicht gefragt hast. Weil es nicht wichtig ist. Weil du nicht jede Einzelheit meines Lebens wissen mußt.«

»*Va te faire foutre!*« sagt Virginie und knallt den Hörer auf.

162

3.13

Kaum haben wir die Themse überquert, verfährt sich Helen hoffnungslos. Ich dirigiere sie mit Hilfe eines Stadtplans. Sie ist ungewöhnlich schweigsam. Ich schreibe ihre Anspannung nicht nur der Tatsache zu, daß wir uns in einer Gegend befinden, die auf der Karte nach Elefanten und Walfischen benannt ist, sondern auch dem Umstand, daß sie nicht wirklich an eine Lösung des Bratschenproblems glaubt.

»Was war das für eine Geschichte mit der Töpferscheibe?« frage ich sie, um sie abzulenken.

»Ach, Piers, Piers, Piers«, sagt Helen ungeduldig. »Jedesmal, wenn er bei mir zu Hause ist, kriegt er schlechte Laune und hackt irgendwie auf mir herum. Überall sonst ist er nett – zu mir zumindest. Normalerweise jedenfalls. Eigentlich ist meine Tante schuld daran.«

»Versuch, auf die linke Spur zu wechseln, Helen. Wieso ist deine Tante schuld?«

»Weil sie mir ihr Haus hinterlassen hat – ich meine, sie ist nicht wirklich schuld. Sie hatte schon recht damit, daß Frauen es im Leben schwerer haben als Männer und daß sie sich gegenseitig stützen sollten, etcetera. Aber ich glaube, der wirkliche Grund war, daß sie Piers mißbilligt hat. Oder vielmehr Piers' Art. Seinen Lebensstil. Eigentlich war sie ziemlich süß. Ich mochte sie, und Piers mochte sie auch. Vielleicht sollten wir nicht in meinem Haus proben, aber wo sonst? In dem Augenblick, in dem er hereinkommt, fängt er an zu murren.«

»Na ja, ich vermute, wenn man in einer Souterrainwohung lebt ...« Helen rauscht über eine gelbe Ampel und wendet sich mir zu. »Ich wünschte, das Haus wäre groß genug für uns beide, aber das ist es nicht. Und Piers könnte sich meiner Meinung nach was Besseres leisten. Er spart, um sich eine Geige kaufen zu können. Doch seinem Naturell nach ist er kein Sparer. Es ist ein ewiger Kampf.«

Nach einer Weile frage ich: »Können eure Eltern ihm nicht helfen?«

»Sie könnten, tun's aber nicht. Wenn mein Vater es vorschlägt, kriegt meine Mutter Schaum vor dem Mund.«

»Oh.«

»Ich glaube, daß sie während der letzten zehn Jahre ziemlich bekloppt geworden ist. Wenn man Eltern hat, kann man nie sagen, wie sie sich entwickeln werden. Ich habe das Thema an Weihnachten angesprochen, und Mutter hat einen wahnsinnigen Tobsuchtsanfall gekriegt: Eine Geige ist so gut wie die andere, und wenn sie tot sind, kann Piers mit seinem Anteil machen, was er will, aber solange sie noch ein Wörtchen mitzusprechen hat, etcetera.«

»Das ist ganz schön hart für Piers.«

»Letzte Woche war er bei Beare's. Alles, was ihm dort gefallen hat, war weit jenseits seiner Möglichkeiten. Armer alter Piers. Er tut mir wirklich leid. Er will sein Glück später im Jahr bei den Auktionen versuchen.«

»Deine Bratsche ist schön«, sage ich.

Helen nickt. »Deine Geige auch. Obwohl du sie mehr liebst, als vernünftig ist.«

»Sie gehört mir nicht.«

»Ich weiß.«

»Ich habe mehr Zeit mit ihr verbracht, als mit einer menschlichen Seele, aber deswegen gehört sie trotzdem nicht mir. Und ich nicht ihr.«

»Oh, bitte«, sagt Helen.

»Zufälligerweise summt sie jetzt nur noch ganz selten.«

»Hmm«, sagt Helen.

Wir schweigen eine Weile.

»Wußtest du, wie es ist, wenn man in einem Quartett spielt?« fragt Helen. »Daß wir soviel Zeit miteinander verbringen?«

»Nein.«

»Zuviel?«

»Manchmal, wenn wir unterwegs sind. Aber am härtesten ist es für Billy. Schließlich ist er gebunden. Doppelt gebunden.«

»Und du?« fragt Helen etwas angespannt.

»Ich bin nur halb gebunden. Oder halb ungebunden. Läuft aufs selbe raus.«

»Neulich habe ich nach dem Konzert mit Lydia gesprochen. Sie sagt, daß Billys Tasche manchmal unausgepackt im Flur steht, bis es Zeit ist, sie neu zu packen. Für die Partner ist es auch nicht leicht.«

»Wie also sieht die Lösung für das Bindungsproblem aus? Affären?« frage ich etwas unbehaglich.

»Ich weiß es nicht«, sagt Helen. »Erinnerst du dich an Kioto?«

»Natürlich, aber ich versuche, nicht daran zu denken.«

»Ich versuche, daran zu denken«, sagt Helen. »Von Zeit zu Zeit.« Sie lächelt – für sich, nicht für mich.

»Helen, das war eine einmalige Sache. Aber danach ist mir nicht. Und wird's mir auch nie sein. Und das ist nur gut so.«

»Im Quartetto Italiano war die Frau nacheinander mit allen drei Männern verheiratet.«

»Im Quartetto Maggiore hieße das Bigamie und Inzest.«

»Nicht mit dir.«

»Helen, ich tue niemandem gut. Das solltest du ein für allemal begreifen.«

»Virginie sicherlich nicht.«

»Vielleicht bin ich so barsch zu ihr, weil sie meine Schülerin ist. Ich weiß es nicht. Ich wünschte, ich wäre anders.«

»Und Julia?« Als Helen keine Antwort erhält, wendet sie den Blick von der Straße ab und mustert mich. »Seit dem Abend in der Wig bist du immer sehr geistesabwesend.«

»Helen, wir sollten uns konzentrieren. Es wird jetzt etwas kompliziert. Fahr die nächste rechts und hundert Meter weiter wieder links. Wir sind fast da.«

Helen nickt. Sie ist klug genug, nicht auf einer Antwort zu bestehen.

3.14

Eric Sanderson ist ungefähr vierzig, kräftig, mit Vollbart und einer großen eulenartigen Brille.

Seine Werkstatt befindet sich unter dem Dach und ist voller Holz in jeder Phase der Bearbeitung von unbehauenen Scheiten bis zu voll besaiteten und gestimmten Geigen, Bratschen und Cellos. Zwei beschürzte Mädchen bohren und meißeln. Der Geruch ist ambrosisch: der vielschichtige Duft vieler Hölzer, Öle, Harze und Firnisse. »Die ist danebengegangen«, sagt er und stellt uns eine vollkommen normal aussehende Geige neben der Tür vor. »Ein seltener Fehlschlag, kann ich gar nicht schnell genug hinzufügen. Aber sie hat einen Käufer. Was soll ich tun? Ich muß auch leben. Jemand nimmt sie in die Hand, spielt darauf und sagt: ›Das ist genau das, was ich suche.‹ Was soll ich machen? Am liebsten würde ich sagen, ich verkaufe sie nicht. Was den Klang angeht, ist es eine schlechte Geige ... aber dann kommt ein Kontoauszug ... Und wenn ich sie verkaufe, ist es mir lieber, die Welt erfährt es nicht. Andererseits, nach ein, zwei Jahren kann auch eine gute Geige schlecht klingen. Und umgekehrt, meint ihr nicht?«

»Bestimmt«, sagt Helen perplex und entwaffnet.

»Ist das echt?« fragt er und schaut dabei Helens Haar an.

»Ja«, sagt Helen und wird rot.

»Gut. Gut. In letzter Zeit sieht man viel Henna. Interessantes Pigment. Hätte Strad es benutzt, wenn er es gehabt hätte? Färberröte.«

»Färberröte?«

»Ja. Färberröte. Dieses schöne Rot, dieser tiefrote Firnis. Was für eine Sache nach diesen blassen Gelbtönen. Stradivari hat sie in Cremona benutzt und Gagliano in Neapel und Tononi in Bologna, und ... Sie haben eine Tononi für mich?« wendet er sich an mich.

»Ja, aber meine ist nicht rot.«

»Oh«, sagt Eric Sanderson und blickt etwas verstimmt drein. »Ich verstehe es einfach nicht. Der alte Johannes in Bologna hat das schöne Rot, aber der junge Carlo geht nach Venedig und benutzt wieder das alte Gelb. Warum? Warum?«

Er mustert mich eingehend durch seine Brille. Die zwei Mädchen arbeiten weiter, unbeeindruckt von den Schreien ihres Meisters.

»Das weiß ich leider nicht«, sage ich. »Aber, na ja, ich bin daran gewöhnt, und mir gefällt die Farbe. Sie ist nicht gelb. Es ist eine Art Honigfarbe.« Ich nehme sie aus dem Kasten, und Eric Sanderson sieht sie sich an.

»Ja«, sagt er zufrieden. »Für ein Honiggelb ist es ein ziemlich passables Honiggelb. Und manchmal summt sie? Spielen Sie etwas.«
Ich spiele für eine halbe Minute eine Bach-Partita.
Er schaut etwas zweifelnd drein. »Ein lautes Summen ist es nicht gerade. Aber vermutlich ist sie in Gesellschaft schüchtern. Lassen Sie sie hier.«
»Das kann ich nicht«, sage ich. »Jedenfalls nicht diese Woche.«
»Tja, wie soll ich Ihnen dann helfen? Wie lange summt sie schon?«
»Als wir letztes Jahr in Amerika waren, hat sie ziemlich gesummt. Ich habe sie vor ein paar Monaten ansehen lassen, aber ein paar Wochen später fing es wieder an. Jetzt hat es sich beruhigt, aber ich mache mir Sorgen, daß es von neuem losgeht.«
»Kann an allem möglichen liegen. Waren Sie in derselben Woche in Alaska und Hawaii?«
»Weder noch.«
»L.A. und Chicago?«
»Zufälligerweise ja.«
»Die Leute reisen zuviel heutzutage«, sagt Eric Sanderson. »Und zu schnell. Wenn sie aus Holz wären, würden sie es sich zweimal überlegen. Hmm, ein bißchen abgehobelt«, sagt er, während er sich das Innere mit einer Art Zahnarztspiegel ansieht. »Aber nicht allzu schlimm. Keine erkennbaren Risse. Kann alles mögliche sein. Vor einer Weile gab es eine Ausstellung venezianischer Instrumente. Sie tratschen jede Menge unter sich. ›Hab dich seit Jahrhunderten nicht mehr gesehen, meine Liebe. Hast du das vom Fenice gehört? Ich war dort, als es zum erstenmal passierte, konnte aber flüchten. Arme alte Serenissima. Musikalisch völlig hoffnungslos heutzutage, aber alles entstand dort – Oper, Antiphonie … Mit wem habe ich mich neulich darüber unterhalten?‹ … Woher stammt sie?«
»Rochdale.«
»Sagten Sie Rochdale?« Sanderson streicht seinen Bart glatt, runzelt die Stirn.
»Ja.«
»Keine Poesie in diesem Namen. Nein, überhaupt keine Poesie. Ashby-de-la-Zouch, das klingt schon anders. Hören Sie: Sandarak,

167

Dammar, Mastix, Kolophonium …« Er rezitiert die Namen mit mystischer Verzückung.

Helen seufzt.

»Poesie bedeutet mir mehr als Musik«, sagt Eric Sanderson. »Wie auch immer, die meisten Musiker nehmen Betablocker. Das wird Sie teuer zu stehen kommen«, sagt er an Helen gewandt, die etwas beunruhigt dreinblickt.

»Wirklich?« sagt Helen, von den schnellen Themenwechseln aus der Fassung gebracht.

»Und das ist es nicht wert. Aus Ihrem Anruf schließe ich, daß ich Ihnen ein Instrument zu einem bestimmten Zweck bauen soll. Skordatur … Skordatur … ist das nicht ein köstliches Wort? Aber wie wird es den Rest seines Lebens verbringen? Ungespielt, ungeachtet und ungezupft.«

»Ja«, sagt Helen, »vielleicht kann man sie später normal stimmen, und ich könnte sie spielen wie jede andere Bratsche.«

Dieser Vorschlag stößt auf Schweigen, gefolgt von weiteren abschweifenden Überlegungen.

»Ich glaube an Bergahorn und englische Hölzer«, sagt Eric Sanderson. »Warum sollte jemand italienischen Ahorn benutzen? Hätten die Italiener Bergahorn genommen, wenn sie hier gelebt hätten?«

»Bestimmt«, sagt Helen.

»Sie nahmen Buche, Pappel, sie nahmen … ja, sogar die Einlage … Birnbaum dort, Ebenholz hier, was immer sie zur Hand hatten. Neulich bewunderte ich ein Modell, und jemand sagte: ›Aber das ist ja nur die Einlage.‹ ›Die Einlage ist nie nur‹, sagte ich zu ihm. ›Nie, nie nur.‹« Er wendet sich mir zu. »Das könnte der Grund für das Summen sein.«

»Aber können Sie's machen?« fragt Helen etwas wehleidig.

Sanderson klopft auf den Gipsabdrucke einer Celloschnecke. »Ich habe darüber nachgedacht«, sagt er. »Meine erste Reaktion war: Das ist eine Herausforderung. Aber nach längerem Nachdenken … es ist folgendermaßen. Eine Sekunde tiefer stimmen, kein Problem. Das kann man wahrscheinlich sogar mit Ihrer Bratsche machen. Eine kleine Terz, sehr kompliziert. Eine große Terz, unmöglich

168

würde ich sagen. Auch wenn man ihr noch einen Ton entlocken könnte, wäre er schwach. Eine Quarte – aber wer, der noch alle Tassen im Schrank hat, wollte eine Bratsche schon um eine Quarte tiefer stimmen? Ach ja, die ›Kunst der Fuge‹, die ›Kunst der Fuge‹, Sie erwähnten sie. Um diese Tageszeit ist mein Kopf noch nicht sehr aufnahmewillig. Und meine Töchter wollten ihr Frühstück. Ich denke, sie sollten es bei der Bruderschaft der Alten Musik versuchen. Die können Ihnen einen besseren Rat geben als ich. Sie haben mehr Erfahrung mit dem Stimmen von Instrumenten. Ich werde Ihnen ein paar Telefonnummern geben.«
»Sie können es also nicht machen?«
Eric Sanderson schürzt die Lippen. »Wollen Sie wirklich sieben- oder achttausend Pfund für so etwas Spezielles aus dem Fenster werfen? Also, als Konstruktion wäre es ein interessantes Problem. Aber sie würde sehr groß werden.«
»Ich habe einmal auf einer Dreiundvierzig-Zentimeter-Bratsche gespielt«, sagt Helen. »Nach einer Weile hat sie sich nicht mehr so unhandlich angefühlt.«
»War es ein gutes Instrument?«
»Es war ein wunderbares Instrument.«
»Wenn ich Sie wäre«, sagt Eric Sanderson, »und ich sage das gegen mein eigenes Interesse, wenn ich Sie wäre, würde ich mir diese Bratsche wieder beschaffen und mit den alten Musikern reden. Sie sind komische Vögel, aber sie wissen, wie man eine Saite spannt.«
Als wir wieder im Auto sitzen, schweigt Helen. Dann, als wir die Albert Bridge überqueren, sagt sie: »Er hat nicht ein Wort gesagt, das er mir nicht auch am Telefon hätte sagen können.«
»Vermutlich hast du recht, aber es ist immer gut … «
»Ich werde Piers sagen, daß es okay ist. Wir müssen mit der Aufnahme weiterkommen. Ich habe die Bratsche, die ich will.«
»Aber Helen, das ist eine schamlose Lüge. Du hast sie nicht.«
»Doch«, sagt Helen. »Ich sehe sie vor mir. Ich höre sie. Es gibt sie.«
Helen fährt unbeschwert durch Chelsea. »Du wirst mit zu den Leuten von der Alten Musik gehen, oder?« fragt sie mich.
»Nein, werde ich nicht.«

»Ach, Michael, sei doch vernünftig. Du hast mir doch immer geholfen. Wie hätte ich ohne dich meine Regale aufstellen sollen?«

»Nein, nein, Helen, versuch nicht, mich bei Laune zu halten. Und ich mache auch nicht mit bei deinem Plan, Piers zu erzählen, du hättest das Problem gelöst. Ist dir nicht klar, wie schlimm es für uns alle wäre, wenn wir später einen Rückzieher machen müßten?«

»Aber das werden wir nicht müssen«, sagt Helen gelassen. »Wir halten jetzt an und trinken einen Kaffee. Ich bin so erleichtert, daß wir wieder in London sind.«

3.15

Auf eine ruhelose Nacht folgt ein ruheloser Morgen. Um elf – lange nachdem ich aufgegeben habe, sie zu erwarten, und ohne daß sie unten geklingelt hätte – steht Julia vor meiner Wohnungstür. Meine Freude muß offensichtlich sein. Ebenso meine Überraschung. Zum einen ist sie erstaunlich gut gekleidet: langer schwarzer Kaschmirmantel, graues Seidenkleid, Opalohrringe. Ihr Haar ist zu einer Art Knoten hochgesteckt. Sie streckt mir die Hand hin – vermutlich um jeden Versuch eines Kusses zu unterbinden.

»Euer Pförtner hat mich hereingelassen. Er hat sich wohl an meine Kämpfe beim letztenmal erinnert.«

»Das wundert mich nicht.«

»Aber heute hat er keine Unterhaltung mit mir angefangen.«

»Das wundert mich auch nicht. Du siehst aus wie eine Vision.«

»Tut mir leid – ich wurde aufgehalten.«

»Mach dir deswegen keine Sorgen«, sage ich und helfe ihr aus dem Mantel. »Aber warum bist du um elf Uhr vormittags so herausgeputzt?«

Julia erwidert nichts, sondern geht zu dem großen Fenster. Ich wiederhole die Frage nicht.

»Wie still und schön von hier alles aussieht«, sagt sie. »Der Park, der

See, die fernen Hügel auf beiden Seiten. Und das gesamte Tal dazwischen von Menschen bevölkert. Als ich mich heute morgen anzog, fragte ich mich, was ist ein Londoner? Du bist keiner, ich auch nicht, James ebensowenig, Luke will keiner sein. Heute findet in der City irgendein Mittagessen statt, und James möchte, daß ich mitgehe. Du wirst dich wundern, warum ich so angezogen bin.«

»Wann ist das Mittagessen?«

»Um halb eins. Ich muß vorher noch ein paar Dinge erledigen, deswegen hab ich's eilig. Ich kann nicht lange bleiben. Ich habe keinen Bach dabei, aber jemand anders. In Ordnung?«

»Ja, klar. Natürlich.«

Wir gehen in das kleine schallgedämpfte Zimmer. Ich drehe die Lampe so, daß das Licht auf den Notenständer des Klaviers fällt.

»Ach, nicht nötig. Ich habe keine Noten dabei. Es ist nur ein Satz, und ich kenne ihn gut. Du wirst dich erinnern.«

Ich setze mich neben sie.

Julia beginnt zu spielen, ohne den Klang des Klaviers zu überprüfen. Nach den ersten vier Noten befinde ich mich wieder in dem Studentenkonzert in Wien, bei dem wir uns kennenlernten. Sie spielt den langsamen Satz von Mozarts Sonate in C-Dur, KV 330.

Die Art, wie sie spielt, hat etwas Sanftes, etwas undefinierbar Seltsames und Suchendes, als würde sie auf etwas jenseits meines Gehörs horchen. Ich kann den Finger nicht darauf legen, aber es verführt mich. Ich sitze da, den Kopf auf die Hände gestützt, während Mozart Ton für Ton in meinen Geist dringt.

Als sie fertig ist, dreht sie sich zu mir und sieht mich sehr aufmerksam an.

»Das habe ich nicht erwartet«, sage ich.

»War es okay?« fragt sie.

Ich schüttle den Kopf. »Nein. Es war nicht okay. Es war ein bißchen besser als das … Während der vergangenen Jahre habe ich manchmal gedacht, du wärst tot.«

Julia runzelt die Stirn, als versuchte sie zu verstehen, was mich zu dieser Bemerkung veranlaßt hat, dann murmelt sie: »Ich muß gehen.«

»Geh nicht sofort. Wie wäre es mit einem schnellen Kaffee?« sage ich, als wir in den Flur treten. »Oder Tee. Habe ich was Falsches gesagt?«

»Ich kann wirklich nicht.« Sie schaut auf ihre Uhr.

»Ich möchte, daß du dir etwas anderes anhörst«, sage ich, um Zeit zu schinden.

»Was?«

»Eine zweite Reise in die Vergangenheit.«

»Quäl mich nicht, Michael. Was ist es?«

»Du wirst es nicht herausfinden, wenn du es dir nicht anhörst. Vergiß deine Erledigungen. Ich lege es auf. Es ist ein alter Freund, der sich verändert hat. Aber ich werde es dir nicht sagen.«

»Hast du es auf CD?« fragt Julia erstaunt. »Kann ich es mir ausleihen? Ich habe wirklich nicht soviel Zeit, um es mir jetzt anzuhören. Und ich will – ich will wirklich nicht vor dir in Tränen ausbrechen.«

»Ich habe es auf Platte.«

»Gut. Wir haben einen Plattenspieler.«

Ich nehme das Streichquintett von Beethoven aus der äußeren Hülle und gebe es ihr in der inneren weißen. »Du darfst nicht auf das Label auf der Platte schauen«, sage ich. »Gib sie mir lieber noch einmal. Manchmal ist es schwierig zu widerstehen. Ich werde es zukleben.«

»Warum so geheimnisvoll?«

»Damit du nicht weißt, was es ist, bis du die ersten Töne hörst.«

»Hast du auch die Partitur?«

»Ja, habe ich.«

»Gib sie mir in einem Umschlag mit. Ich werde ihn erst später aufmachen.«

Als ich ihr in den Mantel helfe, verspüre ich den nahezu unwiderstehlichen Drang, sie in die Arme zu nehmen und zu küssen. Aber genau das ist es, wovor sie sich fürchtet. Ich muß mich an die unschuldigen Regeln dieser Besuche halten, die sie in solche Seelen-

172

qualen stürzen. Selbst die Intimität von Musik ist nicht unschuldig. Die Platte in ihrer Hand erinnert mich an unser Trio, und sie steht so nahe neben mir, daß ich sie atmen höre.

Ich warte mit ihr auf den Aufzug, glücklich und nervös wegen der paar Minuten, die uns noch bleiben.

Als sie diesmal im Aufzug steht, presse ich die Nase gegen das vergitterte Glas, und als die innere Tür sich schließt, sehe – und höre – ich sie lachen.

3.16

Spätabends bekomme ich ein Fax von Julia, auf englisch:

> Liebster Michael,
> ich konnte es nicht fassen. Ich hatte es noch nie gehört. Ich hatte nicht einmal davon gehört. Wie du weißt, bedeutete mir das Trio sehr viel.
> Kann ich morgen zu dir kommen, gegen neun? Aus Deinem alten Fax schließe ich, daß Du Zeit hast. Falls dem aus irgendeinem Grund doch nicht so ist, faxe mir bitte.
>
> Julia

Ich lese es mehrmals. Die ersten und letzten Worte in der unveränderten Handschrift lassen die letzten zehn Jahre kürzer werden. Sie schrieb nicht »in Liebe«, aber ohne kann man doch kein »Liebster« sein.

Um neun klingelt Julia, die erneut die Gegensprechanlage umging, an meiner Wohnungstür. Ich glaube, Rob muß völlig hingerissen sein, obwohl sie heute morgen Jeans trägt.

»Was von Mozart kannst du auswendig?« fragt sie ohne Vorankündigung und führt mich in mein schallgedämpftes Zimmer.

»Von seinen Sonaten für Violine?«

»Ja.«

»Warum?«

»Ich will nicht, daß du hinter mir stehst und mir über die Schulter siehst.«

Ich starre sie erstaunt an. »Ich kann meine Noten auf einen eigenen Ständer legen«, sage ich.

»Beantworte meine Frage«, sagt Julia nahezu schroff.

»Meinst du eine ganze Sonate? Keine, glaube ich. Nicht jetzt jedenfalls.«

»Ein Satz reicht«, sagt sie. »Ja, ein Satz wäre sogar besser. Der zweite Satz der Sonate in e-Moll?« Sie summt eine Phrase, trifft die Tonart präzise.

»Ja!« sage ich etwas benommen vor Vorfreude. »Ich glaube, daß ich sie auswendig kann – oder fast. Ich habe sie erst kürzlich gehört, aber seit einigen Jahren nicht mehr gespielt. Ich werde mir die Noten ansehen … Hier sind sie. Ich lege sie offen auf meinen Ständer, werde aber nur hinschauen, wenn ich hängenbleibe. Wenn es dir recht ist, stelle ich mich hier hin. Aber warum willst du nicht, daß ich dir über die Schulter sehe?«

»Eine Laune.«

»Okay. Laß mich stimmen. Gib mir ein A.«

Ich lasse den Blick über die zwei aufgeschlagenen Seiten schweifen und sage es ihr, als ich fertig bin. Glückliche Erinnerungen an Wien überfluten meine Gedanken.

Wir spielen den Satz durch. Ich habe den Eindruck, als würde Julia mich führen. Ihr Part ist durchgängig – sie hat keine Einsätze, zu denen ich ihr das Zeichen geben müßte. Sie verpatzt – oder bin ich es, der gepatzt hat? – die Stelle, an der wir nach einer kurzen Pause gemeinsam wieder einsetzen. Ihr Blick ruht häufig auf mir. Wie am Vortag zeichnet ihn eine Aufmerksamkeit aus, eine Nach-Innen-Gewandtheit, die er in Wien noch nicht gehabt hat, eine wunderbare, feinfühlige Direktheit durchdringt ihr Spiel und überträgt sich auf meines.

In einer im Zickzack absteigenden Linie spiele ich kein normales A, sondern ein As, ein ziemlich schrecklicher Patzer, aber sie sagt nichts, weder jetzt noch später. Vielleicht hat sie sich vorgenommen, beim erstenmal nicht zu streng mit mir zu sein. Oder vielleicht sieht sie die Dinge eher als Ganzes und empfände es als kleinlich, wegen einer einzigen Note an einem so intensiv gespielten Satz herumzunörgeln.

»Sollen wir den anderen Satz auch spielen?« frage ich, nachdem wir zu Ende gespielt haben.

»Lassen wir es gut sein«, sagt sie. Wir sehen uns an.

»Ich liebe dich, Julia. Vielleicht ist es zwecklos, es zu sagen, aber ich liebe dich – immer noch.«

Sie seufzt, nicht vor Glück. Ihre Finger massieren einen imaginären Ring. Mich wieder in sie zu verlieben kostet mich nichts, da ich sie nie vergessen habe. Für sie, der es gelungen war, mich aus ihren Gedanken zu verbannen, die sogar einen anderen Namen angenommen hat, könnte es sehr kostspielig werden.

»Und ich dich«, sagt sie schließlich in einem so bedauernden Tonfall, daß sie genausogut das Gegenteil hätte sagen können.

Wir berühren uns nicht, um das Gesagte zu bestätigen. Dann, zärtlich, vorsichtig, küsse ich ihren Hals. Sie atmet langsam, sagt jedoch nichts.

»Und?« frage ich.

Sie lächelt, ein wenig traurig. »Musik machen und sich lieben – die Gleichung erscheint mir etwas zu simpel.«

»Hast du ihm von mir erzählt?« frage ich.

»Nein«, sagt sie. »Ich weiß nicht, was ich mit all diesen Ausflüchten anfangen soll: Faxe auf deutsch, ich besuche dich hier … aber eigentlich ist es Luke, den ich das Gefühl habe zu … «

»Betrügen?«

»Ich habe Angst vor diesen Worten. Sie sind falsch und dumm.«

»Und vor der Musik?« frage ich.

»Ja, auf gewisse Weise auch vor der Musik. Aber zumindest kann ich mit dir über Musik reden. Ich war so ausgehungert danach, über Musik zu reden – und mit jemandem zu spielen, der weiß, wie ich war, bevor – bevor sich soviel in meinem Leben verändert hat.«

Ich nehme ihre Hand. Sie schüttelt den Kopf, läßt es aber zu.

»Was soll ich sagen, Julia? Was willst du, daß ich sage? Es ist leicht für mich, Liebe, Liebe, Liebe zu sagen. Ich bin nicht verheiratet.«

»Und weiß deine Freundin aus Lyon von uns?« fragt sie.

»Nyons. Nein. Sie weiß es nicht ... Was hast du an dem Tag gelesen, als ich dich im Bus sah?«

»Ich erinnere mich nicht mehr. Ist es nicht merkwürdig – ich erinnere mich überhaupt nicht mehr. Und es war die Art Buch, die man nie vergißt.«

»Ich habe mich nie wirklich davon erholt, daß ich dich verloren habe. Das mußt du wissen. Aber jetzt habe ich solche Angst, mit dir zu sprechen – ins Fettnäpfchen zu treten und dich nie wiederzusehen. Hat sich zwischen uns soviel verändert?«

»Ich weiß es nicht. Ich weiß es nicht. Eben habe ich Luke zur Schule gebracht. Er ist nicht gerade schrecklich musikalisch. Michael, es ist schrecklich. Wir können einfach nicht.«

Sie schließt die Augen. Ich küsse sie auf die Lider.

»Und?«

»Ich sehe zwei weiße Haare«, sagt sie.

»Ich habe sie nicht verdient.«

»Das bezweifle ich.«

Sie küßt mich. Ich umarme sie in diesem geräuschlosen Raum, weit weg vom Tageslicht, vom Verkehr von Bayswater und von allen Netzen der Welt. Sie hält mich fest, als könnte sie es nicht noch einmal ertragen, daß ich sie verlasse.

3.17

Das Sonnenlicht fällt auf unsere Körper. Sie will nicht, daß ich die Jalousien herunterlasse. Ich fahre mit der Hand durch ihr Haar, das soviel länger ist als früher. Wir lieben uns nicht mit Zärtlichkeit, sondern mit einer aus einem Gefühl des Verhungerns geborenen Leidenschaft – aber ich spüre, wie in ihr eine Spannung nachläßt. Sie will nicht, daß ich spreche, noch spricht sie, aber sie sieht mir ins Gesicht, als wollte sie jeden Ausdruck von mir festhalten. Der

Duft ihres Körpers, vermischt mit einer leichten Spur Parfum, treibt mich in den Wahnsinn.

Später, als ich wieder ins Bett zurückkehre, legt sie den Kopf auf meine Schulter und döst ein. Ich kann ihr nicht ins Gesicht sehen. Ich lege vorsichtig meine freie Hand zuerst über ihr eines Auge, dann über das andere. Sie ist tief versunken in einer anderen Welt, weit fort von mir. Irgendwo in der Ferne dröhnt ein Helikopter, aber sie wacht nicht auf. Etwas später stehe ich wieder auf, ziehe behutsam meinen Arm unter ihr weg. Eine Weile lang – es kann nicht länger als eine halbe Minute sein – betrachte ich sie. Vielleicht spürt sie es. Sie schlägt die Augen auf; sie sieht mich an, als würde sie meine Gedanken lesen. In ihre Züge, die zuerst klar waren vor Leidenschaft, dann friedlich, kehrt Ambivalenz zurück.

»Ich gehe jetzt besser, nicht wahr, Michael?«

Ich nicke, obschon ich ihr nicht zustimme. Ich versuche, beruhigend zu lächeln. Als wir vor Jahren zusammen waren, haben wir uns nur selten bei Tageslicht geliebt, ich weiß nicht, warum. Meine Gedanken sind von vielen Dingen verwirrt: Sie wandern von unserer ersten Begegnung als Studenten bis zu den Taten – Taten der Rede, der Musik, der Liebe – der letzten Tage. Ich weiß, daß es Dinge gibt, die mich beunruhigen, die ich nicht miteinander versöhnen kann, aber ich kann sie nicht einmal benennen. Der Gedanke an das, was passiert ist, brennt durch diesen leichten, unbeständigen Nebel.

3.18

Obwohl sie schon vor Stunden gegangen ist, riecht das Zimmer noch nach ihr. Ein Tag vergeht, zwei. Ich höre nichts von ihr: kein Anruf, kein Fax, kein Brief, kein Besuch.

Tag und Nacht drücke ich das Gesicht in die Laken. Ich erlebe all die Stunden, die wir gemeinsam verbracht haben. Ich bin in all den Räumen, in denen wir je gewesen sind.

3.19

Drei Tage sind vergangen.

Ich halte es nicht länger aus. Ich gehe im Park spazieren, um meine Gedanken zu beruhigen.

Die Platanen sind kahl, ihre fleckige Rinde wird von schräg fallendem Licht erhellt. Die Brunnen am Ende von Long Water, vor zwei Wochen noch trocken und von Matsch umgeben, sind wieder in Betrieb. Schneeglöckchen spitzen heraus und hier und da ein Krokus. Die Trauerweiden erwachen zu neuem Leben, um den Serpentine ist alles lindengrün.

Es ist drei Uhr nachmittags. Bald wird die Schule aus sein. Wird sie Luke am Tor abholen? Meine Schritte führen mich an die Ecke des Platzes. Ich behalte die Straße im Auge, müßig, wachsam. Habe ich das Haus verlassen, um sie zu suchen?

Sie kommt zu Fuß, geht sehr schnell. Sie steigt die Treppe hinauf und stellt sich in eine Reihe mit den anderen Frauen. Nach ein paar Minuten stürmen kleine Jungen mit kleinen grünen Kappen heraus, werden umarmt, geküßt und fortgebracht.

Julia und Luke gehen Hand in Hand den Platz entlang und biegen dann in eine angrenzende Straße. Sie bleiben bei einem Range Rover stehen und lassen einen großen braunen Hund mit einem schwarzen Gesicht heraus, der sich über das Wiedersehen so freut, daß sie ihn nur unter Schwierigkeiten an die Leine nehmen können.

Sie sind jetzt in der Straße, in der ich wohne. Ich betrachte sie mit dem Blick des Außenstehenden: ein kleiner Junge mit Kappe; eine gut, aber leger gekleidete Frau mittlerer Größe mit einem lässigen Gang – ihr Haar ist eher golden als braun, aber es ist schwierig, ihr Gesicht zu sehen; ich gehe viele Meter hinter ihnen – und ein großer goldbrauner Hund mit einem komischen watschelnden Gang, dessen Anwesenheit die Familie unantastbar macht.

Jetzt sehe ich ihr Profil, denn sie kommt an dem Haus vorbei, in dem ich wohne. Sie blickt nach rechts und nach oben, suchend, beunruhigt. Sie gehen weiter, auf den Park zu.

An einem Zebrastreifen bleiben die beiden stehen. Der Hund zerrt an der Leine. Der Junge legt das Gesicht an die Hand seiner Mutter.

Und jetzt bin ich wieder, wo ich meinen Spaziergang begann: im Park. Ich folge ihnen in einiger Entfernung, während sie den mit jungen Linden gesäumten Weg entlangschlendern, der Junge und der Hund unternehmen Streifzüge auf der Wiese. Ein paar Minuten später stürmt der Hund, dessen Gesicht dem eines Grizzlybären ähnelt, bellend an mir vorbei, macht kehrt und rennt zurück zu seinem Besitzer.

»Buzby! Buzby! Komm her. Braver Junge!« ruft Lukes hohe Stimme.

Julia dreht sich um, bleibt stehen; etwas an ihrer Haltung verrät mir, daß sie mich gesehen hat. Ich zögere, sie zögert, dann gehen wir aufeinander zu. Der Junge und der Hund ziehen Kreise um sie wie aus der Bahn geratene, miteinander kollidierende Planeten.

»Hallo«, sage ich.

»Hallo.«

»Das also ist Luke.«

Der Junge sieht seine Mutter fragend an.

»Ja. Luke, das ist Michael.«

»Hallo«, sage ich.

»Hallo«, sagt Luke und schüttelt mir die Hand.

»Kommst du oft hierher?« frage ich.

»Manchmal – nachdem Mom mich von der Schule abgeholt hat.«

»Unserem Hund gefällt es hier«, erklärt Julia. »Hinter unserem Haus ist ein Garten – ein ziemlich großer, aber der Park ist ihm lieber.«

»Buzby!« sage ich und tätschle den Kopf des Hundes. »Netter Hund, netter Name.«

Julia sieht mich erstaunt an. »Luke hat ihn gerufen«, erkläre ich.

»Ach ja, natürlich«, sagt Julia.

Buzby rennt davon und bellt einen Baum an. Luke folgt ihm.

»Es sind drei Tage vergangen«, sage ich.

»Ja«, sagt Julia und lächelt mich an.

179

»Ich war so glücklich. Ich *bin* so glücklich. Aber warum bist du verschwunden?«

»Bin ich nicht. Ich bin hier.«

»Bist du glücklich?«

»Ich – wie kann ich diese Frage beantworten? Aber ich freue mich, dich zu sehen.«

»Kommt ihr wirklich oft hierher? Soll das heißen, daß ich dir hier jederzeit während des letzten Jahres zufällig hätte begegnen können?«

»Nicht oft. Ungefähr einmal alle zwei Wochen. Im Winter seltener. Und – na ja – wir sind uns hier doch zufällig begegnet, oder?«

Ich lache. Sie lacht ebenfalls. Luke kehrt zurück. Er sieht uns ruhig an, die Stirn ein wenig gerunzelt, bis wir aufhören zu lachen.

»Mom, laß uns mit Buzby um den Round Pond gehen«, schlägt Luke vor. Er hat eine klare Aussprache – mit einem kleinen Akzent, der wohl aus Boston stammen muß. Er sieht mich interessiert an. Und ich sehe ihn an. Er ist ein hübsches Kind, mit wesentlich dunklerem Haar als Julia – wie er es auch haben könnte, wenn er unser Sohn wäre.

»Ich glaube, wir sollten jetzt zurückgehen«, sagt Julia. »Es wird bald dunkel werden.«

»Es war ein Eichhörnchen«, sagt Luke zu mir, um abzulenken. »Bei Eichhörnchen wird er immer ganz wild. Wir sind in fünf Minuten zurück. Versprochen, Mom.«

»Luke, ich habe nein gesagt«, sagt Julia sehr bestimmt. »Ich bin genug gegangen.«

»Michael kann mitkommen«, sagt Luke und nimmt meine Hand. »Buzby mag ihn.« Als wollte er das bestätigen, kehrt Buzby zurück und steht mit aufmerksam aufgerichteten Ohren vor uns.

Julia sieht mich an, ich sie, Luke uns alle beide, Buzby uns alle drei.

»Wenn du in zehn Minuten nicht zurück bist, Luke, mußt du morgen einen Apfel mit in die Schule nehmen.«

»Oh, Hilfe, ich habe Angst«, sagt Luke und grinst. »Was ist schlimmer, als einen Wurm in einem Apfel zu finden?« fragt er mich.

»Luke«, sagt Julia.

»Was denn?« sage ich.

»Einen halben Wurm zu finden«, sagt Luke und schüttelt sich vor vergnügtem Lachen.

Seine Mutter, die diesen Witz wahrscheinlich schon hundertmal gehört hat, verzieht das Gesicht. Seine Mutter … seine Mutter … Was denkt sie, als ich mit ihrem Sohn losziehe?

Als wir am Round Pond ankommen, sagt er: »Nicht im Uhrzeigersinn. Gegen den Uhrzeigersinn. Das ist Buzby lieber.«

»Solltet ihr Amerikaner nicht entgegen dem Uhrzeigersinn sagen?«

»Ja, wahrscheinlich. Mein Dad hat das mal gesagt. Aber hier bin ich Engländer. Woher kennst du meine Mom?«

»Ich habe sie in Wien kennengelernt.«

»Das war, bevor ich geboren wurde.«

»Stimmt.«

Luke scheint in Gedanken vertieft. Buzby trottet davon, kommt wieder und bellt gutmütig die Schwäne an.

»Eigentlich heiße ich Lucius«, erzählt Luke. »Lucius Hansen. Mein Großvater heißt auch Lucius.«

»Aber alle nennen dich Luke?«

»Stimmt. Was ist der Unterschied zwischen einer Tänzerin und einem Fuchs?«

»Luchs, hast du gesagt? Oder Fuchs?« Luke hat angefangen zu nuscheln.

»Fuchs, Dummkopf. Ups. Tschuldigung. Fuchs.«

»Weiß ich nicht. Der eine ist schlau und stiehlt, die andere ist schön und stirbt.«

»Eine Tänzerin stirbt nicht.«

»In Schwanensee stirbt sie.«

»Was ist Schwanensee?«

»Es ist ein Ballett. Du weißt schon, wo Leute auf der Bühne herumtanzen. Es ist nicht besonders interessant. Aber die Musik ist schön.«

»Ist aber die falsche Antwort«, sagt Luke unbeeindruckt.

»Wie lautet die richtige?«

»Die eine steht gern auf der Zehenspitze, der andere steht mehr auf Gänsewitze.«

Wir lachen beide. Buzby läuft zu uns, schüttelt Wasser ab.

»Hast du das Rätsel erfunden?« frage ich. »Es ist gut.«

»Nein, ich hab's in einem Buch mit Rätseln gelesen. Dad hat's mir zu Weihnachten geschenkt. Er hat mir drei Bücher geschenkt: ein Rätselbuch, ein Flugzeugbuch und ein Buch über Briefmarken.«

»Kein Buch über Dinosaurier?«

»Dinosaurier sind tot«, verkündet Luke.

»Was für ein Hund ist er?« frage ich. »Ein riesiger Labrador?«

»Labrador?« ruft Luke verächtlich. »Er ist ein Leonberger. Und eigentlich ist er noch ein Kind. Er ist erst elf Monate alt.«

»Ein Kind? Aber er ist so groß wie ein Löwe.«

»Er ist ziemlich dämlich«, vertraut er mir an. »Letzten Monat hat er Gras mit Schnecken gegessen und dann Dyspepsie oder so was gekriegt.« Luke hat einen für sein Alter ungewöhnlichen Wortschatz.

»Was hat es mit dem Apfel auf sich, den du mit in die Schule nehmen mußt?« frage ich ihn.

Er verzieht das Gesicht. »Ich mag keine Äpfel.«

»Alle Kinder mögen Äpfel.«

»Ich nicht. Mir sind Pfirsiche lieber. Oder Orangen. Oder irgendwas.«

Als wir halb um den Teich herum sind, sagt Luke. »Hast du Mom gekannt, bevor sie Dad kennengelernt hat?« Er klingt nicht sehr erfreut.

»Was? Ja. Wir haben zusammen studiert. Ich bin Musiker.«

Luke denkt eine Weile darüber nach. »Weil Mom es will, muß ich Klavier spielen«, sagt er schließlich. »Ich sage ihr immer, daß ich Pilot werden will und daß es deswegen Zeitverschwendung ist, aber sie hört nicht auf mich. Überhaupt nicht.«

»Gefällt es dir nicht?«

»Ist schon in Ordnung«, sagt Luke und starrt aufs Wasser, dann fügt er etwas Unverständliches über Tonleitern hinzu.

»Ich habe dich nicht verstanden. Du nuschelst.«

»So rede ich eben«, sagt Luke, plötzlich mürrisch.

»Aber vorhin hast du doch ganz deutlich gesprochen.«

»Weil Mom mich kaum hören kann. Sie ist taub … Ups!« Er schlägt die Hand vor den Mund.

Ich lache. »Warum? Weil sie dich Tonleitern üben läßt?«

Aber Luke hat die Augen weit aufgerissen und ist entsetzt über das, was ihm gerade herausgerutscht ist. »Erzähl's ihr nicht …«, bricht es aus ihm heraus.

»Was soll ich ihr nicht erzählen?«

Luke ist blaß geworden. Er sieht fürchterlich erschrocken aus.

»Was ich gesagt habe. Es stimmt nicht. Es stimmt nicht.«

»In Ordnung, Luke, in Ordnung. Mach dir keine Sorgen.«

Während der nächsten Minuten sagt er nichts. Er wirkt schuldbewußt und beunruhigt, nahezu gequält. Ich lege ihm die Hand auf den Kopf, und er läßt es zu. Aber mich erfüllen Unruhe und verzweifelte Besorgnis, und angesichts seiner Worte weiß ich nicht, was ich sagen soll.

3.20

Wir kehren zu unserem Ausgangspunkt zurück. Buzby rennt energisch bellend zu Julia und umkreist sie ein paarmal. Luke scheint noch immer durcheinander.

Wenn es stimmt, kann ich es nicht zu Ende denken. Das Licht wird schwächer. Ich erinnere mich daran, wie sie in der Orangerie vor dem Heizkörper stand, ich sprach und sie nicht reagierte, und alle ihre Nicht-Reaktionen – die, an die ich mich erinnern kann – beginnen, einen verschwommenen Sinn zu ergeben. Ich glaubte, daß sie bestimmte Themen mied: War mein Gesicht – oder ihres – abgewandt, als ich sie ansprach? Schreibe ich einer Bemerkung Lukes und ein paar Minuten Bestürzung zuviel Bedeutung zu?

Sie ist unverändert. Sie lacht, sagt, daß wir fast eine Minute zu spät zurück sind. Buzby verläßt nach zwei Umrundungen das Sonnensystem, und Luke läuft ihm nach.

»Hoffentlich war er nicht allzu anstrengend«, sagt Julia. »Manchmal ist er ziemlich launisch. Er sah gerade etwas niedergeschlagen aus, als würde er glauben, daß du dich über sein Verhalten beschweren wirst. War er brav?«

»Kreuzbrav. Aber er weiß nicht, was Schwanensee ist.«

»Wie bitte?« Julia blickt verständnislos drein.

»Schwanensee – das Ballett«, erkläre ich gewissenhaft und überdeutlich.

Sie runzelt die Stirn. »Aber Michael, er ist noch nicht mal sieben. Worüber habt ihr geredet?«

»Hauptsächlich über Bücher. Und Rätsel.«

Ihre Miene erhellt sich. »Ja, die liebt er. Hat er dir das von der Tänzerin und dem Fuchs gestellt?«

»Zehenspitze und Gänsewitze. Ja.«

Aus der Ferne höre ich die Schreie von Schwänen, die die Flucht ergreifen.

»Stimmt etwas nicht? Was ist los?« fragt Julia. »Irgend etwas beunruhigt dich.«

»Nichts.«

»Nichts?«

»Wirklich, es ist nichts. Nur die Schwäne. Werde ich dich morgen sehen?« Ich nehme ihre Hand.

»*Nicht.*«

»Tut mir leid. Ich hatte es vergessen.«

»Ich glaube, wir sollten uns eine Weile lang nicht sehen.«

»Ich muß dich sehen. Ich muß mit dir sprechen.«

»Was ist los, Michael – geht es dir nicht gut?« fragt sie, und ihre Stimme klingt beunruhigt.

»Doch, alles in Ordnung. Sag, daß du mich …«

»Na gut, aber …«

»Morgen früh?«

Sie nickt langsam.

Es dämmert. Der Junge und der Hund kehren zurück. Wenn es stimmt, wird es bald so dunkel sein, daß sie nicht mehr sehen kann, was ich sage. Ich behaupte, noch etwas spazierengehen zu wollen, und die drei verabschieden sich.

184

Luke hält ihre Hand. Sie beugt sich hinunter, um ihn zu küssen. Die Geräusche um mich herum verschwimmen. Die drei Gestalten gehen in der Dämmerung davon, mischen sich unter andere Menschen, die zu dieser Stunde spazierengehen. Bald sehe ich sie nicht mehr und wende mich ab.

Vierter Teil

4.1

Am nächsten Tag dämmert es hell und klar. Auf dem Round Pond weit jenseits der Bäume liegt ein gelbgoldenes Glühen. Ich liebe die Bäume in dieser Jahreszeit: Die Äste, die an einem Baum nach oben streben, kontrapunktieren die nach unten hängenden Äste eines anderen. Die Mehlbeeren sehen vor dem frischen grünen Gras aus wie Igel.

Ein riesiger, alter, blattloser Kastanienbaum, eine Anomalie neben der jugendlichen Reihe silberner Linden, bietet seine herabhängenden Äste dar, obschon sie in dieser Jahreszeit nichts Sichtbares tragen. Aber zwischen seinen höchsten Zweigen zwitschert ein Vogel – dem Lied nach zu urteilen ein Rotkehlchen, er sitzt so hoch oben, daß das kahle Gitterwerk ausreicht, den kleinen Vogel zu verbergen.

Ich trete ein paar Schritte zurück, versuche ihn von seiner Umgebung zu unterscheiden. Eine dicke Taube flattert hinauf zu den oberen Ästen, und jetzt scheint es fast, als würde dieser absurde Vogel so schön singen, erfreut, daß man ihm den Auftritt seines unsichtbaren Nachbarn zuschreibt.

Als ich die Nachtigall erwähnte, füllten sich Julias Augen plötzlich – überraschend, aber nicht grundlos, wie ich damals dachte – mit Tränen. Jetzt wird mir klar, daß ich sie mir mit dem falschen Grund erklärte.

In dem tiefgelegenen Garten sind ein paar gelbe Primeln die einzige Andeutung von Leben; und in der alten Lindenhecke, die doppelt so hoch und viele Male so alt ist wie ich, ist eine zarte Spur von rötlichen Knospen und Zweigen zu erkennen. Das könnten wir gemeinsam erleben, aber was ist mit dem frühmorgendlichen Chor, der überall in vollem flegelhaftem Gang ist? Mit dem Flugzeug, das im Westen Richtung Heathrow hinabsinkt?

Ich gehe, wo Luke und ich gestern gegangen sind. So früh am Morgen sind die Möwen noch still. Ich zähle die Schwäne: einundvierzig, darunter fünf junge. Ein schmuddliger junger Schwan starrt mich von der Seite heimtückisch an. Am anderen Ufer des Teichs steigen fünf erwachsene Schwäne auf. Die Schwingen der großen plumpen Vögel machen einen behäbigen lauten Krach, als sie über mir hinwegfliegen. Gänse fliehen schnatternd.

Was davon könnte sie hören? Wieviel bilde ich mir ein, daß sie kann und nicht kann?

Das Krächzen einer Krähe, der Schrei einer Elster in einer Platane nahe der Bayswater Road, die dröhnenden, vorbeirauschenden Busse – was kann sie hören?

4.2

Sie kommt nicht wie versprochen, und ich weiß nicht, was ich tun soll. Ich könnte ihr faxen, andererseits hätte sie mir faxen können, wenn sie wollte. Ich verstehe mittlerweile nur zu gut, warum sie mich nicht anruft. Das eine Mal, als sie es tat, muß sie sicher gewesen sein, daß sich der Anrufbeantworter meldete. Vermutlich hörte sie den Signalton. Oder wartete sie einfach ein paar Sekunden, bevor sie sprach? Hat sie ein Hörgerät? Ich habe nie ein solches Ding gespürt, als ich ihr Haar, ihr Gesicht berührte.

Aber wir haben zusammen gespielt, Geige und Klavier, in der richtigen Tonart, im richtigen Rhythmus, in diesem Raum, und sie spielte mit so schlichter und klarer Selbstverständlichkeit, daß sie die Musik, die wir machten, gehört haben muß.

In der richtigen Tonart, sagte ich, aber natürlich bleibt ein gestimmtes Klavier in der Tonart. Und obschon sie auf mein Spiel reagierte, war es, als würde die Intimität nahezu ausschließlich von ihrer Person ausgehen. Sie bat mich, dort zu stehen, wo sie mich sehen konnte. Und jetzt frage ich mich: Wollte sie sehen, wie sich der Bogen und meine Finger bewegten?

Sie sang eine Phrase in der richtigen Tonart, bevor sie sich ans Klavier setzte. Früher traf sie ausnahmslos immer den richtigen Ton, aber konnte sie das beibehalten, ohne Unterstützung durch äußeren Klang?

Manche Dinge werden verständlicher, andere rätselhafter. Die Hinweise sind schwer faßbar. Lyon statt Nyons: ein Versprecher? Eine Fehlleistung des Gedächtnisses? Ein nicht gehörter Konsonant? Mir unterlaufen ständig solche Fehler.

Wie schafft sie es, so damit umzugehen, wie sie es tut? Warum hat sie es mir nicht erzählt? Wie kann sie es ertragen, Musik zu machen, überhaupt an Musik zu denken? Als sie in die Wigmore Hall kam, was hörte sie da? Die Zugabe war im Programmheft nicht angekündigt.

Ein Tag vergeht, und ich fühle mich aus dem Gleichgewicht geworfen, so angespannt, so unsicher bin ich. Es sind keine Proben angesetzt, deswegen bin ich nicht gezwungen zu spielen. Ich kann nicht einmal Musik hören. Ich lese ein paar Gedichte in einer alten Anthologie. Aber ein Gefühl des Entsetzens packt mich, daß es wahr ist, und dann der unwiderstehliche, hoffnungslose Wunsch – denn was kann ich schon tun –, sie vor diesem Faktum zu beschützen.

Am nächsten Tag beschließe ich, ihr zu schreiben. Aber was, außer daß ich sie wiedersehen will, habe ich zu sagen? Will sie, daß ich es weiß? Hat Luke ihr alles erzählt? Mache ich mir etwas vor? Gibt es überhaupt etwas zu wissen?

4.3

In meine Verwirrung fällt ein Brief: blauer Umschlag, mattgoldene Briefmarke, Stempel vom Vortag, die vertraute schräge Handschrift. Wieder einmal benutze ich den Brieföffner, den sie mir geschenkt hat, um einen von ihr zugeklebten Umschlag zu öffnen.

Das morgendliche Licht fällt auf mehrere Bögen blaßblaues Papier; der mit dunkelblauer Tinte verfaßte Brief ist der längste, den sie mir je geschrieben hat.

Liebster Michael,

ja, es stimmt. Du hättest es früher oder später selbst herausgefunden, und dank unserer Begegnung im Park passierte es früher. Luke war sehr durcheinander, und es war klar, daß auch Du wegen irgend etwas bestürzt warst. Als wir zu Hause waren, erzählte er mir, daß er es Dir gesagt hatte. Er hat es nicht mit Absicht getan. Armer Luke: Eine ganze Stunde lang war er niedergeschlagen. Er meinte, mich verraten zu haben, als er mir tatsächlich eine Last von den Schultern nahm. Normalerweise fühlt er sich als mein Beschützer auf eine James-James-Morrison-Morrison-Art, und wenn seine Freunde zu uns kommen, sorgt er dafür, daß alles vollkommen natürlich wirkt. Er will nicht, daß irgend jemand, schon gar nicht einer seiner Freunde, ahnt, daß irgendwas mit mir nicht stimmt. Aber leider stimmt mit mir eine Menge nicht – und ich hatte Angst, es Dir zu sagen, Angst, daß etwas zerbrechen, etwas einbrechen könnte. Wenn ich schon hinter die Bühne kommen und die schlafenden Erinnerungen wecken mußte, wollte ich nicht, daß Du das Gefühl hast, wir wären einander nicht ebenbürtig. Gewiß wollte ich nicht, was ich vor zwei Tagen in Deinen Augen sah. Deswegen schreibe ich Dir und spreche nicht mit Dir darüber.

Aber meine Situation ist nicht so bedauerlich – oder heißt es bedauernswert? Tatsache ist, daß in meinem Fall die Taubheit langsam voranschritt und mir so Zeit ließ, damit fertig zu werden. Sie entwickelte sich über Monate hinweg, nicht innerhalb von Minuten, und sie hat keine schrecklichen Nebenwirkungen.

Ich will es nicht herunterspielen. Zuerst glaubte ich nicht, daß ich es überleben würde. Musik ist das Herz meines Lebens. Daß ausgerechnet ich von meinen Ohren im Stich gelassen wurde, war unerträglich.

Wie fing es an? Ich kann Deine Fragen nicht von Angesicht zu Angesicht und in allen Einzelheiten beantworten, deswegen mache ich mich jetzt daran und erzähle Dir die Ge-

192

schichte ein für allemal. Es begann vor drei Jahren. Zuerst bemerkte ich nicht, daß etwas nicht stimmte, obschon die Leute viel zu nuscheln schienen, vor allem am Telefon, und mir auffiel, daß ich die Tasten härter anschlug. Hin und wieder fragte ich mich, warum ich die Vögel nicht mehr so oft hörte, aber ich nahm an, daß der Frühling in diesem Jahr in Neuengland eben ruhiger wäre. Damals spielte ich nicht mit anderen Musikern; meinen Einsatz zu verpassen war also kein Thema. Und wenn ich Musik hörte, drehte ich die Lautstärke einfach weiter auf. Ein paarmal wies mich James darauf hin, daß es etwas laut wäre, aber ich dachte nicht weiter darüber nach.

Wahrscheinlich fiel es mir schwerer, das Klavier zu hören, aber soviel von dem, was man hört, ist sowieso im Kopf und in den Fingern. Ehrlich gesagt, ich glaube nicht, daß ich verstand, was passierte. Wie sollte ich auf den Gedanken kommen, daß ich mit noch nicht einmal Dreißig taub würde?

Aber dann geschah etwas wirklich Beunruhigendes. Eines Nachts, als James nicht da war, hatte Luke einen Alptraum. Er weinte in seinem Zimmer, und ich hörte es nicht, bis er in mein Zimmer stolperte. Zwei Tage später, als ich mit ihm zu einer Routineuntersuchung zum Arzt ging, erwähnte ich, was passiert war. Der Arzt nahm es ernst und schickte mich zu einem anderen, der mir sagte, daß ich auf beiden Ohren einen Gehörverlust von 50 Dezibel hätte, und mich fragte, warum um alles in der Welt ich nicht früher gekommen wäre.

In der nächsten Woche betrug mein Gehörverlust schon fast 60 Dezibel, und die Ärzte waren besorgt und vollkommen verwirrt. In meiner Familie war so etwas noch keinem jungem Menschen zugestoßen. Tante Katerina, die in Klosterneuburg lebt, ist ziemlich schwerhörig, aber sie ist über Siebzig. Ich hatte zwar eine Entzündung in beiden Ohren – vermutlich vom Schwimmen –, als ich ungefähr acht war, und sie dauerte fast ein Jahr. Aber sie war eindeutig diagnostiziert worden, während meine jetzigen Symptome vollkommen grundlos schienen. Sie überforderten den ersten Spezialisten, den wir aufsuchten, und erst einen Monat später stellte ein zweiter Spezialist, ein wesentlich jüngerer Mann, die naheliegende Diagnose »autoimmune Erkrankung des Ohres« – von der ich noch nie zuvor gehört hatte. Er erklärte James den Wert eines »hohen Verdachtsindexes«, um vergleichsweise selten auftretende Krankheiten zu erkennen, etwas, wozu er immer in der Lage gewesen sei: Es klang wie eine Art Hitchcocksches Talent – aber anscheinend ist das der übliche Sprachgebrauch.

Die Behandlung bestand aus großen Dosen gemischter Steroide und Mitteln, die das Immunsystem unterdrücken. Wenn Du mich damals oben in dem Doppeldeckerbus gesehen hättest (nicht, daß du mich hättest sehen können, ich war in Boston), bezweifle ich, daß Du mich erkannt hättest. Es war grauenhaft. Ich schaute in den Spiegel und sah jemanden, der von Medikamenten aufgeschwemmt und vor Angst verzweifelt war.

Für eine Weile stabilisierte sich mein Gehör und wurde sogar besser. Aber als sie die Medikamente zu reduzieren versuchten, wurde es nicht nur so wie vorher, sondern schlimmer. Schließlich schafften sie es, die Steroide abzusetzen, aber mein Gehör war zerstört – ist zerstört. Es ist, als wäre ich in Baumwolle eingewickelt, und ohne mein Hörgerät kann ich so gut wie nichts deutlich hören. Dann plötzlich krachen mir die Dinge entgegen oder ich höre ein unirdisch hohes Pfeifen. So ist es seit zwei Jahren. Ich habe gute Tage und schlechte Tage, und manchmal ist das eine Ohr besser, manchmal das andere, aber ich habe keine Hoffnung mehr, daß ich jemals wieder richtig hören werde.

Die Ärzte haben mir erklärt, daß mein Immunsystem Teile meines inneren Ohrs – kein Mensch weiß, warum oder wie – als feindselig oder gefährlich einstuft und sie zerstört. Aber interpretiere da nichts Symbolisches hinein. Ich habe es getan und damit alles nur schlimmer gemacht. Ich glaubte, wahnsinnig zu werden. Jetzt glaube ich es nicht mehr. So etwas passiert einfach: ein merkwürdiger physiologischer Vorgang, der in ein, zwei Generationen zweifellos heilbar sein wird, es jetzt aber leider noch nicht ist.

Es war ein seltsamer Übergang von der Welt der Geräusche in die Welt der Taubheit – nicht Geräuschlosigkeit, weil ich alle möglichen Dinge höre, nur für gewöhnlich die falschen. Ich hatte solche Angst, die Musik zu verlieren, und ich hatte solche Angst um Luke, der jetzt eine Mutter hat, die nicht einmal hört, wenn er weint. Wenn er nicht gewesen wäre, weiß ich nicht, ob ich den Willen aufgebracht hätte, damit zu Rande zu kommen. Armes Kind, er war damals erst vier Jahre alt. James war wunderbar – wenn er da war. Er rasierte sich seinen Schnurrbart ab, so daß ich besser von seinen Lippen lesen konnte. Für die Bank mußte er ständig irgendwo hinfliegen, bis er auf etwas mehr Stabilität bestand. Deswegen die Versetzung nach London.

James sagte zu Recht, daß ich mich nicht vom Leben zurückziehen dürfte – ebensowenig von ihm und von Luke. Wir könnten uns eine Art Kindermädchen leisten. Sie würde mir eine Menge Arbeit abnehmen und für Luke dasein, wenn es mir nicht möglich wäre. Ich sollte mich auf meine Musik konzentrieren und versuchen, mit meinem, tja, meinem Zustand zurechtzukommen.

Und so stürzte ich mich in die fremde Welt der Tauben: präventive Sprachtherapie, Unterricht im Lippenlesen, Stunden des Übens vor dem Spiegel; sogar ein bißchen Zeichensprache – die ich nie wirklich brauchte. Etwas zu lernen ist so zeitaufwendig, so anstrengend – vor allem, wenn es etwas ist, was man braucht, um so gut – halb so gut – zu funktionieren wie zuvor. Es war schwierig für mich, die Willenskraft dafür aufzubringen. Aber, wie ich mir immer wieder sagte, Musik ist eine Sprache, Deutsch und Englisch sind Sprachen, von den Händen und den Lippen abzulesen ist Sprache – und mit

der Zeit und wenn man sich bemüht, verbessert man seine
Fertigkeiten. Manchmal war es interessant. Es war, es ist ermüdend, aber ich bin viel besser, als ich je dachte, sein zu
können. (Daß ich im Alter von acht Jahren eine Ohrenent-
zündung hatte, hat vielleicht geholfen, weil ich auch damals
von den Lippen abgelesen haben muß.) Jedenfalls ist es mir
zur zweiten Natur geworden. Aber, wie einer meiner Lehrer
sagte, vom Lippenlesen allein wird man nie erfahren, ob jemand Diebe oder Liebe sucht.

Ich benutze ein Hörgerät, aber nicht so oft, wie Du vielleicht
glaubst. Es ist kompliziert – manchmal verhindert es, daß ich
die richtige Tonhöhe höre. Wenn ich mit Dir zusammen
war, habe ich es nicht getragen, außer in dem Konzert. Die
Wigmore Hall verfügt über eine hilfreiche Art Verkabelung,
wenn man das Hörgerät auf eine bestimmte Frequenz ein-
stellt. Es ist furchtbar langweilig, bis es wirklich entscheidend
wird.

Da ich immer noch Kammermusik spiele, habe ich, was das
Musizieren anbelangt, beurteilen gelernt – vom Bogen, von
den Fingern, von der Veränderung der Haltung, dem sicht-
baren Atemholen, von allem und nichts –, wann und mit
welchem Tempo ich spielen muß. Du hast meine traurige
neue Virtuosität neulich mit dem Mozart erlebt. Aber es
funktionierte, weil ich die Sonate gut kenne und von früher
wußte, wie ich Deine Hände, Deine Augen und Deine Kör-
perhaltung interpretieren muß. Ich hörte nicht viel von dem,
was Du gespielt hast, aber ich wußte, daß es gut war – obwohl ich kaum sagen kann, woher ich es weiß. Und als Du
mir das Beethoven-Quintett, das auf »unserem« Trio beruht,
geliehen hast, habe ich es mir nicht so angehört, wie ich es
früher getan hätte. Ich habe den Baß laut aufgedreht und das
Quintett halb gehört, halb über die Vibrationen gespürt,
während ich die Partitur las. Es hat mir eine Menge gebracht.
Aber ich weiß, daß ich nie *wirklich* hören werde, was ich mit
meinen Ohren nicht schon einmal gehört habe und aus dem

196

Gedächtnis in Melodie und Struktur wiederaufleben lassen kann.

Aber ich will nicht über Beethoven reden. Erinnerst Du Dich an unsere Spaziergänge in Heiligenstadt? ... Aber genug davon. Nein, na gut, erinnerst Du Dich an die Stelle, wo er sagt: »*Aber welche Demütigung, wenn jemand neben mir stund und von weitem eine Flöte hörte und ich nichts hörte oder jemand den Hirten singen hörte und ich auch nichts hörte ...*« Als Du neulich das Rotkehlchen in der Orangerie singen hörtest, erging es mir genauso, aber ich empfand nicht nur Demütigung, sondern auch ein bitteres Gefühl von Ungerechtigkeit, von Entbehrung, Kummer, Verlust und Selbstmitleid, alles zusammengemischt in einen schrecklichen Klumpen. Und dann hast Du über Amseln und Nachtigallen gesprochen. Wirklich, Michael, jetzt, da Du weißt, daß ich taub bin, solltest Du Deine Bemerkungen besser überdenken, damit Du mich nicht mehr mitten ins Herz triffst.

Ich schreibe das an einem sonnigen Morgen. Das Haus ist leer. Luke ist in der Schule, James in der Arbeit, unsere Haushaltshilfe macht irgendwo in South Ken einen Französischkurs. Ich sitze im ersten Stock und sehe durch ein Erkerfenster hinaus in unseren gemeinschaftlichen Garten, wo die ersten Krokusse blühen, weiß, safrangelb, lila, gelb. Eine neunzigjährige Frau sitzt auf einer Bank und liest, ihr kleiner weißer Hund – eine Art kurzhaariger Terrier – hält sich in ihrer Nähe auf. Direkt unterhalb des Fensters ist unser eigener kleiner Anteil, und dort werde ich mich am späten Nachmittag, nachdem ich geübt habe, beschäftigen.

Ich weiß, wo und wie Du lebst, aber Du weißt nichts über die Geographie meiner Tage – die Form und Farbe meiner Räume, den Garten, meine Alpenveilchen, den Klang und den Anschlag meines Klaviers, das Licht auf unserem schlichten Eßtisch aus Eiche. Ich habe James erzählt, daß wir uns zweimal getroffen haben – von Berufs wegen. Luke und er machen gemeinsam Puzzles, deswegen mußte es sowieso herauskommen. James war nicht beunruhigt; er schlug vor, daß ich Dich zu uns zum Essen einladen sollte. (Ich glaube, Ihr würdet euch verstehen.)

Auf irgendeine Weise möchte ich mein Leben und die Musik mit Dir teilen. Aber, Michael, ich sehe nicht, wie sich unsere Liebe verwirklichen ließe. Vor Jahren wäre es vielleicht möglich gewesen, aber wie könnte sie es jetzt? Ich kann kein Doppelleben führen. Ich habe Angst davor, jemandem, uns allen weh zu tun. Ich weiß nicht, wie ich vorgehen – oder mich zurückziehen – soll. Wenn Ihr beide Euch kennenlernt, integriere ich damit vielleicht nichts, weil nichts integriert werden kann.

Mit Dir habe ich das größte Glück – und das größte Unglück – in meinem Leben erfahren. Vielleicht habe ich Dich deswegen gemieden. (Abgesehen davon, wie hätte ich Dich anrufen sollen, auch nachdem ich Deine Nummer hatte?) Und vielleicht habe ich deswegen aufgehört, Dich zu meiden, und bin an jenem verregneten Abend hinter die Bühne gekommen, als Dein Kopf – und meiner – voll von Fugen war. Antworte mir bald. Ändert all das irgend etwas zwischen uns? Es muß – aber inwiefern? Ich hätte diesen Brief faxen können, aber das erschien mir nicht richtig.

Ich hatte Dir soviel zu erzählen, Michael. Wahrscheinlich habe ich zuviel und zuwenig gesagt.

In Liebe,
Julia

4.4

Liebste Julia,

ich antworte sofort. Da du mich darum gebeten hast, nehme ich an, daß nur Du liest, was an Dich adressiert ist. Warum hast Du es mir nicht früher erzählt? Wie schwer es für Dich gewesen sein muß, da Du wußtest, daß ich es erfahren

mußte, und nicht wußtest, wann oder wie Du es mir sagen
solltest. Was kann ich sagen? Wenn ich sage, daß es schrecklich ist – was es ist –, dann fürchte ich, Dich zu entmutigen.
Ich höre besser auf; es klingt zu sehr nach Mitleid. Aber
wenn es mir passiert wäre und Du davon erfahren hättest,
würdest Du mich dann nicht bemitleiden? »Sie liebte mich
der Gefahren wegen, die ich bestanden hatte …« Und dennoch, als Du Mozart spieltest, an jenem Tag allein, an dem
anderen mit mir, hätte nichts von allem, was ich jetzt weiß,
einen Sinn ergeben. Ich fühlte mich einfach gesegnet, an diesem Klang teilzuhaben.

Was kannst Du hören? Kannst Du Dich sprechen hören?
Deine Stimme hat sich nicht verändert. Kann man wirklich
gar nichts dagegen tun? Wie Du einmal gesagt hast, ich bin
nicht gut darin, die Dinge mit den Augen anderer zu sehen.
Luke konnte überhaupt nichts dafür. Wenn ich es erfahren
mußte, und das mußte ich, waren seine Bemerkung und
Dein Brief, Du hast recht, der einfachste Weg. Als ich Deine
Handschrift wiedersah – so viele Meilen Deiner mühelosen
schrägen Schrift, und auf fünf Seiten nur ein paar wenige
Worte durchgestrichen –, war das Schweigen dieser vielen
Jahre nicht mehr ganz so leer.

Nein, ich weiß nichts von Deinem Leben, abgesehen von
den Bruchstücken, die Du mit mir verbringst oder von denen Du mir erzählst. Ich sehe Dich in Deinem kleinen Zimmer im Studentenwohnheim oder in meinem Zimmer unter
dem strengen Blick von Frau Meissl im Treppenhaus. Ich
kann Dich nicht besuchen – ich glaube, ich könnte im Augenblick nicht damit umgehen. Aber ich muß Dich bald sehen. Ich kann ohne Dich nicht leben; so einfach ist das. Und,
Julia, brauchst Du mich nicht auch? Nicht nur als Freund,
sondern auch als Musiker?

Ich muß mit Dir sprechen. Wenn Du mich vermißt, mußt
Du wissen, wie sehr ich Dich vermisse. Komm und besuche
mich, nicht morgen – du wirst den Brief wahrscheinlich erst

morgen nachmittag kriegen –, aber am Freitag. Geht das? Wenn Du nicht kannst, schick mir ein Fax. Oder hinterlaß eine Nachricht auf meinem Anrufbeantworter. Wenn ich abnehme, sag trotzdem etwas. Dann habe ich zumindest das Vergnügen, Deine Stimme zu hören.

Ich habe Deinen Brief mit Deinem Brieföffner aufgemacht. Soviel ist klarer geworden: Dein Schweigen, die plötzlichen Themenwechsel. Aber all das ist noch immer verwirrend und, ja, erschreckend für mich. Kann ich Dir nicht doch irgendwie helfen? Wir müssen uns am Freitag sehen. Das kann, das darf nichts zwischen uns ändern.

Dein Michael

4.5

Nach einer Probe mit dem Quartett gehe ich in eine große Buchhandlung in der Nähe der Universität und kaufe in der medizinischen Abteilung im Keller ein Buch über Taubheit. Ich muß unbedingt etwas darüber wissen. Es ist verständlich, wenn auch technisch geschrieben – und so interessant, daß ich abends, als ich im Bett sitze, das Buch auf den Knien, minutenlang die Tatsache aus den Augen verliere, daß Julias Krankheit mich dazu veranlaßt, es zu lesen. Ich habe eine Aufnahme von Schuberts Streichquintett aufgelegt, und zu den Klängen dieser Musik schließe ich erste Bekanntschaft mit dem komplizierten Chaos, das hinter den winzigen Trommelfellen meiner äußeren Ohren liegt.

Die neuen Worte lagern sich eins nach dem anderen ab: schmerzhaft überlautes Hören von Geräuschen, Tinnitus, Stereocilia, Corti-Organ, Basilarmembran, Tympanometrie, Degeneration der Stria vascularis, Membranrisse, Neurofibromatose ... Die Musik ist zu Ende. Ich lese weiter, ohne aufzustehen, um etwas anderes aufzulegen. Strukturen, Symptome, Ursachen, Behandlung ... nicht viel über das Autoimmunsystem ... etwas mehr über idiopathische Zustände – die per definitionem unbekannte Ursachen haben.

Sie hat mir gefaxt, daß sie morgen früh kommen wird. Ich fürchte und sehne diese Begegnung herbei. Ich will es ihr überlassen zu sprechen; aber was, wenn sie es mir überläßt?

Ich habe so viele präzise Fragen – aber jenseits davon und diesseits davon steht die ängstliche Frage, über die ich keine Vermutungen anzustellen wage – was bedeutet es für sie? Und selbstsüchtig: Was bedeute ich ihr? Da ihr die Musik entgleitet, warum hat sie sich dafür entschieden, ihr Leben wieder mit meinem in Verbindung zu bringen? Bin ich für sie ein statisches Sinnbild, eine Rückkehr zu den Tagen, als Musik für sie noch ein wirklicher Sinneseindruck war und nicht nur vorgestellte Schönheit?

4.6

Julia lacht. Sie ist noch nicht einmal fünf Minuten hier. So war es eigentlich nicht geplant.

»Was ist so lustig?«

»Michael, du bist hoffnungslos, wenn du rücksichtsvoll sein willst, und du ziehst Grimassen.«

»Wie meinst du das?« frage ich ziemlich scharf.

»So ist es besser.«

»Was?«

»Was du gerade gesagt hast.«

»Ich kann dir nicht folgen.«

»Gerade hast du ganz normal gesprochen – weil du vergessen hast, Rücksicht zu nehmen. Es ist einfacher für mich, von deinen Lippen abzulesen, wenn du normal sprichst und die Worte nicht übertrieben mit den Lippen formst. Bitte! Außer du willst mich zum Lachen bringen. Jetzt habe ich vergessen, was du mich gefragt hast.«

»Ich habe dich nach der Musik gefragt«, sage ich.

»Ach ja. Ja, tut mir leid.« Sie hält meine Hand, als wäre ich es, der Mitgefühl bräuchte. »Ich habe dir erzählt, daß ich aufhörte zu spielen nach meinen Prüfungen in Wien – dann, nachdem wir geheiratet hatten, überredete mich James, wieder anzufangen, zu meinem eigenen Vergnügen, nicht vor Publikum. Nachdem er zur Arbeit gegangen war, kroch ich zum Klavier. Ich war so nervös, ich konnte kaum die Tasten berühren. Ich war im zweiten oder dritten Monat schwanger, und dauernd war mir schlecht, ich fühlte mich so schwach, als könnte mich ein Akkord mit mehr als zwei Tönen zerbrechen. Ich fing tatsächlich mit den ›Zweistimmigen Inventionen‹ an. Sie hatten nichts mit dir zu tun, nur mit dem frühen Klavierunterricht bei Mrs. Shipster. Ich hatte seit einem Jahr nicht mehr gespielt – eigentlich waren es eineinhalb Jahre …«

»Dank an Mrs. Shipster«, sage ich. »Und Dank an deine Eltern. Und an James. Zumindest mußtest du dir mit deinen Händen keinen Lebensunterhalt verdienen.«

Julia sagt nichts. Ich bemerke, daß sie mein Gesicht aufmerksam betrachtet. Was hält mich zurück? Kann ich ihr nicht einfach sagen, wie sehr ich sie liebe und ihr helfen will?

»Dein Hörgerät: Trägst du deswegen das Haar länger?«

»Ja.«

»Es steht dir.«

»Danke. Das hast du schon einmal gesagt, Michael. Du mußt es jetzt nicht wiederholen, nur weil …«

»Aber es stimmt … Hast du es im Augenblick auf?« frage ich. »Oder heißt es ›an‹?«

»Nein, ich habe es nicht an. Ich hab's mir überlegt. Aber warum sollte ich etwas verändern?«

»Wie kannst du nur so philosophisch darüber denken?« sage ich. »Ich verstehe es nicht.«

»Für dich ist sie neu, Michael, diese ganze merkwürdige Welt.«

»Und es wird immer schlimmer?«

»Ein wenig.«

»Tag für Tag?«

»Monat für Monat. Ich weiß nicht, wie lange ich noch mit anderen Musikern werde spielen können. Gott sei Dank kann man auf dem Klavier selbst mehr als eine Stimme spielen, deswegen wird es keine ganz einsame Welt werden. Ich habe noch ein paar Solokonzerte vor mir, unter anderem eins in der Wigmore Hall im Dezember.

202

Schumann und Chopin. Du könntest mich überraschen und hinter die Bühne kommen.«

»O nein – ich werde nicht kommen, um dich Schumann spielen zu hören«, sage ich möglichst beiläufig. »Er ist der falsche Schu.« Im Augenblick fällt mir nicht ein, wo ich das schon einmal gehört habe.

Julia lacht. »Du bist so engstirnig, Michael.«

»Engstirnige Menschen sind tiefsinnig.«

Julia blickt verwirrt drein, dann fängt sie sich. »Engstirnige Menschen sind engstirnig.«

»Na gut, na gut. Aber du hast mir noch nichts über deine Karriere erzählt. Wann hast du angefangen, wieder öffentlich aufzutreten?«

»Als Luke ein paar Monate alt war. Als Baby liebte er es, mir zuzuhören, und ich habe abwechselnd für ihn gespielt und ihn gestillt. Manchmal habe ich ihn am Klavier gestillt und mit meiner freien Hand gespielt – eine Art einstimmige Invention.« Sie lächelt über diese etwas lächerliche Vorstellung.

»Und so hast du öffentlich gespielt?«

»Sehr witzig. Jetzt hast du mich wieder abge… – ach ja, James hat mich eines Tages gefragt, ob ich am nächsten Abend für ein paar Leute spielen würde. Er bittet mich sehr selten um irgend etwas, wenn er Zweifel hat, deswegen sagte ich ohne nachzudenken zu. Als sie kamen, war darunter der Musikkritiker des *Boston Globe* und zwei Päpste der Musikwelt. Ich war nicht gerade glücklich über diesen Trick, aber ich hatte es versprochen, und deshalb spielte ich, und es gefiel ihnen, und von da an ging es weiter. Zuerst mehr in Salons als auf der Bühne, aber nach ungefähr einem Jahr schlugen James und die anderen vor, daß ich öffentlich auftreten sollte – und ich fühlte mich bereit dafür und tat es. Die meisten Menschen in Neuengland kennen mich als Julia Hansen, deswegen behielt ich den Namen bei.«

»Neuer Name, neuer Anfang, keine alten Assoziationen?«

»Doch. Es war Julia McNicholl, die aufhörte zu spielen.«

»Du hast noch Monate gespielt, nachdem ich wegging.«

»Ich studierte. Bis zum Ende.«

203

Ich sage nichts.

»Aber ich wußte nicht, wieviel Glück ich hatte, trotz alledem«, sagt Julia. Nach einer Weile fährt sie fort: »Niemand weiß, wie diese Krankheit zustande kommt. Von den Lippen abzulesen ist so *anstrengend*. Unsere Ohren sind seltsame Organe. Wir können Hundepfeifen nicht hören. Wußtest du, daß Fledermäuse erst jenseits von Bach hören?«

»Ich verstehe nicht.«

»Der gesamte Bereich dessen, was sie hören, liegt jenseits von Bachs vier Oktaven.«

»Na ja, man könnte für Fledermäuse alles vier Oktaven höher transponieren.«

»Michael, du hast dich abgewandt. Ich habe dich nicht verstanden.«

»Es ist nicht wert, daß ich es wiederhole.«

»Wiederhol es«, sagt Julia ruhig.

»Es war ein schlechter Witz.«

»Laß *mich* das entscheiden«, sagt Julia ziemlich scharf.

»Ich sagte, man sollte zur Erbauung barocker Fledermäuse Bach vielleicht vier Oktaven höher transponieren.«

Julia starrt mich an, beginnt dann zu lachen, bis ihr Tränen über die Wangen laufen: die einzigen Tränen, die sie bislang vergossen hat, und überhaupt nicht die richtigen.

»Ja, du hast recht, Michael«, sagt sie und umarmt mich, zum erstenmal seit einer Woche. »Du hast recht. Er war wirklich ziemlich schlecht.«

4.7

Helen ruft mich höchst aufgeregt an.

»Mittagessen. Ja. Heute. Nein, Michael, keine Ausreden. Ich zahle. Es ist wegen der Bratsche. Ich habe sie!«

Wir treffen uns in der Taverna Santorini. Helen, nicht gewillt, Zeit mit Irrelevantem zu verschwenden, bestellt für uns beide.

»Ich war gestern auf der Vernissage dieser tollen Keramikausstellung«, sagt Helen. »Sehr chinesisch, sehr schrullig, sehr tiefsinnig. Aber ein widerlicher Sammler marschierte rein, bevor noch irgendein anderer Gelegenheit hatte, sich die Sachen anzusehen, und klebte rote Punkte unter jedes Stück. Alle, die da waren, wirkten untröstlich, haben die Töpfe in die Hand genommen und finstere Gesichter gemacht.«

»Warum durfte ich mir die Speisekarte nicht ansehen?«

»Wozu hättest du dir die Speisekarte ansehen wollen?«

»Nur für den Fall, daß es etwas gibt, was ich vielleicht lieber hätte.«

»Ach, sei nicht albern, Michael, das Kleftikon ist absolut köstlich. Du magst doch Lamm, oder? Ich kann es mir nie merken. Und laß uns eine Flasche von dem roten Hauswein trinken. Ich habe Lust zu feiern.«

»Wir haben in eineinhalb Stunden eine Probe.«

»Ach« – Helen fuchtelt mit der Hand herum – »sei nicht so ein Spielverderber.«

»Du wirst beschwipst, nicht ich. Oder müde. Oder beides. Frauen werden zu high, wenn sie mittags zu wenig essen.«

»Ach, wirklich, Michael?«

»Glaub mir. Und ich möchte Spinat.«

»Warum Spinat?«

»Ich mag Spinat.«

»Spinat ist schlecht für dich. Davon fallen einem die Augen aus dem Kopf.«

»Unsinn, Helen.«

»Ich habe Spinat noch nie gemocht«, sagt Helen. »Piers auch nicht. Es gibt also etwas, wo wir einer Meinung sind. Manchmal frage ich mich, warum er mich gefragt hat, ob ich dem Quartett beitreten will. Und ich frage mich, warum ich es getan habe. Ich bin mir sicher, daß wir besser miteinander auskämen, wenn wir nicht ins selbe Joch gespannt wären. Oder wenn wir nicht beide Musiker wären. Oder wenn er sich die Geige nicht als erster geschnappt hätte. Nicht, daß es mir etwas ausmacht – jeder anständige Komponist hat lieber Bratsche gespielt ... Ach, gut.« Sie bemerkt, daß der Kellner in der Nähe steht. »Wir hätten gern eine Flasche vom roten Haus-

205

wein. Und mein Freund hier möchte etwas von dem schrecklichen Spinat«, sagt Helen.

»Wir servieren nur exzellenten Spinat, Madam.«

»Dann muß er eben den nehmen.«

Der Kellner verbeugt sich und geht. Helen ist offensichtlich ein überaus beliebter Stammgast.

Nach einem schnellen Glas erzählt mir Helen, daß sie bei der Alten Musik jemanden gefunden hat, der ihr Problem lösen kann.

»Die eigentliche Schwierigkeit war nicht, eine dieser großen Bratschen aufzutreiben – hier und da liegen einige rum –, es war das Spannen der Saiten. Wie spannt man sie eine Quarte tiefer? Hugo – er ist absolut brillant, ich habe noch nie jemanden wie ihn kennengelernt, er sieht aus wie ein behaarter Embryo, aber er ist ein absoluter Schatz –, er hat die zwei tiefsten Saiten mit dickem versilbertem Darm bespannt und die zwei hohen mit normalem Darm, und dann sind wir zu einem Geigengeschäft gefahren – in Stoke Newington, kannst du dir das vorstellen? –, um die richtige Spannung hinzukriegen. Gegenüber war eine Jazzbar, und Hugo möchte, daß wir da mal hingehen, aber ich spüre es einfach nicht hier ...«

Helen schlägt sich auf die linke Brust und leert ihr Glas mit einer Geschwindigkeit, die an Captain Haddock erinnert.

Ich schenke mir ein zweites Glas ein. Wenn ich mich an der Flasche nicht beteilige, wird Helen sternhagelvoll sein, wenn wir unsere Tonleiter spielen.

»Also«, fährt sie fort, »der erste Versuch, sie eine Quarte tiefer zu spannen, war absolut hoffnungslos. Die Saiten brauchten eine Menge Spannung, und die versilberten Saiten vibrierten nicht mehr. Sie gab keinen Piep mehr von sich ... Nein, der ist für ihn ... Ich verstehe einfach nicht, wie du den essen kannst, Michael. Ich finde ihn ekelhaft. Als ich sechs war, mußte ich eine ganze Stunde lang in der Ecke stehen, weil ich mich weigerte, ihn zu essen. Und ich habe mich auch nicht dafür entschuldigt.«

»Also, Helen. Sie gab keinen Piep mehr von sich. Und dann?«

»Wir haben über Spinat geredet ...«

»Wir haben über deine Viola geredet.«

206

»Stimmt. Keinen Piep. Und so weiter. Und dann. Wo war ich?«

»Genau, Helen, keinen Wein mehr, bis du die Geschichte zu Ende erzählt hast.«

»Und dann – dann, ach ja, dann ist er nach Birmingham oder Manchester oder so gefahren, zu einem Mann, der der Zar der Saiten ist. Er kriegt die Därme direkt aus dem Schlachthaus, und sie liegen in dampfenden Kesseln überall herum. Anscheinend riecht sein Haus wie ein absoluter Schlachthof.« Helen schiebt ihr Kleftikon mit der Gabel beiseite. »Weißt du, wenn ich Gemüse mögen würde, wäre ich bestimmt Vegetarierin.«

»Alles in Ordnung, Madam?« fragt unser Kellner.

»O ja, wunderbar«, sagt Helen ein bißchen geistesabwesend. »Dann kam Hugo nach Saiten – dicken fetten Saiten – stinkend zurück, und wir probierten ein paar davon aus. Wir konnten sie richtig stimmen, ohne sie stark zu spannen, aber als er mit dem Bogen darüber fuhr, waren die Saiten so schlaff, daß wir sie tatsächlich hin und her schwingen sahen.«

Helen wedelt zur Illustration mit der Hand und wirft dabei ihr Glas um, das jedoch leer ist. Nachdem sie es wieder aufgestellt hat, schiebe ich es in Sicherheit.

»Ich versuche, nicht an die armen Kühe zu denken. Oder sind es Schafe?« fragt sie.

»Deine Saiten ... «

»Ja. Es klang unheimlich, und man mußte den Ton richtiggehend aus ihnen herauszwingen. Nachdem der Bogen darüber gestrichen war, dauerte es eine Ewigkeit, bis man den Ton hörte.«

»Das ist bei der Viola doch immer ein kleines Problem, oder?« sage ich, während mir mehrere Bratschen-Witze durch den Kopf gehen.

»Es war mehrere hunderttausendmal schlimmer«, sagt Helen. »Aber nach einigem Herumprobieren mit diesen Därmen aus dem Norden hatte Hugo es geschafft. Er hat einen sehr, sehr, sehr, sehr schweren Bogen genommen, den er von einem Freund geliehen hat, und es geht immer noch langsam, aber sie klingt wunderbar. Jetzt muß ich nur noch üben, um die Zeitverschiebung hinzukriegen. Ich weiß nicht, wie ich ihm danken soll. Er schlägt vor ... «

»Das ist ja großartig, Helen«, sage ich. »Jetzt iß auf. Und um das zu feiern, trinken wir ein Glas Mineralwasser.«

»Wasser?« sagt Helen blinzelnd. »Wasser? Zu mehr reicht deine Begeisterung nicht?«

»Wasser«, sage ich entschlossen und blicke auf meine Uhr. »Und vielleicht einen Kaffee, wenn wir noch Zeit haben.«

»Wein«, sagt Helen. »Wein. Ohne Leben ist der Wein nicht lebenswert.«

4.8

Billy hat die Angewohnheit, auf der leeren Saite weit ausholende Gesten zu machen: eine unter Cellisten weitverbreitete Krankheit. Wenn er auf einer leeren Saite spielen muß, besonders am Ende einer Phrase, nimmt er die Linke vom Hals des Cellos mit einer Geste demonstrativer Entspannung – schau, Mama, ohne Hand. Wenn es sich um die C-Saite handelt, wird es nahezu zu einer Abschiedsgeste. Mir hat das nie gefallen. Es ähnelt dem Verhalten von Pianisten, die mit den Händen große Parabolen beschreiben, oder von Liedersängern, deren Kopf auf dem Hals wackelt wie Osterglocken am Stengel.

Helens Augen funkeln gefährlich entschlossen. In Anbetracht der Tatsache, wieviel sie zum Mittagessen getrunken hat, spielt sie überraschend gut. Merkwürdig ist jedoch, was sie tut, wann immer sie eine Phrase nachspielen muß: Sie antwortet mit einer Phrase, die nahezu ein Klon der zuvor gespielten ist. Zuerst beschränkt sie sich auf den Klang, und das ist schon lästig genug: Piers stolpert bei einem Arpeggio aus Stakkato-Triolen, und Helen stolpert an genau der gleichen Stelle auf genau die gleiche Weise, als wäre ein Kobold aus ihm heraus- und in sie hineingefahren. Ich hätte ihr mit dem Wein mehr helfen sollen.

Wir spielen eins der Quartette aus Haydns Opus 64, fiedeln schwungvoll und glücklich drauflos wie häufig bei Haydn, obwohl Billys und Helens Verhalten mich etwas ablenkt. Billys Gesten werden bei so vielen wunderbaren offenen Cs immer ausholender, und Helen ahmt mittlerweile auch seinen Gesichtsausdruck nach. Und dann tut sie etwas noch Eigenartigeres. Wann immer sie eine leere Saite, gefolgt von einer Pause, zu spielen hat, nimmt sie die linke Hand von der Bratsche.

Ich bin so fasziniert davon, daß ich dasselbe tue, was mir allerdings erst auffällt, als ich sehe, wie Piers Helen und mich anstarrt. Dann grinst er breit und nimmt ebenfalls die Hand vom Griffbrett. Jetzt spielen wir alle mit billyhafter Hingabe auf unseren Minicellos, machen extravagante Handbewegungen, wann immer unsere linken Hände nichts Besseres zu tun haben.

Billys Gesicht wird röter und röter, seine Gesten werden kleiner und kleiner. Er spielt zunehmend verkrampft und verkniffen, bis er mitten in einer Phrase zweimal niesen muß und unvermittelt aufhört zu spielen. Er steht auf, lehnt das Cello an den Stuhl und beginnt, die Haare seines Bogens zu lockern.

»Was ist los, Billy?« fragt Helen.

»Mir reicht's«, sagt Billy und sieht uns finster an.

Piers und ich sind zerknirscht, aber Helen blickt verständnislos drein. »Wovon reicht's dir?« fragt sie.

»Das weißt du ganz genau«, sagt Billy. »Ihr alle wißt es. Wann habt ihr das geplant?«

»Wir haben nichts geplant, Billy«, sagt Piers.

»Es ist einfach so passiert«, sage ich.

»Was ist passiert?« fragt Helen. Sie lächelt Billy überaus wohlwollend an.

»Du hast angefangen«, sagt er vorwurfsvoll. »Du – du hast damit angefangen. Spiel jetzt nicht die Unschuldige.«

Helen blickt zu den Schokoladenkeksen, kommt jedoch zu dem Schluß, daß sie ihn noch mehr verärgern und nicht beschwichtigen würden.

»Tut mir leid, Billy«, sage ich leise. »Ich glaube, Helen hat es gar nicht gemerkt. Piers und ich hätten nicht mitmachen sollen.«

»Wenn euch nicht gefällt, was ich bei einer leeren Saite mache, dann ist das eine sehr gemeine Weise, es mich wissen zu lassen.«

Helen, der es allmählich dämmert, starrt auf ihre linke Hand. »Oh, Billy, Billy«, sagt sie, steht auf und küßt ihn auf die Backe, »setz dich wieder, setz dich, ich habe gar nicht gemerkt, was ich getan hab. Warum bist du plötzlich so empfindlich?«

Billy, der dreinschaut wie ein Bär, der sich die Pfote verletzt hat, setzt sich und spannt seinen Bogen wieder. »Ich hasse es, wenn ihr euch gegen mich verbündet«, sagt er mit schmerzensreichem Blick. »Ich hasse es.«

»Aber, Billy, das tun wir doch nicht«, sagt Piers.

Billy sieht uns finster an. »O doch, das tut ihr. Ich weiß, daß ihr das Quartett nicht spielen wollt, das ich komponiert habe.«

Piers und ich sehen uns an, aber bevor einer von uns etwas sagen kann, platzt Helen heraus: »Doch, Billy, natürlich wollen wir, wir möchten es absolut gern spielen.«

»Es durchspielen«, füge ich rasch hinzu.

»Einmal«, sagt Piers.

»Einfach nur so, irgendwann einmal«, murmle ich schuldbewußt.

»Es ist noch nicht fertig«, sagt Billy.

»Aha«, sagt Piers, hörbar erleichtert.

»Vielleicht wenn wir aus Wien zurück sind«, schlage ich vor.

»Und nachdem wir mit den Bach-Proben angefangen haben«, sagt Piers.

Helen sieht Piers neugierig an, sagt aber kein Wort. Billy, seine Ängste bestätigt, blickt keinen von uns an. Ich beschäftige mich damit, die Partitur des nächsten Satzes zu studieren. Helens Kühlschrank brummt, gibt einen lästigen Ton von sich, der irgendwo zwischen G und Gis feststeckt.

4.9

Während der ganzen Zeit – Spinat, leere Saiten und so weiter – schweifen meine Gedanken ab zu Julia, und so bin ich schlecht vorbereitet auf einen Anruf von Virginie.

»Michael, hier ist Virginie. Wenn du da bist, dann nimm bitte ab, und versteck dich nicht hinter deinem Anrufbeantworter. Hallo, Michael, hörst du mich, bitte nimm jetzt ab, Michael, hör auf, deine Spielchen mit mir zu treiben, ich werde nicht ...«

»Hallo.«

»Warum hast du nicht früher abgenommen?«

»Virginie, weißt du, wieviel Uhr es ist?«

»Halb zwölf. Na und? Seit zwei Wochen habe ich nichts von dir gehört. Meinst du, ich schlafe gut?«

»Virginie, ich kann jetzt nicht mit dir reden.«

»Warum nicht? Hattest du einen schweren Tag?«

»Ja, sozusagen.«

»Armer Michael, armer Michael, und jetzt hast du es eilig, endlich zu schlafen.«

»Ziemlich eilig.«

»*Oh, qu'est-ce que tu m'énerves!* Ich rede trotzdem. Mit wem schläfst du? Wer ist sie?«

»Hör auf damit, Virginie.«

»Lüg mich nicht wieder an. Ich weiß es, ich weiß es. Schläfst du mit einer anderen Frau?«

»Ja.«

»Ich wußte es. Ich wußte es!« schreit sie. »Und du hast mich angelogen. Gelogen und gelogen und gesagt, daß du dich mit keiner anderen triffst. Und ich habe dir geglaubt. Wie widerlich du bist, Michael. Ich will mit ihr reden.«

»Virginie, beruhige dich – sei vernünftig ...«

»Oh, ich hasse euch Engländer. Sei vernünftig, sei vernünftig. Ihr habt Herzen aus Zement.«

»Virginie, hör zu, ich mag dich, aber ...«

»Mögen. Mögen. Hol sie ans Telefon. Ich werde ihr sagen, wie sehr du mich gemocht hast.«

»Sie ist nicht hier.«

»Ich bin kein Dummkopf, Michael.«

»Sie ist nicht hier, Virginie, sie ist nicht hier, okay? Mach dich nicht unglücklich. Ich fühle mich mies. Aber ich weiß nicht, was ich tun soll. Was würdest du an meiner Stelle tun?«

211

»Wie kannst du es wagen?« sagt Virginie. »Wie kannst du es wagen, mich das zu fragen? Liebst du sie?«

»Ja«, sage ich ruhig nach einem Augenblick. »Ja. Das tue ich.«

»Ich will dich nicht wiedersehen, Michael«, sagt Virginie, ihre Stimme schwankt zwischen Tränen und Wut. »Ich will dich nie wiedersehen. Weder als Lehrer noch als sonstwas. Ich bin jung, und ich will Spaß. Du wirst schon sehen. Und es wird dir leid tun. Alles wird dir leid tun. Hoffentlich macht sie dich unglücklich. Damit du nicht mehr schlafen kannst. Weil ich dich geliebt habe, hast du mich nie ernst genommen.«

»Gute Nacht, Virginie. Ich weiß nicht, was ich sagen soll. Es tut mir leid. Wirklich. Gute Nacht.«

Bevor sie etwas sagen kann, lege ich auf. Sie ruft nicht wieder an.

Ich verhalte mich schrecklich, und ich weiß es. Aber ich habe keinen Platz zum Manövrieren. Wenn ich mit ihr zusammen war, habe ich nie gedacht, daß ich sie benutzte. Es war ein Arrangement, und ich glaubte, sie wäre damit zufrieden. Aber jetzt weiß ich, daß wir Fremde werden, im Lauf der Wochen immer weniger aneinander denken und schließlich ganz aus dem Leben des anderen verschwinden werden. Arme Virginie, denke ich und schäme mich ein wenig, noch während ich es denke. Ich hoffe, sie findet jemanden, der anders ist als ich: weniger fordernd, positiv und vor allem nicht unwiderruflich geprägt vom Stempel eines anderen Wesens.

4.10

Eines Samstagmorgens kurz vor acht taucht Julia zu meinem Erstaunen am Serpentine auf. Normalerweise würde ich sie an einem Wochenende nicht sehen, aber James ist weg, und Luke ist bei einem Freund. Sie schaut uns zu und wundert sich. Sie glaubte mir nicht, und jetzt, da sie es sieht, versteht sie nicht, warum. Schließlich bin ich nicht besonders sportlich. Ich sage ihr, daß ihre Aufgabe nicht darin besteht, zu spekulieren, sondern mich anzufeuern. Dank ihrer Anwesenheit schwimme ich den Kurs jedoch diagonal und komme als letzter ins Ziel. Die Flegelhaftesten von den anderen wollen unbedingt wissen, wer sie ist. Ich antworte, sie sei meine Putzfrau.

Als wir in meiner Wohnung sind, schlafen wir miteinander. Die Spannung fällt ab von ihr, ebenso ihre gequälte Unentschiedenheit. Sie schließt die Augen. Sie seufzt, sie sagt mir, was ich tun soll. Was ich sage, kann sie nicht hören.

»Ich komme mir vor, als würde ich mich aushalten lassen«, sage ich später zu ihr. »Du besuchst mich. Ich weiß nie genau, wann. Dann weiß ich nie, ob du mit mir schlafen willst oder nicht. Wenn du da bist, bin ich ekstatisch, und den Rest der Zeit laufe ich herum und frage mich, wann du wiederkommen wirst. Und du bringst mir Geschenke, die mir gefallen – aber wann werde ich deine Manschettenknöpfe tragen außer auf der Bühne?«

»Und Virginie, bezahlt sie – hat sie dich bezahlt?«

»Du wechselst das Thema.«

»Nein. Tu ich nicht. Hat sie?«

»Ja, für die Unterrichtsstunden, natürlich.«

»Und hat sie damit aufgehört, nachdem ihr angefangen habt, miteinander ins Bett zu gehen?«

Ich sehe Julia überrascht an. Für ihre Verhältnisse ist das unverblümt. »Nein«, erwidere ich. »Ich habe es einmal vorgeschlagen, aber sie sagte, das wäre, als würde ich sie bezahlen.«

»Das klingt beeindruckend. Vielleicht schätzt du sie nicht genug.«

»Wirklich?« sage ich und küsse sie. »Warum duschen wir nicht zusammen.«

»Du lieber Himmel, Michael, was ist mit dir in den letzten zehn Jahren passiert?«

»Komm. Ich wasch dir das Wasser des Serpentine ab.«

Aber das Unternehmen ist ein Fehlschlag, weil der unberechenbare Wasserdruck von Archangel Court plötzlich wieder einmal nachläßt und sie eingeseift und mit Shampoo im Haar unter einer lauwarm tröpfelnden Dusche steht.

»Nur keine Panik«, sage ich. »Ich hole Wasser aus dem Waschbecken. Das funktioniert normalerweise.«

213

Sie blinzelt durch den Schaum, um von meinen Lippen abzulesen. »Beeil dich, Michael«, sagt sie.

»Du siehst großartig aus. Ich schau nach, ob ein Film in meiner Kamera ist.« Ich mache eine Geste, als würde ich abdrücken.

»Das ist überhaupt nicht komisch.« Sie klingt verärgert.

Es klingelt. Der junge Jamie Powell, einer meiner Schüler, ist auf dem kleinen blauen Bildschirm zu erkennen. Ich sage ihm, er solle eine Runde um den Block drehen und in zehn Minuten wiederkommen. Er ist mein widerwilligster Schüler, deswegen klingt er mehr erfreut als überrascht.

Julia ist angezogen, als er hereinkommt. Jamie ist ein nichtnutziger pubertierender Balg, ziemlich musikalisch, besessen von der Gitarre, hoffnungslos auf der Violine. Warum seine Eltern darauf bestehen, daß er weiterhin bei mir Unterricht nimmt, weiß ich nicht, aber zumindest ist es eine Einnahmequelle. Er sieht uns beide wissend und amüsiert an. Ich stelle sie kurz einander vor – »Jessica, das ist Jamie; Jamie, Jessica« –, bevor Julia geht, ungeküßt und mich nicht küssend. Während der Stunde hört Jamie nicht auf zu kichern.

Obwohl er unterbrochen wurde, obwohl sie fort ist und ich sie vielleicht eine Weile lang nicht wiedersehen werde, hat ihr Besuch mich für den Rest des Tages glücklich gemacht. Ich denke kaum an die Zukunft unserer Beziehung, so benommen bin ich von der Intimität, meiner eigenen Ungläubigkeit und der Aufregung ihrer Erneuerung. Wenn wir zusammen sind, reden wir über fast alles – über die Zeit in Wien, als wir glücklich waren, über Musik und über die Jahre, die wir getrennt waren – Jahre, die jetzt nicht mehr verloren sind, sondern versäumt. Aber wiewohl ich über mein Leben während dieser Zeit spreche, erwähne ich nicht die Dunkelheit, die mir selbst noch nahezu unerklärlich ist, die mich überwältigte und den Bruch zwischen uns verursachte oder erzwang.

Ich erzähle ihr von der Fahrt im Taxi, als das Radio lief und ich sicher war, daß sie es war, die spielte. Ich spürte es, sage ich, ich kann mich nicht getäuscht haben. Sie denkt kurz nach und sagt dann, daß ich mich getäuscht haben muß. Sie war damals weder in

214

England, noch hat sie je in der Öffentlichkeit Bach gespielt. Sie war
es nicht, sondern eine andere Frau.

»Frau?« frage ich.

»Ja«, sagt sie. »Da du sie für mich gehalten hast.«

4.11

Zwar spricht sie über ihre Familie, erzählt jedoch nie genau, wie
und wo sie James kennenlernte, wie er um sie warb und sie für sich
gewann. Und ich will es auch nicht wissen.

Unsere Koseworte sind andere als früher. Einmal zurückgewiesen,
nenne ich sie nicht mehr, was mir früher ganz natürlich über die
Lippen kam. Es gibt Platz nur für einen Liebling, und ich möchte
sie nicht, auch wenn es sie nicht stören würde, an ihren Garten,
ihren Eßtisch, ihr Kind, ihren Mann erinnern. Aber ich glaube, sie
auf einzigartige Weise zu kennen – wie sie der Mann, mit dem sie
lebt, nie wird kennen können –, im Kern ihres Wesens: das großartige, ausgefranste Band, das sie mit der Musik verbindet. Ich kannte
sie, als sie zum erstenmal und – aber was weiß ich schon davon? –
vielleicht zum letztenmal verliebt war.

Es geht gut mit uns, und meine Stunden drehen sich, auch wenn
ich allein bin, um diese veränderliche Helligkeit. Sie lebt in zwei
Welten, die sich aneinander reiben. Sie hat ein Leben jenseits von
mir, kennt Orte und Menschen, die mir verschlossen sind. In Wien
bereicherten meine Freunde wie Wolf und ihre wie Maria unser
Gefühl füreinander und wurden untereinander Freunde. Jetzt
stecken wir in einer Blase, und andere Wesen sind Bruchstücke von
Unterhaltungen. Unsere Beziehung ist beschränkt auf unser Verhältnis. Aber im Lauf der Jahre, die wir getrennt waren, wurden wir
auch weniger gesellig: Sie kommt in einer Menschenmenge nicht
mehr zurecht, und ich bin zu dem Einzelgängertum meines früheren Lebens zurückgekehrt.

Auch wenn in einem mit einer Induktionsschleife ausgestatteten
Saal ein Konzert stattfindet, das uns beide interessiert, gehen wir

nicht hin. Wer weiß schon, wem wir begegnen könnten oder wer uns sehen könnte. Außerdem verhindert ihr Hörgerät, auch wenn es angemessen eingestellt ist, bisweilen, daß sie die richtige Tonhöhe hört. Wenn sie bei mir ist, trägt sie es nie.

Ich hätte mit mehr Protest, mehr Verzweiflung, mehr Wut gerechnet. Als ich es ihr sage, erzählt mir Julia von Leuten, die sie im Lippenlesen-Unterricht kennengelernt hat. Ein Mann litt unter einer Krankheit, die mit schrecklichen, Übelkeit erregenden Schwindelanfällen einherging, während er zunehmend sein Gehör verlor. Ein anderer wurde nach einem schweren Schlaganfall taub; wenn er auf der Straße Passanten anrempelt, stoßen sie ihn weg wie einen Betrunkenen. Eine ungefähr fünfzigjährige Frau verlor ihr Gehör über Nacht infolge einer verpfuschten Operation. »Sie kommen durch«, sagt sie. »Ich bin viel besser dran als sie.«

»Aber du bist Musikerin. Das muß es doch unheimlich schwer machen.«

»Die Musik kann ich jetzt mit dir teilen.«

»Du nimmst es zu leicht.«

»Michael, ich bin es, die es irgendwie nehmen muß. Auch du wärst damit fertig geworden, wenn es dich getroffen hätte. Du kannst es dir vielleicht nicht vorstellen, aber du hättest es geschafft.«

»Ich bezweifle es, Julia. Ich weiß nicht, was ich mir angetan hätte … Ich … Du hast mehr Mumm als ich.«

»Habe ich nicht. Ich erinnere mich nur immer wieder selbst daran, daß eine taube Mutter besser ist als keine.«

Darauf fällt mir nichts ein.

»Zumindest«, sagt sie nach einer Weile, »zumindest wurde ich nicht taub geboren. Mein Gedächtnis weiß, wie das Streichquintett von Schubert klingt. Ich habe mehr Glück als Mozart – der nie eine Note davon gehört hat – oder Bach, der nie einen Ton von Mozart hörte … «

Manchmal fällt die Maske ab, und ich spüre ihr Unglück.

Ich frage sie, wie sie noch immer mit den Händen musizieren kann, wie sie so feinfühlig, so gefühlvoll spielen kann. Ich begreife es nicht. Sie, die so versessen darauf ist, über Musik im allgemeinen zu sprechen, wird einsilbig. Sie sagt nur, daß sie eine mentale Analogie findet zu der Art, wie sie eine Phrase hört, und dann läßt sie ihren Körper sie porträtieren. Aufgrund ihrer Taubheit zerbrach für mich ein idealer Traum, aber wie könnte ich sie aggressiver befragen? Was meint sie mit ›porträtieren‹? Was für Rückmeldungen machen ihre Ohren? Wie spürt sie jetzt, welchen Ton das Pedal hält?

Sie liebt noch immer die kleinen greifbaren Freuden des Lebens. Eine davon ist die Aussicht von den Doppeldeckerbussen, und manchmal fahren wir damit, sitzen oben zu beiden Seiten des Gangs. Das muß sie – wie mich – an unser erstes Wiedersehen erinnern. »Ich bin nicht stolz auf diese Verabredungen«, sagt sie heute. »Wenn jemand anders täte, was ich tue, wüßte ich nicht, was ich davon halten sollte.«

»Aber das klingt so schmuddelig, Julia. Das kannst du nicht wirklich meinen. Du bist doch nicht unglücklich mit mir, oder?«

»Nein, wie könnte ich unglücklich sein?« sagt sie und streckt ihre Hand nach meiner aus, bevor sie den Schaffner bemerkt und es sich anders überlegt.

Wie ist es für sie? Wie kann sie mich immer wieder besuchen, während sie zu Hause Ehefrau und Mutter ist? Da sie an Vertrauen glaubt, sehe ich ihren Schmerz, aber ich will sie nicht fragen aus Angst davor, daß diese andere Welt in unsere überschwappt. Ich frage sie nicht danach, und sie erzählt mir nicht, ob sie während der letzten zwei Wochen in der Kirche war, und wenn ja, was für Gedanken ihr dabei durch den Kopf gingen.

Ehebruch und Sünde: Lächerlicherweise gibt es keine milderen Worte. Aber Julia kann dieses Purgatorium nicht wirklich ernst nehmen: Da sie selbst sanftmütig ist, muß sie an einen verständnisvollen Gott glauben. All das ist mir fremd, sogar unverständlich. Aber habe ich sie zu mehr gezwungen, als sie selbst wollte? Hätten wir weiterhin miteinander musizieren sollen und sonst nichts, um uns wie früher stimulierende Gefährten zu sein? Würden wir uns dann nicht schuldig fühlen? Hätte sie sich damit aussöhnen können, zwei Männer zu haben, jeden für eine andere Welt? Hätte ich es ertragen und nicht innerlich gewütet und mich gewunden?

217

Sinnlos, darüber nachzudenken jetzt, da es begonnen hat. Aber was wäre, wenn es nicht begonnen hätte? Was wäre, wenn wir, deren Herzen im selben Takt schlagen, nicht miteinander schlafen würden? Wie rührend wäre es, wie keusch, traurig, quälend, schön – wie selbstgefällig, wie falsch, wie peinigend, wie trostlos.

4.12

Erica und wir vier sitzen in einem schwarzen Taxi und sind unterwegs zu Stratus Records. Erica hat uns gerade erzählt, daß das neue Mädchen in ihrem Büro vier statt fünf Flugtickets nach Wien und Venedig gebucht hat. Ihr war nicht klar, daß Billys Cello immer einen eigenen Sitz braucht.

»Das ist absurd, Erica«, sagt Piers. »Wirf sie raus.«

»Sie ist neu, sie ist jung, sie ist frisch vom College, sie wußte es nicht.«

»Was machen wir also mit dem fünften Ticket – oder fliegen wir getrennt?«

»Die Leute vom Reisebüro haben gesagt, daß sie sich Ende der Woche melden. Ich bin optimistisch.«

»Wann bist du das nicht?« bemerkt Piers.

»Wie auch immer«, sagt Billy, der etwas mißmutig aus dem Taxifenster blickt, »ich bin sowieso nicht so wild darauf, nach Wien zu fahren.«

»Ach, was ist denn jetzt los, Billy?« sagt Piers ungeduldig. »Du hast dich noch nie über Schubert beschwert.«

»Also, zum einen glaube ich, daß unser Programm unausgeglichen ist«, sagt Billy. »Wir können nicht beides spielen, das Streichquintett und die Forelle.«

»Was ist es diesmal, Billy? Chronologischer Streß? Das eine zu früh, das andere zu spät?«

»Ja, und beides sind Quintette, und beide sind Riesenstücke.«

»Wir werden sie spielen«, sagt Piers. »Alle Schubert-Stücke passen zusammen. Und außerdem, wenn er siebzig geworden wäre, wären

218

beide frühe Stücke. Wenn du was dagegen hast, warum hast du es dann nicht gleich gesagt?«

»Und im Streichquintett würde ich viel lieber das zweite Cello spielen«, fügt Billy hinzu.

»Aber warum?« frage ich. »Das erste Cello hat die schönsten Melodien.«

»Ich habe alle Schönheit, die ich ertragen kann, in der Forelle«, sagt Billy aufsässig. »Und ich mag die stürmischen Teile im Streichquintett: Duh-duh-duh Duh-duh-duh Duh-duh-duh Dum! Ich sollte sie spielen. Ich bin der Anker des Quartetts. Warum spielt der Cellist, der dazukommt, immer das zweite Cello?«

Helen, der es gelungen ist, einen Arm um Billy und den anderen um mich zu legen, drückt seine und aus Versehen auch meine Schulter. »Du wirst das zweite Cello irgendwann mit einem anderen Quartett spielen«, sagt sie.

»Ich weiß nicht«, sagt Billy nach einer Weile. »Jedenfalls ist es nicht das gleiche.«

»Was ist heute nur mit euch los?« fragt Helen frustriert. »Alle sind wegen irgend etwas angespannt.«

»Ich nicht«, sage ich.

»O doch, das bist du. Und zwar schon seit weiß Gott wie lange.«

»Und du etwa nicht?« will Piers von Helen wissen.

»Nein, warum sollte ich?« sagt Helen. »Schaut!« Sie deutet aus dem Fenster und auf einen Teil des St. James's Park. »Es ist Frühling.«

»Helen ist in einen grauenhaften Kerl namens Hugo verliebt«, sagt Piers uns zuliebe. »Er ist Mitglied eines Ensembles, das sich irgendwas Antiqua nennt, spielt barocke Geige, trägt Sandalen und einen Bart. Ihr wißt, wovon ich rede.«

»Ich bin nicht verliebt«, sagt Helen. »Und er ist nicht grauenhaft.«

»Natürlich ist er das«, sagt Piers. »Du mußt blind sein.«

»Er ist nicht im mindesten grauenhaft, Piers. Und bis gerade eben war ich ausgesprochen guter Laune.«

»Er sieht aus wie eine haarige Nacktschnecke«, sagt Piers.

»Ich will nicht, daß man so über meine Freunde spricht«, sagt Helen aufgebracht. »Du hast ihn nur einmal gesehen und weißt überhaupt nicht, wie nett er ist. Und nur mit seiner Hilfe habe ich es geschafft, eine tiefe Bratsche zu finden, und nur deswegen können wir diese Aufnahme machen. Vergiß das nicht.«

»Als ob ich das je könnte«, sagt Piers.

»Willst du die Aufnahme nicht machen?« fragt Helen. »Ich dachte, wir hätten dich endlich davon überzeugt.«

»Drei zu eins«, sagt Piers, mehr zu sich selbst als zu uns.

»Piers«, sagt Helen, »jeder erlebt es bisweilen, daß drei gegen einen sind. Und niemand zwingt dich zu irgend etwas. Als Tobias ...«

Ihr Bruder fixiert sie mit einem durchdringenden Blick, und sie hält mitten im Satz inne.

»Na gut, na gut«, sagt Helen. »Tut mir leid, tut mir leid. Ich wollte ihn nicht erwähnen. Aber es ist absurd. Über Alex darf man nicht reden. Über Tobias darf man nicht reden. Über niemanden darf man reden.«

Piers, die Zähne zusammengebissen, schweigt und vermeidet es, uns anzusehen.

»Negativ, negativ, negativ, heute ist jeder negativ«, sagt Helen fröhlich. »Heute morgen, als ich Kaffee gekocht habe, ist mir plötzlich klargeworden, wie langweilig Musiker sind. Alle unsere Freunde sind Musiker, und wir interessieren uns für nichts anderes als Musik. Wir sind verkrüppelt. Vollkommen verkrüppelt. Wie Leistungssportler.«

»Also, Truppen«, sagt Erica. »Vergeßt nicht: Wir müssen als geschlossene Front auftreten.«

4.13

Ysobel Shingle mästet uns mit leidenschaftlichem Lob und ist überhaupt nicht rigide, was Zeitplan, Spielstil und Reihenfolge der Teile der »Kunst der Fuge« angeht, die variabel angeordnet werden können. Sie ist hoch erfreut, daß es dank Billys Beharren und Helens Nachforschungen möglich sein wird, alles zu spielen, ohne etwas transponieren zu müssen.

Sie will wissen, ob wir in einem normalen Studio oder in einer natürlichen Umgebung aufnehmen wollen, und erwähnt eine Kirche, die sie bisweilen benutzt. Erica meint, daß wir das so früh noch nicht entscheiden können, und auch das scheint sie nicht zu bekümmern. Sie ist während des Gesprächs extrem konzentriert und nervös, und schließlich befinden wir uns in der merkwürdigen Lage, sie beruhigen zu wollen. Ihre zittrige Blässe hat etwas Gespenstisches, als wäre sie gerade von einem anderen Planeten gelandet und versuchte, sich gleichzeitig in ihrer neuen Umgebung zurechtzufinden und ihre transgalaktische Mission zu erfüllen.

Sie scheint eine Heidenangst vor Erica zu haben, vor dem Telefon, sogar vor ihrer Sekretärin, aber Erica hat uns erzählt, daß sie vor nichts und niemandem Angst hat, nicht einmal vor den Finanzbossen, die Stratus Records offenkundig besitzen und kontrollieren. Sie nimmt an ihren Besprechungen teil, und wann immer sie etwas kritisieren oder in Frage stellen, senkt sie die Stimme zu einem Flüstern und nuschelt so stark, daß sie ihre Einwände fallenlassen. Alle haben Angst, sie zu verlieren, denn sie ist die konstruktive Kraft hinter dem, was Erica mit »M und R« bezeichnet, offenbar die Abkürzung für »Musiker und Repertoire«.

Im Verlauf unserer Unterredung wird ihre Stimme hin und wieder unhörbar, nur ihre Lippen bewegen sich. Obwohl uns dieses Verhalten verwirrt, geht mir durch den Kopf, daß sich Julia in einer Situation wie dieser zurechtfände. Ich erschrecke über den Gedanken und über mich, weil ich ihn denke. Aber plötzlich lächelt Ysobel Shingle frostig und scheint vorsichtig an Selbstvertrauen zu gewinnen, und der Zug ihrer Stimme fährt aus seinem Tunnel, um zu sagen: »Wir könnten damit also auch anfangen – natürlich nur, wenn es für Sie akzeptabel ist. Presse und Werbung werden mir bei lebendigem Leib die Haut abziehen, wenn Sie nicht zustimmen, aber es liegt allein bei Ihnen.« Ihr Lächeln wird bei dem Gedanken an ihr bevorstehendes Martyrium matter, und wir erklären uns rasch mit allem einverstanden, was sie wispernd von uns verlangt hat.

Piers behält seine Vorbehalte für sich und äußert sich nahezu begeistert über das Projekt. Helen versucht, ihre Überraschung und

Dankbarkeit zu verbergen. Nachdem alles vorbei ist, verteilt Erica, die überglücklich über den Verlauf der Besprechung ist und sich für ein Treffen mit einer spanischen Diva verspätet hat, »Mmhammha!«-Küsse an uns, umarmt den zurückzuckenden Piers und läuft halb über die Straße zu einem Taxi, das an einer Ampel angehalten hat.

4.14

»Michael, bist du das, Michael?«
»Ja, hallo, Dad. Was gibt's?«
»Ach, nicht viel, Zsa-Zsa ist krank. Wir bringen sie morgen zum Tierarzt.«
»Hoffentlich ist es nichts Ernstes.«
»Sie übergibt sich ständig, und sie hat keine, du weißt schon, sie scheint keine, keine … «
»Energie?«
» … keine Energie mehr zu haben.« Mein Vater klingt erleichtert. Aber ich kann mir wegen Zsa-Zsa keine Sorgen machen, die einmal pro Jahr alle in Angst und Schrecken versetzt und zu gegebener Zeit gesünder als zuvor wiederaufersteht. Sie hat bereits mehr als ihre neun Leben verbraucht, scheint sich dessen aber weder bewußt noch dankbar zu sein.
»Ist mit dir alles in Ordnung, Dad?« frage ich.
»Ja, ja … habe schon lange nichts mehr von dir gehört.«
»Ach, ich hatte ziemlich viel zu tun.«
»Kann ich mir vorstellen. Wien, oder?«
»Nein, Dad, das kommt erst noch.«
»Wie du das schaffst, weiß ich nicht.«
»Wie ich was schaffe?«
»Du weißt schon, wie du immer weitermachst. Joan und ich haben erst neulich gesagt, wie stolz wir auf dich sind. Wer hätte gedacht, daß du mal soviel um die Ohren haben würdest … ach, jetzt weiß ich wieder, was ich sagen wollte. Hat Mrs. Formby dich angerufen?«

222

»Nein, nein, Dad, hat sie nicht.«

»Sie wollte deine Telefonnummer, und ich wußte nicht, warum ich sie ihr nicht hätte geben sollen.«

»Das ist in Ordnung, Dad.«

»Ich will deine Nummer nicht allen möglichen Leuten geben. Ich will nicht, daß sie dich stören, wenn du das nicht möchtest.«

»Mach das nach deinem eigenen Gutdünken, Dad. Wem immer du sie gibst, mir ist es recht. Was wollte sie? Hat sie es gesagt?«

»Nein. Hätte ich sie fragen sollen?«

»Nein, ist schon gut. Hab mich nur gewundert.«

»Ach, sie hat gesagt, daß der Plumpudding, den du ihr gebracht hast, ganz hervorragend war. Sie ist eine nette Dame. War sie schon immer.«

»Geht's Auntie Joan gut?«

»Ja, ihr geht's gut, außer, du weißt schon, die Hände … «

»Arthritis.«

»Genau.«

»Grüße sie von mir.«

»Werd ich.«

»Also, auf Wiedersehen, Dad. Ich laß bald was von mir hören.«

Ich rekapituliere das Telefongespräch. Vermutlich wird sich Mrs. Formby bald melden. Ich gehe in mein kleines Musikzimmer – eher eine Musikzelle als ein Musikzimmer – und öffne den Geigenkasten. Ich nehme die olivgrüne Decke aus Samt und dann die Tononi heraus. Sanft, sehr sanft streiche ich mit dem Handrücken über den Boden und die Decke. Wie lange wir schon zusammenleben: meine Zeit in Wien, die einsamen Jahre, die folgten, die Jahre mit dem Maggiore. Sie trat im selben Jahr in mein Leben wie Julia. Wie lange schon wir mit einer Stimme singen. Wie sehr wir miteinander verwachsen sind. Wie könnte uns jetzt etwas trennen?

4.15

Ich fürchte das Telefon. Es verheißt mir nichts Gutes. Julia kann nicht mit mir telefonieren. Alles, was es überträgt, sind die Vorhaltungen einer jungen Frau, die sich getäuscht sieht, oder die Aufforderung einer alten Frau, die mir nur Gutes getan hat, in deren Macht es jedoch steht, mir zu nehmen, was ich liebe.

Virginie ruft nicht an. Mrs. Formby ruft nicht an. Häufig finde ich keine Nachrichten auf meinem Anrufbeantworter vor, und dafür bin ich dankbar. Manchmal werden mehrere Botschaften hinterlassen. Gelegentlich werde ich von den Kunden der Londoner Köderfirma belästigt. Vermutlich sollte ich etwas dagegen unternehmen.

Ich betrachte mich im Spiegel. Zwei Wochen nach der Frühjahrs-Tagundnachtgleiche werde ich achtunddreißig. An meinen Schläfen, neben meinen Ohren sind weiße Stellen. Wo stehe ich jetzt, nach der Hälfte meines Lebens? Wo werde ich stehen, wenn ich so alt sein werde wie mein Vater?

Wer hat schon mal einen Bankier mit Schnurrbart gesehen? Was ist so bemerkenswert daran, daß er ihn sich abrasierte?

Julia und ich können nicht viel Zeit miteinander verbringen. Wir stehlen uns ein paar Stunden untertags. Abgesehen von unserem ersten Treffen, haben wir uns nicht abends getroffen und können auch nicht darauf hoffen. So habe ich die Nächte allein für mich: für meine Arbeit, zum Lesen, für ziellose Spaziergänge. Einmal gehe ich durch ihre Straße. An den Rändern der heruntergelassenen Jalousien sehe ich Licht. Sind sie in diesen Räumen oder in den Zimmern, die auf den Garten hinausgehen?

Sie hat mir von ihren Abenden erzählt. Sie sind schablonenhaft häuslich: Luke, James, das Klavier, Bücher, Fernsehen mit Untertiteln, Buzby. Sie gehen nicht oft aus.

Obschon ich weiß, was sie tut, habe ich kein Gefühl für ihr Tempo, ihren Rhythmus. Das ist jenseits meiner Reichweite. Aber was wir am Tag miteinander teilen, ist mehr, als ich im Nieselregen des Winters je geahnt hatte, daß wieder Teil meines Lebens sein würde.

Magnolien, Forsythien, Clematis. Es ist, als ob das Wetter während der letzten Jahre schiefgegangen wäre, alles ist durcheinander und chaotisch.

Ich überlege, ob ich Mrs. Formby anrufen soll, tue es jedoch nicht. Unsere Instrumente sind ein zweites Quartett; jedes hat ein zu unserem paralleles Leben. Helen hat sich an die neu besaitete Bratsche gewöhnt, die sie sich geliehen hat. Darauf spielt sie die tieferen Passagen der Tenorstimme der »Kunst der Fuge«, alles andere spielt sie mit ihrer eigenen Viola. Rebelliert das große geliehene Instrument gegen seine merkwürdige Stimmung? Was hält es von den tiefen langsamen Tönen seiner neuen Stimme? Betrachtet es seinen kleineren, oft gespielten Kollegen mit Neid auf sein Repertoire oder mit Verachtung für seine Ausmaße?

Piers' Geige ist vermutlich verunsichert. Sie weiß, daß er eine andere sucht, daß er sie verkaufen will.

Billys geliebtes Cello führt eine interessante Existenz. Es spielt nicht nur seine nicht-aufgeführten Eigenkompositionen, sondern muß sich auch stilistischen und technischen Experimenten unterziehen. In letzter Zeit ist Billy, was sein Timing anbelangt, etwas flexibler geworden. Ohne lauter zu klingen oder in der rhythmischen Führung nachzulassen, gewinnt seine Stimme dadurch eine subtilere Wirkung und belebt, was immer wir spielen. Seinem Cello ist es nach einem großen Durcheinander gelungen, einen Sitz im selben Flugzeug nach Wien wie wir zu ergattern.

Ich denke an mein früheres Leben in dieser Stadt und diese unvorhergesehene Reprise. Ich spüre in Julia jetzt, da sie nichts mehr zu verbergen hat, eine Gelassenheit, die ich kaum glauben und nicht verstehen kann. Wenn das, was jetzt geschieht, an sein Ende gelangt ist, wird sie dann nur noch mit ihrem geistigen Ohr hören?

Wir spielen zwei von Vivaldis Manchester-Sonaten zusammen. Meine Tononi ist ekstatisch bei der Sache, als würde sie sich sehr gut an sie erinnern von jenen Tagen her, als sie in Vivaldis eigenen Konzerten auftrat. Ihr Klavierspiel ist klar und fein. Erst jetzt fällt mir auf, daß sie hin und wieder am Ende eines Phrasierungsbogens mit dem Finger zwar sichtbar, aber so sanft eine Taste berührt, daß ich den Ton, den sie zweifellos hört, nicht hören kann.

Die Stunden des Tages, die wir miteinander verbringen, verschwimmen mit den Abenden, die wir in jener halb gefürchteten, halb geliebten Stadt einst miteinander verbrachten. Bald werde ich wieder dort sein: Der Flieder wird blühen, das Laub der Kastanien rascheln. Merkwürdiger Gedanke, daß ihre Mutter jetzt dort lebt und sie selbst in London.

Das Maggiore probt das Schubert-Streichquintett ohne fünften Musiker: Eine vollständige Probe wird erst in Wien stattfinden, wenn wir unseren zweiten Cellisten treffen. Es ist eine seltsame, aber notwendige Übung; wir müssen häufig mit einem imaginären Kollegen proben. Billy ist anfänglich etwas bedrückt, spielt dann jedoch das erste Cello auf seine meisterhafte Art. Einmal bringt er uns zum Lachen, indem er eine besonders schwelgerische Melodie stümperhaft spielt, um uns zu verstehen zu geben, daß er nicht gekränkt ist.

Der österreichische Pianist, der die Forelle mit uns spielen wird, hätte letzte Woche ein Konzert in London geben sollen. Wir hätten mit ihm proben sollen, aber es hat nicht geklappt. Aus irgendeinem Grund wurde sein Konzert abgesagt, und er kam überhaupt nicht nach London.

Die Reise nach Wien wäre schwer für mich geworden. Ich hätte mich in meinem Hotelzimmer einschließen wollen, aber meine Gedanken hätten mich durch die Stadt geführt: in die Parks, die Kaffeehäuser, die Donau-Auen, die Hügel der nördlichen Bezirke. Jetzt, da wir uns wiedergetroffen haben, fürchte ich kein Unglück in diesem verbrauchten Habitat.

Flieder im Mai. Und die weißen Blüten, die ich nur in Wien gesehen habe, auf diesen akazienähnlichen Bäumen.

4.16

Es klingelt. Ich ziehe meinen Bademantel an und gehe zur Tür. »Wer ist da?«

Schweigen.

Ich schaue durch das Guckloch. Julia steht im Flur, amüsiert. Rob hat sie vermutlich hereingelassen. Wahrscheinlich mußte sie ihn nur anlächeln.

»Oh, wie duster!« sagt Julia, als sie hereinkommt. »Es ist zu dunkel. Zieh die Jalousien hoch. Ich kann nichts sehen. Und ich kann nichts hören. Nicht, daß es ein so schöner Tag wäre. Michael, es ist schon nach neun. Du bist doch nicht gerade erst aufgestanden? Wir gehen einkaufen.«

»Schikanier mich nicht. Wir sind gestern abend spät aus Norwich zurückgekommen. Ich muß Schlaf nachholen.«

Aber Julia zieht die Jalousien hoch und antwortet nicht. »So ist es besser«, sagt sie.

»Laß uns ins Bett gehen. Ich will wieder ins Bett«, sage ich.

»Keine Zeit. Du brauchst dich nicht zu rasieren. Geh schnell unter die Dusche. Ich koche Kaffee. Hör auf zu gähnen. Wach auf.«

Noch immer gähnend, tue ich wie mir geheißen. In der Dusche geht mir eine Frage durch den Kopf, und ich rufe: »Warum einkaufen?« Und während ich noch rufe, wird mir klar, daß die Antwort vom laufenden Wasser verschluckt werden würde. Dann erst fällt mir ein, daß sie überhaupt nicht antworten wird. Aber warum einkaufen? Ich würde lieber mit ihr hier bleiben.

»Weil du in einer Woche Geburtstag hast«, sagt Julia bei einer Tasse Kaffee.

»Ach ja«, sage ich erfreut.

»Du bist in meiner Hand.«

»Ja, das bin ich.«

»Und du hast schrecklich schäbige Pullover, Michael.«

»Aber es ist schon fast April. Ich brauche keinen Pullover.«

»Du brauchst einen leichten Sommerpullover. Mal schauen, was du hast ... Was hast du gestern abend gemacht? Du siehst müde aus.«

»Ich bin zusammen mit der Camerata Anglica in Norwich aufgetreten und erst um drei zurückgekommen.«

»Um drei?«

»Jemand hat mich mitgenommen ... sein Autoschlüssel ist abgebrochen, und wir mußten die Pannenhilfe rufen ... die Einzelheiten willst du gar nicht wissen. Schön, dich zu sehen.«

»Ebenso.«

»Ebenso – ist das ein Jamesismus?«

»Ein Jamesismus, sagtest du? Ist es nicht!«

»Bestimmt ist es einer. Früher hast du nie ›ebenso‹ gesagt.«

»Ich muß es in Amerika aufgeschnappt haben ... Trink aus, Michael. Wir haben nicht den ganzen Tag Zeit.«

»Was für ein Tag! Ich möchte den ganzen Tag im Bett liegen mit einem Teddybär und einem Krimi.«

Julia sieht aus dem Fenster. Es nieselt. Die Wolken, die den ganzen Himmel bedecken, sind rauchige Baumwollbällchen, graue Gebäude bilden die Skyline. Die Regentropfen rinnen schwerfällig an der Scheibe hinunter.

»Ein Wiener Tag«, sagt Julia. »Das gefällt mir.«

»Wohin gehen wir?«

»Zu Harvey Nichols.«

»Das ist nicht meine Sorte Geschäft.«

»Meine auch nicht. Aber wir gehen trotzdem hin.«

»Warum?«

»Der Mann einer Freundin hatte neulich einen Pullover an, der mir sehr gut gefallen hat. Und so einen möchte ich dir kaufen. Und er hatte ihn von Harvey Nichols.«

Eine halbe Stunde später sind wir im Untergeschoß und schauen in der Herrenabteilung nicht nur Pullover, sondern auch Krawatten und Hemden an. Eine junge Verkäuferin lächelt uns an: ein Paar, das gemeinsam einkauft. Einen Moment lang freue ich mich, dann werde ich angespannt.

»Wir werden einen Kollegen deines Mannes treffen«, sage ich zu Julia.

»Nein, Michael, die sitzen alle in der Canary Wharf und beraten die Welt, wie die pharmazeutische Industrie besser fusionieren kann. Was hältst du von dem?«

»Der ist wirklich schön.«

Sie hält mir einen braunen Pullover an und mustert mich ernst. »Nein, der steht dir nicht. Du brauchst etwas in Grün oder in Blau. Braun-, Rot- und Rosatöne haben dir noch nie gestanden.«

228

Sie findet etwas Dunkelgrünes mit Polokragen. »Ich weiß nicht«, sage ich. »Der erinnert mich an den Teppich in der Garderobe der Wigmore Hall.«

Julia lacht. »Stimmt. Und er ist auch nicht besonders sommerlich. Aber er fühlt sich schön an. Das ist Chenille.«

»Du mußt es ja wissen.«

»Du bist ein hoffnungsloser Fall.«

»Mir ist etwas komisch, Julia, ein bißchen schwindlig.«

»Das kann ich mir vorstellen. Du hast noch nie gern Kleidung eingekauft.«

»Nein, Julia, wirklich.«

Ich fühle mich unwohl, bedrückt, schwindlig: die hellen Lichter, die vielen Menschen um uns herum, die Hitze, die Farben, das Gefühl, unter dem Erdboden zu sein, vielleicht auch der Schlafmangel… Ich weiß nicht, was es ist, aber ich muß mich setzen. Mir kommt es vor, als befände ich mich in zwei Welten. Die ultimative Intimität – wir sind zusammen einkaufen, und die Verkäuferinnen lächeln uns an.

Ich setze mich auf einen Stuhl an der Wand und bedecke das Gesicht mit den Händen.

»Michael – Michael – was ist los?«

Ich spüre, wie sich irgendwo eine Tür vor mir schließt. Die Geräusche verschwimmen: Kunden, die in unterschiedlichen Sprachen reden, gefrorene Truthähne in einem lautlosen Leichenhaus, das Brummen des Kühlschrankmotors, das verzweifelte Bedürfnis, meiner Umgebung zu entfliehen.

»Julia …«

»Ist alles in Ordnung?« flüstert sie.

»Ja, ja – hilf mir auf.«

»Michael, nimm die Hände vom Gesicht – ich höre nicht, was du sagst.«

»Julia, hilf mir auf.«

Sie stellt ihre Tasche auf dem Boden ab, und mit ihrer Hilfe schaffe ich es irgendwie aufzustehen. Ich lehne mich an die Wand.

»Mir geht's gleich wieder gut. Ich muß nur raus.«

»Ich hole jemanden, der uns hilft.«

»Nein, nein, laß uns einfach nur rausgehen.«

Wir gehen zum Aufzug, dann zur Tür. Julia sagt: »O nein – meine Handtasche. Michael, lehn dich hier an. Ich bin sofort wieder da.« Nach einer halben Minute ist sie zurück; ihre Tasche ist in Sicherheit. Aber an ihrem Blick kann ich erkennen, wie schrecklich ich aussehen muß. Über meine Stirn rinnt Schweiß. Ein Angestellter des Geschäfts eilt auf mich zu.

»Ich bin gleich wieder in Ordnung.« Ich bringe ein Lächeln zustande. »Hoffentlich nieselt es. Ich brauche frische Luft. Und einen Kaffee.«

»Oben ist ein Café ...«, sagt Julia.

»Nein. Bitte. Woanders.«

»Ja, mein Lieber, natürlich. Woanders.«

Ich nicke und stütze mich auf sie. »Es tut mir leid ... «

»Pst«, sagt Julia und führt mich in den Regen hinaus. Sie kann ihren Schirm nicht benutzen, und der Regen fällt auf ihr Haar und tupft nasse Flecken auf ihr Kleid.

4.17

Wir sitzen in einem Café in einer kleinen Passage. Julia hat mir einen Platz zugewiesen, von dem aus ich aus dem Fenster schauen kann. Wir haben Kaffee bestellt. Schweigend sehe ich eine Weile hinaus.

»Das ist mir seit Jahren nicht mehr passiert«, sage ich.

»Wie fühlst du dich jetzt?«

»Alles schien mich zu bedrängen«, sage ich und senke den Kopf.

Julia fährt zärtlich über meine Wange.

Ein paar Minuten lang bin ich still. Sie wartet, bis ich wieder normal atme.

»Deswegen wohne ich so hoch oben«, sage ich, »in einem Horst. Erinnerst du dich daran, wie ich mich immer sofort entspannt habe, sobald wir aus der Stadt raus waren?«

»Ja. Ich erinnere mich.«

Aber die Art, wie sie es sagt, verrät mir, woran sie denkt: an den Schauplatz unserer Trennung. Es war in einem Außenbezirk von Wien, bei Lier: ein Krug mit Weißwein auf dem Tisch unter einer Kastanie, müde Bitterkeit. Sie ging allein den Abhang hinunter. Ich durfte ihr nicht folgen.

»Du warst nie mit mir im Norden – in Rochdale. Ich habe dir versprochen, dich mitzunehmen, damit du die Lerchen hörst.«

»Ja«, sagt Julia und betrachtet ihre Hände. Ihre schlanken Finger liegen auf dem ketchupfleckigen Tischtuch neben ihrer unförmigen Kaffeetasse. Auch heute trägt sie keinen Ehering.

»Wie dumm von mir«, sage ich.

»Ich könnte sie sehen«, sagt sie.

»Lerchen sind kein besonderer Anblick.«

»Ich kann nicht mit dir in den Norden fahren.« Sie lächelt. »Aber ich werde mit dir nach Wien kommen«, fügt sie beiläufig hinzu.

Ich starre sie an.

»Ich dachte, ich hätte Probleme mit dem Gehör«, murmelt sie.

»Du nimmst mich auf den Arm. Das ist nicht – es *ist* dein Ernst.«

Vor einer Minute noch war alles dunkel. Was ist das für ein wahnsinniger Wechsel?

»Frag Piers«, sagt sie.

»Piers?«

»Und eure Agentin Alicia Cowan.«

»Erica. Nein! Ich hätte davon gewußt.«

»Es hat sich alles erst gestern ergeben. Ich spiele die Forelle mit euch.«

Ich spüre, wie ich erbleiche. »Das tust du nicht.«

»Was ist unwahrscheinlicher: daß es stimmt oder daß ich etwas so Unplausibles erfinde und erwarte, daß du mir glaubst?«

Julia verhält sich unerträglich gelassen: ein deutliches Zeichen, daß sie die Situation genießt.

»Bleib hier«, sage ich. »Rühr dich nicht vom Fleck.«

»Wohin gehst du?«

»Aufs Klo.«

»Freust du dich?«

»Ich bin wie vor den Kopf gestoßen.«

Ich gehe die Treppe hinunter zu einer Telefonzelle. Piers wird nicht zu Hause sein, davon bin ich überzeugt; aber er ist doch da.

»Was zum Teufel geht hier vor, Piers?«

»He, beruhige dich, was ist los, Michael?«

»Was soll das mit der Forelle, Wien und Julia? Stimmt das?«

»O ja, vollkommen. Hat sich alles gestern ergeben. Ich habe versucht, dich zu erreichen, aber du warst nicht zu Hause. Wo warst du?«

»Norwich.«

»Ah, gut. Ich mag diese Ecke der Welt. Bist du über Newmarket oder Ipswich gefahren? … Ach, jetzt weiß ich wieder, was ich dir noch sagen wollte. Ich verstehe nicht, warum du solche Schwierigkeiten hattest, die Partitur für das c-Moll-Quintett zu kriegen, das wir gespielt haben. Es gibt eine hervorragende Ausgabe von Henle. Ich war gestern bei Chappell's und …«

»Piers«, sage ich drohend, »ich rede von Wien, nicht von Chappell's.«

»Hast du meine Nachricht nicht bekommen?«

»Ich habe sie nicht abgehört. Ich war erst um drei zurück. Wie lautet sie?«

»Daß ich dringend mit dir sprechen muß. Mehr nicht. Ist ja auch keine große Sache. Du spielst sowieso nicht in der Forelle.«

Das ist nur allzu wahr. Sie erfordert einen Pianisten und vier Streicher, aber keine zweite Geige.

»Kennst du Julia Hansen?« fragt Piers.

»Ob ich sie kenne?«

»Ja, du hast von Julia gesprochen, deswegen nehme ich an, daß du sie kennst. Spielt sie gut?«

»Bist du verrückt, Piers?«

»Schau mal, Michael, wenn du dich nicht anständig benehmen kannst …« sagt Piers, klingt aber mehr gelangweilt als aggressiv.

»Okay, okay«, sage ich. »Entschuldige. Erzähl mir, was passiert ist.«

»Es gab eine Krise. Otto Prachner hatte einen kleinen Herzinfarkt

232

und kann die nächsten Monate nicht auftreten. Deswegen wurde auch sein Konzert in London abgesagt. Aus unerfindlichen Gründen hat sich sein Agent erst gestern mit Lothar in Verbindung gesetzt. Und Lothar hat sofort Erica angerufen und mit dem Management des Musikvereins gesprochen und auch – anständigerweise und vermutlich um Zeit zu sparen – direkt mit mir, dem ›Primarius‹ des Quartetts, wie er sich gern ausdrückt. Er schlug Julia Hansen vor, die er ebenfalls vertritt. Offenbar ist sie gut, es gibt wie bei dem armen alten Otto eine Verbindung mit Wien, und sie hat zugestimmt. Gestern kam ein Fax nach dem anderen. Bist du noch dran, Michael?«

»Ja, ich bin noch dran.«

»Ich habe die anderen kontaktiert, bevor ich zustimmte, weil die Forelle sie betrifft. Ich habe auch versucht, dich zu erreichen. Aber da du nicht direkt betroffen bist, verstehe ich nicht, warum du dich deswegen so aufregst. Kennst du sie? Ich hoffe bei Gott, daß sie in Ordnung ist. Lothar würde bestimmt niemand Zweitklassigen vorschlagen, der Schubert in Wien spielen soll.«

Ich kann es nicht verarbeiten. »Ist das Programm schon gedruckt?« frage ich. »Es sind nur noch ein paar Wochen bis zu dem Konzert.«

»Nein«, sagt Piers in entspannterem Tonfall. »Das endgültige Programm wird erst ein paar Tage vor dem Konzert gedruckt. Außerdem, was kann man machen, wenn jemand krank wird? Aber du hast meine Frage nicht beantwortet.«

»Ja, das scheint heute mein Problem zu sein. Keine Antworten auf dumme Fragen zu geben.«

»Wie bitte?«

»Du weißt verdammt gut, Piers, daß ich Julia kenne.«

»Und woher soll ich das wissen?« fragt er verärgert.

»*Du* kennst Julia. Julia ist Julia. Banff, erinnerst du dich? Die Wigmore Hall? Mein Trio in Wien. Himmel, Piers.«

»Ach!« sagt Piers. »Willst du damit sagen, daß sie es ist?«

»Wer sonst?«

»Aber hieß sie nicht Julia Mackenzie oder so?«

»Du hast es wirklich nicht gewußt?«

233

»Das sage ich doch die ganze Zeit.«

Ich beginne zu lachen, ein wenig manisch vermutlich. »Michael?« sagt Piers besorgt.

»Ich kann's nicht glauben.«

»Du hast also nichts dagegen?«

»Im Gegenteil.«

»Warum hast du dich dann so aufgeregt?«

»Ich dachte, du wüßtest, wer sie ist, und hieltest es nicht für nötig, mit mir darüber zu sprechen.«

»Oh, verstehe. Gut. Gut. Ich hab mir schon Sorgen gemacht.«

»Hat Lothar dir oder Erica noch etwas gesagt?«

»Zum Beispiel?«

»Daß sie mittlerweile nicht mehr oft in einem Ensemble spielt.«

»Ach, warum das denn?«

»Ich weiß nicht ... Ich glaube, das Solorepertoire gefällt ihr besser.«

»Na ja, das ist nicht so wichtig ... Lothar hat erwähnt, daß sie in London lebt. Wir sollten vor Wien ein paarmal proben.«

»Ja ... ja.«

»Ach, Michael, weil wir gerade von Proben reden, Helen sagt, daß wir uns nächsten Mittwoch wahrscheinlich woanders treffen müssen. Sie hat die Handwerker im Haus, und ...«

»Tut mir leid, Piers. Mein Geld ist gleich zu Ende. Ich ruf dich später noch mal an.«

Ich trete aus der Telefonzelle. Ich stehe lachend im Regen und lasse ihn mein Haar naß machen und meinen Kopf kühlen.

4.18

Julia hat noch einmal Kaffee bestellt und nippt bekümmert daran. Eine junge Frau, beladen mit Einkaufstüten von Harrods, steht plaudernd neben dem Tisch. Julia antwortet einsilbig.

Ihre Miene hellt sich auf, als sie mich sieht. Sie versucht nicht, es zu verbergen.

»Sonia; Michael«, sagt Julia der Form halber. »Entschuldige bitte,

Sonia, aber wir haben beruflich über Musik zu reden, was dich nur langweilen würde.«

Die Frau versteht und verabschiedet sich weitschweifig: »Ich muß sowieso los, Julia, Liebes. Schön, dich getroffen zu haben, noch dazu hier. Der Regen zwingt einen wirklich, überall Zuflucht zu suchen. Du und James müßt bald zu uns kommen.« Sie lächelt mich an, mehr mit dem Mund als mit den Augen, und geht die Treppe hinunter.

»Wer war das?«

»Ach, die Mutter eines Freundes von Luke«, sagt Julia. »Herrische Frau. Geht den Lehrern damit auf die Nerven, ihrem Sohn eine Hauptrolle im Weihnachtsspiel zu geben. Dein Haar ist naß. Wo warst du?«

»Es ist verrückt«, sage ich und halte ihre Hand fest. »Ich kann es kaum glauben. *Mohnstrudel! Guglhupf! Palatschinken!*«

»Mmmm!« sagt Julia und strahlt bei dem Gedanken an ihre Lieblingssüßspeisen. »Au! Laß meine Hand los.«

»Ich habe mit Piers gesprochen.«

»Aha.« Julia zieht die Augenbrauen hoch.

»Ich kann's nicht glauben. Ich kann's einfach nicht glauben.«

»So habe ich auch reagiert, als ich gestern das Fax meines Agenten sah.«

»Woher wußtest du, daß ich es nicht weiß?«

»Das lag auf der Hand. Du hättest dich nicht so lange zusammenreißen können«, sagt sie und lacht.

»Und du?«

»Ist es mir nicht gelungen?« sagt sie strahlend.

Ich will sie küssen, lasse es dann aber sein. Wer weiß, welche Sonias hier auf der Lauer liegen. »Jetzt brauche ich kein Geburtstagsgeschenk mehr«, sage ich.

»Ich sehe schon, ich werde allein eins aussuchen müssen.«

»Julia, Piers weiß nichts von deinem Gehörproblem.«

»Nein«, sagt Julia, und das Strahlen wird matter. »Nein. Natürlich nicht.«

»Weiß es dein Agent?«

»Ja. Aber er glaubt, daß es eine Katastrophe wäre, wenn die gesamte Musikwelt davon erführe. Solange ich gut genug bin, was spielt es da für eine Rolle?«

»Stimmt. Aber wie kann man so etwas auf Dauer geheimhalten?«

»Ich weiß es nicht«, sagt Julia.

»Wie hast du es bislang geschafft?«

»Es ist letztlich unmöglich. Ich weiß nicht, ob es mir ganz und gar gelungen ist. Aber wenn jemand Verdacht geschöpft hat, ist es noch nicht bis zu mir durchgedrungen.«

Ich nicke zerstreut. Mein früheres Unwohlsein ist jetzt ein ferner Dunst. Das Gefühl, daß meine zwei Welten zusammenkommen, erfüllt mich mit einer unheimlichen und mißtönenden Freude: Proben hier in London und dann, nach einem Jahrzehnt, Wien. Julia und meine Kollegen werden zusammen spielen, und ich werde nur Zuschauer, Zuhörer sein. Aber ich muß an den Proben teilnehmen. Sie werden große Risiken für sie bergen. Und abgesehen davon, was würde ich nicht dafür geben, ihr dabei zuzuhören, wie sie die Forelle zum Leben erweckt?

4.19

Aber zuerst werde ich abends von Julia ausgeführt, zum erstenmal seit unserer Trennung.

Es ist mein Geburtstag. James ist nicht in der Stadt. Wir gehen in ein Restaurant in ihrer Nähe. Es ist geräumig, hell erleuchtet, keine Musik. Die Wände sind weiß, darin eingelassen sind unterschiedlich geformte Nischen in Dunkelgrün und Indigoblau. Weiße Orchideen in blaßgrünen Vasen stehen hier und dort. Sie hat reserviert, auf meinen Namen. Ich komme ein bißchen zu früh, sie kommt ein bißchen zu spät. Sie sieht mich, lächelt und schaut sich schnell um, bevor sie sich setzt.

»Möchtest du lieber hier sitzen?« frage ich. »Ich meine, wegen des Lichts.«

236

»Nein, ist schon in Ordnung«, sagt sie.

»Es ist niemand hier, den du kennst, oder?«

»Nein. Und wenn jemand kommt, dann esse ich einfach mit einem Freund zu Abend.«

»Ich darf dich an deinem Geburtstag einladen, oder?«

»Also ...«

»Ich meine nicht unbedingt an deinem Geburtstag, sondern an irgendeinem Tag davor oder danach.«

»Vielleicht«, sagt Julia lächelnd, »aber du mußt dich besser anziehen, wenn wir noch einmal ausgehen. Du bist ein gutaussehender Mann, Michael – wie schaffst du es nur, dich so miserabel anzuziehen? Hast du keinen anständigen Anzug?«

»Ich finde, daß ich mich gut anziehe«, widerspreche ich. »Und ich trage deine Manschettenknöpfe.«

»Aber das Hemd ...«

»Du warst ja nicht da, um es mir beizubringen. Außerdem, wozu sollte ich mich gut anziehen? Wenn wir unterwegs sind und es gibt eine Feier, dann findet sie für gewöhnlich direkt vor oder nach dem Konzert statt, und dafür haben wir unser Pinguin-Outfit.«

»Michael«, sagt Julia plötzlich ernst, »erzähl mir von den anderen Quartettmitgliedern.«

»Aber du kennst sie doch.«

»Flüchtig. Wie sind die Proben mit ihnen? Die letzten Tage mache ich mir deswegen Sorgen. Sag mir, was ich zu erwarten habe.«

»Tja, ich weiß gar nicht, wo ich anfangen soll. Die Proben sind ziemlich intensiv. Piers versucht, ein straffes Regiment zu führen. Billy hat seine eigenen Vorstellungen. Wenn er sich etwas in den Kopf gesetzt hat, ist es schwer, ihn wieder davon abzubringen. Und Helen, also, sie ist eine wunderbare Musikerin, aber leicht abzulenken. Übrigens, es wird dich freuen, daß Billy immer zu spät kommt, du bist also nicht allein. Ach ja, Billy sind Proben lieber als Auftritte, sagt er zumindest. Bei Proben kann er Dinge ausprobieren, Auftritte machen ihn nervös.«

»Aber der Umgang untereinander ist freundlich?« fragt Julia.

»Ja, grundsätzlich schon – im Augenblick.«

»Da bin ich erleichtert. Es wird sowieso schon kompliziert genug werden.«

Der Kellner steht neben uns; wir bestellen.

»Gemüse?« fragt er.

»Was haben Sie anzubieten?« fragt Julia.

Der Kellner holt tief Luft. Wir haben die Speisekarte eindeutig nicht mit dem ihr gebührenden Respekt studiert. »Broccoli, Zucchini, Bohnen, Lauch, Spinat.«

»Ich hätte gern Erbsen«, sagt Julia.

Der Kellner sieht sie unverhohlen verwirrt an. Julia bemerkt es und wird angespannt.

»Tut mir leid, Madam«, sagt er, »Erbsen haben wir heute nicht auf der Speisekarte.«

Einen Augenblick lang ist sie verdattert. »Ich meinte Bohnen – grüne Bohnen«, sagt sie rasch.

Er nickt. »Und was möchten Sie trinken? Haben Sie die Weinkarte schon gesehen? Oder möchten Sie kurz mit unserem Sommelier sprechen?«

Ich wähle schnell etwas von der Weinkarte aus.

Julia ist bestürzt über ihren Ausrutscher und wirkt ein bißchen niedergeschlagen.

»Wir müssen nicht hier essen«, sage ich, nachdem er verschwunden ist.

»Ach, vergiß es«, sagt sie. »Abends geht mir manchmal die Energie aus. Bohnen sind mir sogar lieber. Was ist los?«

»Ich mag den Kerl nicht, der für uns bedient. Er sieht aus wie ein arbeitsloser Schauspieler, der versucht, es an uns auszulassen.«

»Für uns bedient«, sagt Julia amüsiert.

Das irritiert mich etwas. Julia, deren Deutsch nie ihr Englisch beeinträchtigte, wies mich immer darauf hin, wenn ich gelegentlich einen Dialektausdruck benutzte.

»Woran denkst du?« fragt Julia. »Du siehst aus, als wärst du ganz woanders.«

»Nichts …«, sage ich und kehre zu meinen früheren Gedanken zurück. »Ich wünschte, *ich* würde die Forelle mit dir spielen.«

238

»Ist es nicht erstaunlich«, sagt sie, »daß Schuberts Name nicht unter den Komponisten im Fries der Albert Memorial ist? Ich habe es erst neulich gelesen. Am liebsten würde ich einen Meißel nehmen und seinen Namen eigenhändig hineinmeißeln.«

Ich lache. »Das können wir heute abend noch machen«, sage ich.

»Lohnt es sich, dafür verhaftet zu werden?«

»Ja. James holt uns auf Kaution wieder raus.«

In dem Augenblick, als ich es sage, wünschte ich, ich hätte es nicht getan. Aber zu meiner Überraschung dämpft die Bemerkung nicht ihre gute Laune. Sie erwähnt auch nicht, daß wir uns kennenlernen sollten. Unhaltbar – unhaltbar – wie kann sie nur vorschlagen, wir sollten uns kennenlernen? ... Wie oft schlafen sie miteinander? ... Kannten sie sich schon, bevor sie mit Maria nach Venedig fuhr? ... Warum hat sie sich dafür entschieden, gerade jetzt mit dem Maggiore zu spielen? Wegen Wien? Wegen der Chance, die großartige Forelle zu spielen? Wegen mir? Was stimmt nicht mit meinem Gewissen, daß ich besorgt um sie bin, mich aber nicht schuldig fühle? Vielleicht mußte er sich die letzten drei Jahre so sehr um sie kümmern, daß nur noch Zärtlichkeit übrig ist. Vielleicht hat sich die Verliebtheit, so es sie je gab, gelegt. Ist es sein *Leben* mit ihr, auf das ich eifersüchtig bin? Sie muß über mich und andere Frauen nachdenken, aber sie hat nie gefragt, ob es außer Virginie in diesen vielen Jahren jemand anders gegeben hat. Ist auch das off limits wie die Frage, warum sie James geheiratet hat: wechselseitige Diskretion? Ja, sie kann von meinen Lippen lesen, aber meine Gedanken kann sie nicht lesen. Wir reden über dies und das. Der Wein kommt, dann das Essen. Um uns herum werden unaufdringlich Gespräche geführt. Julia sieht mich nicht an. Sie scheint in Gedanken vertieft.

»An manche Menschen ist das Gehör verschwendet«, sagt sie plötzlich mit einem Aufflackern von Bitterkeit. »Vor ein paar Tagen habe ich mit einem wirklich hartgesottenen Cellisten vom Philharmonia gesprochen, und er hatte ganz offensichtlich genug von seiner Arbeit und war gelangweilt von Musik – er schien sie nahezu zu hassen. Und er muß ein guter Musiker gewesen sein. Ist es vielleicht noch.«

»Davon gibt es eine ganze Menge«, sage ich.

»Ich kann verstehen, daß ein Bankier oder ein Kellner seine Arbeit haßt, aber nicht ein Musiker.«

»Ach, komm schon, Julia. Jahrelange Ausbildung, späte Arbeitszeit, erbärmliche Bezahlung – und zu etwas anderem taugt man nicht – und man kann nicht mitbestimmen, was gespielt wird – man kann sich gefangen fühlen, obwohl man die Musik früher liebte. Mir erging es so, als ich in London anfing, freiberuflich zu arbeiten. Auch jetzt ist es noch nicht leicht. Und du hast schließlich auch aufgehört zu spielen. Der einzige Unterschied ist, daß du es dir leisten konntest.«

Sie runzelt die Stirn, dann glätten sich die Falten wieder. Sie schweigt, nippt mit entschlossener Heiterkeit an ihrem Wein. Mein Blick schweift von ihrem Gesicht zu ihrer kleinen goldenen Armbanduhr und wieder zurück.

»Das war nicht der einzige Unterschied«, sagt sie schließlich.

»Ich hätte es nicht ansprechen sollen.«

»Ich kann mir nicht vorstellen, daß *du* die Musik jemals hassen wirst«, sagt sie.

»Nein, vermutlich nicht. Helen zieht mich damit auf, daß ich zu hingerissen davon schwärme. Und sie glaubt, daß meine Beziehung zu meiner Geige etwas zu weit geht.«

»Ich liebe mein Klavier.«

»Aber du kannst es nicht mitnehmen.«

»Und?«

»Ich glaube, daß die Beziehung eine andere ist, wenn man zu Hause auf einem Instrument spielt und öffentlich mit einem anderen auftritt.«

Julia runzelt die Stirn.

»Nicht, daß Helen so ein pragmatisches Wesen wäre«, füge ich rasch hinzu. »Letzte Woche war sie ganz durcheinander von einer Sendung, die sie gesehen hat, über das Universum und wie es in weiß Gott wie vielen Milliarden Jahren damit zu Ende sein könnte. Warum sollte man sich darüber aufregen, worauf das Universum zusteuert?«

»Weil es genug Näherliegendes gibt, worüber man sich aufregen sollte?« fragt Julia, jetzt wieder amüsiert.

»So ist es doch, oder?«

»Was ist eigentlich aus deiner Mrs. Formby geworden?« fragt sie aus heiterem Himmel.

»Mrs. Formby? Wie kommst du jetzt plötzlich auf Mrs. Formby?«

»Ich weiß nicht.«

»Aber du kennst sie doch gar nicht, Julia.«

»Ich weiß nicht, warum ich nach ihr frage. Ich dachte gerade an Carl – oder vielleicht auch an deine Geige –, und da ist sie mir eingefallen. Aus irgendeinem Grund habe ich während der letzten paar Jahre oft an Mrs. Formby gedacht.«

»Bestimmt öfter als an mich«, sage ich leichthin.

»Michael, ich dachte an dich, als hättest du dich umgebracht – ohne einen Abschiedsbrief zu hinterlassen.«

Sie sieht auf ihren Teller. Sie gestattet mir nicht zu antworten. Eine Weile lang sitze ich still, zu verdattert, um irgend etwas zu tun. Dann presse ich meinen Fuß gegen ihren, und sie blickt auf.

»Mrs. Formby geht es gut«, sage ich. »Wie ist deine Ente?«

»Köstlich«, sagt Julia, die sie während der letzten Minuten nicht mehr angerührt hat. »Ist dir das Universum wirklich gleichgültig?«

»O nein, ich lasse mich mit dir nicht auf eine religiöse Diskussion ein«, sage ich mißtrauisch.

»Aber du liest gern Donne. ›Donne, der Apostat‹ nannten ihn unsere Nonnen immer.«

»Das hat nichts zu bedeuten, Julia. Ich lese ihn deshalb gern, weil mir egal ist, wofür er steht. Ich finde ihn abends entspannend.«

»Entspannend?« sagt Julia schockiert.

»Mir gefällt seine Sprache. Ich grüble über seine Ideen nach. Seine biblischen Argumente sind mir gleichgültig … Ich habe noch nie verstanden, warum die Menschen so ein Theater um Gott machen«, füge ich brutalerweise hinzu.

»Du kannst Autorität einfach nicht ausstehen, Michael, in keiner Form«, stellt Julia fest. »Du verehrst Helden, aber Autorität kannst

241

du nicht ausstehen. Gott schütze deine Helden, wenn sich herausstellt, daß sie auf tönernen Füßen stehen.«

»Um Himmels willen«, sage ich, verärgert über ihre Analyse meines Charakters – etwas, wozu Julia immer neigte.

»Mein Vater war nicht mehr er selbst, als es auf das Ende zuging«, sagt sie. »Ich erinnere mich, daß ich betete, er möge schnell sterben. Jedesmal, wenn wir ihn besuchten, war er feindseliger, verwirrter. Am Schluß interessierte ihn nicht mal mehr Luke. Zumindest starb er, bevor ich mein Gehör verlor. Sonst hätte die Angelegenheit eine Wendung ins Komische genommen: Er versteht mich nicht, ich verstehe ihn nicht.«

Ich strecke die Hand über den Tisch und lege sie auf ihr Handgelenk. Es scheint ihr zu gefallen, aber dann zieht sie ihre Hand zurück.

»Vielleicht hätten wir woanders essen sollen, weiter weg von deinem Haus«, sage ich. »Ich werde meine Hände von jetzt an bei mir behalten.«

»Das ist es nicht, Michael. Es ist nur allzu deutlich, daß wir nicht nur Freunde sind.«

Nachdem unsere Teller abgeräumt sind, versuche ich, das Thema zu wechseln. »Du brauchst dir wegen der Proben keine Sorgen zu machen.«

»Du wirst doch dabeisein, oder?« fragt sie.

»Natürlich.«

»Du mußt aber nicht.«

»Ich werde dabeisein, weil ich dich spielen hören will.«

»Das Klavier hat einen so erstaunlichen Part.«

»Und die Geige«, sage ich bedauernd.

»Und das Cello«, fügt sie hinzu. Sie summt eine Cello-Melodie aus einer der Variationen.

Der Kellner fragt, ob wir Kaffee oder Nachtisch haben möchten, aber sie summt weiter. Er steht hinter ihr, und erst als sie bemerkt, daß ich ihn ansehe, wird ihr bewußt, daß wir angesprochen wurden. Sie wendet sich ihm zu, sieht, daß er bereit ist, ihre Bestellung aufzunehmen, und sagt rasch: »Ja, gut. Ja, den nehmen wir.«

Auf einen kaum merklichen, zur Decke gerichteten Blick folgt mitfühlende Geduld. »Was möchten Sie, Madam?«

»Was? Oh, tut mir leid, könnten Sie es noch einmal sagen?«

»Espresso, Cappuccino, Milchkaffee, Filterkaffee; entkoffeiniert oder normal«, sagt er mit übertrieben langen Pausen zwischen den Worten.

Julia wird rot, sagt aber nichts.

»Nun, Madam?«

»Nichts, danke.«

»Nachtisch? Wir haben ...«

»Nein, danke. Bringen Sie uns bitte die Rechnung.« Nervös rückt sie mit dem Stuhl ein Stück zurück.

»Tut mir leid«, sage ich. »Tut mir wirklich leid. *Ich* hätte etwas sagen sollen. Er war unhöflich.«

Sie schüttelt den Kopf.

»Er kann nicht wissen, was los ist. Ich hätte ihm sagen sollen, daß ich hörbehindert bin, und ihn bitten, es zu wiederholen. Als erstes lernen wir, daß es uns nicht peinlich sein darf. Warum ist mir das nicht möglich? Weil ich nicht will, daß alle Welt es erfährt? Oder bin ich nur feige?«

Er bringt die Rechnung. Sie zahlt und gibt ein großzügiges Trinkgeld, und wir stehen auf, um zu gehen. Aber ihr scheint immer noch unbehaglich zumute zu sein.

Der Abend endet etwas unglücklich. Ich frage sie, ob sie mit zu mir kommen will, weiß jedoch, wie ihre Antwort lauten wird, noch bevor sie erklärt, daß sie nach Hause zu Luke muß. Aber sie stimmt zu, noch in die nahe Julie's Bar zu gehen. Es ist ein klarer warmer Abend, wir sitzen im Freien und sind erneut glücklich, zusammenzusein. Wir trinken Kaffee und Cognac und teilen uns einen Nachtisch. Anschließend danke ich ihr, küsse sie aber nicht. Ich bringe sie nach Hause, auf ihre Bitte hin jedoch nicht bis zur Tür.

243

4.20

»Mir war nicht klar«, sagt Julia, »daß wir ohne Kontrabaß proben würden.«

Piers, Helen, Billy und Julia haben sich zur ersten Probe von Schuberts Forellenquintett eingefunden. Es ist uns gelungen, einen Übungsraum mit einem vernünftigen Flügel im Royal College of Music zu finden. Im Augenblick bin ich Zuschauer, aber anschließend ist eine kurze Probe unseres Quartetts geplant.

Wenn ich darüber nachgedacht hätte, wäre mir klargeworden, wie das Fehlen des Kontrabasses Julia beeinflussen würde: Sein tiefer Rhythmus hätte ihr unendlich geholfen. Wenn ich sie nur vorgewarnt oder etwas unternommen hätte.

»Das Problem ist, daß der Kontrabassist in Wien ist«, sagt Helen. »Da ist nichts zu machen. Wir werden zweimal mit ihr proben, wenn wir dort sind.«

»Mit ihr?« sagt Julia etwas überrascht.

»Ja. Petra Daut«, sagt Piers.

»Tut mir leid, ich habe den Nachnamen nicht ganz verstanden. Wie wird er buchstabiert?«

Ich sage nichts, lasse Piers antworten. Je weniger Gesichter sie ansehen muß, um so besser.

»D, A, U, T. Kennst du sie? Ich meine, bei deinen Verbindungen nach Wien …«

»Nein«, sagt Julia. »Mit der Orchesterwelt habe ich nichts zu tun, deswegen kenne ich kaum Kontrabassisten.«

»Sollen wir anfangen?« fragt Piers.

»Piers«, sagt Julia. »Bevor wir anfangen, zwei Dinge …«

»Ja?«

»Wir proben noch einmal, bevor wir nach Wien fliegen, oder?« fragt sie in gewollt entspanntem Tonfall. »Ich hätte gern – ich hätte wirklich gern einen Kontrabassisten dabei. Ich glaube nicht, daß wir sonst das richtige Gefühl für das Stück kriegen.«

»Sollen wir eine Frau suchen?« sagt Helen. Billy blickt kurz von seinem Cello auf.

Julia läßt sich nicht darauf ein. »Das muß nicht sein.«

Billy meldet sich. »Ich bin auch der Meinung, daß wir mit einem Kontrabaß üben sollten. Das ist eins der wenigen Stücke, bei dem mich jemand, der tiefer spielt als ich, unterstützt, und das gefällt mir. Ich kann Ben Flath fragen, ob er mit uns probt.«

»Wird er bereit sein, mit uns zu proben, wenn er bei dem Konzert nicht dabei ist?« fragt Piers.

»Er ist ein Freund«, sagt Billy. »Er wird aushelfen aus Spaß an der Sache und unter der Bedingung, daß ich im Scherzo nicht tiefer brumme als er, und für einen Drink danach. Ein paar Drinks.«

»Das klingt sehr gut, Billy«, sagt Julia. »Danke, euch allen.«

»Ich spiele morgen abend mit dem Philharmonia, ich werde ihn also treffen«, fährt Billy fort. »Soll ich ihn fragen, ob er's macht und wann er Zeit hat?«

Alle nicken.

»Soll ich für dich umblättern?« frage ich Julia.

»Nicht nötig, danke, Michael. Ich brauche die Noten wirklich nicht, sie würden mich nur ablenken. Aber könntest du die Partitur mitlesen, so daß du mir, wenn wir mitten in einem Satz unterbrechen, die Stelle zeigen kannst, von der an wir dann weiterspielen?«

»Bist du sicher, daß du die Noten nicht willst?« frage ich.

»Ganz sicher. Ich kenne sie gut. Ich hoffe, daß wir sie erst einmal ohne Unterbrechung durchspielen. Nehmen wir uns das vor – wenn es allen recht ist.«

Piers zieht die Augenbrauen hoch. Das war mehr als nur eine Bitte. Wir Streicher sind daran gewöhnt, miteinander zu kommunizieren, während wir spielen, und fühlen uns am wohlsten, wenn wir die führende Melodie und Hinweise für die Einsätze vorgeben und alle anderen selbst zurechtkommen müssen – besonders wenn, wie in diesem Stück, die drei Streicher einen Halbkreis bilden, hinter dem der Pianist nahezu unsichtbar sitzt.

»Na gut, uns ist es recht«, sagt Piers durchaus freundlich, obschon ich weiß, daß er nicht erfreut ist, wenn er Direktiven von Außenstehenden entgegennehmen muß.

245

Ich werfe einen Blick auf die Partitur, sehe jede Menge Pausen im Klavierpart und mache mir Sorgen um Julias Einsätze. Wenn sie es zumindest einmal durchspielen, kann sie den Rhythmus vielleicht besser spüren.

»Ist das okay?« sagt Piers und schlägt den Takt. »TUM-mm-umta-ta-tatata-TUM?«

»Scheint mir etwas langsam«, sagt Billy. »Aber was meinst du, Julia? Es ist deine Phrase.«

»Es ist Allegro vivace – ein bißchen mehr vivace vielleicht?« sagt Julia und spielt ein paar Takte, um das Tempo zu demonstrieren.

Piers nickt. »Gut. Ich gebe den Auftakt. Fertig?«

Ich sehe mit klopfendem Herzen zu Julia. Sie wirkt entspannt, wachsam, die Augen auf die anderen Musiker gerichtet und nicht auf die Tasten oder die Partitur. Jetzt verstehe ich, warum es so wichtig ist, daß sie das gesamte Stück – und nicht nur ihren eigenen Part – auswendig kennt.

Während ihre Finger den Tasten Musik entlocken, wandert ihr Blick mit der Wachsamkeit von jemandem, der vom Blatt spielt, von Piers zu Billy. Ihre Finger, ihre Bogen, ihr Atemholen geben ihr die Hinweise zum Einsatz. Zu Beginn, wenn der Kontrabaß beständig gleichförmig brummt, hätte sie das sowieso tun müssen. Aber dann wird mir bewußt, um wieviel mehr sie in seiner Abwesenheit aufpassen muß. Und die visuellen Hinweise, die sie von den Fingern des Kontrabassisten erhalten hätte … aber es ist sinnlos, darüber zu spekulieren, während ich mir vorkomme, als würde ich auf einem Drahtseil über einem Abgrund balancieren und einem Vogel zuhören, der unter mir aufsteigt und hoch über mir singt, höher und höher: ein merkwürdiges Bild für ein Stück, das nach einem Fisch benannt ist.

Bei ihrem Solo spielt sie zwei Achtel punktiert, die häufig unpunktiert gespielt werden. Ich halte das für eine abweichende Lesart, aber Helen blickt auf.

»Wiederholen?« fragt Julia, als sie zum erstenmal an eine Stelle kommen, wo diese Entscheidung ansteht.

246

»Weiter!« sagt Piers hoch gestimmt.

Sie spielen den ersten Satz durch. »Durchspielen« ist unfair ausgedrückt, denn sie spielen wunderbar. Aber ich bin so angespannt, daß ich die Schönheit ihres Spiels kaum genießen kann. An manchen Stellen, wo ich es nicht erwarte, übernimmt Julia die Führung, damit sie nicht gezwungen ist, komplizierten Hinweisen zu folgen; an anderen blickt sie auf ihre Hände, und ich verstehe nicht, wie sie es schafft, synchron mit den anderen zu spielen. Als sie beim letzten zwölfstimmigen Akkord sind – elf ohne Kontrabaß –, der den Anfangsakkord widerspiegelt, zittert meine linke Hand, die auf der Partitur liegt.

»Sollen wir alle Wiederholungen auslassen?« fragt Piers.

»Alle außer die im Scherzo«, sagt Billy.

Nachdem das Tempo festgelegt ist, spielen sie das Andante; es gibt ein paar Probleme, aber nicht genug, als daß sie unterbrechen müßten. Dann kommt der dritte Satz, das Scherzo, und sie geraten in eine Sackgasse.

Die erste Phrase ist das Problem für sie. Piers und Helen spielen drei Presto-Achtel Auftakt, und auf die Eins kommen die anderen dazu.

Sie versuchen es wieder und wieder, aber es gelingt ihnen keine exakte Koordination. Es hat keinen Sinn, den Satz durchzuspielen. Die Schwierigkeit muß überwunden werden. Ich sehe, wie Julia zunehmend beunruhigt wird, die anderen werden immer verwirrter. Da sie zuvor so gut gespielt hat, kann es nicht an ihren musikalischen Fähigkeiten liegen.

»Es ist immer schwierig, wenn man zum erstenmal mit einer neuen Gruppe spielt«, sagt Billy.

»Machen wir fünf Minuten Pause«, sagt Piers. »Ich brauche eine Zigarette.«

»Darf man hier rauchen?« fragt Billy.

»Warum nicht? Oder vielleicht gehe ich doch besser raus.«

»Ich werde mir die Füße vertreten«, sagt Helen etwas nachdenklich. »Kommt ihr mit?«

»Klar«, sagt Billy. »Gute Idee. Klar.«

»Ich bleib hier«, sage ich.

Julia sagt nichts. Sie scheint in eine eigene Welt versunken, um sich von mir, von uns allen zurückzuziehen.

Meine Anspannung löst sich. Als wir allein sind, sage ich: »Trägst du ein Hörgerät?«

»Ja, in einem Ohr. Am Anfang half es, aber dann hat es mich gestört, Michael, weil es die Tonhöhe verzerrte. Ich konnte es nicht neu einstellen, ohne mich zu verraten, deswegen habe ich es nach dem ersten Satz ausgeschaltet. Im zweiten Satz hatte ich den Eindruck, daß ich nicht ganz so gut zurechtkomme, und als ich eine Pause hatte, habe ich es wieder eingeschaltet. Nur hat es mich dann vollkommen verwirrt. Wenn ein Kontrabaß da wäre, hätte ich bestimmt ... «

»Das hätte das Problem zu Beginn des Scherzos auch nicht gelöst«, sage ich ruhig. »Oder wo immer diese Phrase vorkommt.«

»Stimmt. Vielleicht sollte ich es einfach sagen ... «

»Tu das im Augenblick nicht. Denk nicht einmal dran. Es würde bei diesem Problem nicht helfen, sondern alles komplizierter machen. Entspann dich.«

Julia lächelt traurig. »Das ist, als würdest du sagen: ›Denk nicht an eine Giraffe.‹ Das hat garantiert den gegenteiligen Effekt.«

»Und mach dir nichts aus Helen.«

»Das tue ich nicht.«

»Schau mal, Julia, wenn du Hinweise vom Tempo und vom Auftakt bekommst – das heißt, visuelle Hinweise –, dann solltest du das Hörgerät vielleicht einfach herausnehmen. Ich verstehe sowieso nicht, woher du die Zeit nehmen willst, um auf den Klang zu reagieren, noch dazu wenn er verzerrt ist.«

»Vielleicht.« Julia wirkt überhaupt nicht überzeugt von diesem Rat von jemandem, der nicht im entferntesten weiß, was sie hören und was sie nicht hören kann.

Ich küsse sie. »Hier. Versuch's mit mir. Du hast nichts zu verlieren.« Ich nehme meine Violine aus dem Kasten, spanne schnell den Bogen und gebe ihr den Takt vor, ohne sie richtig zu stimmen, nicke zweimal mit dem Kopf und spiele die erste Phrase.

248

Nach ein paar Versuchen klappt es – zumindest klappt es wesentlich besser als zuvor.

Julia lächelt nicht. Sie sagt nur: »Noch weitere Vorschläge?«

»Ja. Im Andante, wo jeder sechs Noten pro Takt zu spielen hat und du drei Noten spielst, wenn sie eine spielen, hast du die Sache etwas abgebremst. Alle versuchten, sie voranzutreiben, aber da hast du sie ausnahmsweise auch nicht angesehen.«

»Ich hatte die Führung«, sagt Julia.

»Du bist hinterhergehinkt.« Ich lache, und auch sie muß lachen. »Versuch es mit mir.« Ich nehme den Bogen wieder auf, und wir spielen.

»Das ist gut«, sagt Piers.

Ich fahre zusammen, und dann erschrickt auch Julia. Ich hatte nicht bemerkt, daß er zurückgekommen war.

»Macht nur weiter«, sagt Piers.

»Hast du dein Feuerzeug vergessen?« frage ich verärgert.

»So was in der Art«, sagt Piers gelassen, als er wieder hinausgeht. Die Probe geht weiter, als alle zurückkommen. Sie spielen das Scherzo ohne Schwierigkeiten durch, dann folgen der vierte und der fünfte Satz.

Am Schluß sagt Piers: »Das war gut, das war wirklich gut. Aber ich glaube, die Detailarbeit heben wir uns für eine Probe mit dem Kontrabaß auf. Mit der Forelle sind wir damit für heute fertig. Hoffentlich macht es dir nichts aus, Julia. Das Quartett muß jetzt noch zwei Stücke proben, und wir haben nicht mehr viel Zeit. Wenn Billy mit Ben Flath gesprochen hat – vorausgesetzt er will mitmachen –, werde ich euch wegen der nächsten Probe anrufen. Ich glaube, ich habe deine Telefonnummer nicht«, sagt er an Julia gewandt.

»Könntest du mir faxen? Das Telefon ruiniert jedesmal meine Konzentration, wenn ich übe – was ich zur Zeit sehr viel tue.«

»Hast du keinen Anrufbeantworter?« fragt Piers.

»Ein Fax wäre besser«, sagt Julia, nickt gelassen und schreibt ihm ihre Nummer auf.

4.21

Piers wohnt in der Westbourne Park Road, am Rand der noblen Wohngegend, in einer Souterrainwohnung, die aus einem Zimmer besteht. Der Raum ist für diese Art Apartment hoch – was angesichts von Piers' Größe nur gut ist. Direkt über ihm ist ein Reisebüro, das überwiegend billige Reisen nach Portugal vermittelt; auf der einen Seite davon befindet sich ein Pizza-Heimservice, auf der anderen ein Zeitungskiosk. Gegenüber steht ein Hochhaus und in der Nähe eine Wohnsiedlung aus Ziegelhäusern.

Er hat mich zu sich gebeten und öffnet jetzt eine Flasche Rotwein. Er ist gastfreundlich, wirkt aber besorgt. Es ist der Tag nach der Probe.

»Im Sommer scheint die Sonne am Spätnachmittag auf diese Wand«, sagt er.

»Geht das Fenster nicht nach Norden?« frage ich.

»Ja«, sagt Piers etwas abwesend. »Ich habe die Wohnung von einem Maler gekauft.« Dann greift er meinen Gedanken auf und fügt hinzu: »Du hast recht, es ist schon komisch. Im Hochsommer kommt das Licht ein paar Minuten lang aus der Richtung. Wahrscheinlich wird es von irgend etwas reflektiert. Es ist ein hübscher rötlicher Fleck. Letztes Jahr hat der Zeitungsverkäufer einen großen Behälter aus Metall an das Geländer gekettet, und dadurch wird der Fleck kleiner. Ärgerlich.«

»Hast du nicht mit ihm gesprochen?«

»Doch. Er sagt, daß die Leute die Zeitungen und Zeitschriften stehlen, die vor seine Tür gelegt werden, und deswegen mußte er es tun. Wahrscheinlich sollte ich nicht lockerlassen und ihn bitten, die Kiste zumindest so anzubringen, daß sie mir nicht das Licht nimmt, aber ...« Piers zuckt die Achseln. »Du weißt, worüber ich mit dir reden will?«

»Nein, ich dachte, es wäre ein Rendezvous! ... Ja, ich weiß es. Ich bin ziemlich sicher, daß ich es weiß.«

Piers nickt. »Erzähl's mir. Ich verstehe es nicht. Was genau ist los mit Julia? Sie ist eine wunderbare Pianistin, sie ist so musikalisch in ihrem Spiel, du weißt schon, was ich meine. Es ist ein wahres Vergnügen, mit ihr zu musizieren, aber wir sind alle etwas verwirrt ... Wir wollen überhaupt nicht aussteigen oder so, aber kannst du mir das Problem erklären, das sie zu Beginn des Scherzos hatte? Ist es ein Tick, der manchmal auftritt?«

Ich trinke einen Schluck Wein. »Es wurde doch gelöst, oder?«

»Ja«, sagt Piers mißtrauisch.

»Ich garantiere dir, daß auch die anderen Probleme gelöst werden, wenn Ben Flath mit uns spielt.«

»Mit uns?« sagt Piers lächelnd.

»Mit euch, um genau zu sein.«

Vielleicht bemerkt Piers die Spur von Bedauern in meinem Tonfall. Jedenfall wirft mich seine nächste Bemerkung um.

»Ich möchte, daß du die Geige in der Forelle spielst.«

»Nein!«

Das Wort rutscht mir unfreiwillig heraus und meint offensichtlich: »Ja!«

Piers klopft mit dem Zeigefinger der rechten Hand auf ein schmales silbernes Feuerzeug. »Es ist mir ernst«, sagt er.

»Aber du liebst das Stück, Piers«, sage ich und denke daran, was passierte, als Nicholas Spare die Forelle schlechtmachte.

»Was genau ist in der Pause passiert?« fragt er und geht damit einer Antwort aus dem Weg.

»In der Pause?«

»Du weißt schon, als wir rausgingen.«

Ich zucke die Achseln. »Ach, wir haben nur ein bißchen gespielt, die schwierigen Stellen mit einer etwas anderen Herangehensweise zu lösen versucht ... «

»Da war etwas«, sagt Piers ruhig. Nach einer Weile fährt er fort: »Hoffentlich macht es dir nichts aus, aber ich will dich was fragen ...«

»Frag nur.«

»Du hast keine Bedenken, daß du es nicht schaffen wirst? Versteh mich nicht falsch. Die Stimmlage, die du normalerweise spielst ... «

»Meinst du, ob ich die Variation mit den hohen Trillern im vierten Satz hinkriege?«

251

Piers nickt, ein wenig verlegen. »Ja, die und andere Stellen. Es ist ein so exponiertes Stück.«

»Ich werd's schaffen«, sage ich überhaupt nicht beleidigt. »Ich habe sie schon einmal gespielt – im College. Das ist zwar Ewigkeiten her, aber es sollte wiederkommen. Aber, Piers, ich weiß, wie sehr du die Forelle liebst. Willst du wirklich so großzügig sein?«

»Ich bin nicht großzügig«, sagt Piers etwas bissig. »Es ist ein Stück, das man entweder brillant spielen muß, oder es klingt vollkommen flach. Das eigentliche Zusammenspiel findet zwischen dem Klavier und der Geige statt. Im Augenblick ist es für mich sogar eine Erleichterung, wenn ich es nicht spielen muß. Ich habe eine Menge um die Ohren – zuviel. Und wenn der Musikverein das Auswechseln eines Musikers akzeptiert, dann kann er auch das Auswechseln eines zweiten akzeptieren.«

»Was genau hast du um die Ohren?« frage ich und lächle.

»Ach«, sagt Piers vage, »dies und das.«

»Und jenes?« sage ich, ohne nachzudenken.

»Was?«

»Tut mir leid, ist mir nur so rausgerutscht. Ist so eine Redensart. Vergiß es.«

»Du bist ein seltsamer Kerl, Michael.«

»Also?«

»Also was?«

»Was hast du um die Ohren?«

»Ich werde die Sinfonia Concertante mit St. Martin-in-the-Fields spielen, und nach Wien muß ich gleich ein Solokonzert geben, und dann ist da noch der Bach, auf den du und die anderen ganz versessen sind.«

»Und du nicht?«

Piers breitet die Hände aus. »Ganz langsam komme ich mir vor, als wäre es mir nicht nur aufgedrängt worden. Aus irgendeinem Grund habe ich letzte Nacht um zwei Uhr geübt. Es scheint besonders süchtig zu machen.«

»Deine Nachbarn würden sich wahrscheinlich anders ausdrücken.«

»Welche Nachbarn?« sagt Piers mit einem etwas schiefen Lächeln.

252

»In diesem Bau habe ich keine Nachbarn. Über mir ist ein Reisebüro.«

»Ja, natürlich.«

»Jedenfalls ist es – wie du weißt – nicht das erstemal, daß ich anderer Meinung bin als meine Kollegen oder Partner oder Kohorten oder was immer ihr seid. Es muß ein Wort dafür geben.«

»Ko-Quarten.«

Piers spricht weiter, nicht weil er sich nicht über meine Bemerkung amüsiert, sondern weil er an etwas anderes denkt. »Ein Quartett ist schon ein sonderbares Ding. Ich weiß nicht, womit man es vergleichen könnte. Mit einer Ehe? Einer Firma? Einem militärischen Zug unter Beschuß? Einem eigennützigen, selbstzerstörerischen Orden? So viele unterschiedliche Spannungen sind mit seinen Freuden verbunden.«

Ich gieße uns beiden Wein nach.

»Ich glaube nicht, daß ich wußte, wieviel Schmerz dazugehört«, sagt er, halb zu sich selbst. »Zuerst Alex. Dann die Sache mit Tobias. Alle paar Jahre passiert etwas Erschütterndes – und es muß passieren.«

»Alex war vor meiner Zeit«, sage ich und versuche eine Diskussion dessen zu vermeiden, was uns alle in Mitleidenschaft zog, als Tobias über Piers' Seele herrschte.

»Das einzig Gute an diesem Monster von Hochhaus ist das morgendliche Licht, das von ungefähr elf Uhr an davon reflektiert wird«, sagt Piers. »Sonst wäre die Wohnung noch höhlenartiger.«

Ich nicke und sage nichts.

»Weißt du, es war das Licht in Venedig«, sagt Piers, nahezu ausschließlich zu sich selbst. »Wir waren einen Monat lang dort. Zuerst bekam er schreckliche Kopfschmerzen davon, dann hörten sie plötzlich wieder auf, und er begann es zu lieben. Ein paar Tage später hatten wir die großartige Idee, ein Quartett zu gründen. Alex hatte sie.« Er blickt auf sein Feuerzeug, dann sagt er, als ob er die Geduld mit sich selbst verlöre: »Warum rede ich ausgerechnet darüber?«

»Ich frage mich, ob es das Maggiore noch geben wird, wenn wir

253

einer nach dem anderen verschwunden sind«, sage ich. »Natürlich erst nachdem wir grauhaarig und berühmt sind.«

»Hoffentlich. Ein Dutzend Jahre sind nicht allzuviel im Leben eines Quartetts, obwohl sie einem manchmal wie ein Jahrhundert vorkommen. Das Takács hat zwei neue Mitglieder, vom Borodin ist nur noch der ursprüngliche Cellist übrig, beim Juilliard spielt keins der Gründungsmitglieder mehr. Aber sie sind immer noch, was sie waren.«

»Wie George Washingtons Beil?«

Piers runzelt die Stirn, wartet auf eine Erklärung.

»Zweimal wurde die Scheide ausgewechselt, dreimal der Griff, aber es ist immer noch sein Beil.«

»Ah, ja, ich verstehe … Ach, noch etwas: Du erinnerst dich an das Beethoven-Quintett und daß du die erste Geige spielen wolltest?«

»Das habe ich wohl kaum vergessen«, sage ich vorsichtig.

»Vermutlich nicht. Also, ich habe nachgedacht. Beziehungsweise noch einmal nachgedacht. Ich will nicht, daß noch einmal die Spannungen entstehen wie damals, als Alex und ich abwechselnd erste und zweite Geige spielten.«

»Ja. Ich stimme dir zu.«

»Aber vielleicht findest du es auf Dauer bedrückend, immer nur die zweite Geige zu spielen. Oder frustrierend.« Piers nippt an seinem Glas und sieht mich an, als hätte er eine Frage gestellt.

»Nein, eigentlich nicht«, sage ich und frage mich, ob ich es selbst glaube. »Es ist, also, es ist ein anderes Instrument als die erste Geige. Es ist eine Art Chamäleon, wechselt von Melodie zu Begleitung und wieder zurück. Es ist mehr – also, ich finde es interessant.« Im großen und ganzen glaube ich das wirklich.

»Aber in diesem Streichquintett wolltest du die erste Geige spielen?« hakt Piers nach.

»Das war aus einem besonderen Grund, Piers, das habe ich dir gesagt. Dieses Quintett bedeutet mir sehr viel.«

»Also, meine Frage ist ganz einfach: Würdest du es in Betracht ziehen, würde es dir etwas ausmachen, würdest du die erste oder ein-

254

zige Geige spielen wollen, wenn wir nicht im strengen Sinn als Quartett spielen?« Als er meinen überraschten Ausdruck sieht, fährt er fort: »Zum Beispiel in einem Streichsextett oder einem Flötenquartett oder einem Klarinettenquintett oder etwas in der Art.«

»Piers«, sage ich erstaunt, »ist dir der Wein zu Kopf gestiegen. Oder gehst du zu einem Analytiker?«

»Weder noch, das versichere ich dir«, sagt Piers etwas kühl.

»Also, es würde mir sicherlich nichts ausmachen, und ich könnte es in Betracht ziehen, aber ich bin mir nicht sicher, ob ich es wollte.«

»Das ist eine ziemlich komplizierte Antwort, und ein bißchen widersprüchlich.«

»Stimmt. Ich meine folgendes – und du hast es selbst angesprochen. So etwas können nicht nur wir beide entscheiden. Billy und Helen wird es nicht gefallen. Es hat sie gestört, als Alex und du euch abgewechselt habt. Und in einem Streichquintett oder -sextett wird es zwangsläufig denselben Effekt haben.«

»Und in einem Flötenquartett? Oder Klavierquintett – wie der Forelle?«

»Da könnte es anders sein, du hast recht. Ich werde darüber nachdenken, und – nein, ich werde nicht darüber nachdenken. Ich bin glücklich mit der zweiten Geige.«

»Du willst die Forelle also nicht spielen?«

»Doch!« sage ich schnell.

»Warum? Eine andere besondere Beziehung?«

»Nein, es ist mehr ad hoc als das. Ich möchte mit Julia spielen. Vielleicht ist es eins der letzten Male, daß sie ...«

»Daß sie was?«

»Mit anderen Musikern spielt.«

»Was genau willst du damit sagen?« Piers sieht mich aufmerksam an, alle seine forensischen Fühler sind ausgefahren. »Hat sie wirklich ernsthafte Probleme, mit anderen zusammenzuspielen?«

»Nein, nicht wirklich.«

»Michael, ich glaube nicht, daß du ganz ehrlich zu mir bist.«

»Doch, das bin ich. Sie will nur ihre Solokarriere vorantreiben. Und das heißt, daß sie immer weniger mit Ensembles spielen wird. Aber

255

ich weiß nicht, wann genau sie damit aufhören wird. Ich weiß nicht einmal, ob sie damit aufhören wird.«

»Spielt sie nicht gern Kammermusik?« fragt Piers.

»Das habe ich nicht gemeint«, sage ich aufgebracht.

»Was hast du dann gemeint? Was ist mit ihr los? Was ist bei der Probe gestern eigentlich passiert? Schwankt ihre Konzentration? Hat sie ein Problem mit diesem besonderen Stück? Oder ist es eure, eure Freundschaft? Du weißt es. Oder du hast zumindest eine Ahnung.«

Ich versuche, dieser nervösen, aggressiven Salve auszuweichen. »Ich weiß es nicht, Piers. In Zukunft wird es keine Probleme mehr geben.«

»Aber es gibt ein Problem«, sagt Piers. »Allmählich wünsche ich mir, mir wäre es gelungen, mit dir zu reden, bevor wir zugestimmt haben, daß sie mit uns spielt. Du weißt offensichtlich etwas, was der Rest von uns nicht weiß. Wir sind ein Quartett. Das basiert auf Vertrauen. Also, was ist es? Spuck's aus.«

Er hat mich in die Enge getrieben. Unter Druck habe ich gelogen, aber Piers weiß es. »Ich kann es dir erst sagen, nachdem ich mit ihr gesprochen habe«, sage ich schließlich.

Piers fixiert mich mit einem inquisitorischen Blick. »Michael, ich habe nicht die geringste Ahnung, was es ist, aber ich weiß, daß es mir Sorgen macht. Und du bist offensichtlich auch besorgt. Also, was immer es ist, du mußt es mir sagen – und du mußt es mir jetzt sofort sagen.«

»Es ist ein Problem mit dem Gehör«, sage ich nahezu lautlos und sehe dabei zu Boden.

»Ein Problem mit dem Gehör? Was für eine Art Problem mit dem Gehör?«

Ich sage nichts. Ich bin überwältigt von dem, was ich notgedrungen habe preisgeben müssen. Aber war nicht ich es, der einen Spaltbreit aufgemacht hat, damit er die Sache ans Tageslicht holt?

»Also?« sagt Piers. »Heraus damit, Michael. Oder ich rufe auf der Stelle Lothar an und lasse es mir von ihm sagen. Ich meine es ernst. Ich rufe ihn auf der Stelle an.«

»Sie wird taub, Piers«, sage ich hilflos. »Aber erzähl es um Himmels willen niemandem.«

»Ach, ist das alles?« sagt Piers. Alle Farbe ist aus seinem Gesicht gewichen.

»Ja, das ist alles.« Ich schüttle langsam den Kopf.

Piers mag verwirrt sein, aber ich weiß, daß er mir glaubt. »Das ist die Wahrheit, nicht wahr? Ja oder nein. Nur ein Wort.«

»Ja.«

»Wir rufen besser sofort Lothar an«, sagt er ganz ruhig. »Das ist eine Katastrophe.«

Er will aufstehen. Ich fasse ihn am Arm und zwinge ihn, sich wieder zu setzen.

»Nein«, sage ich und sehe ihm in die Augen. »Schlag dir das aus dem Kopf. Es ist keine Katastrophe.«

»Weiß Billy es? Helen?«

»Natürlich nicht. Ich habe es ihnen nicht erzählt. Ich hätte es auch dir nicht erzählen sollen.«

»Du hättest es uns sofort sagen müssen«, sagt Piers mit einer Spur Verachtung in der Stimme. »Wie hast du uns das verheimlichen können? Das bist du uns schuldig – und dir selbst.«

»Erzähl mir nicht, was ich mir schuldig bin«, sage ich aufgebracht. »Ich habe sie hintergangen, indem ich es dir erzählt habe. Und nur Gott weiß, ob sie mir das jemals verzeihen wird. Ich wollte es dir nicht sagen. Ich kann nur hoffen, daß es ihr irgendwie helfen wird – ich meine, wenn wir begreifen, welche Hinweise wir ihr geben und wo wir ihr die Führung überlassen müssen ...«

»Wir sollen also vor uns hin stolpern, oder?«

»Sie wird großartig spielen. Sie wird dich und die braven Bürger von Wien in Erstaunen versetzen, und Billy wird den Geist Schuberts anrufen, auf daß er uns segne, uns alle.«

»Auch mich, den stummen Zuschauer?«

»Auch dich, weil er weiß, was du geopfert hast.«

»Nach dem, was du mir gesagt hast, erscheint es mir kaum mehr als Opfer«, sagt Piers trocken.

»Du wirst schon sehen«, sage ich hitzig.

257

Ich erwarte, daß er etwas Bissiges über Julia sagt, aber er überrascht mich.

»Na, hoffentlich. Um unseretwillen und dem Geist von Schubert zuliebe.« Ein Weile denkt er beunruhigend ruhig nach. »Vielleicht haben mich Nicholas' Bemerkungen geärgert, weil ich gemischte Gefühle für die Forelle hege. Es ist ein komisches altes Stück. Es hält inne und beginnt von neuem und hat so viele Wiederholungen, und, du hast recht, der letzte Satz wirkt irgendwie drangehängt, aber ich liebe sie wirklich. Es scheint absurd, daß er erst zweiundzwanzig Jahre alt war.«

»Da können wir gleich aufgeben«, sage ich.

Nach einer längeren Pause sagt Piers: »Genau das habe ich lange Zeit auch gedacht. Aber jetzt glaube ich nicht mehr, daß alles, was nicht ein Meisterwerk ist, auch sinnlos ist. Ich stelle mir zwei Fragen zu dem, was ich hier in dieser Galaxie tue. Macht es jemand anders besser? Und ist es besser, daß ich das tue statt etwas anderes?« Er hält kurz inne. »Und ich glaube, gerade habe ich noch ein Frage hinzugefügt: Ist es besser, wenn das, was ich tue, jemand anders tut?«

»Verstehe, Piers. Danke. Aus ganzem Herzen.«

Piers hebt ernst das Glas. »Und aus vollem Glas?«

Ich nicke und proste ihm ernst zu.

»Vermutlich überrascht es dich, daß ich nicht gesagt habe, wie leid es mir für Julia tut.«

»Nein, es überrascht mich nicht«, erwidere ich, nachdem ich einen Augenblick darüber nachgedacht habe.

Aber ich bin überrascht über mich selbst, daß ich so unerwartet ihr Vertrauen gebrochen habe. Ohne darüber nachzudenken, gab ich meine Antworten so, daß mir − und ihr, versuche ich mir einzureden in der Hoffung, daß es wahr ist − die Last dieses Geheimnisses abgenommen wurde. Aber ohne ihre Zustimmung, ohne ihre Erlaubnis, wie konnte ich es nur tun? Ich lasse mir von Piers das Versprechen geben, daß er Helen und Billy nichts davon sagen wird unter der Bedingung, daß ich es ihnen morgen erzählen werde.

258

4.22

Sobald ich wieder zu Hause bin, schicke ich ihr ein Fax. Keine spaßhafte Parodie bürokratischen Stils diesmal, sondern die nackte Feststellung, daß wir uns aus dringenden Gründen am nächsten Morgen treffen müssen. Auch wenn sie nur zehn Minuten erübrigen kann, muß sie zu mir kommen.

Sie kommt. Vermutlich hat sie Luke gerade in der Schule abgeliefert. Als wir uns küssen, merkt sie, daß etwas nicht stimmt, denn sie weicht zurück und fragt mich, was los ist. Sie hat eine Stunde Zeit, schlägt jedoch vor, daß wir die zehn dringenden Minuten sofort hinter uns bringen.

»Julia, er weiß es. Ich mußte es ihm sagen.«

Sie sieht mich an, nahezu entsetzt.

»Ich habe es ihm gestern abend erzählt – ich konnte nicht anders. Es tut mir schrecklich leid.«

»Aber ich war gestern abend mit ihm zusammen«, sagt sie.

»Mit wem?«

»Mit James.«

»Nein, nein ich rede von Piers. Er hat gespürt, daß etwas nicht stimmt.«

»Aber – wovon redest du, Michael? Ist es denn so entscheidend, ob Piers es weiß? Was ist daran so dringend?« Sie beginnt, sich zu entspannen, obschon sie immer noch verwirrt ist.

»Und heute muß ich es Helen und Billy sagen. Deswegen wollte ich zuerst mit dir sprechen.«

»Aber, Michael – ich verstehe nicht –, was genau hast du ihm erzählt?«

»Also, von dir, deinem Problem.«

Sie schließt bestürzt die Augen.

»Julia, ich weiß nicht, was ich sagen soll … «

Aber ihre Augen sind noch immer geschlossen. Ich nehme ihre Hand und halte sie gegen meine Stirn. Nach einer Weile schlägt sie die Augen auf – aber sie sieht mich nicht an, sondern blickt durch mich hindurch. Ich warte, daß sie etwas sagt.

»Hättest du nicht zuerst mit mir reden können?« fragt sie schließlich.
»Es ging nicht. Er hat mich rundheraus gefragt. Es war eine Frage
des Vertrauens.«
»Des Vertrauens? Des Vertrauens?«
»Ich konnte ihn nicht ansehen und weiter lügen.«
»Was glaubst du, was ich zu Hause wegen dir tun muß? Es fällt mir
nicht leicht. Aber die Alternative wäre schlimmer.«
Ich erkläre ihr, was geschehen ist und wie. Ich erkläre ihr, daß es
sich vielleicht sogar als hilfreich herausstellen wird – wenn es Hinweise, Sympathie, Hilfestellung zur Folge hat. Ich weiß, daß all das
erbärmlich danach klingt, als wollte ich mich herausreden.
»Vielleicht«, sagt Julia ruhig. »Aber auf lange Sicht, warum sollte jemand, der es weiß, das auf sich nehmen?«
Auf ihre Frage weiß ich keine Antwort.
»Ich habe dir Schaden zugefügt«, sage ich. »Ich weiß. Es tut mir so
leid.«
»Ich bin nicht dumm, Michael«, sagt sie nach einer Weile. »Irgendwann mußte es sich herumsprechen. Mein Vater sagte immer, daß
es in der akademischen Welt undichte Stellen gibt, aber in der Welt
der Musik ist es viel schlimmer. Möglicherweise wissen es außer Lothar noch andere oder vermuten es zumindest. Ich habe mir den
Ruf erworben, exzentrisch zu sein, um es zu verbergen. Aber das
ist jetzt alles unwichtig.«
»Ich werde sie schwören lassen, es nicht weiterzuerzählen.«
»Ja«, sagt sie mit müder Stimme. »Ja. Tu das. Ich muß jetzt gehen.«
Sollte niemand mehr mit ihr auftreten wollen, werde ich beschleu-
nigt haben, was ich am meisten fürchte. Wie soll ich ihr jetzt sagen,
daß ich die Forelle mit ihr spielen werde? Es ist nicht der richtige
Zeitpunkt. Aber wenn nicht jetzt, wann dann?
»Bleib noch ein bißchen. Laß uns miteinander reden, Julia.«
»Und der Kontrabassist – Billys Freund?« fragt sie.
»Ich weiß nicht.«
»Ich muß gehen.«
»Wohin willst du?«
»Ich weiß nicht. Einen Spaziergang machen.«

260

»Im Park?«

»Wahrscheinlich.«

»Und du willst nicht, daß ich mitkomme?«

Sie schüttelt den Kopf. Diesmal wartet sie nicht auf den Lift, sondern geht die vielen Treppen zu Fuß hinunter.

4.23

Helen, Billy und ich treffen uns in einem Café. Helen hat die Handwerker im Haus, und ich schlage nicht meine Wohnung vor, weil sie im Augenblick noch von Julias und meiner letzten Begegnung belastet ist. Ich habe beschlossen, es beiden gleichzeitig zu erzählen. Ich entschuldige mich bei Billy, daß wir uns so unvorhergesehen und an diesem Ort treffen, aber er meint, er hätte sowieso in die Stadt kommen müssen. Es ihnen getrennt zu sagen wäre mir unerträglich gewesen. Ich will es hinter mich bringen.

Sobald unser Kaffee da ist, sage ich, was ich sagen muß. Zuerst wollen es beide nicht glauben. Helen sieht nahezu schuldbewußt aus. Billy befragt mich eingehend nach den praktischen Konsequenzen für das Musizieren. Ich erkläre, daß Piers Bescheid weiß, daß es sonst jedoch niemand erfahren darf. Helen nickt. Schock und Mitgefühl sind ihr anzusehen. Billy sagt, daß er es Lydia und sonst niemandem erzählen wird.

»Bitte, Billy«, sage ich. »Nicht einmal Lydia.«

»Aber wir haben keine Geheimnisse voreinander«, sagt er und fügt milde hinzu: »Darum geht es in einer Ehe.«

»Himmel, Billy, ich will nicht wissen, worum es in einer Ehe geht. Das ist kein Geheimnis zwischen euch. Ich vertraue dir ihr musikalisches Leben an. Glaubst du nicht, daß Lydia es verstehen würde?«

Billy sagt nichts, blickt aber erstaunt drein.

»Und der Kontrabassist, dein Freund Ben …«

»Es wird unmöglich sein, es vor ihm geheimzuhalten«, sagt Billy, der sich erholt hat und das Naheliegende angeht. »Er ist schlau. Es wird nicht so sehr daran liegen, wie Julia spielt, sondern wie wir uns alle verhalten werden. Überlaß ihn mir. Und nein, ich werde es Lydia nicht erzählen. Ich werde das Thema jedenfalls vermeiden.«

»Von allen Konzerten muß es ausgerechnet dieses sein«, sagt Helen. »Und ausgerechnet der Musikverein. Was sollen wir tun? Was können wir tun? Und sie tut mir so schrecklich leid.«

Billy sagt: »Wir haben die Wahl zwischen vier Möglichkeiten. Wir können das Konzert absagen. Wir können versuchen, auf die Schnelle jemand anders zu finden. Wir können mit ihr spielen und es niemandem sagen. Oder wir lassen die Forelle weg und spielen mit Zustimmung der Veranstalter etwas anderes. Ich persönlich bin der Meinung, daß wir noch einmal proben und schauen sollten, wie es geht. Beim letztenmal lief's sehr gut, abgesehen von dem komischen Fehler zu Beginn des Scherzos. Aber dieses Geheimnis ist jetzt auch gelüftet. Was meint Piers?«

»Piers spielt die Forelle nicht«, sage ich. »Ich spiele.«

Helen und Billy starren mich verständnislos an.

»Und ich bin der Meinung, daß wir's versuchen sollten«, sage ich.

»Ja, wir müssen es versuchen. Ich habe ein unglaubliches Gefühl, was diese Sache anbelangt. Es wird ein hervorragendes Konzert werden. Glaubt mir, wir werden die Wiener in Erstaunen versetzen. Ich weiß, daß an diesem Abend alles klappen wird.«

4.24

Ich faxe Julia, daß ich die Forelle spielen werde. Es ist die einzige Möglichkeit, wie ich sie vor der Probe davon informieren kann. Es bleibt keine Zeit mehr, ein Treffen zu arrangieren, auch wenn sie mich noch treffen wollte. Ich erhalte keine Antwort.

Wir sehen uns bei der Probe. Ich habe tagelang geübt und weise nach außen hin die Gelassenheit von jemandem auf, der vor Nervosität ganz benommen ist. Sie nickt mir ohne besondere Wärme zu. Vielleicht versucht sie, zu allen die gleiche angemessene Distanz zu wahren. Ben Flath hält – vermutlich auf Billys Rat hin – den Kontrabaß etwas dem Klavier zugewandt, damit sie die Bewegungen seiner Hände besser sehen kann. Der tiefe Rhythmus des Basses hilft enorm. Ebenso Billys übertriebenes Auftaktnicken und seine Gesten auf leeren Saiten, die er jetzt als vollkommen berechtigt empfindet. Dieses visuelle Drama muß abgemildert werden, wenn wir in Wien proben, aber hier hilft es uns.

Mit ihr zu spielen, ja die Forelle zu spielen, was ich bislang nur einmal getan habe – vor Jahren in Manchester –, ist die Erfüllung einer mir nicht bewußt gewesenen Erwartung. Doch trotz des Glücksgefühls, das dem Stück innewohnt, hat unser Spiel etwas Angespanntes und Eigenartiges. Wenn wir in großen Bögen spielen, gibt es kaum Probleme. Wenn wir Takt für Takt spielen, hilft Piers als der Beobachter mit Diskretion, Analysen, sparsamen Kommentaren und Hinweisen dabei, ihr zu erklären, was sie in dem verbliebenen Klang, der ihre Gehörnerven noch erreicht, eventuell nicht mitbekommen hat.

Zuerst bin ich überrascht, daß Piers während der gesamten Probe anwesend ist. Schließlich hat er eben erst auf seine Teilnahme verzichtet. Aber er verhält sich nicht wie ein Kontrolleur, sondern wie ein außenstehender Ratgeber in einer Situation, die sowohl für unser Quartett als auch für Julia neu ist: Alle sind sich ihres körperlichen Defizits bewußt.

Trotz ihres kühlen Verhaltens mir gegenüber habe ich nach der Probe das Gefühl, daß wir ein paar Schritte vom Abgrund zurückgewichen sind.

Aber als Piers sagt: »Ich glaube, ihr solltet vor Wien noch einmal proben«, nicken alle, auch der zuvorkommende Ben Flath.

4.25

Wir proben noch einmal. Diesmal klappt es gut. Das Brummen des Basses harmoniert mit ihrem Rhythmus. Sobald wir fertig sind, spricht sie noch ein, zwei Worte mit mir – nicht mehr als mit den anderen auch – und geht.

Ich weiß nicht, was ich fürchten soll. Ist ihr Vertrauen geschrumpft, oder braucht sie Zeit für sich allein, um mit dem Stück klarzukommen? Seit Tagen habe ich nichts von ihr gehört. Sie läutet nicht an der Tür; sie schreibt nicht. Es nagt an der Gelassenheit, zu der ich mich zwinge. Ich denke die ganze Zeit an sie.

Die Nächte sind kühl, die Tage sind licht vom Frühling. Im Park hat sich das Grün an den unteren Ästen der Bäume bis in die Spitzen ausgebreitet, und die weite, ungehinderte Sicht auf den See und die niedere Kuppe durch das Gewirr kahler Äste, die ich so liebe, ist jetzt vom Laub verstellt und gebändigt. Die Welt steht in voller Blüte, und wenn ich verdrossen und niedergeschlagen bin, dann liegt das an dem mit jedem Tag stärker werdenden Gefühl, daß ich sie mit niemandem teilen kann. In ein paar Tagen ist es Mai, und wir werden alle nach Wien fliegen.

Schließlich schickt sie mir eine Nachricht: Ob ich in zwei Tagen zum Mittagessen kommen will? James käme es gelegen: das Ende der Woche, der Tag des Ausruhens, Aktien und Wertpapiere sind für kurze Zeit vergessen. Aber sie schreibt auch, daß sie mich vermißt. Mittagessen deswegen, weil Luke dabeisein wird, der mich gern wiedersehen würde. Alle lassen grüßen.

Seit langem die ersten wirklichen Worte von ihr, doch was bedeuten sie? Warum muß ich ihn jetzt kennenlernen? Warum dieses Risiko auf mich nehmen – ist es vielleicht das, was sie will? Muß ich geknebelt und geschlagen werden für das, was ich getan habe? Ich kenne James nicht, aber alle lassen grüßen. Was werde ich antworten? Alle: Mann, Frau, Kind, Hund. Von meinem hohen Bau aus betrachte ich die Welt. Natürlich werde ich zusagen und versuchen, so gut ich kann, die Gelassenheit zu heucheln, die ich nicht empfinde. Denen, die sie liebt, darf nicht weh getan werden. Aber ich weiß, daß ich nicht gut darin bin: Wenn ich könnte, wie ich wollte, würde ich nicht hingehen. Ich würde eine Ausrede finden, Zeitmangel oder zuviel Arbeit, um mich davor zu drücken. Aber ich habe sie schon so lange nicht mehr gesehen. Wenn es ein Risiko ist, dann eines, das mir angeboten wird, und ich gehe darauf ein, ob es mir nun behagt oder nicht. Ich antworte und schreibe, obschon mir unwohl dabei ist, daß ich gern kommen werde.

264

4.26

Hinter meinem linken Ohr pocht ein Schmerz. Es läutet, es ist die Kierchenglocke in meiner Nähe, die ein G schlägt. Es ist der Tag des Mittagessens bei Julia. Ich rasiere mich sorgfältig. Meine Augen blicken zweifelnd.

Was weiß James Hansen? Wieviel hat sie ihm erzählt, um ihretwillen, seinetwillen? Die Trennung in Wien vor so vielen Jahren war bitter für sie. Wenn es keine Lösung, keine Erlösung von all dem gab, was ihr Herz ertragen mußte, hat sie dann davon gesprochen? Hat sie ihm davon erzählt ungeachtet dessen, was er davon gehalten haben mag, nicht der erste gewesen zu sein, den sie erwählte – nicht die erste Wahl?

Aber warum sollte er etwas von unserer Vergangenheit wissen? Ich bin einer ihrer Musikfreunde, mehr nicht; ein Kollege aus alten Zeiten, aus der Stadt, in der er sie kennenlernte. Sie hat mir nicht erzählt, wie er ihr den Hof machte, ob sie zu Mnozil oder Lier oder ins Café Museum gingen, ob diese Zonen, die uns so vertraut waren, einen Eindringling zuließen oder ob sie ihn von diesen Orten fernhielt. Warum hätte sie ihm von mir erzählen sollen, von unseren Treffen in grauen Räumen, von unserer Trennung an einem Tisch unter Kastanienbäumen?

Welche Geheimnisse überleben neun Jahre Ehe oder neunmal so lange?

Was, wenn James und ich uns nicht mögen, was dann? Was wenn ich ihn mag?

Er war es, der sie dazu brachte, wieder zu spielen, wofür ihm alle, die sie gehört haben, dankbar sein müssen. Ich bin ihm dankbar. Ich will ihn nicht kennenlernen. Sieht sie keine Gefahr?

Warum will sie, daß ich sie dort wiedersehe? In ihrem ersten langen Brief schrieb sie von Fenstern, Klavieren, Gärten: Sie kennt meinen Stil und meine Umgebung; sollte ich nicht ihre kennenlernen? Aber warum getrennte Existenzen vereinen: ihr Leben mit mir, ihr Leben mit ihm? Oder wird mein Kommen unsere Schuld mindern? Oder Zweifel zerstreuen, wenn Luke von mir spricht? Oder weiß sie, daß es mit uns nicht gutgehen kann? Bin ich einem Brief vergleichbar, der absichtlich-unabsichtlich liegengelassen wird, damit die Dinge, unausgesprochen, verstanden werden?

Kann ich nicht krank sein? Aber sie nicht sehen? Das leichte Parfüm nicht riechen, das sie trägt, oder die Erinnerung an den dunkleren Geruch nicht ausgraben? Sie sagt, sie vermißt mich. Es muß stimmen. Ich gehe die von weißen Häusern gesäumten Plätze und Straßen entlang, die mich zu ihr führen.

4.27

Er macht die Tür auf, nicht sie.

»Hallo, ich bin James. Sind Sie Michael?« Er schüttelt mir die Hand, lächelt unbefangen.

Ich nicke. »Ja. Freut mich, Sie kennenzulernen.«

Er ist kleiner als ich, stämmiger. Glatt rasiert, blauäugig wie sie, blond. Lukes dunkles Haar muß ein Atavismus sein. Man hört, daß er aus Boston stammt, er bemüht sich nicht, seinen Akzent zu anglisieren.

»Kommen Sie rein. Julia ist in der Küche. Luke ist draußen im Garten. Er hat mir erzählt, daß Sie sich kennengelernt haben.«

»Ja.«

»Er will Ihnen ein paar Rätsel stellen ... Alles in Ordnung?«

»Ich habe leichte Kopfschmerzen. Die werden weggehen.«

»Tylenol? Nurofen? Aspirin?«

»Nein, danke.« Ich folge ihm ins Wohnzimmer.

»Also, was wollen Sie trinken? Sagen Sie bloß nicht Orangensaft. Ein Glas Wein? Einen Martini? Ich werde Ihnen einen mixen, der Ihre Kopfschmerzen im Nu vertreibt.«

»Na gut, einen Martini.«

»Gut. Ich mag Martini, Julia dagegen nicht. Auch ihre Freunde mögen Martini nicht. Überhaupt niemand in diesem Land mag Martini.«

»Warum haben Sie mir dann einen angeboten?«

»Ich habe die Hoffnung nicht aufgegeben, doch noch jemanden zu finden, dem er schmeckt. Waren Sie in Amerika?«

»Ja. Auf Tournee.«

»Und in einer Woche nehmen Sie Julia mit nach Wien?«

»Ja, das tue ich, beziehungsweise wir.«

»Gut. Sie braucht mal eine Pause.«

»Also, eine Pause ist es eigentlich nicht«, sage ich und verspüre – und bemühe mich, sie nicht durchklingen zu lassen – eine merkwürdige Wut angesichts dieser Bemerkung. »Es ist harte Arbeit für sie. Wäre es für jeden. Aber da sie taub ist ... «

»Ja«, sagt er nur. Er ist mit meinem Drink beschäftigt. Dann, nach einer Weile: »Sie ist erstaunlich.«

»Das finden wir alle.«

»Wie spielt sie?«

»Noch schöner als damals.«

»Wann?«

»In Wien«, sage ich und blicke aus dem Erkerfenster des Wohnzimmers hinaus auf eine kahle Platane, die anscheinend noch nicht gemerkt hat, daß es April ist.

»Natürlich«, sagt James Hansen. »Der ist gerührt, nicht geschüttelt. Ich bin da nicht eigen.«

»Ich auch nicht«, sage ich und nehme den Drink. »Das ist der Vorteil, wenn man kein Experte ist. Das Aufregendste für mich ist die Olive.«

Was rede ich da? Mein Blick fällt auf ein Hochzeitsfoto, ein Bild von Julias Vater, der (vermute ich) das Baby Luke hält. Fotos, Gemälde, Bücher, Teppiche, Vorhänge, Sofakissen – ein belebter Raum, ein Leben so unerschütterlich wie ein Felsen.

James Hansen lacht. »Das ist interessant«, sagt er. »Ich begreife, daß sich Expertentum im Bankwesen auszahlt. Aber in der Kunst könnte es von Nachteil sein. Wenn man kein Gespür für die feinen Unterschiede hat, kann man viel mehr Dinge genießen.«

»Das glauben Sie doch nicht im Ernst?« sage ich.

»Nein, nicht wirklich«, sagt er gleichmütig.

Ist das der Mann, mit dem Julia verheiratet ist? Ist das der Mann,

267

mit dem sie jede Nacht im selben Bett schläft? Was tue ich hier, warum tausche ich mit ihm Höflichkeiten aus?

»Sollen wir warten«, sagt er, »bis Julia kommt, oder sollen wir nachsehen, was sie tut? Caroline – das ist unsere Haushaltshilfe – hat heute frei, und Julia hat beschlossen, eine Art Schmorbraten zu machen, das heißt normalerweise, daß sie nicht die ganze Zeit in der Küche sein muß. Aber vielleicht hat sie das Klingeln nicht gehört.«

Die Küche befindet sich, von der Straße aus gesehen, im Souterrain, geht jedoch hinaus auf den Garten. Luke kommt gerade hereingelaufen, und Julia dreht an einem Knopf am Herd, als wir, Gläser in der Hand, am Fuß der Treppe anlangen.

»Luke!«

»Dad! Buzby hat Mrs. Newtons Katze gejagt, und sie ist ... Oh, hi!«

»Hallo Luke ... Hallo, Julia«, sage ich, denn Julia hat sich umgedreht und lächelt uns alle an.

Julia die Hausfrau habe ich nie zuvor gesehen. Sohn; Mann; ein großer solider Herd; ein Blick auf cremefarbene Kamelien im Garten; Kupfertöpfe hängen an der Decke; Schürze; Schöpfkelle. Ich bin verwirrt von diesem Glanz.

»Wo ist Buzby?« frage ich Luke. In meinem Kopf herrscht plötzlich eine erschreckende Leere.

»Im Garten natürlich«, sagt Luke.

»Das Essen ist fertig«, sagt Julia. »Aber zuvor will ich Michael noch den Garten zeigen. Würdest du den Tisch decken, Liebling?«

Sie legt die Schürze ab, öffnet die Tür und führt mich hinaus auf das kleine Gartenstück, das dem großen Gemeinschaftsgarten vorgelagert ist. Wir sind allein.

Eine Weile spricht sie über die Pflanzen: rote und gelbe Tulpen, manche schon voll erblüht; üppige braungelbe Mauerblümchen; ein paar Stiefmütterchen, braunrot und lila, die noch aushalten; und, ach ja, diese erstaunlichen verspäteten Kamelien.

Er ist also der »Liebling«. Ich bin ein Gast: gelitten oder gern gesehen, da ist kaum ein Unterschied. Meine Gastgeberin ist die erlesene Julia ... Julia und James, so ein liebenswürdiges Paar ... wie füreinander geschaffen, ja, sogar ihre Monogramme sind gleich ... eine

268

charmante Bereicherung unserer kleinen Gemeinschaft hier – obwohl er Amerikaner ist, wie Sie wahrscheinlich wissen.

Julia folgt meinem Blick zu der alten Glyzinie an der Wand, deren Blüten in allen Lebensphasen herabhängen, knospend, voll erblüht, verwelkt. Bienen summen geschäftig herum. Welchen Anteil an einem Garten haben die Geräusche, die die Tauben nicht hören? Unsere Schritte auf dem Kies, das Tropfen des Wassers in dem kleinen Brunnen, zwitschernde Vögel, summende Bienen? Wieviel von einem Gespräch muß man in den Augen lesen?

»Ich habe sie nie wirklich kennengelernt«, sagt Julia. »James kam her und hat alles arrangiert; es war damals eine harte Zeit für mich. Es war eine Familie, die zwanzig Jahre hier gelebt hat.«

Ich nicke. Ich traue mir nicht zu, etwas zu sagen. Ich meine, halb verrückt zu werden. Zwanzig Jahre. Laßt sie uns messen in Stapeln von Fotos, in Schulgebühren, in gemeinsamen Mahlzeiten, in den angenehmen Freuden des ehelichen Betts, in gemeinsam durchlittenen harten Zeiten, in der Knorrigkeit der Glyzinie. Laßt sie uns messen in Vertrauen, das zu schwer wiegt, um eine Unze zu wiegen.

»Dieser zitronig-jasminige Duft, von dem einem fast schwindlig wird, stammt von den kleinen weißen Blüten da. Man kann es kaum glauben, findest du nicht auch?«

»Ach, ich dachte, das wärst du.«

Julia errötet. »Sind sie nicht wunderschön?« fragt sie und deutet auf die cremefarbenen Kamelien. »Sie heißen Jury's Yellow.«

»Ja«, sage ich. »Wunderbar.«

Sie runzelt die Stirn. »Die Sache mit den Kamelien ist, daß sie einem nicht rechtzeitig mitteilen, wenn sie sterben. Wenn ihnen Wasser fehlt, wirken sie nicht unglücklich und geben einem nicht zu verstehen, daß sie leiden. Sie gehen einfach ein.«

»Warum hast du mich eingeladen? Warum?«

»Aber, Michael ...«

»Ich werde wahnsinnig. Warum mußte ich ihn kennenlernen? Hast du nicht vorausgesehen, was passieren wird?«

»Warum hast du zugesagt, wenn du so darüber denkst?«

»Wie sonst sollte ich dich sehen?«

»Michael, bitte – bitte, mach keine Szene. Laß mich nicht noch einmal im Stich.«

»Noch einmal?«

»James kommt auf uns zu … Bitte, Michael.«

»Das Mittagessen steht auf dem Tisch, Liebes«, sagt James Hansen beim Näherkommen. »Tut mir leid, daß ich eure Tour abkürzen muß, aber ich bin am Verhungern.«

Das Mittagessen vergeht wie in einem Nebel. Worüber sprechen wir? Daß sie normalerweise nicht mehr als zwei Gäste einladen, weil es sonst schwierig wird, der Unterhaltung zu folgen. Daß es keinen Sellerie mehr gibt, weil Julia nichts mehr versteht, wenn sie oder jemand anders ihn kaut. Der Hagel vor zwei Wochen. Lukes Musikunterricht. Sein am meisten verabscheutes Fach in der Schule. Der Zustand Großbritanniens und der Zustand der Vereinigten Staaten. Der Unterschied zwischen amerikanischen und deutschen Steinways. Irgend etwas über Gepflogenheiten von Banken: Ich kann mich nicht einmal mehr an meine Frage erinnern oder warum ich sie gestellt habe, da mich dieses Thema nicht interessiert. Ja, Lammbraten. Ach, Projektfinanzierung? Couscous – ich liebe es, ja. Ihr Mann hat einen scharfen Blick, er ist geistreich und argumentiert stichhaltig; er entspricht nicht meiner Vorstellung eines Bankiers von der Ostküste. Ich verstehe nicht, daß er es nicht merkt; aber wäre er so gelassen und *freundlich*, wenn er es merkte? Reispudding mit Rosinen bestreut. Mutter Bär, Vater Bär und Baby Bär essen alle ihren Haferschleim. Ich empfinde dumpfen Haß für diesen anständigen Mann.

»Großmutter kommt in einer Woche. Ihr Reispudding ist noch besser«, sagt Luke. »Sie tut noch mehr Rosinen rein.«

»Ich dachte, sie kommt zu dem Konzert in Wien«, sage ich.

Luke lacht. »Das ist Oma, nicht Großmutter.«

Was tue ich hier? Ist das nicht unbesonnen? Oder war die eigentliche Unbesonnenheit, als sie in der Wigmore Hall in die Garderobe kam? Bin ich so etwas wie eine Alge an diesem Felsen?

»Soweit ich weiß, fliegt ihr alle zusammen«, sagt James.

270

»Ja, im selben Flugzeug«, erwidere ich. »Unsere Agentin hat ein sechstes Ticket ergattert, nachdem jemand zurückgetreten ist.«

»Ist sie bei allen Tourneen dabei?«

»Nein, das nicht.«

»Es ist ein großartiger Saal, in dem ihr spielen werdet«, sagt James. »Julia sagt, daß er die beste Akustik in der Welt hat. Wir waren ein paarmal dort. In meinen Ohren klang es wirklich ziemlich gut.«

Ich sage nichts.

»Wir spielen in dem kleineren Saal, Liebling, im Brahms-Saal«, sagt Julia zu ihrem Mann. »Ich glaube nicht, daß wir dort jemals ein Konzert gehört haben.«

»Für wen ist das sechste Ticket?« fragt James.

»Für Billys Cello«, sage ich. Wie bewundernswert gleichmütig meine Stimme klingt.

»Wollen Sie damit sagen, daß es zwischen den Passagieren sitzt?«

»Ja.«

»Und Kaviar zu essen kriegt?«

Julia lacht. Luke stimmt unsicher mit ein. »Nicht in der Economy Class«, sage ich.

Nein, Julia, ich habe keine Szene gemacht. Aber warum bin ich hier? Um mein Herz zu sieden für das, was ich getan habe? Es fehlt nicht mehr viel, und ich werde dich dafür hassen.

»Muß es beim Start den Sicherheitsgurt anlegen?« fragt Luke.

»Ja, ich glaube schon ... Tut mir leid, aber ich muß gehen.«

»Aber du hast den Rest des Hauses noch nicht gesehen«, sagt Julia.

»Du hast mein Musikzimmer noch nicht gesehen ...«

»Und ich habe dir noch keine Rätsel aufgegeben.«

»Tut mir leid, Luke, wirklich. Das nächstemal. Das Essen war wunderbar. Vielen Dank für die Einladung.«

»Trinken Sie zumindest Ihren Kaffee aus«, sagt James lächelnd.

Ich tue es. Es könnte genausogut Bleichlauge sein.

»Also, es war uns ein Vergnügen«, sagt er. Er wendet sich von ihr ab und fügt hinzu: »Das kann man nicht von allen Freunden Julias behaupten. Ziemlich unhöflich von mir, das zu sagen. Also, ich hoffe, wir sehen Sie bald wieder.«

271

»Ja ... ja ... «

Als wir zur Tür gehen, läutet es, ein langes beharrliches Klingeln – ein Akkord aus zwei Tönen, einer hoch, der andere tief. Julia scheint es zu bemerken.

»Erwarten wir jemanden?« fragt James.

Eine herausgeputzte Frau und ein kleiner Junge stehen vor der Tür. »... wir sind gerade vorbeigefahren, und er hat darauf bestanden, und weil wir schon so nahe waren, hatte es natürlich keinen Sinn mehr, vom Handy aus anzurufen, und außerdem heißt es, daß es im Auto gefährlich ist ... oh, hallo«, sagt sie und sieht mich an.

»Hallo«, sage ich. Sie kommt mir bekannt vor. Hinter meinen Augen pocht es so stark, daß ich mich auf nichts konzentrieren kann. Ihre Straße führt in einem Bogen über eine andere verkehrsreiche Straße. Wer kann auf beiden zugleich fahren? Alles fasert aus, Blumen blühen zu spät oder zu früh, und die Bank ist eingeschritten und hat übernommen. Luke wird zwanzig, vierzig, sechzig Jahre in Reispuddingrosinen abzählen. Wer soll die Vorrechte und die verborgenen Vergangenheiten des chamäleonhaften Wortes *Liebe* aufspüren? Was hat dieser Mann mit Wien zu tun? Dort zumindest haben auch wir eine Vergangenheit. Kein Fremder kann in Wien die Grenzen wirklich überschreiten. Er war auf der Durchreise dort, mehr nicht. Die Stadt gehört uns.

Fünfter Teil

5.1

Billy und sein Cello sitzen nebeneinander auf dem Flug am späten Nachmittag. Piers und Helen haben Plätze in seiner Nähe. Vier Reihen weiter hinten sitzen Julia und ich, sie am Fenster, ich neben dem Gang. Vor einer Weile hat sie gelesen. Jetzt döst sie.

Eine Stewardeß der Austrian Airlines kommt mit einem Tablett vorbei und bietet in farbige Papierservietten gewickelte Sandwiches an. »Die grauen sind mit Käse, die anderen mit Lachs.«

»Wie bitte?« sage ich und bemühe mich, sie in dem Motorenlärm zu verstehen. Ich sehe nichts, was auch nur im entferntesten grau wäre.

»Die grauen Sandwiches sind mit Käse, die anderen mit Lachs belegt«, wiederholt sie in einem Gott-schütze-mich-vor-diesem-Idioten-Tonfall.

»Ich bin kein Schwachkopf«, sage ich zu ihr. »Ich bin des Englischen mächtig. Welches sind die Grauen?«

»Diese«, sagt sie mit verdutztem Blick und deutet mit dem Finger darauf.

»Was ist grau daran? Der Belag?«

Sie sieht mich ungläubig an. »Die Serviette natürlich ... oh, tut mit leid, Sir, mir war nicht klar, daß Sie farbenblind sind.«

»Bin ich nicht. Sie müssen diejenige sein, die farbenblind ist. Diese hier sind grün.«

Sie reißt erstaunt die Augen auf und hält mir auch noch das Tablett hin, nachdem ich Sandwiches genommen habe. Dann hastet sie davon, ohne weiter zu bedienen.

»Sie hat die ganze Zeit grün gesagt«, sagt Julia, die rechtzeitig aufgewacht sein muß, um den Wortwechsel zu verfolgen.

»Warum hast du mich dann nicht davon abgehalten, einen Narren aus mir zu machen?«

»Schieb mir nicht die Verantwortung dafür zu. ›Grau‹ und ›grün‹

275

sehen bei der Aussprache unterschiedlich aus. Aber egal, warum warst du so unhöflich zu ihr?«

»Ich unhöflich zu ihr?«

»Wenn du eine Autoritätsperson siehst, stellt sich dir der Kamm auf. Dazu braucht es nur eine Uniform.«

»Seit wann sind Stewardessen Autoritätspersonen?«

»Autoritäre Melonen?«

Ich muß lachen.

»Ja, lach du nur«, sagt Julia. »Aber es ist schwierig, aus dieser Entfernung und aus diesem Winkel von den Lippen abzulesen. In der Business Class ist es einfacher.«

»Da bin ich sicher. In der First Class ist es noch einfacher. Ich glaube dir aufs Wort.«

Seit dem Mittagessen bei ihr zu Hause haben wir uns nicht mehr gesehen. Julia hätte beinahe den Flug verpaßt und kam erst, als wir bereits an Bord gingen. Als das Zeichen für den Sicherheitsgurt erlosch, entdeckte ich sie neben einem grauhaarigen Mann, der in die zollfreien Geheimnisse des Bordmagazins vertieft war. Ich fragte ihn, ob es ihm sehr viel ausmachen würde, den Platz mit mir zu tauschen. Meine Frau und ich hätten zu spät eingecheckt, um noch Plätze nebeneinander zu bekommen. Ich sprach sie zweimal mit »Liebling« an. Er war sehr entgegenkommend, und nachdem er gegangen war, gab Julia mir zu verstehen, daß sie verärgert sei.

Aber ich habe beschlossen, daß vorbei ist, was vorbei ist. Jetzt sind wir unterwegs nach Wien. Ich werde nicht an den ersten Abend denken, an dem wir uns kennenlernten, oder an das fahle Licht, als wir uns trennten. Die Stille der Kaffeehäuser wird uns guttun. Aber wir sind hier als Musiker, nicht als Liebespaar.

Wir sprechen nicht über das Mittagessen, zu dem sie mich zwang. Sie erklärt, daß sie noch über eine Woche bei ihrer Mutter in Wien bleiben wird, nachdem wir wieder abgereist sind. Ihre Schwiegermutter ist in London und versorgt Luke. Sie sagt, daß Maria uns für den nächsten Tag zum Mittagessen eingeladen hat.

»Nervös?« frage ich.

»Ja.«

»Seltsam, nicht wahr?« sage ich. »Erinnerst du dich, wie wir nach einer Bratsche und einem Kontrabaß suchten, um mit unserem Trio die Forelle zu spielen?«

»Maria möchte, daß ich mit ihr nach Kärnten fahre.«

»Und kannst du?«

»Nicht wirklich.«

»Kannst du deiner Mutter nicht sagen, daß du diese vier Tage bei uns im Hotel wohnen wirst? Schließlich bist du hinterher noch über eine Woche bei ihr.«

Sie schüttelt den Kopf. Und schließt erneut die Augen. Sie sieht müde aus.

Hätte London uns je wiedergeben können, was wir in Wien verloren? Kann Wien uns wiedergeben, was wir in London verloren? Ich lasse meine Gedanken im leisen Dröhnen des Flugzeugs untergehen und blicke an ihrem Gesicht vorbei in den Abendhimmel.

5.2

Die Wolken haben sich aufgelöst; die Sonne geht unter, und es wird Nacht. Umgeben von einem Ring aus Wald, der so schwarz ist wie ein See, kommt Wien in Sicht – das große Riesenrad, ein Turm, goldene Gitter, hier ein weißer Ausläufer aus Silber und dort eine lichtlose Zone, die ich nicht identifizieren kann. Wir landen pünktlich.

Wir reden kaum miteinander, Julia und ich, während das Förderband mit den größer und kleiner werdenden Ansammlungen von Gepäckstücken an uns vorbei seine Runden dreht. Es ist alles zu fremd und zu vertraut. Ich spreche mit Billy und lasse sie dabei nicht aus den Augen. Ihr Koffer ist bald da.

Mrs. McNicholl ist gekommen, um ihre Tochter abzuholen und nach Klosterneuburg zu bringen. Ein Paar Minuten später taucht Lothar auf, um uns zu begrüßen und in das Hotel am Schubertring zu verfrachten. Er spricht von hundert Dingen, nichts davon registriere ich.

Ich bin zu unruhig, um zu schlafen. Um Mitternacht stehe ich wieder auf und ziehe mich an. Ich überquere die Trambahnschienen und gehe ins Herz der Stadt. Stundenlang schlendere ich herum, hier und da: Hier, wo das geschah, da, wo jenes gesagt wurde.

Ich kann die Stadt nicht mehr sehen, wie ich sie einst sah: neugierig, mit hingerissenem Staunen. Diese Formen sind für mich Zustände des Geistes. Groß, kühl und aus schwerem Stein, halb gespenstisch, halb gemütlich, das übergroße Herz eines gestutzten Körpers. Wien ist jetzt still.

Still ist die Nacht, es ruhen die Gassen. Meine Schritte durchwandern entvölkerte Straßen. Meine Gedanken brennen einer nach dem anderen aus. Gegen drei gehe ich wieder ins Bett und falle in einen traumlosen Schlaf – zumindest erinnere ich mich an die Träume nicht. *Gute Ruh, gute Ruh, tu die Augen zu.*

5.3

Am nächsten Morgen kommt Julia nach dem Frühstück ins Hotel, und wir fünf plus Lothar fahren zu dem langen Gebäude im 4. Bezirk, in dem die alte Bösendorfer Klavierfabrik, einige ihrer Geschäftsräume, ein kleiner Konzertsaal und ein paar Übungsräume untergebracht sind. Einen davon werden wir benutzen. Normalerweise ist das Gebäude am Sonntag geschlossen, aber Lothar hat ein paar Fäden gezogen. Unser Konzert ist am Dienstag, wir haben also nicht mehr viel Zeit zum Proben.

Petra Daut und Kurt Weigl, die mit uns spielen werden, sind bereits da. Keiner von uns kennt sie, außer vom Hörensagen, und der rundliche und herzliche Lothar macht uns miteinander bekannt.

Petra, die Kontrabassistin für die Forelle, hat ein rundes Gesicht, dunkles lockiges Haar und lächelt bereitwillig, was ihren unauffälligen Zügen eine überraschende Attraktivität verleiht. Nach getaner Arbeit verschwindet sie im Bermudadreieck, da sie ihren Lebensunterhalt überwiegend als Jazzerin in einem Nachtclub verdient. Lothar hat uns jedoch versichert, daß sie einen ausgezeichneten Ruf als klassische Musikerin hat und die Forelle bereits mehrere Male öffentlich gespielt hat.

Kurt, der zweite Cellist für das Streichquintett, ist blaß, groß, höflich, schüchtern und wohlüberlegt in seinen Ansichten. Er hat einen schmalen blonden Schnurrbart. Sein Englisch ist hervorragend, bisweilen durchsetzt von archaischen Wortbildungen, zum Beispiel wenn er seine tiefe Mißbilligung der Kritiker zum Ausdruck bringt, die die Forelle als »vernachlässigbares« Stück bezeichnen. Das ist nett von ihm, da er dabei nicht mitspielt. Er wußte, daß wir es als erstes proben würden, wollte aber von Anfang an dabeisein, um sich an unseren Stil zu gewöhnen. Infolgedessen mußte ihm Lothar jedoch von Julias Hörbehinderung erzählen.

Petra weiß seit Wochen davon. Piers und Erica bestanden darauf, daß sie es so früh wie möglich erfahren sollte. Laut Lothar schwieg sie kurz am Telefon und sagte dann: »Um so besser. Dann wird sie das Durcheinander nicht hören, das ich zusammenspiele.« Aber jetzt erklärt ihr Julia, daß sie den Kontrabaß im Gegenteil am deutlichsten hören wird. Wir drei stehen etwas abseits und sprechen darüber, wie wir die Dinge hinsichtlich Sicht und Spielweise am besten gestalten könnten. Ich sehe, daß das Gespräch Julia anstrengt, die in den letzten Monaten kaum Gelegenheit hatte, deutsch von den Lippen zu lesen. Das Problem besteht darin, daß Petra immer wieder ins Deutsche fällt, wenn sie fürchtet, eine Nuance im Englischen nicht adäquat ausdrücken zu können.

Das Gebäude ist höhlenartig und menschenleer. Als wir unseren Übungsraum betreten, finden wir dort ein erstaunliches Ding von einem Flügel vor: rot und mit einem abstrakten Muster aus Blattgold dekoriert. Sogar die Kante des Deckels und der Rahmen sind rot gerändert, und die Füße aus Messing sind den Pedalen nachempfunden. Julia starrt ihn fasziniert und entsetzt an.

»Der ist aber schick«, sagt Petra.

»Darauf kann ich nicht spielen«, sagt Julia, was mich etwas überrascht.

»Woher willst du das wissen? Du hast ihn noch nicht gehört«, sagt Petra.

Julia lacht, und Petra ist verlegen.

»Es ist«, sagt Julia, »als hätte meine alte Tante plötzlich beschlossen, einen rot-goldenen Minirock anzuziehen und in ihr Lieblingscafé zu gehen. Es ist schwierig, sich normal mit ihr zu unterhalten, solange sie so angezogen ist.«

»Vielleicht magst du die Farbe Rot nicht«, sagt Petra vorsichtig.

»Sie sieht wunderbar aus dort auf dem Cola-Automaten neben dem Aufzug«, sagt Julia und deutet ins Foyer.

»Ja«, sagt Helen plötzlich. »Suchen wir was anderes. Das ist ja ein schrecklich schrilles Ding. Ich möchte Schubert auch nicht auf einer gepunkteten Bratsche spielen.«

Zum Glück finden wir einen großen leeren Übungsraum mit grauem Teppichboden und einem gewöhnlichen trauerschwarzen Flügel. Petra hat ihren eigenen zusammenklappbaren Hocker dabei, den sie jetzt aufstellt und so ausrichtet, daß Julia sie gut sehen kann. Wir beginnen mit der Probe. Wir spielen das Stück nahezu ohne Unterbrechung durch.

Petra, vorgeneigt, Augen geschlossen, schwankend, spielt die Synkopen im letzten Satz enorm betont und schmettert dann die verzögerten Achtelnoten.

Helen, die vor ihr sitzt, hört auf zu spielen und dreht sich zu ihr um. »Petra, ich glaube, wir sollten hier etwas cooler werden.«

»Aber das tue ich doch«, sagt Petra. »Das soll cool sein. Ur-cool.«

»Ich mag Jazz«, sagt Helen. »Und ich bin sicher, daß Schubert Jazz gemocht hätte. Aber er hat keinen Jazz komponiert.«

»Ach«, sagt Petra. »Ich wünschte, wir würden im Konzerthaus spielen. Das Publikum im Musikverein ist so bürgerlich. Es muß wachgerüttelt werden.«

»Bitte, Petra«, sagt Helen. »Das ist keine Crossover-Musik. Es ist nur die Forelle.«

Petra seufzt; wir wollen es noch einmal, weniger »innovativ« versuchen und den Satz zu Ende spielen.

Trotz Julias und meiner Nervosität hat der erste Durchlauf geklappt. Was mich erstaunt, ist die Art, wie sie von Petra, die überhaupt nicht strikt mechanisch spielt, den Rhythmus aufnimmt. Besonders

280

im letzten Satz, in dem die Triolen des Kontrabasses ein rollendes, tiefes, nahezu unspezifisches Brummen kreieren, verliert das Klavier den Rhythmus nicht, sondern schwebt mühelos und präzise über allem.

Ich blicke zu ihr und höre beinahe auf zu spielen. Wie gut sie spielt; wie gut sie mit uns zusammenspielt. Auf welch seltsame Weise wurden wir hierher zurückgeführt? Die Forelle und Wien: Sind sie nicht eine unvollendete Geschichte für uns? Hin und wieder lösen sich meine Zweifel auf, und ich sehe uns aus einer Perspektive, aus der die Vergangenheit aufersteht, nicht um uns wie üblich heimzusuchen, sondern uns zu segnen, und alles Unmögliche erscheint plötzlich wieder möglich.

5.4

Nachdem wir noch einmal die Forelle gespielt haben, proben wir das Streichquintett. Anschließend geben wir die Schlüssel zurück und treten hinaus in den Sonnenschein.

Gegenüber dem Bösendorfer Gebäude befindet sich an der ruhigen, nahezu leeren Straße ein unbebautes Grundstück, mit Gras und bauschigen Löwenzahnblüten bewachsen. Mittendrin, unter einem weiß blühenden Akazienbaum erhebt sich erstaunlicherweise die weiße Statue eines Bären. Er steht in Lebensgröße auf allen vieren da, mit hohen Schultern und gesenktem Kopf wie ein großer, liebenswerter Hund.

Die anderen gehen. Julia und ich bleiben noch. Wir halten beide ein Ohr des Bären und reden über die Probe.

»Ich weiß, was für eine Anstrengung es für dich gewesen sein muß«, sage ich. »Aber du warst wirklich gut.«

»Heute habe ich einen schlechten Tag«, sagt sie.

»Darauf wäre ich nie gekommen.«

»Der Baß hilft.«

»Sie ist eine gute Musikerin. Obwohl ich mit Helen einer Meinung bin ...«

»Das meinte ich nicht«, sagt Julia. »Ich meinte, daß ich es ohne Baß nicht schaffen würde. Es wird schlimmer. Wieviel Kammermusik für Klavier und Kontrabaß gibt es?«

Ich schweige eine Weile, dann platze ich heraus: »Also, da ist der Dvořák ... nein, ich meinte sein Streichquintett.«

Julia wendet sich ab. Ohne mich anzusehen, sagt sie: »Dieses Konzert wird das letztemal sein, daß ich mit anderen Musikern spiele.«

»Das ist nicht dein Ernst!«

Sie antwortet nicht, da sie für meine Erwiderung blind ist.

Ich lege meine Hand auf ihre, und sie wendet sich mir wieder zu.

»Das ist nicht dein Ernst«, sage ich. »Das kann nicht sein.«

»Du weißt, daß es mir ernst ist, Michael. Meine Ohren sind kaputt. Wenn ich weitermache, geht auch noch mein Verstand drauf.«

»Nein, nein!« Ich will es nicht hören. Ich schlage mit dem Kopf gegen den Schulterhöcker des steinernen Bären.

»Michael – bist du verrückt geworden? Hör auf.«

Ich höre auf. Sie legt mir die Hand auf die Stirn.

»Ich habe nicht fest zugeschlagen. Ich wollte nur, daß du aufhörst, so etwas zu sagen. Ich ertrage es nicht.«

»*Du* erträgst es nicht«, sagt Julia eine Spur verächtlich.

»Ich ... ertrage es nicht.«

»Wir fahren jetzt besser zu Maria, oder wir werden zu spät kommen«, sagt Julia.

Sie meidet meinen Blick, bis wir ins Auto steigen. Während sie fährt, kann ich nicht mit ihr sprechen.

5.5

An Marias Tür weiß unser wiedervereinigtes Trio einen Augenblick lang nichts zu sagen. Dann folgen Umarmungen und »Wie lange es schon her ist!« und »Du hast dich überhaupt nicht verändert!«. Aber unter uns dreht die Erde ihre schnellen Kreise, und wir wissen, daß sich alles verändert hat.

Julia und Maria haben sich in den letzten Jahren hin und wieder getroffen, aber ich sehe sie zum erstenmal, seit ich Wien verlassen habe.

Ein kleiner Junge mit lockigem braunem Haar zieht sie zurück ins Haus. »Mutti«, ruft er, »Pitou hat mich gebissen.«

»Beiß ihn auch«, sagt Maria kurz angebunden. Aber der kleine Peter ist hartnäckig, und seine Mutter sieht sich seine Hand an, erklärt ihn für besonders tapfer und rät ihm, die Katze nicht zu ärgern, weil sie sich sonst in einen Tiger verwandelt.

Peter ist skeptisch. Dann bemerkt er, daß wir ihn ansehen, versteckt sich hinter seiner Mutter und läuft schließlich ins Haus zurück.

Maria entschuldigt ihren Mann Markus, der nicht in der Stadt ist, und kündigt mir dann eine Überraschung an. Wir gehen in die Küche, wo sich Wolf aufhält, mein Freund aus meinem ersten Jahr in Wien, der sich nützlich macht und einen großen Salat mischt. Er grinst, und wir umarmen uns. Wir blieben jahrelang in Verbindung – er verließ Wien vor mir –, aber während der letzten drei, vier Jahre haben wir nichts mehr voneinander gehört. Auch er spielt in einem Quartett, wiewohl in seinem Fall Carl Käll nichts dagegen einzuwenden hatte, daß er keine Solokarriere anstrebte.

»Und was tust du hier?« frage ich ihn. »Du bist natürlich nur gekommen, um uns spielen zu hören.«

»Du hast einen roten Fleck auf der Stirn«, sagt Wolf.

»Ja«, sagt Julia. »Er wurde von einem Bären angegriffen. Oder vielmehr er hat einen Bären angegriffen.«

»Ich bin gegen eine Tür gerannt«, sage ich. »Oder vielmehr ist sie in mich gerannt. Der wird in einer Stunde weg sein.«

»Hoffentlich sprichst du nicht aus Erfahrung«, sagt Julia, bevor sie Maria beiseite zieht.

»Ich kann nicht zu eurem Konzert kommen«, sagt Wolf. »Ich fahre morgen nach München zurück.«

»Schade«, sage ich. »Warum also bist du hier? Ein Auftritt deines Quartetts?«

»Meine Kollegen wissen nicht, daß ich hier bin, aber sie werden es bald herausfinden. Im Augenblick ist es noch geheim, aber ich wurde eingeladen, mein Glück als zweiter Geiger des Traun zu versuchen.«

»Das ist ja großartig!«

Das Traun ist eins der berühmtesten Quartette der Welt; sie sind alle in den Fünfzigern und waren bereits in Wien etabliert, als wir noch Studenten waren. Ich kann mir meinen guten Freund Wolf unter ihnen nicht vorstellen. Ich erinnere mich an ihren Cellisten, ein wunderbarer Musiker, aber ein eigenartiger Charakter, so schüchtern, daß er niemandem ins Gesicht sehen konnte. Wenn wir uns nach einem Konzert trafen, schien er von mir, einem kleinen Studenten, eine niederschmetternde Kritik seines Spiels zu erwarten – ein so unglaubliches Verhalten, daß ich zuerst meinte, er wollte mich auf den Arm nehmen.

»Es war wirklich sonderbar«, sagt Wolf. »Mein Ensemble fällt auseinander. Die einen zwei können die anderen zwei nicht ausstehen, so einfach ist das. Mir kam zu Ohren, daß das Traun nach einem zweiten Geiger Ausschau hält, nachdem Günther Hassler beschloß aufzuhören, und ich habe ihnen geschrieben. Sie haben mit mir ein, zwei Stunden diverse Stücke und Stückchen ausprobiert – und hier bin ich. In ein paar Wochen soll ich versuchsweise zwei Konzerte mit ihnen spielen. Ich mache mir keine großen Hoffnungen, ich verehre sie alle miteinander, und ich weiß, daß sie auch andere Leute testen, aber na ja, man weiß ja nie … Jetzt sag mal, was außer der Forelle steht noch auf eurem Programm? Maria hat mir von der Forelle erzählt.«

»Zuerst spielen wir den Quartettsatz und nach der Pause das Streichquintett.«

»Nur Schubert, hm? Großes Programm.«

»Zu groß?«

»Nein, nein, überhaupt nicht. Wieso spielst du in der Forelle?«

Ich erzähle ihm von Piers' Vorschlag.

»Was für ein Unterschied zu unserem ersten Geiger«, sagt Wolf beeindruckt. »Das ist eine noble Geste. Wirklich. Weißt du, was du als Gegenleistung hättest tun sollen?«

»Was?«

»Vorschlagen, nicht den Quartettsatz, sondern das längere der beiden Trios für Streicher zu spielen. Es ist ebenso lang, und euer erster Geiger wäre ohne dich aufgetreten. Das hätte die Forelle ausgeglichen.«

Ich denke kurz darüber nach. »Ich wünschte, ich hätte daran gedacht«, sage ich. »Aber wahrscheinlich hätte er gesagt, daß wir zumindest einmal als Quartett auf der Bühne stehen sollten.«

»Netter Kerl.«

»Nicht unbedingt nett«, sage ich. »Aber vielleicht ein guter Mensch.«

»Was ist mit Julia?« fragt Wolf verschwörerisch.

»Was meinst du?«

»Maria ist taktvoll und ausweichend, also muß irgend etwas sein.«

»Du meinst, zwischen Julia und mir?«

»Ach, ist das alles?« fragt Wolf enttäuscht. »Das kann jeder sehen. Ich dachte, da wäre noch etwas anderes. Stimmt das? Ich meine irgend etwas Geheimnisvolles?«

»Nein – nicht, daß ich wüßte.«

»In Deutschland ist sie ziemlich bekannt, obwohl sie nicht oft auftritt, nur ein paar Solokonzerte im Jahr. Vor zwei Jahren hat sie in München gespielt. Jemand hat mich mitgenommen, und da habe ich gesehen, daß sie es ist … Spielst du zum erstenmal im Musikverein?«

»Ja.«

»Nervös?«

»Tja … «

»Das solltest du nicht sein. Man kann nichts tun, warum sich also Sorgen machen. Wirst du alle Oktavierungen in der ersten Variation spielen?« Wolf ahmt auf lächerlich übertriebene Weise einen verzweifelten Geiger nach, der die E-Saite rauf und runter quietscht und die hohen Töne nicht erwischt.

»Wie meinst du das, ob ich sie spiele? Habe ich denn eine Wahl?«

»Selbstverständlich hast du die. In einer der Quellen fehlen die Oktaven. Außerdem klingen sie ziemlich albern.«

»Zu spät, ich habe sie im Kopf und in den Fingern.«

»Einmal habe ich sie ohne Oktaven gehört«, sagt Wolf. »Es klang wesentlich besser – aber natürlich dachten alle, der Geiger wäre zu feige gewesen ... Wie ergeht es dir, beim Tönehalten? Halten, halten, halten«, sagt Wolf. »Du weißt doch, daß er krank ist, oder? Hast du dich mit ihm versöhnt? Warte nicht, bis er tot ist.«

»Ich habe letzte Nacht an ihn gedacht, als ich durch die Stadt ging.«

»Von Bar zu Bar.«

»Du warst nicht dabei.«

»Ja ... und?«

»Und nichts, ich habe nur an ihn gedacht. Unter hundert anderen Dingen.«

»Vor ein paar Monaten sind wir in Stockholm aufgetreten, und Carl kam anschließend hinter die Bühne«, sagt Wolf. »Er sah ziemlich schrecklich aus ... Du warst zu ungeduldig mit ihm.«

»*Ich* war zu ungeduldig mit *ihm*?«

»Genau«, sagt Wolf, der noch nie entscheiden konnte, ob er ein Clown oder ein Weiser ist.

Er führt den Gedanken nicht weiter aus, und ich hake nicht nach. Vor Jahren hat Julia etwas Ähnliches angedeutet. Aber wie soll man gegen den Druck in seinem eigenen Kopf ankämpfen? Ich hätte unter Carl Källs Blick ebensowenig weiter Geige spielen können, wie wenn man mir die Finger zerschlagen hätte. Eine schreckliche Unfähigkeit überwältigte mich. Damals fühlte ich mich hilflos – so wie sie sich heute fühlen muß. Aber mein Zustand konnte mit der Zeit gelindert und rückgängig gemacht werden.

5.6

Während des Mittagessens redet Maria mehr – und nervöser –, als sie es, soweit ich mich erinnere, früher tat, aber ob sie verhindern will, daß Julia spricht und Wolf etwas merkt, oder ob Ehe, Familie und die Jahre sie in dieser Hinsicht verändert haben, weiß ich nicht. Sie hat, wie Julia, keinen Musiker geheiratet, aber den Namen Maria Novotny als Künstlernamen beibehalten. Sie springt von einem

Thema zum nächsten; der düster graue Winter ohne eine Spur Sonne, der plötzliche Einzug des Sommers, ohne daß es richtig Frühling gewesen wäre, die riesigen Fliederbüsche im Garten hinter dem Haus, die wir uns nach dem Essen ansehen müssen, die Pläne der Familie, Pfingsten in der Heimatstadt ihres Mannes in Kärnten zu verbringen, ihre Annahme, daß Julia mit ihnen kommen wird, Peters Beziehung zu dem jungen Kater Pitou, der erst ein Jahr alt ist und in ihrem Cellokasten schläft, wenn sie übt, ihr Bedauern, daß nicht sie die zweite Cellistin ist, die mit uns das Streichquintett spielen wird ...

Wolf muß gehen, und wir bringen ihn zur Tür.

»Wir müssen zu Pfingsten aus Wien fliehen«, sagt Maria bei einer Tasse Kaffee. »Im Stadtpark parken Hunderte von Bussen, und Tausende von Italienern laufen herum, überglückliche Gänse. Und Japaner, ernste, höfliche Gänse.«

»Warum sollten die Japaner Pfingsten feiern?« frage ich.

Maria sieht mich einen Augenblick lang an und wendet sich dann an Julia: »Hast du schon entschieden, was du nach dem Konzert tun wirst? Wirst du mit uns nach Kärnten kommen oder hier in Wien bei deiner Mutter bleiben? Seitdem sie hier lebt, hast du überhaupt keine Zeit mehr für mich.«

Julia zögert. »Ich weiß es noch nicht, Maria. Sie ist sehr besitzergreifend. Und heute kommt außerdem meine Tante vorbei. Ich habe keine Ahnung, wie ich Zeit zum Üben finden soll.«

»Und Kärnten?«

»Ich weiß nicht, ich weiß es noch nicht. Laß uns hinausgehen und den Flieder ansehen. Es ist so schönes Wetter.«

»Ich will zuerst Peter aufwecken«, sagt Maria.

Nach seinem Mittagsschlaf ist Peter etwas mürrisch, aber als er den Kater unter einem Fliederbusch entdeckt, bessert sich seine Laune. Er rennt ihm nach, stolpert und fällt hin. Nachdem er die Besorgnis im Gesicht seiner Mutter sieht, beginnt er zu weinen. Maria bringt ihn ins Haus, und Julia und ich sind allein.

Der Garten ist von einem wunderbaren Duft erfüllt.

»Weiß Maria über uns Bescheid?«

287

»Es wäre hilfreich gewesen, wenn du mich während des Mittagessens nicht so oft angesehen hättest.«

»Ich habe dein Bild in meinem Gedächtnis gespeichert für spätere Bezugnahme ... Du bist also heute abend bei deiner Mutter?«

»Ja.«

»Dann komm jetzt mit mir ins Hotel. Wir könnten wenigstens ein, zwei Stunden miteinander verbringen.«

Julia schüttelt den Kopf. »Es ist drei Uhr. Ich muß nach Hause und üben, bevor meine Tante kommt. Und ich war auch noch nicht in der Kirche.«

Sie berührt meine Stirn, wo sich eine kleine Beule gebildet hat.

»Es ist so lange her«, sage ich.

»Stimmt«, sagt sie und mißversteht mich. »Ein eigenartiges Gefühl, daß wir drei hier wieder zusammen sind. Fast möchte ich sagen: ›Maria, hol Beethovens Trio in c-Moll heraus ...‹ Beinahe hätte ich vorgeschlagen, daß wir morgen bei Mnozil zu Mittag essen – aber Mnozil gibt es ja nicht mehr.«

»Gibt es nicht mehr?« Es ist, als hätte sich Schönbrunn in Luft aufgelöst. Ich schüttle ungläubig den Kopf – mehr als ungläubig: bestürzt. Merkwürdig, daß ich auf meinen Wanderungen letzte Nacht nicht daran vorbeigekommen bin.

»Nein«, sagt Julia. »Das gibt es nicht mehr. Jetzt ist dort etwas anderes – einer dieser unpersönlichen, herzlosen Orte, hell und traurig.«

»Aber warum hast du das nicht früher erwähnt? In London, meine ich. Was ist passiert? Lebt er noch?«

»Ich denke schon. Ich glaube, er hat nur verkauft.«

Ich schüttle erneut den Kopf.

»Gibt es das Asia noch?« Wenn die Innenstadt an den Wochenenden ausgestorben war, war der Chinese nahezu der einzige Ort, an dem wir Studenten etwas Anständiges zu essen bekamen.

»Ja«, sagt sie. »Vor einem Jahr zumindest gab es ihn noch.«

»Julia, hast du ernst gemeint – hast du wirklich gemeint –, was du gesagt hast? Daß du nicht mehr mit anderen spielen willst?«

»Ich höre immer schlechter, Michael. Ich glaube nicht, daß ich es noch können werde.« In ihren Augen sehe ich Schmerz.

Maria ist wieder bei uns und sieht uns unsicher und, wie ich meine, mißbilligend an, vor allem mich.

»Wir müssen gehen«, sagt Julia.

»Okay«, sagt Maria, ohne Fragen zu stellen. »Ich weiß, daß ihr die nächsten Tage beschäftigt sein werdet. Aber den Nachmittag nach dem Konzert sollten wir an der Donau verbringen, wie in alten Zeiten. Markus hat meistens bis spät abends und auch an den Wochenenden gearbeitet, er wird sich bestimmt ein paar Stunden freinehmen und mitkommen können. Ein netter Familienausflug. Einverstanden?«

»Wunderbar«, sagt Julia sofort. »Oder?«

»Ausgezeichnete Idee«, sage ich und versuche, alles Bedauern, das ich verspüre, aus meiner Stimme zu verbannen.

Am Tag nach dem Konzert hat das Maggiore frei, am Tag darauf fliegen wir nach Venedig. Es ist wertvolle Zeit, Zeit, die wir beide allein hätten verbringen können.

5.7

Ich übe in meinem Hotelzimmer, benutze meinen Dämpfer. Zuerst sind meine Finger, mein Gehirn und mein Herz unerklärlich rebellisch, aber nach ungefähr einer Stunde haben sie zu einem ruhigen Rhythmus gefunden.

Mein Zimmer befindet sich im obersten Stock. Es ist still. Hoch oben in der Wand ist ein Fenster, durch das ich den Turm des Stephansdoms sehe.

Helen ruft an und fragt, ob ich mit ihnen zu Abend esse: Sie haben mich kaum gesehen, und als der einzige im Quartett, der deutsch spricht und die Stadt kennt, wäre ich der beste Fremdenführer. Ich führe eine schwache Ausrede an und versichere ihnen, daß sie mit Englisch durchkommen. Abends, in dieser Stadt, würde mich Gruppenfröhlichkeit in den Wahnsinn treiben.

Um acht Uhr überlege ich, ob ich mir etwas zu essen kommen lasse und früh ins Bett gehe; aber als das Licht schwindet, verlasse ich mein Zimmer, streife durch das Labyrinth der Korridore zum Aufzug und fahre in die Lobby hinunter. Lilien, Farne, Kronleuchter, Spiegel, Schirmständer; von der Rezeption aus schauen mich die Augen Schuberts an. Der Mann dahinter zerreißt Formulare.

Ich lehne mich gegen die Rezeption und schließe die Augen. Die Welt spielt verrückt vor Geräuschen: Formulare zerreißen; Trambahnen rumpeln vorbei, lassen den Boden vibrieren; Kaffeetassen klimpern, und über das Gemurmel der voll besetzten Bar hinweg höre ich das peristaltische Drehen eines – ist es ein Faxgerät oder ein Teleprinter? Was hält Schubert von diesen Geräuschen?

»Was kann ich für Sie tun, Sir?« Nein, er ist kein Wiener. Was ist das für ein Akzent? Serbisch? Slowenisch?

»Nichts, nichts. Ich warte auf jemanden.«

»Sind Sie mit Ihrem Zimmer zufrieden?« fragt er und greift nach dem Telefon, das angefangen hat zu klingeln.

»Vollkommen … Vielleicht trinke ich etwas an der Bar. Oder kann ich hier im Foyer etwas bekommen?«

»Gewiß. Ich werde den Kellner rufen. Bitte nehmen Sie Platz, wo immer Sie wollen … Hallo? Hotel am Schubertring.«

In einer Ecke der Lobby, weit weg von der verrauchten Bar trinke ich ein Glas kalten Kremser Wein. Helen, Billy und Piers gehen an mir vorbei. Ich blicke auf die Pfingstrosen und Rosen, die in einem Korb vor mir auf dem Tisch arrangiert sind.

»… und man sollte nicht seinen Reiseführer nehmen und im Bermudadreieck verschwinden«, sagt Helen.

»Ich spare meine Energie bis nach dem Konzert auf«, sagt Piers unaufgeregt.

»Worüber redet ihr zwei?« fragt Billy, und dann sind sie außer Hörweite.

Ein zweites Glas Wein, und es ist dunkel. Zeit spazierenzugehen; aber es ist drei Stunden früher als am Abend zuvor, und die Stadt ist noch belebt. Erinnerungen und Verzweiflung bedrängen mich – der Pulsschlag eines unerträglichen Drucks, gefolgt von Entspannung, nahezu Hochstimmung. An der Musikhochschule habe ich das Gefühl, daß ich die Vergangenheit neu gestalten kann, daß jede

falsche Wendung berichtigt werden kann, daß ich einfach zu Mnozil gehen und den alten Mann sehen kann, der wie ein uralter Feld-
herr vor sich hin starrt, mit kurzen unverbindlichen Bemerkungen
und ohne Blickkontakt auf die Fragen eines unsichtbar in einer
Ecke sitzenden Stammgastes antwortet – Probleme mit der Familie,
Verlust des Arbeitsplatzes, Geldsorgen. Die merkwürdigsten Fragen
und Eingeständnisse: Aber warum sollte irgend jemand sein Herz
dem alten Mnozil ausschütten, der aus Schroffheit eine Kunst gemacht hat?

Ich kann mich nicht erinnern, je ein richtiges Gespräch mit ihm geführt zu haben; eineinhalb Jahre in seinem Etablissement ein und
aus zu gehen, zuerst allein, dann mit Julia, reichten dafür wahrscheinlich nicht aus, obwohl in meinem ersten grauen glücklichen
Winter zu Weihnachten eine festlich eingewickelte Flasche Wein
auf unserem Tisch stand. Frau Mnozil kam selten aus der Küche,
aber ihre böhmisch-wienerische Präsenz war in der Speisekarte unübersehbar: Knödelsuppe oder Krenfleisch oder Schokonußpalat-
schinken ... eine Litanei von Köstlichkeiten. Nicht, daß wir sie uns
häufig leisten konnten. Wenn wir das Essen in der Mensa nicht
mehr hinunterbrachten, aßen wir für gewöhnlich Gemüsesuppe mit
Kartoffeln für vierzig Schilling und blieben dann in dem verrauchten, nach Knoblauch und Kaffee riechendem Mief unbehelligt sitzen.

Er ließ sich nie herab zu bedienen. Der Kellner ging an die Theke,
und Herr Mnozil, der die Bestellung gehört hatte, überreichte ihm
die Getränke. Neumodische Vorlieben duldete er nicht. Wenn ein
vom Pech verfolgter Tourist hereinkam und um ein Mineralwasser
bat, wurde er in breitem, empörtem Wienerisch gefragt, ob er sich
die Füße waschen wolle: »*Wüsta die Füß bod'n?*« Auf die furchtsame
Frage: »*Was würden Sie statt dessen empfehlen?*«, lautete die Antwort
meines Wirts: »*A andres Lokal!*«

Hier war ich einst glücklich. Aber was für eine Art Leben hätte ich
ihr bieten können? Und wie hätte ich länger das Regiment meines
Mentors aushalten können? Auch er kam hierher, aber wir saßen an
weit voneinander entfernten Tischen. Und am Schluß sprachen wir

291

kaum noch miteinander. Ich gehe jetzt daran vorbei; alles anders, vollkommen verändert: glänzende, abweisende Tische, ununterscheidbar von hundert anderen Kneipen. Meine Erinnerungen sind also Geschichte.

Zur Theke gehörte eine Glasvitrine mit Gemüsen – Rettiche, Paprika und so weiter –, Würstchen und verpacktem Käse. Das Komische daran war, daß nie jemand etwas davon bestellte. Julia und ich schlossen eine Wette ab: Wer immer sah, daß jemand etwas aus der Vitrine bestellte, würde den anderen zum nächsten Essen einladen. Über ein Jahr verging zwischen unserer Wette und unserer Trennung, aber keiner von uns mußte sie einlösen.

5.8

Spätabends beginnt es zu regnen. Laute Salven prasseln gegen mein Fenster, halten mich wach und wecken mich, nachdem ich vor Erschöpfung doch eingeschlafen bin.

Während ich mich rasiere, bemerke ich, daß die Beule auf meiner Stirn fast verschwunden ist.

Heute morgen findet die Probe im Musikverein statt. Der Brahms-Saal, in dem wir morgen auftreten werden, ist anderweitig verplant, und wir proben in einem langen, schmalen wunderschönen Raum mit Blick auf die Karlskirche. Die Probe verläuft gut, aber nachdem sie vorbei ist, überwältigt mich eine unangenehme Vorahnung.

Ich sehe hinaus auf die seltsame majestätische Kirche hinter den voll belaubten Linden: auf die grüne Kuppel und eines der beiden moscheeähnlichen Minarette. Sie erinnern mich in ihrer Art und Eigenart an die Türme der Synagoge in Bayswater, die nicht weit von meiner Wohnung entfernt ist. London und Wien projizieren sich übereinander. Irgend etwas wird morgen schiefgehen, schrecklich schiefgehen. Ich habe Angst um mich, Angst um Julia.

Im Asia, wo Julia und ich zu Mittag essen, rede ich kaum ein Wort. Anschließend schlage ich vor, daß wir ins Hotel gehen.

»Michael, ich muß nach Hause.«

»O nein – nicht schon wieder.«

»Ich kann nicht. Ich muß üben. Ich will an ein paar Dingen arbeiten, die mir heute morgen aufgefallen sind.«

»Wie kannst du nur so pragmatisch sein?«

Sie lacht, langt über den Tisch und nimmt meine Hand, die zittert.

»Was ist los?« fragt sie leise.

»Ich habe Angst wegen morgen. Es ist, als ob ich Carl im Publikum sehen würde, wie er mich beurteilt, mißbilligt, abschätzt – ich mache mir einfach Sorgen, Julia. Aber ich sollte es dir nicht sagen.«

»Mach dir keine Sorgen.«

»Komm mit mir nach Venedig.«

»Michael …« Sie läßt meine Hand los.

»Ich weiß nicht, wie ich all diese Jahre ohne dich gelebt habe.«

Diese Worte klingen in meinen Ohren so nichtssagend und abgedroschen, als entstammten sie einer Hausfrauenphantasie.

»Ich kann nicht«, sagt sie. »Ich kann einfach nicht.«

»Weder deine Mutter noch Maria wissen mit Sicherheit, daß du bei ihnen bleibst. Warum also mußt du bei einer von beiden wohnen?«

»Ich kann nicht … Michael, wie kann ich mit dir nach Venedig fahren? Überleg doch nur, was du von mir verlangst … Schau nicht so unglücklich. Wenn du willst, dann komm jetzt mit zu meiner Mutter, wir können beide üben. Und später zum Abendessen gehen.«

»Ich will deine Mutter nicht unbedingt treffen.«

»Michael, hör auf, die Gabel zu verbiegen.«

Ich lege sie weg. »Was für ein Klavier hat sie?« frage ich und stürze mich auf das erste, was mir einfällt.

»Einen Blüthner. Er ist seit hundert Jahren im Familienbesitz. Warum? Du hast doch ›Klavier‹ gesagt, oder?«

»Ja. Und hat sie noch einen kleinen Dackel?«

»Michael!«

»Kaffee? Im Wolfbauer?«

»Ich möchte nach Hause. Setz mich nicht noch unter mehr Druck. Bitte, tu's nicht.«

»Na gut. Ich komme mit«, sage ich.

293

Gemeinsam verbrachte Zeit ist besser als nichts. Warum dieses sporadische Vergnügen durch langes Nachdenken über die Vergangenheit und Zukunft verderben? Wir fahren nach Norden. Als sie mich ihr vorstellt, erschrickt ihre Mutter sichtlich. Obwohl wir uns am Flughafen nicht begegnet sind, muß sie mich von Fotos kennen. Jahrelang habe ich sie mir als große Frau vorgestellt, die von einem kleinen Hund gezogen wird. Julia bleibt gelassen, weigert sich, unsere wechselseitige Abneigung zur Kenntnis zu nehmen.

Ich übe im Dachgeschoß, sie im Musikzimmer, das in den Garten hinausgeht. Um vier Uhr bringt sie mir Tee und sagt, daß wir doch nicht zum Abendessen werden ausgehen können. Um sieben nehmen wir schweigend ein Mahl mit ihrer Mutter ein, das nur von nervösem Gekläff aus einem weit entfernten Zimmer unterbrochen wird. Einer der Gründe, warum Mrs. McNicholl nicht in England bleiben wollte, ist unsere absurde Quarantänebestimmung. Der andere Grund war laut Julia, daß sie wieder in einem katholischen Land leben wollte. Nach dem Essen sage ich zu Julia, daß ich genug hätte und ins Hotel zurückkehren würde.

»Ich werde heute nicht mehr üben«, sagt Julia rasch. »Laß uns ein bißchen herumfahren.«

Auf meinen kalten Dank reagiert Frau McNicholl mit kalten Bekundungen der Freude, mich kennengelernt zu haben. Sie steht unter einer kupferfarbenen Buche im Garten – eine Blutbuche, wie es im Deutschen heißt – und ermahnt Julia, vorsichtig zu fahren und vorsichtig zu sein.

Im Auto frage ich sie: »Mußtest du Maria sagen, daß wir den letzten Tag zusammen mit ihr verbringen?«

»Ich habe nicht nachgedacht. Ich wünschte, ich hätte nicht zugestimmt.«

Entlang der Eisenbahnschienen neben der Donau stehen große Pappeln, und ein mildes Licht fällt auf die Wipfel der Kastanien. Auf der anderen Straßenseite wärmt das Licht die Mauern der Häuser und des Klosters von Klosterneuburg.

»Warum ist Pfingsten hier eine so große Sache?« frage ich mich laut, noch immer verärgert wegen Maria.

294

»Was hast du gesagt?« sagt Julia und sieht mich an.

»Warum ist Pfingsten eine so große Sache hier?«

»Weiß ich nicht. Vielleicht weil das österreich-ungarische Kaiserreich so polyglott war.«

»Wie meinst du das?«

»Michael, es ist besser, wenn du nicht mit mir sprichst, solange ich fahre, außer es ist absolut notwendig. Ich muß auf die Straße schauen.«

In Nußdorf biegt sie ab und fährt die gewundene Kahlenberg-Straße entlang.

»Aber – Julia!«

Sie hält am Straßenrand.

»Wohin glaubst du, daß du fährst?« frage ich.

»Genau dahin, wohin du glaubst, daß ich fahre.«

»Julia, nein. Warum ausgerechnet dorthin?«

»Warum ausgerechnet dorthin nicht?«

Wir sind unterwegs zum Schauplatz unseres letzten Zusammenseins vor zehn Jahren; damals fuhren wir mit der Straßenbahn und gingen zu Fuß.

Wien erstreckt sich vor uns zwischen den weinbewachsenen Hügeln: eine aufklappbare Landkarte der Erinnerungen. Wir fahren weiter; wir halten an; wir parken und gehen ein Stück zu Fuß. Vielleicht ist das Gasthaus wie das von Mnozil verschwunden oder hat sich verändert. Aber nein.

Neben dem Haus stehen zwei große Kastanien, mit weit verzweigtem Geäst. Kleine Blätter wachsen direkt aus den Stämmen. Neben der Wasserpumpe blühen Geranien. An den langen Tischen im Freien sitzen junge Paare, Freunde, Gruppen von Studenten im späten Licht und trinken, essen und unterhalten sich.

Ein Krug mit Wein vom Weinberg. Es wird Nacht. Wir trinken in geselligem Schweigen, sind nicht verbittert. Meine Geige, die nicht gegen Diebstahl aus einem Auto versichert ist, liegt in ihrem Kasten neben mir auf der Bank. Wieder berührt Julia meine Stirn, wo sie auf den steinernen Bären getroffen ist.

Gegen das Licht der Lampen sehe ich die Adern in den durchschei-

295

nenden Blättern. Ein angestrahlter Zweig leuchtet weiß gegen den Himmel. Die Nacht dahinter ist schwarz.

Wir reden wenig, vielleicht verzerrt die Kerze auf dem Tisch meine Worte.

Ich schenke ihr nach, als sie sagt: »Ich komme mit dir nach Venedig.«

Ich erwidere nichts. Damit habe ich nicht gerechnet. In der Dunkelheit bedanke ich mich bei irgend etwas, aber zu ihr sage ich nichts. Kein Tropfen geht daneben. Meine Hand zittert nicht. Ich fülle mein eigenes Glas und erhebe es wortlos: Auf sie? Auf uns? Auf die flüchtige Liebe? Was immer ich meine, sie nickt, als wollte sie sagen, daß sie versteht.

5.9

Der nächste Morgen ist blau und heiß.

Ich schicke das Fax, das Julia – auf die Rückseite von Notenpapier aus meinem Geigenkasten – am Abend zuvor an eine Freundin in Venedig geschrieben hat, ab und warte, bis der Mann am Empfang es mir zurückgibt.

Das Maggiore trifft sich in der Lobby. Wir sind alle angespannt und erwartungsvoll, aber die Vorahnung, die ich gestern hatte, ist verschwunden. Wir gehen in den Musikverein, der nur ein paar Minuten entfernt ist. Die letzte Probe findet im Brahms-Saal statt.

Der Flügel steht auf einer erhöhten Bühne zwischen zwei mattroten Säulen. Am Vortag hat Julia mehrere Flügel ausprobiert und befunden, daß ihr dieser am meisten zusagt. Was seinen Klang betrifft, ist er wohlerprobt, und Julia ist der Ansicht, daß sie sich in guter Gesellschaft befindet, wenn auch jemand wie Claudio Arrau auf die Bühne ging, ohne zuvor einen Ton auf dem ihm zugewiesenen Flügel gespielt zu haben.

Sie bittet Piers als Zuhörer, zwei Dinge zu tun: erstens, ihr im Hinblick auf die Ausgewogenheit des Klangs in diesem Saal, sowohl allgemein als auch in Beziehung zum Rest von uns, mit Rat zur Seite zu stehen. Zweitens bittet sie ihn, die Partitur mitzulesen, wenn sie piano oder pianissimo spielt, um sich zu vergewissern, daß sie nicht Töne spielt, die nur sie – in ihrer Vorstellung – hören kann.

Der Saal hat sich verändert, seitdem ich vor Jahren zum letztenmal hier war und im Publikum saß. Die Farben sind jetzt anders: wesentlich mehr Weiß und Gold damals, wesentlich mehr Dunkelrot und marmoriertes Grün heute. Aber die weiße Büste des alten Brahms präsidiert nach wie vor über den Raum, in dem er einst herrschte, und ich bin im Gegensatz zu Helen und Billy froh, daß ich ihn von meinem Platz aus nicht sehe.

Der griesgrämige Hausmeister, der uns gestern zu unserem Probenraum führte, ist heute weniger griesgrämig, weil ich ihm ein Trinkgeld gegeben habe. Ich erinnere mich, wie es Julia und mir als Studenten oft gelang, in Konzerte im Großen Saal, dem Hauptsaal, zu kommen, indem wir den Programmverkäufern, die wir im Lauf der Zeit kennenlernten, ein Trinkgeld gaben. Außerdem war es in einem Gebäude, das so voller rätselhafter Treppen und Korridore ist, fast immer möglich, einen Aufgang zu finden, der nicht beaufsichtigt wurde. Nach der Pause setzten wir uns stets auf leere Plätze ganz vorn und nickten unseren Nachbarn zu – und trotz ihrer Schüchternheit war Julia in dieser Beziehung wesentlich unverfrorener als ich. Sie rechtfertigte sich mit der Behauptung, daß die Künstler viel glücklicher wären, wenn zumindest die vordersten Reihen voll besetzt wären.

Julia und Petra sprechen darüber, was sie am Abend tragen werden, um eine Farbkollision zu vermeiden. Julia wird ein grünes Seidenkleid tragen, Petra ein dunkelblaues. Kurt spricht mit Piers über ähnlich pfauenhafte Angelegenheiten: Ziehen wir Frack oder Smoking vor? Piers erklärt ihm, daß wir keine Fräcke besitzen. Und Kummerbund? fragt Kurt; betrachten wir ihn als »dem Wesen nach unerläßlich«? Nein, sagt Piers, wir betrachten ihn nicht als unerläßlich.

Helen steht abseits, legt den Kopf zuerst auf die eine Schulter, dann auf die andere und reckt ihn schließlich in die Höhe. Sie macht sich Sorgen, von Anfang an, wegen des Streichquintetts. Ihre Bratsche

297

ist sprunghaft in ihren Koalitionen: ein Trio mit beiden Geigen, mit zwei mittleren Stimmen, mit beiden Cellos ... In all dieser Schönheit gibt es für sie keine stabile Rolle, nur Treibsand der Wonne.

Billy und ich studieren das schmale goldene Programm für den heutigen Abend, freuen uns an seiner Eleganz und amüsieren uns über das ungetrübte Selbstbewußtsein des Musikvereins. Unter »Franz Schubert« und vor seinem Geburts- und Todesdatum und den Stücken, die wir spielen werden, steht als Legende: *»Mitglied des Repräsentantenkörpers der Gesellschaft der Musikfreunde in Wien.«* Der einzige Grund, warum Schubert überhaupt Mitglied des Musikvereins werden konnte, war der, daß er strenggenommen ein Amateur war und kein offizielles musikalisches Amt in der Stadt Wien innehatte. Unsere Probe ergibt nichts allzu Überraschendes, nur daß Petra aus heiterem Himmel irgendwann über unseren Komponisten sagt: »Er ist aber wirklich ein Psychoterrorist.« Helen, Billy und ich sehen uns an und spielen weiter. Es ist eine heitere Musik, und wir spielen sie heiter. Hin und wieder denke ich daran, daß Julia gestern gesagt hat, sie werde nie wieder mit einem Ensemble spielen. Wie kann das sein, wenn alles, was meine Ohren heute hören, dem widerspricht? Eine kleine Wolke muß sich zwischen uns und die Sonne geschoben haben. Ein paar Augenblicke lang verdunkelt sich das helle Oberlicht, wird der Saal dämmrig. Aber dann scheint erneut die Sonne herein, und das kurze düstere Zwischenspiel wird von der Intensität unserer letzten Probe geschluckt.

Im letzten Satz der Forelle geschieht etwas Sonderbares – etwas, was in den früheren Proben nicht vorgekommen ist: Helen und ich haben das erste Motiv in zwei Phrasen zu je zwei Takten gespielt, aber Julia reagiert zu unserem Erstaunen darauf, als wäre es eine einzige Phrase mit vier Takten, kontinuierlich diminuendo. Hat sie es sich vorgenommen, oder ist sie einer Eingebung des Augenblicks gefolgt? Wir diskutieren kurz darüber und beschließen, daß es auf ihre Art wahrscheinlich besser funktioniert, wenn wir das Motiv zum erstenmal vorstellen. Auf diese Weise wird der Kontrast, wenn die Akzente kommen – und später die Synkopen –, noch wirkungsvoller sein.

298

Wenn sie genau gehört hätte, was wir spielten, hätte sie dann getan, was sie tat? Und hätten wir im nachhinein etwas verändert? Es ist nur zum Guten. Aber ich verspüre ein Unbehagen bei dem Gedanken, daß etwas Derartiges in ein paar Stunden auf der Bühne passieren könnte: etwas Beunruhigendes, das wir vorher nicht haben absprechen können.

5.10

Die Statue Beethovens in den Arkaden des Musikverein-Gebäudes sieht aus, als würde sie an diesem warmen Abend vor Kälte zittern. Ein etwas schmieriger junger Mann von der Verwaltung sagt uns, daß unser Konzert Teil eines Kammermusikzyklus für überwiegend Abonnenten ist, weswegen wir mit einem musikverständigen Publikum rechnen können. Er bringt uns in die Garderoben. Der Raum für uns Männer ist hell, aber auch etwas trist, die Wände sind rotgestreift, der Boden ist grau, ein Spiegel und gerahmte Faksimiles vergilbter Partituren hängen an den Wänden. Julia, Petra und Helen sind im Zimmer neben uns, in dem ein Klavier steht, ein düsteres Porträt von Fritz Kreisler mit roten Lippen an der Wand hängt und sich auf dem Teppich unter einem großen Garderobenständer ein Wasserfleck befindet. Sie kommen heraus wie farbenprächtige Falter, grün und blau und gold: Petra in Blau mit nackten Schultern, lächelnd; Helen, in Mattgold, preßt eine Hand gegen ihren Hals, als hätte sie nervöse Schmerzen; und Julia, die dasselbe grüne Kleid wie an dem Abend in der Wigmore Hall trägt, sieht mich, wie ich glaube, etwas besorgt an – eine ganz leise, höchst spekulative Spur von Besorgnis. Aber bin ich jetzt nicht ruhig? Alles wird gut werden, obwohl es wie eine Trennung ist.
Auf dem Tisch steht Mineralwasser, und ich trinke etwas; Piers nimmt einen Schluck aus Helens kleinem Flachmann. Billy ist mit einem Niesanfall beschäftigt. Alle sind wir uns bewußt, daß die anspruchsvollen Wiener jede Note ihres Schubert kennen. Helen stimmt leise ihre Bratsche zum Klavier. So grün, so gold, so blau.

299

Wie seriös Billy und ich zwischen so wunderschönen Wesen aussehen werden.

Jenseits des Flurs warten sie, die Ohren, für die wir spielen werden. Piers sieht durch das Guckloch in der großen Tür.

»Volles Haus.«

»Es ist neunzehn Uhr achtundzwanzig«, sagt Billy.

»Die Tonleiter«, sagt Piers und hebt seine Geige an den Hals. »C-Moll.« Und langsam spielen wir vier aufsteigend die Tonleiter, und langsam, Ton für Ton kehren wir zu unserem Grundton zurück. Meine Augen sind geschlossen; aber ich stelle mir vor, wie sich Julia, Petra und Kurt, etwas verwundert über unser Ritual, ansehen. Der junge Manager nickt, und das Maggiore versammelt sich an der Tür. Als wir vier hinausgehen, die flache Holztreppe auf die Bühne hinaufsteigen, geht das Gemurmel der Stimmen in Applaus über. Trotzdem höre ich das Knarzen der alten Holzdielen unter meinen Füßen. Ich blicke mich um: Zu meiner Rechten sind glänzende braune Vorhänge zugezogen, um das letzte Tageslicht auszusperren, und ein Kronleuchter wirft Licht auf die Büste Brahms', die fast direkt darunter steht; weit vor mir, am Ende des rechteckigen Saals hohe Karyatiden in Gold und verschwommene Gesichter auf dem Balkon; zu beiden Seiten lange schmale Balkone, alle besetzt bis auf ein paar Plätze in der Loge des Direktors. Die dunklen Sperrsitze sind nahezu vollständig ausverkauft; in der zweiten Reihe entdecke ich Julias Mutter und ihre Tante, neben ihnen ein freier Platz. Wenn ich mir das Publikum jetzt ansehe, werde ich nicht hinblicken müssen, wenn wir die Forelle spielen.

Stille. Auch in diesem Saal läßt eine Öffnung in der Decke Sonnenlicht herein; und zu dieser Stunde fällt von oben ebensoviel Licht ein, wie die Lampen ausstrahlen. Wir verneigen uns; wir setzen uns; wir stimmen noch einmal kurz unsere Instrumente; und noch ehe ich es registrieren kann, hat Piers plötzlich angefangen; und dann ich, und jetzt Helen und dann Billy: Zu Beginn des Quartettsatzes flirren wir los wie manische Bienen.

Ein schneller, voller Akkord; und dann halten Helen und ich ruhige Töne, während Piers und Billy über und unter uns zischen und brodeln. Der Schöpfer vollendet unvollendeter Meisterwerke schenkt uns so etwas, einen ersten Satz, der so symmetrisch und vollständig ist, daß er sich nicht danach sehnen muß, eine Verbindung mit einem zweiten Satz einzugehen. Und was liegt heute abend noch vor uns? Ein auf Wunsch des Auftraggebers nahezu übervollendetes Stück; und dann das Werk, das das Ende seines eigenen unvollendeten Lebens kennzeichnet. Wenn er nur so lange gelebt hätte, der überaus edelmütige Schubert, um so alt wie Mozart zu werden.

Die Bienen kehren zurück, summen wild, und mit drei scharfen, süßen Stichen ist es vorbei. Himmlische Prägnanz! Wir erheben uns, wir verneigen uns dankbar zu dankbarem Applaus. Wir gehen hinaus, kommen zurück, hinaus, zurück, und als Billy durch die Bühnentür auf den Korridor tritt, erstirbt das letzte Klatschen.

»Deine Mutter sitzt in der zweiten Reihe«, sage ich zu Julia. »Mit deiner Tante.«

»Nach der Pause setze ich mich zu ihnen.«

»Aber der Saal ist nicht verkabelt. Du wirst nichts hören.«

»Ich werde zusehen.«

»Piers?« sage ich und wende mich von Julia ab.

»Ja?« erwidert er.

Ich tippe mit meinem Bogen auf seine Schultern und hinterlasse zwei Regimentsstreifen aus Kolophonium auf seinem Jackett. Er macht sich nicht die Mühe, sie wegzuwischen, sondern lächelt sein übliches Halblächeln: »Also, viel Glück, Michael«, sagt er. »Es ging gut, und es wird weiterhin gutgehen.«

Aber meine Nerven flattern jetzt, da die Forelle unmittelbar bevorsteht. Die Fingerspitzen an meiner linken Hand beginnen leicht zu kribbeln – als würden sie eine Niedervoltleitung berühren.

Das Gefühl vergeht. Ich bin wieder ich selbst. Piers tritt zurück. Julia und Petra stellen sich zu uns. Wir betreten den Saal, wir verneigen uns, wir verteilen uns auf der Bühne, und alle fünf zusammen spielen wir den ersten herrlichen Akkord der Forelle.

5.11

Über uns ist es noch immer hell; eine Frau weit vorn fächelt sich mit dem goldenen Programmheft Kühlung zu; unsere Stimmen verschmelzen miteinander, so wie die Gesichter dort; Helen führt jetzt, denn sie kann sich nicht umblicken, um zu sehen, was Julia tut; aber alles verbindet sich miteinander und fließt voran. Der Kontrabaß ist der Motor. Woher kommt dieser wunderbare leichte Ton? Vom Cello; Billy hat die Augen geschlossen. Meine Ohren schalten ab, ich kann nichts hören, aber ich weiß, daß diese flinken Finger das Stück beherrschen. Ihre Intonation ist perfekt. Die Finger gehören mir; das Griffbrett, auf dem sie tanzen, ist aus Ebenholz. Ist die Stille, die ich höre, das, woran sie gefesselt ist? Die anwesenden Geister bedrängen mich: Aus dem Augenwinkel, irgendwo zu meiner Rechten, sehe ich die Statue von Carl Käll, der einst mein Leben beherrschte; und auf dem Balkon sitzt Mrs. Formby neben meinem alten Deutschlehrer. Schubert ist da und Julias Mutter. Sie sind hier wegen der Schönheit, die wir wieder-erschaffen.

Das fischgrätgemusterte Parkett des Saales verwandelt sich in Asphalt: schwarzes Ebenholz, weißes Elfenbein; es ist ein Parkplatz, bedeckt mit Schnee, der in den Serpentine schmilzt. Ein schlanker Fisch hüpft in silbernen Sätzen aus dem trüben Wasser. Jedesmal, wenn er auftaucht, hat er eine andere Farbe: gold, kupfer, stahlgrau, silberblau, smaragdgrün.

Und jetzt der letzte Satz, der laut Billy nur in wilder Aufregung klappen kann. Ich konnte mich nie dafür erwärmen, aber wenn es das letzte Stück ist, das sie gemeinsam mit anderen spielt, bedeuten ein paar Minuten mehr alles: Eine Wiederholung ist alles; die letzte Phrase muß sich für immer einprägen, ebenso die letzte Note. Es ist ein Tod, ein Dahinscheiden; denn wird sie jemals wieder – sie wird nie wieder – mit anderen spielen. Ich werfe einen Blick auf sie, eine grün schimmernde Vision am Flügel. Ich bin kein Vermittler, sondern ein Mittel, vergänglich wie das Gold in ihrem Haar, das Blau in ihren Augen, der elektrische Impuls, der einst die Windungen der Schnecke reizte, die ihr eigener Körper jetzt zerstört.

Wird sie nie wieder mit anderen Händen spielen?

Das Mitglied des Repräsentantenkörpers der Gesellschaft der Musikfreunde in Wien fror, hungerte, wurde krank und, statt ein glücklicher Mann, bedrückt und gehetzt. Ich danke euch, meine Mitbürger, daß ihr jetzt zuhört, daß ihr aufmerksam einem Stück zuhört, das nur die Ausarbeitung eines Lieds ist; mein einziges Konzert fand ebenfalls unter diesen Auspizien statt, und ich bin überzeugt, daß es noch mehr Konzerte gegeben hätte, hätte ich Zeit gehabt. Aber flieht nicht, applaudiert diesen Musikern; dann trinkt euren Sekt, gute Bürger, und nehmt erneut Platz, denn nach der Pause werdet ihr hören, was auch ich gern gehört hätte, vermittelt durch Darm, Haar und Holz, nicht nur durch die Musik in meinem Kopf. Aber es war das Jahr, in dem ich Haydns Grab aufsuchte; es war das Jahr, in dem ich starb; und die Erde drehte sich mit meinem von der Syphilis zerfressenen Fleisch, meinen vom Typhus verwüsteten Innereien, meinem vergeblich liebenden Herzen viele Male um die Sonne, bevor menschliche Ohren mein Streichquintett hörten.

Applaus erschallt für die Forelle. Applaus und sogar Jubelrufe. Und das im gesetzten Wien. Studenten vielleicht? Aber wo bin ich jetzt?

»Michael.« Ich erschrecke, als ich ihre besorgte, drängende Stimme höre.

Sie stehen, sie sind bereits vor einer Weile aufgestanden. Ich sitze. Ich stehe.

Jetzt sind wir im Korridor. Ich kann nicht noch einmal auf die Bühne.

Julias Stimme: »Piers, kannst du seine Geige halten? Michael, halt dich an meinem Arm fest. Wir müssen noch einmal raus.«

Die knarzenden Stufen, der Applaus. Alle lächeln. Ich kann nicht gerade stehen. Ich drehe mich um und gehe in den Korridor, allein. Ihr Arm um meine Schultern. Piers' Stimme, ängstlich, Verantwortung übernehmend.

»Ich glaube, das reicht. Er hat etwas. Er soll sich setzen. Geht nicht mehr raus. Sollen sie ruhig weiterklatschen, es ist egal ... Was ist los, Michael? Was um Himmels willen ist los mit dir? Helen, hol ihm ein Glas Wasser. Petra, das war großartig – gut gemacht! Aber wir brauchen schnell jemand vom Management. Wo ist Wilder? Wie lange dauert diese verdammte Pause?«

5.12

Ich bringe nur ein Flüstern zustande. »Die Toilette – Piers – Billy.«
»Ich bring dich hin», sagt Billy. »Hier, Michael, halt dich fest an mir.«
»Mir geht's gleich wieder gut. Tut mir leid, Billy.«
»Macht nichts. Du mußt tief Luft holen. Entspann dich. Die Pause wird eine Weile dauern. Helen hat noch etwas Whisky.«
»Ich kann nicht mehr spielen.«
»Du kannst. Und du wirst. Hab keine Angst.«
»Ich kann einfach nicht.«
Graue Wände; graue Kacheln; auf dem Boden kleine, mattgraue Fliesen. Ein graues Quadrat an der Wand: Ich beuge mich vor, um mir ins Gesicht zu sehen. Es sieht aus wie der Tod.
Draußen Billys Stimme. »Michael, wir haben nicht viel Zeit. Du kommst besser wieder raus.«
»Billy – bitte.«
»Niemand wird dich zu etwas zwingen.«
Ich lasse mich von ihm in die Garderobe führen.
Piers und Kurt sprechen mit jemandem vom Management, der ein großes, in Leder gebundenes Buch hält, in das wir uns eintragen sollen. Außerdem hat er Umschläge in der Hand.
»Was ist denn los, Herr Weigl, was ist denn los, Herr Tavistock?«
»Wenn es Ihnen nichts ausmacht, Herr Wilder, kann das nicht bis nach dem Konzert warten? Einer unserer Kollegen, Michael Holme, ja, unser zweiter Geiger – und er spielt im Quintett … nein, das ist noch nie zuvor passiert …«
Aber es ist passiert, es passiert, es wird passieren.
Ein Durcheinander: ein Dutzend Leute. Noch jemand, den ich nicht kenne: eine ältere Frau, freundlich, Krisen gewohnt, jemand

304

weiter oben in der Hierarchie. So viele Menschen. Wiederholt schwebt mein Name durch den Raum.

Ich sitze auf einem Stuhl. Halte den Kopf in Händen. Julia spricht mit mir: tröstliche Worte, ich weiß, aber unverständlich. Ich sehe ihr ins Gesicht.

Herr Wilder blickt auf seine Uhr. »Wenn ich die Herrschaften bitten darf ... «

Kurt steht die Panik ins Gesicht geschrieben. Sein Kopf lehnt gegen den Hals seines Cellos. Billy, Piers, Helen ...

»Bitte, meine Herren ...«, sagt Herr Wilder. »Meine Herren, bitte, wenn Sie so gut sein könnten ... Mr. Holme ... wir sind schon ein bißchen spät dran ...«

Jemand legt mir meine Geige in die Hände. Was soll ich damit tun? Julia starrt auf eins der gerahmten Manuskripte an der Wand. »Schau dir das an, Michael.«

Ich sehe es an. Es ist ein Lied von Schubert: *Die Liebe.*

»Laß es uns spielen«, sage ich.

»Michael, wir haben keine Zeit ...«, setzt sie an.

»Spielt es«, sagt Billy, nimmt es schnell von der Wand und stellt es auf den Notenständer des Klaviers.

Julia beginnt, die Linien ihrer beiden Hände zu spielen, dann nur den Baß und die Gesangsstimme. Es ist kurz, hat nichts Süßes: drängend, nicht lyrisch, aufgeregt, unsicher.

»Stimm deine Geige, Michael, schnell, stell dich hierher. Es ist in deiner Tonlage«, sagt Billy.

Rasch stimme ich meine Geige; ich spiele die Liedmelodie. Niemand unterbricht uns.

»Ich dachte, du würdest nie wieder mit anderen spielen«, sage ich zu ihr.

»Geh jetzt auf die Bühne«, sagt sie und drückt mir die Hand.

Ich stehe bei den anderen im Korridor. Der Nebel lichtet sich in einem Augenblick des Entsetzens. »Meine Noten – meine Noten – ich habe meine Noten nicht dabei.«

»Sie liegen bereits auf dem Ständer«, sagt Helen, ihre Stimme heiser, tonlos.

Die Tür geht auf. Ruhig, gelassen, zu freundlichem Applaus betreten wir den Halbkreis aus fünf Stühlen auf der Bühne.

5.13

Während des Quintetts wird es über uns dunkel, als ob die Zellen des Lebens absterben würden. Das Oberlicht, das Grau wird dumpfer, dunkler. Das letzte Schimmern des Tages erlischt während des langsamen ernsten Trios. Großmütig, grübelnd, kummervoll hilft es uns, die Welt zu ertragen und die Angst vor dem, was uns in der sonnenlosen Nacht erwarten wird.

Meine Hände bewegen sich, wie jene Hände sich über Papier bewegten. Mein Herz schlägt und setzt aus, wie jenes Herz schlug und aussetzte. Und meine Ohren. Aber hat er das niemals gespielt gehört: kein einziges Mal, nie?

Geliebter Schubert, in deiner Stadt habe ich den Halt verloren. Vergangene Liebe verzehrt mich: Ihre schlafenden, halb gezähmten Keime sind wieder erwacht. Es gibt keine Hoffnung für mich. Vor viertausend Nächte habe ich mich abgewandt, und der Weg zurück ist mir versperrt von Bäumen und dornigem Gestrüpp.

Vergebliches Bedauern zerfrißt mich. Ich mache zuviel Aufhebens um zu vieles.

Von einer Stadt verfallener Macht und erlöschender Musik fahre ich in die nächste. Möge sich mein Zustand ändern. Oder laßt mich in einer Zone leben, in der das Wort Hoffnung nicht existiert. Wie kann ich mich nach etwas sehnen, was ich nicht begreifen kann?

5.14

Um acht Uhr am nächsten Morgen sehe ich, wie ein Fax unter meiner Tür durchgeschoben wird. Es ist von Julias venezianischer Freundin. Statt uns aufzufordern, bei ihr zu wohnen, stellt sie uns ein kleines Apartment, das ihr gehört, zur Verfügung. Ich gehe zum Bahnhof und kaufe zwei Fahrkarten. Zurück im Hotel klopfe ich an Piers' Tür, aber er ist nicht in seinem Zimmer. Helen jedoch ist da. Bevor sie etwas über den vergangenen Abend sagen kann, erkläre ich ihr, daß ich nicht mit ihnen nach Venedig fliegen, sondern mit dem Zug fahren werde.

Ich will über den vergangenen Abend nicht reden, nicht nachdenken. Für das Publikum, für alle vor der Bühne war es ein Erfolg, mehr als ein Erfolg. Ich für meinen Teil habe überlebt: Es war nicht das, was vor zehn − elf − Jahren geschah. Aber ohne *Die Liebe*, ohne die Hilfe meiner Freunde, wie hätte ich mich fangen sollen? Während des Streichquintetts, während ich den Sturm des zweiten Satzes in mir spürte, starrte ich auf den leeren Platz im Publikum, auf dem sie hätte sitzen sollen, und beinahe hätte mich das Schwindelgefühl erneut überwältigt.

Was müssen sie von mir halten? Was wird Julia sagen, wenn wir uns sehen?

Gestern abend, noch bevor jemand hinter die Bühne kommen konnte, floh ich − erst ins Hotel, dann, weil ich fürchtete, daß sie mich suchen würden, in die Straßen.

»Willst du allein sein?« fragt Helen jetzt.

»Ich will nur mit dem Zug fahren.«

»Aber dein Ticket ist bezahlt. Das Geld wird nicht zurückerstattet. Komm mit uns, Michael. Ich werde mich neben dich setzen.«

»Ich bezahle die Fahrkarten selbst.«

»Fahrkarten?«

»Julia kommt mit.«

»Und wohnt bei uns im Palazzo?«

»Nein, in Sant'Elena.«

»Aber das ist doch − das ist doch am Ende der Welt!«

»Sie hat eine Freundin, die uns dort ein Apartment zur Verfügung stellt. Dort werden wir wohnen.«

»Michael, das kannst du nicht machen. Wir sollten zusammensein, wir vier. Das haben wir immer so gemacht. Und − wir können die Gastfreundschaft nicht zurückweisen, die wir eigentlich angenommen haben. Die Trodonicos können sicherlich noch eine Person mehr unterbringen.«

»Helen, so habe ich mir das nicht vorgestellt.«

Helen wird rot. Sie will etwas sagen, hält sich jedoch zurück. Sie blickt sich kurz im Spiegel an, und das scheint ihren Ärger zu vergrößern.

»Bevor du sie wieder getroffen hast, ging es dir gut«, sagt sie, ohne mich dabei anzusehen.

Ich denke kurz darüber nach. »Nein, es ging mir nicht gut.«

»Also, ich werd's den anderen sagen. Sie haben sich gefragt, wie es dir geht. Wir haben bei dir geklopft, aber du warst nicht da.«

Ich nicke. »Danke, Helen. Ich weiß nicht, was passiert ist. Ich muß mir erst selbst darüber klarwerden. Ich möchte es nicht zu einem Quartett-Thema machen.«

Diese letzte, offenbar rücksichtslose Bemerkung provoziert einen ärgerlichen Blick.

»Und das Mittagessen heute?« sagt Helen. »Und Abendessen? Muß ich überhaupt fragen?«

»Nein. Ich werde nicht dabeisein.«

Sie holt tief Luft. »Du hast die Telefonnummer und die Wegbeschreibung zum Palazzo, oder?«

»Ja. Ich werde mich morgen abend melden. Und hier ist die Adresse und Telefonnummer des Apartments.«

»Ein Straßenname und eine Hausnummer! Es liegt wirklich am Ende des bekannten Universums.«

»Ja, weit weg von Touristen wie euch«, sage ich in der Hoffnung, die Spannung etwas abzubauen.

»Touristen?« sagt Helen. »Wir müssen in Venedig arbeiten, vergiß das nicht. Das Leben endet nicht mit dem Musikverein.«

Was immer ich darüber denke, ich widerspreche ihr nicht laut.

5.15

Ich gehe zum Verwaltungstrakt des Musikvereins, um mich für gestern abend zu entschuldigen und im großen Gästebuch zu unterschreiben, das alle Unterschriften außer meiner enthält. Als er mich mit einem Angestellten sieht, bittet mich der weltgewandte, freundliche Generalsekretär, gekleidet in einen hellbraunen Anzug, in sein Büro und bietet mir einen Stuhl an. Er versichert mir, daß so etwas »selbst den größten Künstlern« passiert; und er hofft, daß nicht ihre Arrangements schuld daran wären; das Konzert war ein großer Erfolg, und der »Londoner Klang«, von uns exemplarisch dokumentiert, wird bald ebenso berühmt sein wie der Wiener.
Ein Porträt von Monteverdi blickt skeptisch auf uns herab. »Soviel zu Wien«, murmelt er durch die alten Lippen. »Sehen Sie, ich sitze hier zwischen all den charmanten Deutschsprechenden fest und höre oft monatelang kein einziges italienisches Wort. Zumindest kann Ihre Tononi jetzt zurückkehren. Hoffentlich genießen Sie die Reise nach Venedig.«
Wenn man bedenkt, was für eine katastrophale Reise er selbst erlebte, als er endlich nach Venedig aufbrach, ist das eine Unfreundlichkeit.
»Ach, damals ...«, sagt Signor Monteverdi und liest meine Gedanken. »Nein, das war kein Vergnügen. Aber Sie haben nicht alle Ihre weltlichen Besitztümer dabei. Und ich – nun, ich war froh, endlich von Mantua fortzukönnen.«
Ein Videomonitor auf seinem Schreibtisch beansprucht die Aufmerksamkeit des Generalsekretärs. Er schüttelt mir die Hand und wünscht mir viel Glück.
»Tononi war natürlich lange nach meiner Zeit«, murmelt Monteverdi. »Woher stammte er? Brescia? Bologna? Ich habe es vergessen.«
»Bologna«, sage ich.
»Bitte?« sagt der Generalsekretär und wendet sich vom Bildschirm ab.
»Ach, nichts, nichts. Vielen Dank. Freut mich, daß Ihnen das Konzert gefallen hat. Und danke für Ihr Verständnis.« Ohne Monteverdi noch einmal anzusehen, verlasse ich den Raum.

5.16

Nach einem schnellen Imbiß an einem nahen Würstelstand holen mich Maria, ihr Mann Markus und ihr Sohn Peter, der etwas quengelig ist, im Hotel ab. Wir fahren nach Klosterneuburg, um Julia zu treffen. Mrs. McNicholl ist Gott sei Dank ausgegangen. Julia kommt in Jeans aus dem Haus und hat einen kleinen Picknickkorb dabei. Ich gebe ihr wortlos das Fax von ihrer Freundin und eine Fahrkarte. Sie öffnet den Mund, sagt aber nichts.

»Ich habe es gelesen – hoffentlich hast du nichts dagegen.«

»Nein, natürlich nicht.«

»Und ich bin sofort zur Tat geschritten.«

»Das sehe ich. Infolgedessen werde ich einiges zu erklären haben.«

»Besser, als zu zögern. Der Zug fährt um halb acht morgen früh ab.«

»Was ist los?« fragt Maria, die die letzten Worte gehört hat.

Als Julia es ihr erzählt, ist sie sichtlich bestürzt, sagt jedoch nur: »Das ist albern.«

Julia schweigt eine Weile. Wahrscheinlich ist sie einer Meinung mit Maria und bereut ihren plötzlichen Entschluß. Dann sagt sie: »Maria, wenn es dir und Markus recht ist, übernachte ich heute bei euch und fahre morgen früh mit einem Taxi zum Bahnhof. Meiner Mutter werde ich sagen müssen, daß ich die nächsten Tage bei dir wohne. Aber ich gebe dir für den Notfall meine Nummer in Venedig – und auch die Nummer meiner Freundin Jenny.«

»Wozu soll das gut sein? Wie sollte ich mit dir sprechen können?« sagt Maria.

»Wenn Michael mithört, kann er dir nachsprechen, so daß ich ihm von den Lippen ablesen kann – zumindest soviel, daß ich weiß, worum es geht, und antworten kann.«

»Ich bin froh, daß ich nicht taub bin«, sagt Maria, wendet sich aber instinktiv ab, und Julia versteht die brutalen Worte nicht.

Zuerst bin ich zu schockiert, um darauf zu reagieren. Aber gerade als ich etwas zu Maria sagen will, überlege ich es mir anders. Wenn Julia nicht weiß, was gesagt wurde, warum sollte ich die Bemerkung dann angreifen und sie ihr damit zu verstehen geben?

»Ich habe zwei Kartenspiele mitgebracht«, sagt Julia und steigt ins Auto. »Wohin fahren wir?«

»Wie wär's mit Kritzendorf?« sagt Markus.

»Was?«

»Kritzendorf«, wiederhole ich.

»O gut!« sagt Julia, langt in den Korb zu ihren Füßen und reicht Peter Schokolade.

»Das Weinen hat geholfen«, sagt Peter nachdenklich, mehr zu sich selbst, als würde er internationale Verhandlungstechniken bewerten.

»Wie meinst du das, Peter?« frage ich.

»Er war sehr ungezogen«, sagt Maria. »Wir wollten ihn heute bei einem Freund lassen, aber er wollte unbedingt mitkommen und hat so lange geweint, bis wir mürbe waren und nachgegeben haben. Schlechte Erziehung. Aber du weißt nicht, wie ermüdend Kinder sein können – wirklich ermüdend. Wenn wir Bridge spielen, muß der Strohmann auf ihn aufpassen.«

Peter, der aus dem Fenster sieht, summt jetzt vor sich hin.

»Offensichlich hat er eine nützliche Lektion gelernt«, sagt Markus.

»Nützlich für wen?« entgegnet Maria.

Es ist ein schöner Tag, belebend frisch, und bald hebt sich unsere Laune.

Überall sind Kastanien und Flieder, hier und dort steht eine weißblühende Akazie oder eine Linde, eine Platane oder gar eine Weide. Julia und ich halten Händchen. Wenn wir allein wären, würde sie mich nach dem gestrigen Abend fragen, ja sie würde das Gefühl haben, mich danach fragen zu müssen, deswegen bin ich auf gewisse Weise sogar froh, daß wir in Gesellschaft sind – vor allem, da es nicht mein letzter Tag mit ihr ist, sondern der erste von mehreren. Wie sich alle Ängste im Sonnenschein auflösen. Der Wagen ist abgestellt, für Peter wurde ein Eis am Stiel gekauft, wir sind zum grasbewachsenen Ufer der gezähmten, nicht mäandrierenden Donau gegangen. Das Tischtuch ist ausgebreitet, und wir haben unsere Badesachen an, Julia einen bordellroten Badeanzug von Maria, ich eine weite khakifarbene Turnhose. Spielkarten, Essen, Fotoapparat, Papierservietten, Sonnencreme und eine Zeitung: nirgendwo ein

311

Zeichen von Musik, nirgendwo überhaupt irgendein Zeichen. Ein großes weißes Dampfschiff fährt tutend an uns vorbei. Ich bin bereits im Fluß. Ein Hund, der die Vorschriften mißachtet, läuft bellend am Ufer auf und ab. Ein Spatz plustert sich in einer mit staubfeinem Sand gefüllten Mulde auf. Peter, an jedem Arm einen aufgeblasenen Schwimmflügel aus Plastik, schlendert zu einem kiesigen Uferstück.

»Michael, paß bitte auf ihn auf, er soll nur mit den Füßen ins Wasser«, ruft Maria.

Peter will weiter hinaus, als in dem schnell strömenden Wasser noch sicher ist, und ich verfrachte ihn unter Protestgeschrei wieder zurück.

»Diesmal hat das Weinen nicht geholfen«, kann ich nicht widerstehen zu sagen. Er stampft mit dem Fuß auf.

»Schau. *Fukik!*« sagt Markus, um in abzulenken, und deutet zum Himmel empor.

»Flugzeug!« sagt Peter angewidert und weigert sich, in Babysprache zurückzufallen, aber er hört auf zu weinen.

»Schau dir den lustigen Vogel an«, sagt Maria. »So ein lustiger Vogel. Wir vier werden jetzt Bridge spielen, und du wirst ganz brav und still sein, während wir reden. Dann, wenn wir aufgehört haben zu reden, wird einer von uns mit dir spielen, bis wir wieder austeilen. In Ordnung? Schau, eine Amsel.«

»Amsel, Drossel, Fink und Star«, singt Peter zufrieden.

Julia sieht zu ihm und zur Amsel, zur Donau, lehnt sich zurück auf die Ellbogen, sieht unwiderstehlich aus und ist, für den Augenblick, glücklich mit ihrer Welt.

5.17

Um 7.27 Uhr am nächsten Morgen läuft sie auf den Bahnsteig. Sie hat einen Koffer und eine kleine Reisetasche dabei. Ich winke ihr hektisch zu. Um 7.30 Uhr fährt der Zug ab.

Wir sind allein in unserem Abteil.

»Guten Morgen«, sage ich formell.

»Guten Morgen.«

»Wird das jetzt zur Gewohnheit?«

»Ich bin spät aufgewacht«, sagt sie atemlos. »Schau – wir sind allein. Der Zug ist mit Graffiti besprüht. Das ist wie in der New Yorker U-Bahn, nicht wie Wien.« Julia probiert diverse Lichtschalter, Heizungshebel und Lautsprecherknöpfe aus. »Es ist nett hier.«

»Ich habe keine Kosten gescheut und Erster-Klasse-Fahrkarten gekauft. Hoffentlich haben sich zehn Jahre Warten auf diese Reise gelohnt.«

»Michael, sei mir nicht böse, aber ...«

»Nein.«

»Bitte.«

»Nein.«

»Laß mich zumindest für meine Fahrkarte zahlen. Du kannst es dir nicht leisten.«

»Das geht auf meine Rechnung, Julia«, sage ich. »Mein Flugticket wird rückerstattet. Außerdem hast du die Unterkunft arrangiert.«

Sie setzt sich auf den Fensterplatz mir gegenüber, zögert kurz und sagt dann: »Ich hatte einen merkwürdigen Traum letzte Nacht. Ich schwamm in der Donau, und mein Vater stand auf einem Floß mit einem ganzen Stapel alter ledergebundener Bücher darauf. Sie fielen runter, und er kroch herum und versuchte verzweifelt, sie zu retten. Ich wollte zu ihm schwimmen, aber er trieb weiter und weiter fort. Ich wollte um Hilfe rufen, konnte aber nicht. Es war wirklich schrecklich. Ich wußte, daß es ein Traum war, und trotzdem – aber wahrscheinlich bedeutet das nichts. Jedenfalls sind wir jetzt hier. Mal schauen, ob es ein guter Tag wird.« Sie klatscht zweimal laut neben ihrem linken Ohr in die Hände und wiederholt die Prozedur neben dem rechten.

»Was machst du da?«

»Das ist ein Test – eine Art Hörtest. Ja, ich glaube, es wird ein besserer Tag als gewöhnlich. Ich hatte es heute morgen so eilig, daß ich es vergessen habe. Aber natürlich könnte mich das Zuggeräusch in die Irre führen.«

»Ich bin so müde«, sage ich. »Die Anspannung, und dann der Tag in der Sonne ...«

»Du kannst dich ausstrecken. Wird das Abteil die ganze Strecke über leer bleiben?«

»Nein. Nur bis Villach. Draußen hängen Zettel. Dort steigen vier Personen ein. Volles Haus.«

»Bis dahin ist noch viel Zeit.«

»Vier Stunden. Kurz vor der Grenze. Wie ist dein Italienisch?«

»Kaum noch passabel – und jetzt, wo ich meine Ohren nicht mehr gebrauchen kann, wahrscheinlich erbärmlich.«

»Meines ist nicht mehr existent. Was sollen wir tun?«

»Wir werden's schaffen.« Sie lächelt.

Woran könnte sie gerade denken? Was immer sie bis zu diesem Augenblick hat durchmachen müssen, sie wirkt nicht unglücklich. Sie sollte nicht bei mir sein, aber sie ist es. Sie sollte nicht glücklich sein, aber sie ist es ...

»Ich sollte besser einen Blick in meinen Sprachführer werfen«, sage ich. »... ›Ich kenne eine gute Diskothek.‹ ›Könnten Sie den Reifendruck prüfen?‹ ›Kann ich mit dem Auto ins Stadtzentrum fahren?‹«

»Was hast du gesagt?«

»›Kann ich mit dem Auto ins Stadtzentrum fahren?‹ Wie heißt das auf italienisch?«

»Wenn du das Thema so plötzlich wechselst, komme ich absolut nicht mit. Außerdem werden wir diesen Satz in Venedig nicht brauchen.«

»Nur ein Test. Also?«

»Irgendwas, irgendwas mit *nel centro città*. Laß uns über was Ernstes reden.«

»Na gut, worüber willst du reden?«

»Michael, was ist *passiert*?«

»Julia, bitte ...«

»Warum?«

»Ich will einfach nicht ...«

»Aber das ist wie beim letztenmal. Du hast nie darüber gesprochen, du hast nie erklärt ...«

314

»Oh, Julia.«

»Ich habe mich so schrecklich für dich gefühlt«, sagt sie. »Selbstverständlich habe ich an deinen Zusammenbruch damals gedacht. Was hätte ich denn denken sollen?«

»Das jetzt war kein Zusammenbruch«, beharre ich.

»Kannst du das Kind nicht beim Namen nennen?« ruft sie. Dann fügt sie leiser hinzu: »Erstaunlich ist, wie du darüber hinweggekommen bist. Alle sagten, daß das Streichquintett wirklich wunderbar war – sogar meine Mutter. Wenn ich es nur hätte hören können.«

Wir schweigen einen Augenblick. »Was du gespielt hast, hat mich gerettet«, sage ich.

»Wirklich, Michael?«

»Ich will dir für *Die Liebe* danken. Ich hatte es noch nie zuvor gehört.«

»Ich auch nicht. Ich mag es nicht einmal besonders, soweit ich es mitkriege und beurteilen kann. Ein ziemlich verzweifeltes Mittel.«

»Es hat funktioniert.« Ich nehme ihre Hand. »War deine Mutter besorgt, als du dich in der Pause nicht neben sie gesetzt hast?«

»Es ging nicht anders. Was sie wirklich ärgert, ist, daß ich die nächsten Tage nicht mit ihr verbringe.«

»Laß uns einen Strich unter Wien ziehen«, sage ich. »Einen doppelten Strich.«

»Du sprichst, als wäre die Stadt daran schuld«, sagt Julia und entzieht mir ihre Hand. »Als würdest du sie hassen.«

»Das tue ich nicht. Ich – es wird dir nicht leichtfallen, es zu glauben, aber ich liebe sie mehr, als daß ich sie hasse. Aber dort passieren mir Dinge, die ich nicht erklären kann.«

Die Lautsprecher rauschen statisch, dann werden wir auf deutsch willkommen geheißen, und auf englisch wünscht man uns eine gute Reise.

Julia hört nichts davon. Ich denke an Marias Bemerkung.

»Julia, ich habe dich nie danach gefragt – aber ist die Taubheit manchmal von Vorteil? Vermutlich kannst du Small talk vermeiden.«

»Aber nein, ich kann es nicht – zumindest nicht mit Leuten, die nicht wissen, daß ich taub bin. Und das sind die meisten.«

»Wie dumm von mir«, sage ich.

Julia lächelt amüsiert.

»Weißt du«, fahre ich fort, »als ich meine Geige einen Ton tiefer stimmte, um diese Fuge von Bach zu spielen, rebellierten meine Ohren, bis ich mich daran gewöhnt hatte, die Noten auf bestimmte Weise zu lesen. Ich steckte mir Stöpsel in die Ohren – um nichts zu hören. Aber das waren ziemlich außergewöhnliche Umstände.«

»Es gibt ein oder zwei Vorteile«, sagt sie. »In Hotels kann ich Zimmer mit Blick auf die Straße genießen, ohne mir Sorgen machen zu müssen, daß mich der Lärm wach halten wird. Und wenn ich auftrete, höre ich die Leute nicht husten – oder wie sie ihre Hustenbonbons aus dem knisternden Papier wickeln.«

»Stimmt.« Ich lächle.

»Kein Handyklingeln. Kein Zusammenklappen von Brillen, nachdem die Leute in ihre Programmhefte geschaut haben. Ach ja, und ich höre dich nicht mehr summen. Gott sei Dank.«

»Du hast mich überzeugt«, sage ich und lache.

»Aber ich höre auch nicht, wie Regen auf ein Oberlicht fällt.«

Würde ich sie nicht kennen, würde ich ihrer Stimme nicht anhören, wie tief dieser banale Verlust sie zu verletzen scheint. Sie ließ diese Bemerkung nahezu beiläufig fallen.

»Das ist traurig«, sage ich. »Aber es hat nicht auf das Oberlicht des Brahms-Saals geregnet, als wir spielten ... Hat dich das Gewitter vor ein paar Nächten gestört? Ich konnte nicht schlafen.«

»Nein«, sagt Julia ein bißchen bedauernd. »Es gibt wirklich einen Vorteil, wenn man als Musiker taub ist, aber den hebe ich mir für ein anderes Mal auf.«

»Warum nennst du ihn mir nicht jetzt?« Aber Julia schweigt, sieht aus dem Fenster.

Weinberge ziehen zu beiden Seiten des Zugs vorbei; Mohnblumen auf einem Stück Brachland blitzen im Vorbeifahren leuchtend auf. Ein dicker Mann in einem T-Shirt geht einen Waldweg neben den Schienen entlang. Ein rosablühender Weißdornbusch erinnert mich an London und den Park.

»Hast du Schwierigkeiten mit den anderen?« fragt sie mich nach einer Weile.

»Ich weiß es nicht. Vielleicht hätten wir auch im Palazzo Tradonico wohnen sollen ...«

»So ist es besser«, sagt sie.

»Viel besser ... Ich dachte nur, nach dem, was in Wien passiert ist ... aus Pflichtgefühl heraus, weißt du ... aber ich bin viel lieber mit dir allein.«

»Wirst du viel proben müssen?« fragt sie.

»Nein – nicht sehr viel. Es stammt alles aus unserem alten Repertoire. Als erstes müssen wir bei irgendeiner Geburtstagsfeier auftreten, die eine Amerikanerin veranstaltet. Sie hat den zweiten Stock des Palazzos gemietet. Mrs. Wessen. Sie hat auch den ersten Stock übernommen – Piers nannte es Piano irgendwas ...«

»Piano nobile.«

»Genau. Sie hat den ersten Stock für das Fest übernommen und versucht, die ganze venezianische High Society dazu anzukarren – Helen behauptet, sie wären noch wilder auf Freikarten als die Londoner.«

»Was tut sie? Ich habe es nicht ganz verstanden.«

»Alle einladen, die in Venedig Rang und Namen haben.«

»Und wie kamt ihr dazu?«

»Erica kennt sie. Wir werden auch in der *Scuola Grande di San Rocco* auftreten – aber das habe ich dir ja schon erzählt – und noch irgendwo außerhalb von Venedig. Erica hat sie davon überzeugt, daß wir, weil wir Maggiore heißen, genau das richtige für eine venezianische Party sind – und Mrs. Wessen muß nur unser Honorar zahlen, nicht die Flüge, weil wir ja sowieso in Venedig sind. Für uns ist es auch gut. Wien war ruhmreich, aber finanziell keine große Sache.«

Zu unserer Rechten erhebt sich ein niederiger blauer Bergzug unter einem blauen Himmel. Langsam nähern wir uns ihm, und dann sind wir von steilen grünen Talhängen eingeschlossen, auf denen alles ordentlich durcheinandergewürfelt ist: Chalets, Wiesen, Hügel, Wolken, Pferde, Kühe, Flieder und Goldregen. Alles ist sehr österreichisch, sehr schön. Das also ist der Zug, mit dem ich zehn Jahre zu spät fahre.

Julia nickt ein. Ich sehe sie eine Weile an, glücklich, sie so sitzen zu sehen, dann stehe ich auf und gehe hinaus auf den Gang. Ein fröhlicher Amerikaner und seine Frau, beide um die Sechzig, stehen an einem Fenster und unterhalten sich. Sie trägt ein gelbes Kleid und eine Handtasche mit Beeren darauf; er trägt eine grüne Fliege, zerknitterte Khakihosen und hat eine volltönende zigarrenrauchige Stimme.

»Elizabeth, schau nur, wie organisiert alles ist. Schau, wie organisiert!«

»Mein Magen rebelliert«, sagt sie.

»Bist du seekrank?« fragt er. »Warum gehst du nicht hinein und legst dich hin, Elizabeth?«

Sie geht ins Abteil; er sieht sich um, beschließt, daß ich Englisch sprechen kann, und fährt fort: »Jungejungejunge, ist das nicht wunderschön – und die Leute *leben* hier. Ich liebe dieses Land. Für mich ist es ... Ich verstehe diese Leute ... das ist Nationalismus ... wenn etwas rumliegt, räumen sie es weg. Aber New York, New Jersey, alte Kühlschränke, alte Autos ... wo liegen die Bierdosen? Wo sind die Graffiti?«

»Na, außen am Zug zum Beispiel«, sage ich.

Er macht eine Geste toleranter Nachsicht. »Ich hatte eine Farm«, sagt er. »Aber ich habe sie verkauft. Ich konnte auf der Veranda sitzen mit einem Bier in der Hand – kein Fernseher weit und breit – und den Sonnenuntergang beobachten, aber wo ist das Deli? Wo ist das Zigarrengeschäft? Das ist das Problem.«

»Stimmt«, sage ich, aus unerfindlichem Grund freue ich mich plötzlich.

Die Schienen bilden Kurven und neigen sich, der Zug knurrt, als er in einen Tunnel einfährt.

Das Tal wird breiter; die Wolken verschwinden. Alles blüht: Kastanien mit vollen Kerzen, einzelne Mohnblumen auf den Wiesen und dann ganze Wiesen voller Mohnblumen, Hunderte von Metern leuchtendrot, lila Lupinen, weiße Doldengewächse aller Art und

Flieder in jeder Schattierung, von Weiß bis Dunkellila. In regel-
mäßigen Abständen taucht wie eine exotische Konifere ein Hoch-
spannungsmast auf; und am Ufer eines breiten Flusses trinken junge
Kälber, ihr Fell sieht aus wie seidig glänzendes Wildleder.
Ich gehe zurück in unser Abteil. Julia ist wach. Wir reden nicht viel,
aber wir deuten von Zeit zu Zeit aus dem Fenster auf Dinge, die
wir miteinander teilen wollen.
»Julia, was ist der große Vorteil, wenn man nicht hören kann?« frage
ich nach einer Weile.
»Es hat dich also beschäftigt?«
»Ein bißchen.«
»Du mußt schon eine Vorstellung davon haben, so wie ich die Fo-
relle gespielt habe.«
»Das Problem ist, daß ich nicht weiß, woran du dabei denkst.«
»Also, es ist so«, sagt Julia. »Wenn ich in ein Konzert gehe oder eine
Aufnahme höre, habe ich nichts weiter davon als einen allgemeinen
Eindruck dessen, was da passiert. Alle Feinheiten des Spiels kriege
ich nicht mit. Wenn ich also etwas spielen muß, vor allem etwas,
was ich noch nie zuvor gehört habe, bin ich absolut gezwungen originell zu sein … Nicht daß Originalität allein ausreichen würde.
Das will ich damit nicht sagen. Aber es ist zumindest ein Anfang.
Die Forelle habe ich natürlich oft genug gehört, bevor es anfing –
und auch gespielt. Aber die Erinnerung daran verblaßt, außer sie
wird verstärkt. Wenn sie aufgefordert werden, etwas zu spielen, gehen viele Musiker los und kaufen sich eine CD, oft genug bevor sie
sich die Partitur ansehen. Diese Option steht mir nicht offen. Beziehungsweise sie nützt mir nicht viel.«
Ich nicke. Wieder sind wir in unsere eigenen Gedanken vertieft,
aber die Landschaft draußen dringt irgendwie in unsere Gedanken
ein. Ich hatte gedacht, sie würde etwas sagen über das Leiden, das
einen zwingt, die Welt zu verstehen. Aber auf merkwürdige Weise
bin ich froh, daß sie gesagt hat, was sie gesagt hat.
Klagenfurt. Ein großer See. Villach. Aber niemand steigt ein. Wir
haben das Abteil noch immer für uns. Die Grenze. Ein aufge-
schwemmter unzufriedener Mann in Grau zeigt kurz eine Marke

und bellt dann: »*Passoporto!*« Ich starre ihn finster an. Dann bemerke ich, daß Julia mich ansieht, als hätte sie meine Reaktion vorhergesehen. »Mit Vergnügen, Signor«, murmle ich liebenswürdig.

Kalkige Felsen, hohe schroffe Felsabhänge sind zu sehen, riesige Geröllbrocken auf den unteren Hängen; und milchigblaue Rinnsale in einem nahezu ausgetrockneten Flußbett, eine staubige Zementfabrik an seinem Ufer.

Obwohl wir allein sind, küssen wir uns nicht; wir sind nahezu schüchtern. Die Reise hält alles, was sie versprochen hat. Der Tag wird warm, und ich fühle mich wie eine träge Biene.

Bald sind wir im Veneto: terracotta- und ockerfarbene Mauern, im Schatten eines massigen Berges eine kleine Stadt mit roten Dächern; Holunderbüsche neben den Schienen; Gärten mit Iris und rosa Rosen; die Schrottplätze und Rangiergleise von Mestre.

Als wir auf dem Damm rasch über das graugrüne Wasser der Lagune fahren, schiebt sich die wunderschöne Stadt in unser Blickfeld: Türme, Kuppeln, Fassaden. Wir sind da, wenn auch Jahre zu spät. Wir stehen beide neben unserem Gepäck auf dem Gang und sehen hinaus aufs Wasser. Ich sage ihren Namen leise vor mich hin, und sie, die es irgendwie spürt — oder ist es Zufall? —, sagt meinen.

Sechster Teil

6.1

Sechzehn Uhr dreißig an einem normalen Werktag ist keine magische Zeit. Aber ich stehe auf der Treppe vor dem Bahnhof, lehne nahezu an Julia, und lasse mich von den Gerüchen und Geräuschen Venedigs und dem schwindelerregenden Anblick überwältigen.

Der Bahnhof hat uns mit Hunderten anderen Menschen ausgespuckt. Es ist keine Hochsaison, aber wir sind viele, und ich staune, so wie ich es sollte, denn ausnahmslos alles ist schön.

»Das ist er also, der Canal Grande.«

»Das ist er also«, sagt Julia mit einem kleinen Lächeln.

»Hätten wir über das Meer kommen sollen?«

»Über das Meer?«

»Über das Meer bei Sonnenuntergang?«

»Nein.«

»Nein?«

»Nein.«

Ich werde ruhig. Wir sitzen ganz vorn in einem Vaporetto, das auf leise pragmatische Weise dahintuckert, gegen die Landungsstege schlägt, Fahrgäste aufnimmt und entläßt. Um uns herum lebhafte, klappernde, autofreie, nichthektische Geräusche.

Eine Brise lindert die Hitze des Tages. Eine Möwe stürzt sich in das trübe, lichtgefleckte türkise Wasser.

Zu beiden Seiten ziehen die massiven phantastischen Kirchen und Paläste vorbei. Ich sehe ein Casino, ein Schild, das zum Ghetto weist, einen wunderschönen Garten mit einer Glyzinie, die an einem Spalier entlangwächst. Ein kleines Boot mit zwei Männern in orangefarbenen Hemden fährt an unserem Vaporetto vorbei. Eine elegante alte Frau mit einer dicken Perlenkette und einer Brosche steigt in Ca' d'Oro ein, gefolgt von einer Frau mit Kinderwagen, in dem ihre Einkäufe liegen. Der grüne Schaum am Rand des Was-

323

sers sammelt sich auf den Steintreppen und an den gestreiften Vertäuungspfosten.

»Was wäre Venedig ohne Geranien?« sagt Julia und blickt nach oben.

Ich neige mich zu ihr und küsse sie, und sie küßt mich – nicht gerade leidenschaftlich, aber gelöst. Ich bin glücklich und beginne zu plaudern.

»Wo hast du gewohnt, als du das letztemal hier warst?«

»In der Jugendherberge. Das war mit Maria, und wir hatten nicht viel Geld.«

»Hoffentlich hat mich die Hausmeisterin deiner Freundin verstanden. Nachdem sie abgenommen hatte, habe ich einfach vorgelesen, was du aufgeschrieben hattest. Aber wenn niemand an der Haltestelle Sant'Elena ist ...«

»Darüber machen wir uns Sorgen, wenn es soweit ist.«

»Ist unser Gepäck hier sicher?« frage ich. Mein Geigenkasten liegt unter unserer Bank, der Riemen ist um mein Bein geschlungen.

»Hier kann niemand damit davonlaufen.«

»Schau – wieder eine Gondel!«

»Ja«, sagt Julia geduldig und nimmt meine Hand. »Wir haben schon Dutzende gesehen.«

»Wir müssen mit einer Gondel fahren.«

»Michael, ich kann mich nicht denken hören.«

»Na, dann schau mich doch einfach nicht an«, sage ich und vertiefe mich in den Reiseführer.

Die Steinbrücke von Rialto, die hölzerne Brücke bei der Accademia, die große graue Kuppel der Salute, die Säulen und der Glockenturm von San Marco, das rosa-weiße Gemäuer des Dogenpalastes, alles zieht eins nach dem anderen an uns vorbei; und alles ist so luxuriös, so vorhersagbar, so wehmütig, so flüchtig, so erstaunlich, daß es zugleich etwas Verwirrendes, nahezu Unersättliches hat. Es ist eine Erleichterung, über die offene Lagune zu fahren, nicht umgeben von Großartigkeit.

Zu unserer Rechten ist die kleine Insel mit San Giorgio Maggiore.

Ich betrachte sie in verwundertem Wiedererkennen. »Aber wo ist Sant'Elena?« frage ich.

»Nur noch ein paar Haltestellen.«

»Als ich es Helen gesagt habe, war sie schockiert, als würde ich mich nach Clapham verbannen.«

»Verbannt nach Sankt Helena.«

»Genau.«

»Ich mag Sant'Elena«, sagt Julia. »Ich bin einmal versehentlich dorthin gewandert. Es ist grün und städtisch, voller Familien und Hunde. Keine Autos natürlich – und keine Touristen außer kartographisch Wagemutigen, wie Maria und ich. Aber in der Nähe ist etwas, was ich dir unbedingt zeigen will.«

»Was?«

»Du wirst schon sehen.«

»Was ist es – Tier, Pflanze, Mineral?«

Julia braucht einen Augenblick, bis sie das verstanden hat, dann sagt sie: »Tier, aber vermutlich aus Pflanzen und Mineralien bestehend.«

»Das tun wir alle.«

»Ja, das stimmt.«

»Es wäre schön gewesen, wenn wir auch in dem Palazzo gewohnt hätten, meinst du nicht auch? Ich meine, werden wir je wieder die Chance haben, in einem Palazzo zu wohnen? Wenn du nicht wärst, würde ich jetzt in einer Badewanne liegen und Champagner trinken.«

»Prosecco ist wahrscheinlicher.«

»Was immer du sagst.«

»Wo ist er überhaupt, dein Palazzo?«

»Woher soll ich das wissen? Ich kenne Venedig nicht.«

Julia gibt einen ungeduldigen Laut von sich und nimmt den Reiseführer. »Ah, ja, Palazzo Tradonico. In der Nähe von San Polo.«

»Was immer das ist.«

»Es ist der größte Campo Venedigs, abgesehen von San Marco – der der einzige Campo ist, der Piazza genannt wird.«

»Das ist viel zu durchsichtig, als daß es einen Sinn ergeben würde.«

»Du bist nur müde. Du bist schon den ganzen Tag müde.«

325

»Du warst es, die während der meisten Zeit auf dieser schönsten
Reise der Welt geschlafen hat.«

»Ich habe ein Nickerchen gemacht. Zwanzig Minuten lang.«

»Ich glaube nicht, daß ich ohne dich irgendwohin gehen werde.
Venedig ist viel zu verwirrend.«

»O doch, das wirst du. Ich werde nicht mit zu all deinen Proben
kommen. Aber ich gebe dir einen Tip, Michael. Nenn die Gegend
links vom Canal Grande Marco, die rechts davon Polo. Und dann
merk dir, ob etwas auf der Marco- oder der Poloseite ist, so weißt
du auch, ob du über den Kanal mußt oder nicht.«

»Aber warum kommst du nicht mit zu den Proben? Wir haben nur
zwei – na ja, drei oder vier.«

»Nach Wien ist es besser, wenn du ohne mich spielst. Und ohne
daß ich zusehe.«

Ich schüttle den Kopf.

»Weißt du, was das für ein Gebäude ist?« sagt Julia und deutet. »Das
dort, das mit der weißen Fassade ...«

»Das interessiert mich wirklich nicht«, erwidere ich nahezu wütend.

»Das ist Vivaldis Kirche.«

»Oh«, sage ich und bereue meinen Ausbruch.

»Ich hätte Wien nicht erwähnen sollen«, meint sie. »Ich werde mich
bemühen, es nicht mehr zu tun.«

»Du bist diejenige, die ein wirkliches Problem hat, und ich bin der-
jenige, der jammert.«

»Was mit dir passiert ist, war überaus wirklich«, sagt Julia.

»Du bist nicht unglücklich, daß ich dich hierhergelockt habe?« frage
ich.

»Es ist schön, bei dir zu sein«, sagt sie. »Und ich habe mich selbst
hierhergelockt.« Sie sieht mir in die Augen, und plötzlich bin ich
so überglücklich vor Freude, daß ich es am liebsten laut hinauspo-
saunen würde. Zehn Tage mit ihr – zehn Tage – und noch dazu
hier.

»Verdi. Wagner«, sagt sie nach einer Weile. Um uns herum ist alles
blau und weit, grün am Ufer. Ich folge ihrem Blick zu den antago-

326

nistischen Büsten in einem Park. Ein Baum steht zwischen ihnen; sie blicken aufs Wasser hinaus.

»Es ist die nächste Haltestelle.«

Wir stehen an der Reling, blicken zu den Pinien, die das Ufer säumen, und ich frage mich, was Sant'Elena bringen wird.

6.2

Signora Mariani begrüßt uns atemlos, als hätte sie gerade unser Vaporetto erspäht und mitten im Satz eine Unterhaltung abgebrochen, um zu dem Eisensteg zu rennen, vor dem sie anhalten muß. Sie ist grauhaarig, klein und sehr freundlich. Sie würde, glaube ich, gerne plaudern, wenn einer von uns in der Lage wäre, mit ihr zu reden. Als wir durch ein Pinienwäldchen ins eigentliche Sant'Elena gehen, grüßt sie mehrere neugierige Leute mit explosivem Gerede, von dem ich nur *»amici della Signora Fortichiari«* verstehe. Sie nickt dem Gemüsehändler zu, macht mich auf einen Hundehaufen aufmerksam und bietet regelmäßig und nicht sehr überzeugend an, uns mit dem Gepäck zu helfen. Sie führt uns eine relativ breite Straße entlang und in einen kleinen Hof, über dessen gußeisernes Tor sich eine Glyzinie rankt. Sie holt einen umfangreichen Schlüsselbund heraus und zeigt uns, wie wir ihn zu benutzen haben: am Eingang zum Hof, am Eingang des Gebäudes und (drei steile Treppen weiter oben) an der Tür zur Wohnung.

Es ist eine hübsche schlichte Wohnung mit Holzboden und Aussicht sowohl auf die Straße als auch in den Hof, in dem hoch über einem kleinen Magnolienbaum Wäscheleinen hängen, beladen mit vielfarbiger Unter- und Oberbekleidung, darunter gerüschte braune Unterwäsche, die dem Ursprung der Leine nach zu urteilen dem Nachbarn schräg gegenüber und einen Stock tiefer gehört. Julia und ich sehen uns begeistert an. Signora Mariani sieht uns an, lacht verschwörerisch und schließt dann plötzlich die Fensterläden. Sie zeigt uns das Schlafzimmer mit den frischen Laken, das Telefon mit Anrufbeantworter, die Waschmaschine, den Feuerlöscher, die Vase mit gelben Blumen und daneben auf cremefarbenem Papier einen Brief von Signora Fortichiari. Dann, ohne daß wir es mitkriegen, ist sie gegangen. Kurz darauf fällt die Haustür mit lautem Knall ins Schloß, und im Treppenhaus beschwert sich eine empörte Stimme.

»Hör auf, Michael«, sagt Julia und lacht, als ich sie ins Schlafzimmer ziehe.

Ich knabbere an ihrem Ohr. »Mmmh, flaumig.«

»Nicht, Michael. Laß mich zuerst Jennys Brief lesen.«

»Später.«

Wir liegen auf dem Bett, nebeneinander, noch fast vollständig angezogen. Was immer sie will, daß wir im Bett tun, ist mir recht. Heute will sie, daß wir uns Zeit lassen und nicht hetzen, nur weil das letztemal schon so lange her ist. Soviel ist in der Zwischenzeit passiert, soviel unerwartete Anspannung und Hoffnung, daß ich sie ewig in den Armen halten möchte.

Ich bin versucht, die Fensterläden zu öffnen, aber sie schüttelt den Kopf, als ich es vorschlage. Wir begnügen uns mit dem Licht, das aus den anderen Räumen hereindringt. Ich ziehe ihr die Bluse aus und presse das Gesicht an sie. Ich hatte am Morgen nicht genug Zeit, um mich zu rasieren, und sie beschwert sich ein bißchen.

»Deine Lippen könnten etwas sanfter sein«, sagt sie.

Es ist eine einseitige Unterhaltung, da sie mir nicht von den Lippen ablesen kann. Sie spürt meine Absichten an meinen Berührungen, aber sie kann sagen, was sie fühlt und will, daß ich tue. Früher war sie schüchtern, aber jetzt ist sie offener als je zuvor – als hätten sie die Fahrt auf dem Wasser und dieser unbekannte Raum von allen Hemmungen befreit.

Mittendrin muß ich aufstehen und in meiner unausgepackten Reisetasche herumwühlen, aber der Fluß unserer Erregung wird dadurch nicht unterbrochen. Sie legt den Kopf auf den Arm und sieht mich an, und als ich zurückkehre, ist es, als hätten kein Zweifel und kein Gedanke unsere Lust für einen Augenblick in Zaum gehalten. Später hole ich ihr den Brief. Sie sitzt auf der Bettkante; ich schalte das Licht an. Sie blickt ernst drein. Offensichtlich ist ihre Freundin mehr oder weniger ans Haus gebunden, da ihre Kindern Masern ha-

328

ben. Sie will nicht, daß jemand kommt, aber würde am übernächsten Tag gern mit Julia im Cipriani zu Mittag essen – und auch mit mir, wenn ich dabeisein möchte. Ihr wurde versichert, daß sie selbst nicht ansteckend ist.

»Also, Michael, willst du mitgehen?« fragt Julia eine Spur angespannt.

»Nein, lieber nicht«, sage ich. »Und dir ist es auch lieber, wenn ich nicht mitkomme.«

Ich denke noch immer daran, wie wir uns liebten, und Masern ist eine etwas sonderbare Ablenkung.

Julia nickt. »Sie ist eine sehr gute Freundin – noch aus meiner Schulzeit. Sie hat vor fünf Jahren einen Venezianer geheiratet und hat jetzt zwei Kinder, ein Mädchen und einen Jungen.«

»Jenny mit dem fettigen schwarzen Haar?«

»Ja, die zu einer Schönheit wurde.«

»Dann treffe ich sie besser nicht«, sage ich und streichle mit einer Hand ihren Nacken und dann sanft über ihren Rücken. »Ich frage mich, ob die anderen schon angekommen sind. Ihr Flugzeug sollte um sechs landen. Wie kommen sie vom Flughafen in die Stadt?«

»Mit dem Boot. Ich hoffe wirklich, daß du nicht vorhast, sie heute abend noch zu treffen.«

»Nein. Aber ich habe gesagt, daß ich sie anrufen werde. Morgen nachmittag haben wir eine Probe.«

»Was sollen wir tun?«

»Du hast mich in der Hand.«

»Im Arm.«

»Um genau zu sein. Du sieht so knabulierbar aus.« Julia blickt nicht erfreut. »Warum diese Grimasse? Was glaubst du, daß ich gesagt habe?«

»Kopulierbar.«

»Knabulierbar.«

»Das Wort gibt es nicht.«

»Jetzt schon … also, was sollen wir heute abend machen?«

»Wir könnten herumschlendern«, sagt Julia. »Das würde ich am liebsten tun. Wir haben soviel Zeit.«

»Nicht genug. Nicht annähernd genug.«

329

Sie küßt mich auf die Stirn. »Weißt du«, sagt sie, »wir haben noch nie zusammen getanzt. Sollen wir tanzen gehen?«

»O nein«, sage ich. »Ich kann nicht tanzen, das weißt du. Ich kann beim Tanzen meine Beine nicht koordinieren. Ich käme mir tölpelhaft vor und du auch, und das würde uns den ersten Abend verderben. Laß uns spazierengehen, wie du vorgeschlagen hast.«

Wir duschen, ziehen uns an und gehen hinaus. Die Dämmerung ist klar. Weit weg am Lido gegenüber strahlt eine riesige Campari-Neonschrift. Die Bojen auf dem Wasser flackern wie Kerzen. Als es dunkel wird, reden wir nicht mehr. Eine Weile gehen wir am Meer entlang, dann steigen wir in das nächste Vaporetto, das uns bringen soll, wohin immer es will.

6.3

Zwei Haltestellen vor San Marco steigen wir aus und bleiben eine Weile vor der Pietà, Vivaldis Kirche, stehen − oder vielmehr vor der Kirche, die jetzt dort steht, wo Vivaldis Kirche stand. An diesem Ort muß meine Geige oft gespielt haben. Über dem schwarzen Wasser erstrahlt, weiß beleuchtet, die Fassade von San Giorgio Maggiore. An dieser Stelle wurde unser Quartett gezeugt.

Wir beschließen, am nächsten Tag noch einmal hierherzukommen, wenn die Pietà hoffentlich zu besichtigen ist. Dann schlendern wir über den riesigen Markusplatz und anschließend durch die kleinen Seitenstraßen. Sie erzählt mir, daß ihr beim letztenmal, als sie hier war, nicht aufgefallen ist, daß nachts in jeder Gasse hier und da ein Licht brennt. Das bedeutet, daß ich jederzeit mit ihr sprechen kann, wenn ich etwas zu sagen habe. Aber ich bin damit zufrieden, wenig zu reden.

Wir gehen zurück zu dem langen Kai, der an das Becken von San Marco grenzt. Stimmen in den unterschiedlichsten Sprachen umgeben uns oder vielmehr mich. Nachts, wenn die Sicht beschränkt ist, dominieren die Geräusche. Aber was hört sie vom Anschlagen des Wassers gegen den Stein, vom Quietschen eines Luftballons in der

Hand eines Kindes, von den Rädern, die über die Stufen einer Brücke rumpeln, vom Flattern der Taubenflügel, vom Geklapper der Absätze auf dem Boden der Kolonnade – was davon kann sie hören? Vielleicht das tiefe Brummen eines Vaporettomotors; vielleicht nicht einmal das.

Aber hier gehen wir, anonym, Hand in Hand. Ihr Zitronenduft vermischt sich mit dem halb frischen, halb brackigen Geruch der Stadt. Ich frage sie, ob sie Hunger hat, und sie antwortet nein. Wie wäre es mit einem Drink? Ja. Ein Glas Prosecco in einer Bar. Sie ist ruhelos und schlägt eine Bar auf der Giudecca vor. Ich bin glücklich, mich an Land führen zu lassen, und noch glücklicher, mich vom Wasser tragen zu lassen.

Die Bar ist hell erleuchtet. Am Tisch neben uns sitzen zwei junge französische Geschäftsleute mit einem Kinderwagen, in dem ein Baby liegt, einem Handy, einer Schachtel Zigaretten und mehreren Zeitschriften. Ein älteres amerikanisches Paar betrachtet sie neugierig und bestellt dann zwei doppelte koffeinfreie Espressi. Der Barmanager im grauen Anzug schwirrt herum, überwacht das Geschehen, hilft aus, setzt seine Brille auf und ab, läßt einen Korb mit Grissini wegbringen, der ihn stört. Unser Prosecco kommt, wir nippen daran und reden über Belangloses, ob es regnen wird, und wenn ja, was wir dann tun werden. Mein Quartett und ihre Familie haben nie existiert.

Eine freundlich dreinblickende Frau, ihrem Akzent nach zu urteilen Engländerin, die am Tisch hinter uns sitzt, unterhält sich mit einem Freund. »Das ist die Tradonico-Meute, weißt du …«, fängt sie an, und auf den Namen aufmerksam geworden, höre ich ihr zu. »Das ist genau das, was man von ihnen erwartet. Sie – sie benutzen Frauen, wann immer es geht, sie lassen sie Stoffe entwerfen, Schmuck verkaufen, sie benutzen Frauen als Hintergrundmusik … Was das Buch betrifft, werde ich dir sagen, was ich davon halte: Es ist ein Zeitungsartikel, aber Literatur ist es keinesfalls … Ich bin nicht eingeladen, aber ich wäre auch nicht hingegangen, hätten sie mich eingeladen … Sie werfen Erdnüsse unters Volk, und die Affen tanzen … ich *verachte* sie.«

Julia sieht mich neugierig an, dreht sich aber nicht um.

»Es lohnt sich nicht«, sage ich leise, erschrocken über die giftigen Bemerkungen. »Sie redet über die Tradonico-Meute. Vermutlich meint sie die Leute im Palazzo. Warum sind wir ausgerechnet hierhergekommen?«

»Maria und ich waren einmal hier. Ich hielt es damals für sehr mondän und wollte wissen, ob es sich verändert hat.«

Wir bitten um die Rechnung und bezahlen; das heißt, sie zahlt, bevor ich zahlen kann.

»Du gähnst, Michael«, sagt Julia, während wir auf das Vaporetto warten.

»Ich muß müder sein, als ich gedacht habe. Vor allem aber habe ich Hunger.«

Der Rest des Abends verläuft ereignislos und glücklich: Wir essen in einer Trattoria, schlendern durch enge Gassen, trinken noch etwas in einer Bar. Sie ist die Frau, die ich liebe, wir sind in Venedig, deswegen nehme ich an, daß ich Lebensfreude empfinde. So ist es. Wir fahren mit einem späten Boot zurück zu unserer Wohnung und schlafen in einer nahezu keuschen Umarmung ein.

6.4

Gestern abend habe ich vergessen, die Fensterläden zu schließen, und jetzt ist das Zimmer lichtdurchflutet. Sie öffnet die Augen, als spürte sie, daß ich sie betrachte, macht sie schnell wieder zu und murmelt: »Laß mich schlafen.«

So viele Jahre bin ich nicht mehr neben ihr aufgewacht. Auch als Studenten in Wien haben wir nur bei unseren Ausflügen aufs Land die ganze Nacht miteinander verbracht.

Als ich aus dem Badezimmer komme, hat sie einen weißen Morgenmantel an.

»Warum trägst du immer Seide?«

»Seide? Tu ich das?« sagt sie. Sie klatscht zweimal neben jedem Ohr in die Hände.

»Ein guter Tag?« frage ich.

»So lala.« Sie lächelt, zuckt dann die Achseln.

Ich suche in der Küche nach etwas zum Frühstücken, finde jedoch nichts außer Kaffee. Soll ich einkaufen gehen? Julia schlägt vor, daß ich meinen Sprachführer mitnehme und auf die entsprechenden Wörter deute. Ich schlendere zu den Läden und kehre mit Brot, Marmelade und Milch zurück. Der Kaffee ist fertig, und wir sitzen da und frühstücken ein bißchen verlegen. Den Morgen miteinander zu verbringen scheint mir intimer, als nachts gemeinsam in einem Bett zu schlafen.

Nein, auch in Banff waren wir zusammen, Tag für Tag, wochenlang. Sie hat mir erzählt, daß sie sich an das lange Pfeifen der Züge in der Ferne erinnert. Aber was ist jetzt mit dem Tuten der Boote in der Lagune?

»Heute morgen Baumwolle«, sagt Julia, als wir uns fertigmachen, um auszugehen.

»Und sogar eine Spur Lippenstift!«

»Ich habe Ferien.«

»Hast du einen Fotoapparat dabei?« frage ich.

»Ach, wir müssen keine Fotos machen«, sagt Julia rasch. »Maria hat unser Picknick fotografiert ... Solltest du die anderen nicht anrufen? Gestern abend hast du es nicht getan.«

Ich rufe im Palazzo Tradonico an und kriege Piers an den Apparat. Er teilt mir mit, daß wir uns um elf treffen. Seinem Tonfall höre ich an, daß ihm irgend etwas über die Leber gelaufen ist, aber ob es seine Unterkunft ist oder daß ich vergessen habe, sie gestern anzurufen, oder die Ereignisse während des Konzerts oder seine ambivalenten Erinnerungen an Alex und Venedig, weiß ich nicht.

Die drei werden selbstverständlich über mich geredet haben, und ich frage mich, ob sie mich mit einer einmütigen Position konfrontieren werden. Julia meint, ich solle mir keine Sorgen machen und die Ruhe bewahren, wenn ich sie treffe.

Wir spazieren über unsere grüne Insel – eine kleine, verkehrsfreie Stadt, die nach dem gemähten Gras riecht – zu einer der Brücken, die ins eigentliche Venedig führen. Zu unserer Linken ein nahezu idyllischer toter Wasserarm; zu unserer Rechten ein Kanal für Lastboote; drei nahe beieinander stehende Männer laden glänzende Lüftungsrohre von einem Kahn ab, schreien sich an, tauschen aber nicht schlechte Laune, sondern Informationen aus. Über der Straße, die wir entlanggehen, hängt Wäsche zum Trocknen, und in Plastiktöpfen blühen die unvermeidlichen Geranien.

Wir schlendern einen mit weißem Kies bestreuten Weg entlang, der gesäumt ist von großen Linden mit dunklem Stamm und jungen lichten Blättern. Zu beiden Seiten erstrecken sich vernachlässigte Gärten. Am Ende des Wegs steht eine Statue – Garibaldi und ein Löwe, umgeben von Tauben, Goldfischen, Schildkröten, Hunden, Kindern, Babys in Kinderwagen und plaudernden Müttern: mindestens hundert miteinander vernetzte Leben. Wir bleiben eine Weile stehen, bevor wir weitergehen.

»Wir müssen an der Schiavoni vorbei«, sagt Julia. »Dort ist auch das, was ich dir zeigen wollte.«

Als wir davorstehen, ist sie jedoch geschlossen.

»Aber es ist nicht Montag«, sagt Julia. Sie hämmert gegen die Tür. Keine Reaktion. Andere Touristen finden sich ein, zucken die Achseln, beraten sich, blicken die geschlossene Tür verärgert oder gleichgültig an und wenden sich ab. Julia schlägt noch einmal gegen die Tür.

»Julia, gib auf.«

»Nein, das werde ich nicht.« Sie blickt ungewöhnlich entschlossen drein, sogar wütend.

»Was ist so besonders daran?«

»Alles. Oh, wie frustrierend. Kein Schild, keine Erklärung und niemand da. Und in Wien habe ich nicht einmal meinen Vermeer gesehen. Hast du Papier dabei?«

Ich hole Papier und Stift aus meinem Geigenkasten, und Julia kritzelt etwas, darunter die Worte »telefonare« und »pronto« in Großbuchstaben, bevor sie den Zettel in den Briefkasten wirft.

»Es wäre schrecklich, wenn sie wegen Renovierungsarbeiten geschlossen wäre«, sagt sie.

»Aber was hast du geschrieben?«

»Sie sollen mich anrufen, oder sie werden meinem Zorn zu spüren bekommen.«

»Aber du kannst doch gar nicht zornig sein.«

»Nein?« sagt Julia halb zu sich selbst.

»Und auch wenn sie uns anrufen, verstehe ich nicht, was sie sagen, und du kannst sie nicht hören.«

»Wir kommen auf die Dinge zu, wie wir es zulassen.«

»Wie bitte?« frage ich.

»Ich meine, lassen wir die Dinge doch auf uns zukommen«, sagt Julia und sieht stirnrunzelnd ein kleines blaues Boot an, das auf dem Rio della Pietà fährt. »Jetzt zu deiner Kirche – ich meine Vivaldis Kirche.«

6.5

Aber auch die ist geschlossen oder vielmehr uns verschlossen. Ich trete durch die Tür, aber ein großer roter Vorhang und ein mehrsprachiges Schild versperren mir den Zutritt in die Kirche. Ich spüre, wie meine Tononi Trübsal bläst. Es ist einfach zuviel für sie.

Ein rundgesichtiges Mädchen sitzt hinter einem Schalter rechts vom Eingang. Sie liest etwas, was, dem Umschlag nach zu urteilen, eine Horrorgeschichte sein muß.

»Können wir hinein?« frage ich auf englisch.

»Nein. Nicht möglich.« Sie lächelt.

»Warum nicht?«

»Geschlossen. *Chiuso*. Viele Monate. Außer wenn beten zu Gott.«

»Wir möchten beten.«

»Sonntag.«

»Aber am Sonntag fahren wir nach Torcello!«

Sie zuckt die Achseln. »Heute abend ist ein Konzert – Karte?«

»Was wird gespielt?« frage ich.

»Gespielt?«

»Bach? Mozart?«

»Oh!« Sie zeigt uns das Programm für den Auftritt eines örtlichen

Ensembles. Die erste Hälfte besteht aus Monteverdi und Vivaldi, die zweite Hälfte aus moderner Musik, darunter ein Stück eines zeitgenössichen italienischen Komponisten mit einem englischen Titel: »Things are what they eat.« Auch wenn Julia nicht dabei wäre, wäre das nicht nach meinem Geschmack.

»Wieviel?«

»Fünfunddreißigtausend Lire«, sagt das Mädchen.

»Au!« sage ich und meide Julias Blick. »Zu teuer. *Molto caro*«, füge ich hinzu, da mir der Ausdruck eingefallen ist.

Das Mädchen lächelt.

»Ich bin Musiker«, sage ich und halte meinen Geigenkasten in die Höhe. »Geiger! Vivaldi! Das ist seine Kirche.« Ich erhebe bewundernd die Hände. Sie scheint amüsiert. »Bitte.«

Sie legt ihr Buch beiseite, kommt hinter dem Schalter hervor, sieht sich um, um sich zu vergewissern, daß niemand uns beobachtet, zieht den roten Vorhang ein Stück beiseite und läßt uns hindurchschlüpfen.

»Siehst du«, sage ich zu Julia. »Charme statt Drohungen.«

»Sag das noch einmal.«

»Charme statt Drohungen.«

»An der Schiavoni war niemand, den man mit Charme hätte becircen können«, stellt sie klar.

Hoch über uns an der großartigen Decke befindet sich ein medaillonförmiges Ornament aus Raum und Licht, umrandet von Engeln und Musikern, in der Mitte ein prachtvoller Erguß in Hellblau, Rosa Ocker und Weiß. Der Vater, der Sohn und der Heilige Geist, verkörpert als Taube, krönen die Jungfrau.

Während wir verwundert emporstarren, stürzt vom Altar her eine irre Kakophonie über uns herein. Ein Klavier auf einer niederen Bühne, das an einen Verstärker angeschlossen ist, wird von einem Wahnsinnigen traktiert. Zuerst wird ein ganzer Berg in Stücke gesprengt, dann purzeln geistesgestörte Mäuse von den oberen Oktaven herunter, bis sie sich am Boden zu furchterregenden Bären verwandeln. Ist das »Things are what they are«?

Auch Julia ist verstört, aber in erster Linie, weil ich es bin.

Plötzlich ist es zu Ende, Pianist und Toningenieur nehmen ein paar Anpassungen vor, ehe die Probe von neuem beginnt. Dann herrscht wieder Stille, der Deckel klappt zu, und die beiden verschwinden Gott sei Dank ebenso schnell wieder, wie sie aufgetaucht waren.

»War es wirklich so grauenhaft?« fragt Julia.

»O ja. Glaub mir. Einen Augenblick lang habe ich dich beneidet.«

»Spiel etwas auf deiner Tononi, und befreie die Kirche von den bösen Geistern.«

»Man wird uns hinauswerfen. Wir dürften nicht hiersein.«

»Michael, wenn du deine Geige hier nicht spielst, wirst du es dein Leben lang bereuen.«

»Und meine Geige wird mir vermutlich nie vergeben.«

»So ist es.«

»Aber, Julia …«

»Aber, Julia, was?«

»Du mußt mir helfen«, sage ich und führe sie zum Klavier.

»O nein, Michael. Nein. Du wirst mich nicht dazu bringen zu spielen. Du weißt, daß ich es nicht tun werde.«

»Du hast es schon einmal gespielt.«

Aus meinem Geigenkasten hole ich das Largo von Vivaldis erster Manchester Sonate – fotokopiert auf ein wunderbar breites A3-Format –, entfalte es und lege es auf den Notenständer des Klaviers.

Julia setzt sich. Einen Augenblick lang studiert sie die Noten, schwankt dabei etwas nach links und rechts. Ich stimme meine Geige.

»Du bist ein Dickkopf, Michael«, sagt sie sehr süß, sehr sachlich.

Als Antwort spiele ich den Auftakt, und sie setzt ohne weiteren Widerstand mit der nächsten Note ein.

Es ist hinreißend und schnell vorbei. Nichts Schöneres wurde je für dieses Instrument geschrieben, und meine Geige hat eindeutig das Gefühl, daß es für sie persönlich geschrieben wurde – um es hier zu spielen. Wo sonst sollte dieses Stück aufgeführt werden? Hier hat Vivaldi die jungen Mädchen aus dem Waisenhaus unterrichtet und die besten Musikerinnen Europas aus ihnen gemacht. Und da die Partitur des Stücks erst vor wenigen Jahren in der Bibliothek in

Manchester entdeckt wurde, der ich soviel verdanke, meine ich, daß es auch für mich geschrieben wurde.

Niemand unterbricht uns. Die Kirche ist abgesehen von uns leer. Nur die Musiker hoch oben mit ihren Gamben, Trompeten und Lauten hören zu. »Das war perfekt«, sage ich sofort. »Laß es uns noch einmal spielen.«

»Nein, Michael«, sagt Julia und klappt den Deckel des Klaviers zu. »Wenn es perfekt war – weil es perfekt war –, dürfen wir es gewiß nicht noch einmal spielen.«

6.6

Als wir uns durch enge Gassen und über kleine Brücken dem Palazzo Tradonico nähern, höre ich ein seltsames Klopfen oder Aufprallen. Es stammt, wie sich herausstellt, von einem Fußball, der von ein paar Kindern herumgekickt wird. Der Palazzo ist nicht nur von Land aus zugänglich, eine zweite Tür geht auf einen schmalen Kanal hinaus. Die Hauptfassade, grau und abblätternd, ist einem kleinen, unregelmäßig geformten Platz zugewandt, dem Campiello Tradonico, der nicht an einer der wichtigen Touristenrouten liegt und deshalb der ideale Ort für ein Spiel ist, das eine Art Fußball-Squash zu sein scheint. Nicht wenige schwarzweiße Fußbälle wurden gepfählt von den Eisenspitzen, die in Höhe des ersten Stocks angebracht sind. Dort bleiben sie, werden jeden Tag leerer, aber nie ganz leer, begrenzen und schmücken den Palazzo wie Ananas oder Wasserspeier oder andere traditionellere architektonische Auswüchse.

Ich klingle. Eine weibliche Stimme sagt etwas auf italienisch, worauf ich mit »Signor Holme, Quartetto Maggiore« antworte. Darauf erfolgt ein einladendes Klicken. Ich drücke die große Tür auf, und wir betreten eine riesige dunkle leere Halle aus Stein, in der eine Treppe entlang einer Wand in den ersten Stock führt. Kein Licht brennt, und wir tasten uns in den ersten Stock hinauf, wo eine Tür geöffnet wird, kaum daß wir davor stehen.

Die jugendliche Tochter des Conte Tradonico bittet uns hinein, stellt sich als Teresa vor und sagt, daß sich die anderen Mitglieder des Quartetts im Musikzimmer versammelt haben. Sie erklärt uns, wo es sich befindet, lächelt und ist auch schon wieder verschwunden.

Der glänzende, von Sprüngen durchzogene ocker-schwarze Boden des Hauptflurs zieht sich über die ganze Länge der Fassade bis zur rückwärtigen Mauer, zu beiden Seiten strömt Licht herein. Nach dem schäbigen Äußeren und der düsteren Eingangshalle habe ich so etwas nicht erwartet.

Jeder Raum, durch den wir gehen, ist phantastischer als der vorherige, angefüllt mit angesammeltem Funkeln und Krimskrams aus diversen Jahrhunderten: Gobelins, vergoldete Sofas mit brokatenen Lehnen, samtene Stühle, mit Kamelen und Leoparden bemalte Türen, ein riesiger Tisch mit verzierten Beinen und einer Platte aus grünem Marmor, die keine gerade Linie kennt, kristallene Kronleuchter, die Flügel und Blumen treiben, von gähnenden Bären getragene Uhren und eine verrückte Mischung chinesischer Vasen, Figurinen, die uns aus jeder Nische ansehen und uns zu sich winken, und Gemälde, die von Familienporträts bis zu kleinen Bleistiftzeichnungen reichen, von milchigen Madonnen bis zu einer blutdürstigen Judith mit Holofernes' Haupt, die von der Wand hinter einem Eßtisch auf uns herabblicken.

Billy taucht aus einem Zimmer aus und begrüßt uns freundlich. »Alles in Ordnung?«

»Ja«, antworte ich.

»Bestimmt?«

»Natürlich«, sage ich.

»Wir gehen hier ein und aus«, murmelt Billy.

»Es ist erstaunlich!« sagt Julia.

»Wir wohnen im zweiten Stock, der Mrs. Wessen gehört, aber auf diesem Stockwerk findet das Konzert statt. Es gibt sogar einen privaten Garten«, sagt er und deutet auf eine kleine schmale Brücke, die über den Kanal führt. »Er ist kleiner als mein Garten in Leytonstone, aber Piers behauptet, daß er für venezianische Verhältnisse die Ausmaße eines Golfplatzes hat.«

Julias Miene erhellt sich bei der Aussicht, vor all dieser Üppigkeit in einen Garten entfliehen zu können. »Laßt uns schnell einen Blick darauf werfen«, schlägt sie vor. »Oder warten die anderen auf Michael? Kann ich allein hinausgehen?«

»Ach«, sagt Billy. »Das dauert nicht lang. Gehen wir gemeinsam.« Wir überqueren die Brücke und befinden uns in einer anderen erfrischend schlichten Welt, einer Zuflucht aus kleinblättrigen Bäumen und duftenden weißen Blumen, Efeu, Oleander und Zypressen. Ein paar Blätter schwimmen in einem flachen Vogelbad aus Stein. Ein gelangweilter, verwitterter Löwe sonnt sich vor einem Springbrunnen, die Vorderpfoten auf einem Wappenschild.

Auf dem schmalen Kanal fährt kein Boot. Abgesehen von Vogelgezwitscher und dem Läuten einer weit entfernten Kirchenglocke ist nichts zu hören, nicht einmal der Fußball. Ich zerreibe ein Lorbeerblatt und lasse Julia an meiner Hand riechen.

»Also«, sagt Helen, die plötzlich lautlos hinter uns aufgetaucht ist. »Das ist alles sehr schön, aber vielleicht sollten wir jetzt besser proben.« Sie spricht niemanden direkt an. Als wir über die Brücke zurückgehen, läßt sie ein paar Blätter ins Wasser fallen.

Im Musikzimmer stehen sowohl ein Flügel als auch ein Cembalo.

»Julia, wir sollten hier den Vivaldi spielen«, schlage ich vor. »Das wäre viel sinnvoller als …«

»Nein«, sagt Julia sofort und in scharfem Tonfall und schaut kurz zur Decke empor. Ich folge ihrem Blick zu einer Vielzahl sich windender grauer und vergoldeter Putti aus Stuck, deren Arme, Beine und Hinterteile aus der Decke herausragen.

»Also«, sagt Piers, der hier auf uns gewartet hat. »Sollen wir – endlich – anfangen?« Seine Stimme klingt kalt, und er macht keine Anstalten, uns zu grüßen.

»Entschuldigt bitte«, sagt Julia. »Ich wollte nur hallo sagen, und ich werde auch zum Konzert kommen, aber jetzt muß ich los.«

»Aber, Julia …«, protestiere ich.

»Ich will ein paar Einkäufe erledigen«, sagt sie. »Ich habe die Schlüssel.«

»Was ist mit dem Mittagessen?«

»Bleib bei deinen Freunden. Du verbringst zu wenig Zeit mit ihnen. Ich gehe spazieren und treffe dich um sechs in der Wohnung.
Ist sechs okay?«

»Ja, aber …«

»Dann um sechs. Wiedersehen.«

»Wir sind in ein, zwei Stunden fertig«, sage ich. »Warum setzt du
dich nicht in den Garten und liest?«

Aber Julia hat sich ärgerlicherweise abgewandt. Ich stehe auf, besorgt, daß sie in der lichtlosen Halle stolpern wird, und hole sie an
der Tür ein.

»Michael, geh zurück.«

»Ich bringe dich runter.«

»Nein.«

»Was um alles in der Welt ist denn los?«

»Nichts.«

Wir sind jetzt auf der Treppe, und es ist zu dunkel, um zu sprechen.

»Findest du zurück?« frage ich ängstlich, als ich ihr die Tür aufhalte.
Aber Julia nickt kurz und geht über den Campiello, ohne sich im
mindesten um Anwesenheit oder Taktik der erstaunten jungen
Fußballspieler zu kümmern.

6.7

Billy klimpert nervös auf dem Klavier herum, als ich zurückkomme.

»Alles in Ordnung, hoffentlich«, sagt Piers etwas gleichgültig.

»Ja«, sage ich, nicht gerade erfreut über seine – und Helens – un-
freundliche Haltung gegenüber Julia.

»Wir hatten noch nicht Gelegenheit, über alles zu reden«, sagt er.
»Am Tag nach dem Konzert hatte ich einen kleinen Krach mit Lothar. Er rief uns an, um uns zu gratulieren. Das Konzert war selbstverständlich ein großer Erfolg.«

Ich nicke, etwas argwöhnisch.

»Ich sagte zu ihm, daß er meines Erachtens hätte kommen sollen.
Er vertritt sowohl Julia als auch uns, und ihm muß klar gewesen

sein, daß unter den bekannten Umständen die eine oder andere Schwierigkeit hätte auftreten können.«

Piers' sonderbar formelle Rede irritiert mich. »Vermutlich mußte er woandershin«, sage ich.

»Ja, das sagte er auch.«

»Also, das ist doch nur plausibel, Piers. Er hat alles arrangiert. Er hat uns sogar vom Flughafen abgeholt und zu unserer ersten Probe gebracht. Außerdem ist sein Büro in Salzburg, oder? Ich weiß nicht, worauf du hinauswillst. Ich wußte nicht, was mit mir passieren würde. Wie hätte er es wissen sollen? Er weiß nicht einmal, daß ich Julia von früher kenne.«

»Oder daß du dich jetzt mit ihr triffst«, fügt Helen hinzu. »Billy, würde es dir etwas ausmachen?«

Billy hört mit dem Geklimper auf.

»Meiner Meinung nach hätte uns Lothar von Julias Problem erzählen müssen«, sagt Helen. »Meint ihr nicht? Beinahe wäre es zur Katastrophe gekommen.«

»Wie kannst du so etwas sagen?« rufe ich.

»Wie kannst du es leugnen?«

»Helen, denk doch einmal nach«, sage ich und bin weit davon entfernt, die von Julia empfohlene Ruhe zu bewahren. »Es war nicht ihr Problem, es war meines. Und außerdem habe *ich* es euch erzählt, warum also ist es wichtig, ob Lothar es gesagt hat oder nicht?«

»Es hat alle belastet«, sagt Piers.

»Habt ihr dieses Gespräch geplant?« frage ich.

»Natürlich nicht«, sagt Piers streng. »Aber das, was passiert ist, macht uns allen Sorgen. Auch Billy, der versucht, nichts zu sagen.«

»Was proben wir zuerst?« frage ich und schaue mich um. »Den Mendelssohn, oder?«

»Wir müssen darüber reden«, erklärt Piers und legt mir die Hand auf die Schulter, als wolle er mich zurückhalten. »Wenn ein Konzert eine Manöverkritik nötig hat, dann dieses.«

Ich schiebe seine Hand weg. »Es gibt nichts zu besprechen«, erwidere ich und kämpfe um Selbstbeherrschung. »Julia wird nie wieder

342

mit anderen spielen. Klar? Dieser Teil ihres Lebens ist vorbei. Wir werden nicht mehr mit ihr auftreten, wie kann mir also so etwas noch einmal passieren?« Ich hole tief Luft und fange noch einmal von vorne an. »Was in Wien geschehen ist, tut mir sehr, sehr leid. Wirklich. Es war schrecklich für mich, es war schrecklich für sie, und ich weiß, daß es schrecklich für euch war. Es hätte nicht passieren dürfen. Ich habe euch im Stich gelassen. Aber wie kann es sich wiederholen? Und wie könnt ihr ihr gegenüber so gefühllos sein? Gebt mir die Schuld, in Ordnung, aber warum ihr?«

Einen Augenblick lang herrscht Schweigen. Weder Helen noch Piers scheinen überzeugt.

»Du hast recht«, sagt Piers unvermittelt. »Lassen wir es.«

»Okay. Der Mendelssohn«, sagt Billy erleichtert.

Helen sagt nichts, nickt jedoch unmerklich.

»Die Tonleiter?« fragt Piers.

Wir spielen sie langsam, Ton für Ton, nahezu schmerzvoll, streifen viel von der vorausgegangenen Bitterkeit ab. Ich blicke zur Decke und sehe erneut die merkwürdig durcheinander angeordneten Babys. Denn schaue ich zu Boden und tauche wieder in die langsamen Schritte der Tonleiter ein, zuerst aufsteigend, dann absteigend.

»Noch einmal«, meint Billy bei der letzten Note, und wir kommen übergangslos dieser noch nie zuvor geäußerten Aufforderung nach. Helen und Billy spielen ruhig und glatt, aber Piers scheint in einer ganz eigenen Welt versunken, so wie zu der Zeit, als ich dem Quartett beitrat.

Nach der Probe beschließen wir, daß wir vor dem Konzert nicht noch einmal proben müssen.

»Warum fahren wir morgen nicht alle zusammen zur San Giorgio Maggiore?« schlägt Helen vor, die wieder die alte ist. »Wir haben auf dieser Tour noch nichts gemeinsam unternommen. Wir können jemanden bitten, uns vor den Säulen zu fotografieren – das wäre eine gute Publicity-Aufnahme. Sag bloß nicht, daß du morgen den ganzen Tag beschäftigt bist, Michael.«

»Das läßt sich einrichten – gegen Mittag vielleicht?«

»Ist die Kirche dann nicht geschlossen?« sagt Billy.

»Wie wär's dann morgen vormittag? Oder heute nachmittag?« fragt Helen.

»Ich möchte jetzt einen Spaziergang machen«, sage ich. »Aber so um drei könnte ich euch dort treffen.«

»Piers?« sagt Helen.

»Nein, ich habe keine Zeit.«

»Du meinst heute?«

»Ja.«

»Und morgen?«

»Ja«, sagt Piers und klingt eher benommen als verärgert.

»Also dann morgen vormittag?« hakt Helen nach.

Piers schüttelt den Kopf und seufzt. »Morgen habe ich auch keine Zeit.«

»Was? Den ganzen Tag nicht?« fragt Helen. »Was um alles in der Welt hast du vor? Sag, daß du kommst, Piers. Das wird ein Spaß. Und der Blick vom Turm ist großartig.«

»Ich will nicht auf diese Insel«, sagt Piers und legt seine Geige in den Kasten. »Ich kenne den Blick vom Turm. Er hat sich meinem Gedächtnis unauslöschlich eingeprägt. Um Himmels willen, Helen, stell dich nicht dumm. Ich werde nicht auf diese Insel fahren – weder heute noch morgen, noch irgendwann anders. Ich hasse Venedig. O Gott, manchmal wünschte ich, er hätte nie vorgeschlagen, das Quartett zu gründen.«

Piers verläßt den Raum. Wir drei schauen uns an, erstaunt über seine Vehemenz, und wissen nicht, was wir sagen sollen.

6.8

Julia und ich essen bei Kerzenlicht in der Wohnung zu Abend. Sie hat gekocht, ich habe den Tisch gedeckt. Nachdem ich ihr von Piers' Ausbruch erzählt habe, frage ich sie, warum sie im Palazzo so merkwürdiger Stimmung gewesen sei. »War es wegen Helen?« frage ich.

»Das ist zu anstrengend.«

»Tut mir leid.«

»Ich meine, es sieht wirklich wunderschön aus, Michael, aber bei Kerzenlicht kann ich nicht von deinen Lippen ablesen. Was sagtest du von wegen Stimmen?«

»Stimmen?«

»Ach, egal. Übrigens, das Lämpchen am Anrufbeantworter blinkt, es ist also eine Nachricht darauf. Ob sie wohl von Jenny ist?«

»Oder von jemanden von der Schiavoni.«

»Stimmt.«

»Dann wird es Italienisch sein. Was machen wir dann?« frage ich.

»Wenn du sie dir nach dem Essen anhörst und sie in Lautschrift aufschreibst, kann ich versuchen, sie zu verstehen.«

Ich stehe auf und schalte das Licht ein. »So ... aber ist es wirklich so anstrengend? Ich meine, hier zu sein.«

»Ich bin glücklich, hier bei dir zu sein.«

»Ich meinte, fort zu sein – von London?«

»Ich vermisse sie«, sagt Julia. »Aber das wäre nicht anders, wenn ich in Wien geblieben wäre. Das ist es nicht. Heute habe ich mit meiner Kreditkarte Geld abgehoben, und auf der Abrechnung wird stehen, daß ich es in Venedig abhoben habe. Ich bin es nicht gewohnt, auf so etwas zu achten. Es ist eine schreckliche Art von Täuschung.«

Sie schweigt eine Weile.

»Hat James jemals ...«

»Etwas vermutet?«

»Nein. Mit einer anderen geschlafen?«

Julia wägt ab, wie – oder vielleicht auch ob – sie auf diese Frage antworten soll. Empfindet sie die Formulierung als kraß? Aber ich wollte nicht von Untreue sprechen.

»Soweit ich weiß, nur einmal«, sagt sie schließlich. »Vor ein paar Jahren. Als wir uns so nah wie nie zuvor zu sein schienen. Aber das war anders. Er war auf Reisen – und einsam –, und es war nur eine Nacht. Ich glaube nicht, daß er jetzt mit einer anderen Frau schlafen würde.«

»Wie hast du es herausgefunden?«

345

»Gar nicht. Er hat es mir erzählt. Damals fand ich es sonderbar. Auch heute noch … Aber das entschuldigt nicht, was ich tue. Das ist viel schlimmer, weil ich dich liebe. Wie könnte ich ihm das jemals erzählen? In dem Moment, wo ich anfange, darüber nachzudenken, dreht sich alles. Den ganzen Tag über habe ich ein Klirren im Ohr … Ich habe dir ein Geburtstagsgeschenk gekauft. Zu spät, ich weiß.«

»Wirklich? Zeig es mir.«

»Du bekommst es bald. Ich muß erst etwas damit tun, bevor ich es dir gebe.«

Ich fülle unsere Weingläser nach. »Mir scheint es etwas unfair, daß du abrupt das Thema wechseln kannst und ich nicht.«

»Das ist ein kleiner Ausgleich«, sagt Julia. »Früher war ich ein Angsthase, wie du vielleicht noch weißt, aber wenn man taub ist, kann man kein Angsthase sein. Wenn ich jetzt etwas nicht verstehe oder verstehen will, wechsle ich das Thema, und alle anderen müssen mitmachen.«

»Du warst noch nie ein Angsthase!«

»Nein? … Weißt du, vielleicht sollte ich James von hier ein Fax schicken. Jenny hat ein Fax, und morgen treffe ich sie zum Mittagessen.«

»Warum kannst du ihm nicht einfach sagen, daß du in Venedig bist? Vor allem wenn er es sowieso herausfinden kann.«

»Ja, du hast recht, warum nicht?«

»Außer natürlich, Maria hat mit ihm gesprochen und ihm gesagt, du wärst bei ihr.«

»Ich glaube, es waren die Putti in dem Raum, in dem ihr geprobt habt, die mich durcheinandergebracht haben«, sagt Julia.

»Wie meinst du das?«

»Es ist über eine Woche her«, sagt sie.

»Kümmert sich denn seine Großmutter nicht richtig um ihn?« frage ich.

»Doch. Ich bin sicher, er vermißt mich überhaupt nicht. Aber ich ertrage es nicht. Mein armes Baby.«

Ich verspüre plötzlich Groll gegen dieses arme Baby. Wie kann ich je mit ihm konkurrieren? Wie konnte ich auch nur daran denken, sie auseinanderzubringen?

6.9

Nach dem Abendessen gehen wir Kaffee trinken, aber nur auf dem nahe gelegenen Platz, der von Gingko-, Loquat und Lindenbäumen bestanden ist; dann kehren wir zurück zu unserer Glyzinie und achten darauf, die Haustür nicht zuschlagen zu lassen.

Sie hält mich die Nacht über in den Armen, sagt ab und zu leise meinen Namen. Sie hat mich das Alphabet der Berührung gelehrt, so daß sie in der Dunkelheit Liebesworte von meinen Fingern lesen und über meine Fehler lachen kann. Solange sie mich hält, kann ich nicht richtig schlafen. Schließlich legt sie den Kopf auf meine Schulter und den Arm, und ich schlafe gut.

Am Morgen beobachte ich müßig, das Kinn auf die Hände gestützt, wie sie sich zurechtmacht. Sie sieht so wunderschön aus – schöner als je zuvor, hier in dieser Stadt, bei Tageslicht. Sie fragt mich ein wenig genervt, ob ich nichts Besseres zu tun habe. Warum lese ich nicht in meinem Reiseführer über Venedig? Warum studiere ich nicht die »Kunst der Fuge«, die ich mitgebracht habe? Warum rasiere ich mich nicht? Warum tue ich nichts anderes, als ihr bei ihrer Toilette zuzusehen? Sie sieht mir auch nicht beim Rasieren zu und kann die Faszination nicht verstehen.

Aber wie sollte ich nicht fasziniert sein? Die Liebe fällt uns so leicht, hier am Ende Venedigs. Wir gehen Hand in Hand: hier, dort, überall. Wir sind ein Paar: das englische Paar, Freunde der Signora Fortichiari. Ich habe keine Geschichte in Venedig, außer der eines Versprechens. Sie hat die Erinnerung an einen Besuch ohne mich, aber Sant'Elena, das unbelastet, unbeschwert, nahezu unbesucht ist, konnte sogar dem entkommen.

Die Nachricht auf dem Anrufbeantworter war tatsächlich von der *Scuola di San Giorgio degli Schiavoni*. Der Hausmeister war krank geworden und konnte auf die Schnelle keinen Vertreter auftreiben,

347

deswegen war sie geschlossen; aber mittlerweile wurde jemand gefunden, und das Gebäude ist ab halb zehn geöffnet.

Wir gehen zur Scuola. Es ist nicht sehr voll. Julia nennt den Namen des Künstlers, dessen Werk sie mir zeigen will: Carpaccio. Nachdem sich meine Augen an das Dämmerlicht gewöhnt haben, gehen sie vor Staunen über. Die Gemälde auf dem dunklen Holzgrund sind die eindrucksvollsten, die ich je gesehen habe. Wir stehen zusammen vor dem ersten: Ein abstoßender Drache, angegriffen vom Heiligen Georg, windet sich haßerfüllt, die Spitze des Speers durchbohrt seinen Mund und seinen Schädel. Eine von keiner Pflanze bewachsene Ödnis erstreckt sich daneben. Ekelerregende Dinge liegen herum – Schlangen, Kröten, Eidechsen, Köpfe, Gliedmaßen, Knochen, Totenschädel, Leichen. Der perspektivisch verkürzte Torso eines Mannes, der dem lockenköpfigen heiligen Georg etwas ähnelt, starrt aus dem Bild, ein Arm und ein Bein abgerissen. Eine Jungfrau, deren untere Hälfte gefressen ist, schafft es, immer noch tugendhaft dreinzublicken. Alles ist bleich und grotesk; doch hinter einem toten Baum und dieser Szenerie des Schreckens liegt ein Bereich heiterer Schönheit: Wasser, Schiffe, große Bäume, prächtige Gebäude. Wir gehen von Szene zu Szene an der Wand entlang, schweigend, stets durch ein Bild getrennt. Ich habe den Reiseführer in der Hand. Der gezähmte, geschrumpfte Drache erwartet den Todesstoß vom Schwert seines siegreichen Gegners; heidnische Monarchen werden auf spektakuläre Weise konvertiert, während ein kleiner roter Papagei mit zynischem, nachdenklichem Blick aus dem Gemälde schaut und dabei das Blatt einer kleinen Pflanze knabbert; einem Kind wird ein bizarrer Basilisk ausgetrieben; an der Wand gegenüber dem Altar zieht der milde heilige Hieronymus mit seinem noch milderen Löwen ins Kloster und treibt ängstliche Mönche wie geklonte Fledermäuse auf die Flucht über die Leinwand; der kleine rote Papagei taucht erneut auf, als der heilige Hieronymus fromm stirbt; und dann, am verwunderlichsten von allem, hat der heilige Augustinus eine Vision von seinem Tod, während er in seiner vornehm ausgestatteten, friedlichen Studierstube sitzt, von Büchern und aufgeschlagenen Notenschriften umgeben; bei ihm ist nur der

348

großartige, untadelige, höfliche, treue weiße Hund mit dem locki-
gen Fell. Nichts Vollkommeneres oder Angebrachteres gibt es in
diesem Raum oder in Venedig oder in der Welt.

Eine kleine Papierrolle auf dem Boden neben dem Hund, nicht auf-
fälliger als die aufgeschlagenen Notenbücher, stellt fest, daß Vittore
Carpaccio ihn erschaffen hat. Aber ist das möglich? Schuf er, der
den Drachen schuf, auch dich? Dein Herr hält den Stift in der
Hand, das Leuchten der Vorsehung auf dem Gesicht, und lange späte Schatten fallen auf den schlichten Boden, auf dem nur du sitzt,
du ruhmreicher Köter. Wie feucht deine Nase ist, wie glänzend und
aufmerksam deine Augen sind. Das Gemälde ist ohne dich nicht
vorstellbar. Christus könnte aus seiner Nische verschwinden, und
man würde ihn nicht vermissen.

Plötzlich taucht eine Horde sehr junger französischer Schuljungen
mit gelben Kappen auf und diskutiert die Bilder unter der Aufsicht
eines sokratischen Lehrers. Sie sitzen auf den Bänken, sehen sich
um, scharen sich vor bestimmten Szenen. »Chrétien … une bête
féroce … jeune fille …« Im Geist höre ich einen Singsang: »Fou.«
»Non, soûl.« »Fou.« »Non, soûl.« Erst rege ich mich auf, dann beruhige ich mich wieder. Wir stehen unauffällig rechts von ihnen. Julia
hält meine Hand. Ein kleiner Junge sagt als Antwort auf eine Frage:
»Le chien sait.« Und er hat recht, der Hund weiß wirklich Bescheid,
nicht auf die Art wie der rote Papagei, dessen Motive mir nicht geheuer sind. Er ist ruhig in seinem Wissen. Er hat Vertrauen in die
Art, wie die Dinge sind, ist würdevoll und treu ergeben.

Als wir nach oben gehen, sind wir allein. Ich küsse sie. Sie küßt
mich, zärtlich, hingebungsvoll. Am Fenster steht eine Bank. Eine
Taube gurrt, die Brise bauscht den roten Vorhang, und auf der anderen Seite des Kanals wird gearbeitet: Von einer Ziegelmauer wird
der Putz abgeschlagen. Wir – vielmehr ich – könnten jeden hören,
der auf der Treppe heraufkommt. Wir küssen uns lange. Ich sitze
auf der Bank, Julia auf mir, meine Hände bewegen sich über ihren
Körper, gleiten unter ihr Kleid.

Ich flüstere ihr ins Ohr, was ich gern tun würde, und weiß, daß sie
mich nicht hören kann.

»O Gott«, sagt sie. »Wir müssen aufhören. Sofort!«

Ich höre jemanden auf der Treppe. Wir springen auseinander, schauen in den Reiseführer und auf die Paneele an der Decke, wo diverse Heilige ihren Aufgaben nachgehen.

Ein alter Mann kommt steif und langsam herein, blickt uns kalt an und geht dann wortlos die Treppe wieder hinunter. Obwohl er nicht wissen kann, was wir getan haben, genügt sein Auftauchen, um uns zu ernüchtern.

Unten sehen wir uns noch einmal die Bilder an. Die Bänke sind jetzt gefüllt mit mindestens hundert Schülern, die unkontrollierbar drauflosreden.

Wir betreten einen Seitenraum, eine Art Sakristei mit Kelchen und Roben, drei Madonnen mit Kind und einer Videoüberwachungs- anlage mit blau-weißem Bildschirm – die Kamera ist auf die Bank im ersten Stock gerichtet, auf der wir vor kurzem noch gesessen ha- ben.

»Nichts wie raus hier«, sagt Julia mit entsetzter Miene, ihre Wangen schamrot. Der alte Mann ist nirgendwo zu sehen.

Wir gehen schnell hinaus und über die Brücke und befinden uns bereits tief in einem Labyrinth von Gassen, bevor sie etwas sagt: »Es ist schrecklich, schrecklich …«

»Aber, Julia …«

»Es ist so geschmacklos …«

»Es war nur ein alter Mann, der seinen Job getan hat.«

»Ich habe es satt …« Sie beginnt zu weinen.

»Julia, bitte, bitte weine nicht.«

»Ach, Michael …«

Ich halte sie fest; entgegen meinen Befürchtungen leistet sie keinen Widerstand.

»Warum hast du mich verlassen? Das kann so nicht weitergehen – ich hasse es – und jetzt das Cipriani – James ist dort einmal abge- stiegen …« Ich verstehe nur zusammenhanglose Worte und rede zusammenhanglos auf sie ein, warte aber vor allem darauf, daß ihre Schluchzer leiser werden.

Wir gehen zur Riva.

»Wie sehe ich aus?« fragt sie, bevor sie in das Boot steigt, das sie zum Hotel bringen wird.

»Schrecklich.«

»Das habe ich mir schon gedacht.«

»Du siehst überhaupt nicht schrecklich aus, sondern hinreißend wie immer«, sage ich und stecke ihr eine Strähne hinter das Ohr. »Ich werde um halb vier hier sein und auf dich warten. Sei nicht so traurig. Wir sind beide angespannt, das ist alles.«

Aber das ist eine armselige Untertreibung. Ich weiß, daß mehr passiert ist. Etwas ist aufgebrochen. Das kleine braune Boot tuckert über das Meer. Ein riesiges weißes Schiff kommt in Sicht. Ein klarer blauer Himmel, eine geschäftige blaue Lagune: Um mich abzulenken, versuche ich, mir die Szene einzuprägen, jede Einzelheit zu malen wie ein zeitgenössicher Canaletto: ein Kreuzfahrtschiff, eine Autofähre, ein Wassertaxi, ein Polizeiboot, Gondeln, zwei Vaporetti, ein schmaler flacher Lastkahn. Aber es ist vergeblich; die Gedanken lassen sich nicht verscheuchen. Ich versuche, mir ein Leben ohne sie vorzustellen. Ich wende mich ab und schlendere über die Piazza und dann durch die engen, gewundenen Gassen.

Ich stehe auf einer Brücke über einem Kanal und sehe eine Bootshaltestelle, die blauen Vertäuungspfosten haben goldene Spitzen. Es ist das Wassertor der Oper: Hier liegen verbogene Metallteile, eine hölzerne Palette, verkohlte Türen, ein verrosteter Vogel. Auf der schwarzen Mauer verkündet ein Graffito: »*Ti amo. Patricia.*« Das ist der Phönix, der schon einmal niedergebrannt, aber diesmal nicht wieder auferstanden ist. Doch sicherlich kann, was so dumm, so unerwartet und so rasch verloren wurde, wiedergewonnen, neu erschaffen, noch einmal zum Leben erweckt werden.

6.10

Ich sehe einen kleinen blauen Porzellanfrosch und kaufe ihn für sie. Um halb vier treffen wir uns, wo wir uns trennten. Julia wirkt ruhiger. Wir fahren nach Murano, wo wir ein ekelhaftes Aprikoseneis

essen und in einen Laden voller alptraumhafter Glaswaren gehen.
Sie erklärt mir, daß Masern auf italienisch *morbillo* heißen: eine ge-
fällige Tatsache. Ich schlage vor, daß sie für Luke einen Invicta-
Rucksack kaufen soll. Dann erzählt sie mir aus heiterem Himmel,
daß ihre Freundin nichts dagegen hat, wenn ich in der Wohnung
bleibe, nachdem sie selbst schon abgereist ist – was sie am Dienstag
tun wird.

»Dienstag?« sage ich und merke, wie ich erbleiche. »Warum so bald
schon?«

Nichts, was ich einwende, kann sie davon abbringen. Und dann sagt
sie, daß sie abends auch nicht zum Konzert kommen wird. Warum
nicht? frage ich. Liegt es am Palazzo? An den putzigen Putti? An
meinen Musikerkollegen? Sie schüttelt den Kopf – es ist schwierig,
eine Antwort zu bekommen. Sie muß ein Fax schicken, was sie auf
dem Nachhauseweg tun will. Sie wird früh zu Bett gehen.

Grausam schildere ich ihr die Geräusche Venedigs, und jetzt wird
sie bleich, obschon sie nichts sagt. Ich beschreibe sie liebevoll. Wie
kann sie mich am Dienstag allein lassen? Wie? Wie? Werden wir
hier nur vier Tage gemeinsam verbringen? Und heute ist schon der
zweite davon.

Während des Konzerts bewegt sich meine Hand routiniert auf dem
Griffbrett. Haydn und Mendelssohn werden angemessen heraufbeschworen. Unser Auftritt wird beklatscht; als Zugabe spielen wir einen Satz aus dem Quartett von Verdi, um den Mrs. Wessen vor
einiger Zeit schon gebeten hat. Il Conte Tradonico und seine Con-
tessa treten als Kogastgeber auf, sind allen, Fremden wie Bekannten,
gegenüber ausgesucht aufmerksam; ihr Charme ist heiter, professionell. Ein verbitterter Bruder des Grafen, Bildhauer von Beruf,
schlendert mürrisch durch die Gästeschar. Ich möchte mich mit ihm
unterhalten, und plötzlich will ich es nicht mehr. Den Klatsch, den
ich in der Guidecca-Bar gehört habe, kann ich mit nichts von dem
in Verbindung bringen, was ich hier sehe, und ich kann auch nichts
miteinander aussöhnen.

Die fünfzehnjährige Teresa lächelt uns an, insbesondere ihren Liebling Billy. Es nieselt, deswegen geht niemand über die kleine

Brücke in den Garten. Prosecco und Kanapees werden in dem Raum mit den grau-goldenen Babys an der Decke gereicht; die Veranstaltung entwickelt sich zu einem erfolgreichen Durcheinander. Mrs. Wessen äußert sich laut. Es ist eine Erleichterung, niemanden zu kennen, keiner Gruppe dieser Gesellschaft anzugehören. Ich spreche nicht viel mit meinen Kollegen vom Maggiore; wir legen lediglich die Probentermine für die zwei anderen Konzerte fest. Dann mache ich mich auf den Heimweg.

Ich habe zuviel Prosecco getrunken; zweifellos wird sie es an meiner Haut riechen. Unterwegs zum Vaporetto gehe ich in eine Bar, um auszunüchtern, und trinke mehr – diesmal hochprozentigen Grappa. Ich werde gesellig und redselig, wiewohl ich die Sprache nicht spreche. Und dann ist es nach Mitternacht.

Nachts schleichen sich die Vaporetti auf dem schwarzen Wasser an einen an; man darf sie nicht versäumen.

Hinter den Jalousien ist kein Licht zu sehen. Ich darf in der Wohnung Lärm machen, aber kein Licht, denn sie schläft und ihre Träume könnten unterbrochen werden. Ich ziehe mich aus und lege mich neben sie. Während die Nacht voranschreitet, rücken wir trotz aller Unstimmigkeiten des Tages einander näher. Das nehme ich jedenfalls an, denn wir wachen einander im Arm haltend auf.

6.11

Das Klingeln hört auf. Mir scheint, ich habe fast nicht geschlafen. Ich schaue auf die Leuchtziffern des Weckers. Es ist 5 Uhr.

Sie schläft natürlich noch. Aber wenn sie den Wecker auf diese verrückte Uhrzeit gestellt hat, wird sie geweckt werden wollen.

Ich wecke sie behutsam auf, indem ich sie auf die Augenlider küsse. Sie beschwert sich leise. Ich kitzle ihre Füße.

»Laß mich schlafen«, sagt sie.

Ich schalte das Licht ein. Sie schlägt die Augen auf.

»Weißt du, wieviel Uhr es ist?« frage ich.

»Nein – ach, ich bin noch so müde.«

»Warum hast du den Wecker auf fünf Uhr gestellt?«

»Ach ja« – sie gähnt – »ich wollte die Morgendämmerung nicht versäumen.«

»Die Morgendämmerung?« sage ich begriffsstutzig. »Ich glaube, ich bin verkatert.«

»Zieh dich warm an, Michael.«

»Warum?«

»Mit dem Vaporetto nach San Marco, zu Fuß zu den Fondamenta Nuove und mit dem Schiff um sechs nach Torcello.«

»O nein.«

»O ja.«

»Mit dem Schiff um sechs?«

»Um sechs.«

»Zuerst Kaffee. Ich stell ihn auf. Ohne Kaffee bin ich zu nichts fähig.«

»Womöglich versäumen wir die Dämmerung.«

»Wann dämmert es denn?«

»Weiß ich nicht.«

»Also, laß uns eine sichere Unternehmung einer zweifelhaften vorziehen und zuerst Kaffee trinken.« Aber sie sieht so enttäuscht aus, daß ich schnell kapituliere.

In den Pinien raschelt es. Der Himmel wirkt schwer, hier und da leuchtet ein goldener Fleck. Die Vögel am Landungssteg machen einen unglaublichen Krach. Der Steg knarzt und schwankt, während wir zum Lido hinübersehen. Ein Geräusch kommt näher; ein Boot, nahezu leer, denn es ist Sonntagmorgen, gerade mal halb sechs.

Goldene Lichter scheinen über die weite Lagune; die Tonlage des Motorenbrummens hebt und senkt sich. Bald sind wir in San Marco.

»Und jetzt?« frage ich.

»Jetzt gehen wir über die Piazza und genießen die Leere.«

»Über die Piazza gehen. Die Leere genießen. Verstanden.«

Auf der Piazza befindet sich niemand außer einem Schwarm Tauben und einem Mann mit einem Besen. Ich genieße es, so gut ich kann.

354

Eine graue Katze gesellt sich zu den Tauben; sie macht keine Anstalten anzugreifen, und die Tauben wirken nicht beunruhigt.

»Was ist das für ein zitroniges Parfum, das du immer benutzt? Es ist toll.«

»Es ist nicht zitronig, Michael«, sagt Julia gereizt. »Es ist blumig. Und es ist kein richtiges Parfum. Es ist nur ein Eau de toilette.«

»'tschuldigung, 'tschuldigung, 'tschuldigung. Jedenfalls ist es bezaubernd. Fast so bezaubernd wie du.«

»Ach, halt den Mund, Michael, oder ich nenne dich auch bezaubernd.«

»Vor den Tauben? Bin ich etwa nicht bezaubernd?«

»Doch. Wenn du willst.«

»Was du wirklich meinst, ist, sei still.«

»Ja.«

»Darf ich summen?«

»Ja.«

Ein japanisches Paar, das genauso verrückt sein muß wie wir, ist ebenfalls unterwegs. Sie treten unter der Kolonnade hervor, und die Frau überredet den Mann von der Straßenreinigung, ihr seinen Besen zu überlassen. Er gibt ihn ihr. Sie wird fotografiert mit dem Besen in der Hand, im Hintergrund San Marco, im Vordergund die Tauben.

»Wo bleibt die Morgendämmerung?« sage ich. Der Himmel wird heller.

»Es sind die Wolken. Ich glaube nicht, daß wir sie sehen werden«, sagt Julia traurig.

Ich bin noch immer groggy. Wir gehen weiter, landen ein-, zweimal in Sträßchen, die an einem Kanal enden. Von irgendwo taucht ein Bäckerjunge mit einem Tablett auf, ein Mann öffnet einen Zeitungsstand, Tauben landen flügelschlagend auf einem riesigen offenen Platz. Ein bronzener Reiter blickt aus seiner schlaflosen Höhe auf uns herab. Wir sind rechtzeitig an den Fondamenta Nuove, um das Schiff ausfahren zu sehen.

»Zu spät«, sage ich. »Und jetzt?«

»Jetzt genießen wir den Himmel.«

»Genau.«

Wir gehen auf eine Brücke und schauen nach Norden zu der Insel, die uns dank ihres Aprikoseneises unvergeßlich bleiben wird. Unser Schiff fährt darauf zu.

»Wenn du nicht so langsam gewesen wärst ...«, sagt Julia.

»Wenn du nicht so oft falsch abgebogen wärst ...«, sage ich.

»Du solltest die Karte lesen.«

»Und du hast behauptet, du kennst die Strecke.«

»Du mußt zugeben, daß es wunderschön ist.«

Ich gebe es zu. Der Himmel ist aufgerissen mit einer Explosion von blaßem Gold über der Friedhofsinsel und einem klaren rosa Streifen über Murano. Aber das nächste Schiff geht erst in einer Stunde. Es ist zu kalt, um auf der Brücke stehenzubleiben, und die Ablegestelle nach Torcello ist zu verlassen, um dort zu warten. Deswegen setzen wir uns in die daneben, wo wenigstens ein bißchen etwas los ist. Die Planken krächzen, als ein Boot anlegt. Ein Priester in brauner Soutane steigt aus, ein paar Matrosen in blauen Hemden steigen ein. Der Laden gegenüber macht auf, und wir trinken Kaffee. Dann gehen wir in die gerade geöffnete Bar daneben, und ich trinke trotzig einen Grappa.

Julia behält ihre Meinung für sich. Zwei Minuten bevor das nächste Schiff ablegen soll, bestelle ich noch einen Grappa.

»Alkohol vertreibt den Kater«, sage ich.

»Ärgere mich nicht«, sagt sie.

»Ich will ihn genießen. In letzter Zeit habe ich ziemlich viel genossen.«

»Michael, ich fahre ohne dich.«

»Erinnerst du dich an den Zug? Das Flugzeug? Du hast sie erwischt, aber in letzter Sekunde.«

Sie wirft mir einen finsteren Blick zu, greift nach dem Grappaglas auf der Theke, stürzt ihn runter und zerrt mich zum Schiff.

6.12

Zusammengekettete Baumstämme, die aussehen wie Spargelbündel, markieren die Schiffahrtswege in der Lagune. Zypressen suchen die Insel der Toten heim, die ebenso mit Berühmtheiten bevölkert ist wie der große Friedhof in Wien. Regloser Schaum fleckt das graue Wasser. Ich blicke zurück zum grünschwarzen Rand von Venedig. Zu bald, zu bald. Es ist bereits Sonntag.

Ein Leuchtturm, hoch und weiß, wird von einem Fries der Pietà beschwichtigt. Wir fahren unter zerbrochenen Fabrikfenstern vorbei, dann wieder hinaus in die seichte, nahezu konturenlose Lagune. Zu meiner Linken der Flughafen. Wie klein das Flugzeug ist; dort wird sie in zwei Tagen sein, noch viel kleiner in der Luft; und dort werden sich ihre Lippen, ihre Augen, ihre Arme, ihre Beine, ihre Brüste, ihre Seele, ihre Schultern, ihr Haar, ihre Zehen, ihre Stimme schnell entfernen; und im Gepäck der blaue Porzellanfrosch, den ich ihr noch geben muß.

Ist Ebbe? Möwen sitzen auf bloßgelegten Sandbänken der einst malariaverseuchten Lagune, die mit schrägen Pfosten abgesteckt ist. Schau dort, auf der Sandbank links, der Mensch scheint etwas Anstrengendes mit einer Stange und etwas Weißem zu tun. Was plagt er sich so? Müssen wir uns darum kümmern? Unser Schiff tutet und fährt durch eine Rinne zwischen Inseln. Jetzt sind wir da.

Alle anderen sind in Mazzorbo ausgestiegen. Was machen wir beide um acht Uhr morgens auf Torcello? Auf zwei roten Bänken sitzen zwei grau getigerte Katzen.

Der Kanal, den wir entlanggehen, ist grau wie Spülwasser. Eine kühle Brise weht. Vögel zwitschern, in der Ferne krähen Hähne, ein Maschine tuckert. Wir gehen auf dem Fischgrätmuster aus Stein. Wiiiii-wiiiii-wiiiii-wiiiii-wiiiii-tschuk-tschuk-tschuk-tschuk.

Nichts kann sie hören. Aber sie kann Kletterpflanzen und Feigen sehen, Mohnblumen, dunkle Rosen vor einem Gasthaus; sie kann einen Hund bellen sehen, seinen steifen Schwanz, seinen wütenden Blick. Dicker, wohlgenährter, dreibeiniger Hund, warum kläffst du? Du schnüffelst, du pißt, du rennst neben uns her, du springst die

Teufelsbrücke hinauf. Laß uns vorbei, laß uns die Bäume mit den silbrig weißen Blättern bewundern, diese frühe Menschenleere. Reg dich nicht auf; wir werden den Frieden nicht stören. Tschuk-tschuk-tschuk. Wiiiiii.

Frieden in der kleinen Santa Fosca. Sie kniet schweigend, ich sitze in einem Gewitter von Geräuschen. Ein kleiner dicker Priester in Schwarz wischt sich die Stirn unter einem weißen Haaransatz. Ein alter Mann hält müde ein orangefarbenes Säckchen. Die Einnahmen der Woche fließen aus einem Kästchen nach dem anderen in den Sack. Geld, Geld, köstliche Lire: Münzen fallen hinein, dazwischen das unverwechselbare Geräusch von Scheinen, das Schließen der Kästchen, das Schlurfen und Watscheln; und darüber das Vogelgezwitscher und der ferne Motor, der leise irgendwo außerhalb der offenen Tür rattert.

Der Priester hustet, kniet, sein Rücken Christus zugewandt, im Gang vor dem Mammon. Es ist ein hölzernes Kollektenkästchen auf einem Ständer. Ruhelos stehe ich auf; links vom Altar hält Maria, gekrönt mit zwölf Sternen aus elektrischen Minibirnen, ihr Kind im Arm. Er ist ein braves Kind, grinst nicht wie manch andere, die wissen, daß sie das Licht der Welt sind. Rechts von ihnen kniet ein Mann vor einem vertrauenswürdigen gütigen Gott; sein Hammer und die anderen Werkzeuge liegen neben ihm, nur sein Kinn ist sichtbar, während er den Kopf reckt und die Arme im Gebet emporhebt.

Sie zündet zwei Kerzen an und sieht mich an. Ich zögere kurz und zünde dann ebenfalls eine Kerze an.

Wir gehen hinaus in den Sonnenschein und nach einer Weile in den Dom.

6.13

In Gottes großer Scheune werden die Seelen gewogen. Im Schoß Satans sitzt der falsche Christus, keck und milde. Mächtige Balken ragen aus den Wänden und stützen das Dach. Die gnadenreiche

Königin, ganz in Blau gekleidet, hält ihr Kind mit dem weisen Gesicht empor.

Der Tag des Jüngsten Gerichts ist gold gefärbt. Die wilden Tiere hören den letzten Trompetenstoß des Jüngsten Gerichts und spucken die aus, an denen sie würgten. Die Toten werfen ihre Leichentücher ab. Die stillen Verdammten, die zwischen roten Flammen stehen, zeigen keinen Schmerz. An düsteren Stellen kriechen Würmer durch die Augenlöcher in Totenschädeln.

Die Erlösten stehen da und preisen Gott. Das ist ihr Schicksal zu allen Zeiten.

Wieder kniet sie. Die Glocke läutet. Der Priester und seine kleine Herde, nicht mehr als zehn Menschen in dieser gewaltigen Halle, beginnen zu singen. Halt inne in deiner Klage, runder Priester, sing nicht hoch, nicht tief: Du kannst weder Melodie noch Rhythmus halten, es tut meinen Ohren weh.

Ich bin gelangweilt, genervt. Ich tue so, als wollte ich gehen. Sie will nichts davon wissen. Ich sitze die eine Stunde dauernde Messe aus, aber ich bin nicht hier.

Brot und Wein werden gesegnet. Zuerst zögert sie, doch dann geht sie zum Abendmahl. Und dann, Gott sei gelobt, gibt es nichts mehr zu tun, als hinauszugehen.

Ich blicke sie an und sehe die Verzückung in ihrem Gesicht. So bewegt zu werden, so ergriffen zu sein, zu fühlen, daß es dieses Ziel gibt, das eindeutig Gute am Ende. Ich habe gekniet, aber nicht vor diesem oder jenem Gott. Ich war nicht wie sie durchdrungen bis ins Mark. Was werde ich zu ihr, was wird sie zu mir sagen, wenn wir im Freien sind?

6.14

Wir treten hinaus in eine Menschenmenge: kalte Getränke, Spitzentischtücher, Krimskrams, Muranoglas. Aus der Ödnis wurde in einer Stunde ein Marktplatz. Ich kaufe ein paar Postkarten. Dad und Auntie Joan bekommen gern eigene Postkarten von fremden Orten.

Mit einem Aufflackern von Schuldgefühl wird mir bewußt, daß ich ihnen aus Wien nicht geschrieben habe.

Wir flüchten in die abgelegenen Marschen, zu den Brackwasserkanälen und der salzigen Luft. Ein Kuckuck singt eine absteigende Terz, wieder und wieder. Während der Priester predigte, muß es genieselt haben; die Wiesen sind feucht. Wilder Hafer und Gerste wachsen am Wegesrand, und wo er zu dem limonengrünen Sumpf abfällt, bilden Plastikflaschen, Motoröldosen und zerbrochene Styroporbehältnisse Abfallhaufen.

Fünf Minuten oder länger spricht sie nicht.

Aus meinem Rucksack hole ich den Porzellanfrosch und gebe ihn ihr. Er ist so blau wie das Lapis im Mosaik des Kleides der Madonna.

»Er ist schön.«

»Ja, nicht wahr?«

»Danke, daß du in der Kirche so geduldig warst.«

»Nichts zu danken«, sage ich etwas dämlich. »Und wo ist mein Geschenk?«

»Ich habe es zu Hause gelassen – ich meine, in der Wohnung. Ich habe es gestern abend fertiggemacht. Wenn du es hier auspacken würdest, würde es darauf nieseln.«

»Warum reist du so bald aus Venedig ab?«

»Ich muß. Mach es mir nicht so schwer. Frag mich bitte nicht mehr, warum.«

»Morgen muß ich mindestens eine Stunde üben. Und wir haben eine Probe. Die Zeit vergeht zu schnell.«

»Wenn es mich nur zweimal gäbe«, sagt sie.

»Fliegst du nach London oder nach Wien?«

»London.«

»Und dann wird alles vorbei sein?«

»Michael, ich bin hier glücklich mit dir. Du bist hier glücklich mit mir. Stimmt's? Es ist ein Wunder, daß wir überhaupt hier sind. Ist das nicht genug?«

Ich schweige und konzentriere mich auf das, was sie gesagt hat. Ja, es stimmt, und nein, es ist nicht genug.

6.15

Wir sitzen im Garten des Palazzo Tradonico, auf einer Steinbank nahe dem Brunnen. Es ist später Montagvormittag. Die Sonne scheint hell. Ein für mich namenloser Baum mit glänzenden Blättern und kleinen, intensiv duftenden weißen Blüten spendet uns Schatten. In meinem Schoß liegt ein Buch. Die Karte des Buchbinders ist herausgefallen. Ich hebe sie auf: Name, Telefonnummer, die Hausnummer im Sestiere San Marco, der Straßenname: Calle della Mandola.

»Was bedeutet ›Mandola‹?« frage ich mit Blick auf die Karte.

»Mandoline«, sagt sie. »Oder Mandeln? Nein, Mandoline.«

»Ach, wirklich?«

»›Ach, wirklich?‹« sagt sie lächelnd. »Mehr fällt dir dazu nicht ein?«

»Ich kann nichts sagen«, sage ich. »Ich kann wirklich nicht. Noch nie zuvor habe ich etwas so Wunderschönes bekommen. Nicht einmal von dir.«

Es ist ein handgemachtes Buch aus einer Binderei, an der wir an unserem ersten Tag hier vorbeikamen. Wie ein altes Notenheft ist es breiter als hoch. Der Umschlag ist hellgrau marmoriert, darin gebunden sind mehr als hundert Seiten dickes Papier. Auf jeder Seite befinden sich achtmal fünf Notenlinien. Auf die ersten Seiten hat sie aus meiner Partitur mit dunkelbrauner Tinte ungefähr die ersten achtzig Takte – ja, die gesamte erste Fuge – der »Kunst der Fuge« handschriftlich übertragen.

Soweit ich sehe, ist nicht eine Note durchgestrichen oder verbessert. Es muß sie Stunden und ungeheure Anstrengung für die seltenen Notenschlüssel gekostet haben, aber den makellosen Seiten ist die Mühe nicht anzusehen.

Auf den Rücken sind in kleinen, mattsilbernen serifenlosen Großbuchstaben die Worte geprägt: DAS GROSSE NOTENBUCH DES MICHAEL HOLME.

Auf die erste Seite hat sie geschrieben: »Lieber Michael, danke dafür, daß Du mich überredet hast hierherzukommen und für diese Tage. In Liebe, Julia.«

Ich lege den Kopf auf ihre Schulter. Sie fährt mir mit der Hand über die Stirn und durchs Haar. »Du solltest hineingehen. Es ist fast elf.«

»Willst du sie für mich spielen? Es sind noch ein paar Minuten bis zu Probe.«

»Nein. Wie könnte ich?«

»Ich erinnere mich, daß du vor Jahren etwas davon in Wien gespielt hast.«

»Das war nur für mich. Du hast dich angeschlichen!« sagt sie.

»Also?«

»Ich kann diese Schlüssel nicht gut genug lesen, Michael. Du hast deine Partitur nicht dabei, oder? Sie enthält die Transkription für das Klavier.«

»Nein, sie ist in der Wohnung. Wenn ich gewußt hätte ...«

»Das ist jetzt meine Ausrede.«

»Vielleicht hast du noch etwas davon in den Fingern?«

Sie seufzt und gibt nach.

Wir gehen über die Brücke und in das Musikzimmer. Ich lege mein Geschenk auf das Klavier und bleibe daneben stehen, um umzublättern. Sie setzt sich, spielt zwei Takte lang die Baßstimme, geht dann zur Sopranstimme und zu den Mittelstimmen über.

Sie schließt die Augen und läßt ihre Hände und ihr inneres Ohr sich erinnern. Hin und wieder halten ihre Finger inne; sie schlägt die Augen auf, blickt auf die Noten und spielt weiter. Was sie spielt, ist himmlisch: ein immer wieder unterbrochener Himmel. Schließlich, nach ungefähr der Hälfte, hebt sie die Hände und sagt: »Irgendwo ist es, aber wo?«

»Du bist wirklich gut.«

»O nein, nein, und ich weiß es.«

»Ich nicht.«

»Ich habe diese Fuge an dem Abend gespielt, als ich euch in der Wigmore Hall gehört habe. Ich sollte mich besser daran erinnern.«

»Also dann in London?«

Sie zögert. Definiert dieses Wort ihr aufgestörtes, zu ungestörtes Leben? Leise sagt sie: »Ich weiß nicht, Michael.«

»Vielleicht?«

»Na gut, vielleicht.«

»Versprich es mir, Julia. Die zweite Hälfte meines Geschenks.«

»Ich kann es nicht versprechen. Es ist eine so andere ... Situation. Ich weiß nicht einmal, ob ich es dort spielen will.«

»Du hast mir fünf Tage weggenommen, Julia. Kannst du mir dafür nicht das Versprechen geben?«

»Na gut«, sagt sie schließlich. »Aber das ist etwas, was ich für niemanden außer für dich spielen würde.«

6.16

Sie nimmt mein Buch vom Klavier und geht wieder in den Garten. Nach ein paar Minuten kommen Helen, Piers und Billy herein, und wir stimmen unsere Instrumente. Wir proben für das morgige Konzert in der *Scuola Grande di San Rocco*. Julia fliegt um 18 Uhr 30; ich kann sie nicht einmal zum Flughafen bringen.

Wir spielen unter anderem das Brahms-Quartett in c-Moll, mit dem wir vor ein paar Monaten aufgetreten sind. Ich spiele besser als damals, weil es mir nahezu gleichgültig ist. Im Gegensatz zu früher frustriert es mich nicht. Der größte Teil meiner selbst ist in dem Garten jenseits des kleinen Kanals. Sollten die anderen meine Abwesenheit spüren, so lassen sie es mich nicht wissen.

Wir machen früher als erwartet eine Pause. Ich gehe in den Garten. Julia muß ins Haus gegangen sein. Mein Buch liegt auf der Bank unter dem Baum. Ihre Tasche steht daneben auf dem Boden.

Ich bemerke ein Blatt Papier, das zwischen den Seiten steckt, und nehme es heraus. Es ist ein an ihren Mann adressiertes Fax in ihrer mühelosen schrägen Handschrift. Es ist eine private Mitteilung, aber meine schamlosen Augen, gierig nach allem, was ich über sie erfahren kann, zwingen mich, es zu lesen.

Liebster Jimbo,
ich vermisse Dich schrecklich – Euch beide. Ich sehne
mich danach, Euch wiederzusehen. Jenny läßt Euch

363

herzlich grüßen. Sie ist die meiste Zeit ans Haus gebunden, deswegen verbringen wir nicht soviel Zeit
miteinander, wie wir gern möchten. Es ist schwer für
sie; ich glaube, ich habe erwähnt, daß ihre Kindern
Masern haben. Und obwohl sie Hilfe hat, wollen die
Kinder sie nicht weglassen. Sie sagt, daß sie normalerweise miteinander streiten – geschwisterlich, aber heftig. Jetzt sind sie zu schlaff und zu rot gepunktet dafür.
Sie sind nicht mehr ansteckend, meine zwei Hansen-
Männer sind also sicher. Ich muß nicht, wie Muttis
Pudel und Pekinesen in Quarantäne.
Ich verbringe eine wunderschöne Zeit in Venedig.
Ich bin so froh, daß ich hierhergekommen bin. Wien
wurde zu anstrengend, und wenn ich mit Maria, ihrem Mann und ihrem kleinen Sohn nach Kärnten gefahren wäre, hätte es mich nur unglücklich gemacht.
Ich brauchte diese Abwechslung. Ich fühle mich so
erfrischt. Jeden Tag gehe ich meilenweit. Aber ich
vermisse Euch beide und kann den Gedanken, noch
eine Woche länger von Euch getrennt zu sein, nicht
ertragen, und deswegen komme ich früher zurück.
Neulich haben Jenny und ich im Cipriani zu Mittag
gegessen, und ich dachte an Dich, wie Du dort abge-
stiegen bist und an mich gedacht hast. Richte Luke
aus, wenn er mir verzeiht, daß ich so lange fort war,
wird er zwei Überraschungen aus Venedig bekommen, eine große und eine kleine, und ein Geschenk
von seiner Oma. Drück den kleinen Benetton-Bär
ganz fest für mich. Nicht, daß er sich noch an mich
erinnern wird, wenn ich zurückkomme, da ihn ja seine Großmutter versorgt und fürchterlich verwöhnt.
Ich komme morgen (Dienstag) mit dem Alitalia-Flug
um 7 Uhr 25 in Heathrow an. Ich werde nach Dir
Ausschau halten, aber bitte, Liebling, fahre nicht zum
Flughafen, wenn Du arbeiten mußt oder etwas ande-

res vorhast. Es ist alles ziemlich kurzfristig. Ich nehme ein Taxi und habe nicht viel Gepäck.

Ich liebe Dich so sehr und denke die ganze Zeit an Dich. Hoffentlich hast Du nicht zuviel gearbeitet. Es ist schwer, nicht mit Dir telefonieren zu können. Eine meiner großen Ängste ist, daß ich den Klang Deiner Stimme vergessen werde.

Alles Liebe,

Julia

Ich breche einen Zweig mit den weißen duftenden Blüten ab. Ich fühle mich krank. Ich komme mir vor wie ein Dieb, der ein Haus betritt und dort Dinge vorfindet, die aus seinem eigenen gestohlen wurden.

Der verwitterte, gelangweilte Löwe stützt sich auf seinen Schild auf und gähnt, als wollte er sagen: »Also, wo ist das Problem? Was hast du denn erwartet?«

Ein schwarzer Karpfen stößt einen orangefarbenen beiseite und schwimmt weiter ziellos durch den Brunnen.

Ich gehe über die Brücke. Aus dem Haus tönt Teresas fröhliches, schnelles Italienisch, gefolgt von Julias zögernder Stimme. Ich verstehe nur die Worte »Wessen«, »Billy«, »Londra«. Mir zerreißt es das Herz.

Wir proben weiter. Alles klappt, wie es klappen sollte. Unser Auftritt morgen sollte einer unserer üblichen Erfolge werden.

6.17

»Was ist los mit dir?« fragt sie. Sie hat die Nachttischlampe eingeschaltet und sieht mich an, ängstlich und erschrocken.

Früher habe ich sie sanft gebissen, in den Hals, die Schultern, die Arme, behutsame Bisse, die, ich weiß nicht wie, diesen unglaublichen Duft ihres Körpers entfalten – vielleicht ist das Virginies merkwürdige Hinterlassenschaft an mich –, aber in der Bitterkeit meiner

365

Leidenschaft heute abend weiß ich nicht, was passiert ist. Ich habe kaum gespürt, daß ich sie liebte – ich war außer mir.

»Du bist verrückt«, sagt sie. »Schau dir diese Flecken an.«

»Armer Jimbo. Ich frage mich, was er dazu sagen wird, wenn er dich in Heathrow abholt. Meinst du, daß er den Benetton-Bär mitbringen wird, oder muß der vorher ins Bett?«

Meine Zunge ist so brutal wie meine Zähne. Sie starrt mich an und schreit dann auf – ein schrecklicher Schrei der Wut, des Schmerzes, der Ungläubigkeit, der Verletzung – und bedeckt das Gesicht mit Händen und Haaren. Ich versuche, sie zu berühren. Sie schlägt meine Hand fort.

Sie beginnt zu weinen, nahezu wütend. Ich versuche, sie in die Arme zu nehmen, aber sie schüttelt mich ab. Ich will etwas sagen, aber sie kann meine Worte nicht sehen.

Unvermittelt schaltet sie das Licht aus und liegt dann wortlos in der Dunkelheit. Als ich nach ihrer Hand greife, stößt sie mich fort. Ich küsse ihre Wange, den Rand ihrer Lippen. Ich lecke ihre Tränen ab. Langsam wird sie ruhig. Wieder nehme ich ihre Hand, um ein Wort der Entschuldigung zu buchstabieren. Nach zwei Buchstaben hat sie verstanden und entzieht mir die Hand erneut. Was kann meine grausamen Worte entschuldigen?

Merkwürdigerweise schläft sie bald ein, und ich liege wach, verbittert über sie und die Welt, in die sie so verstrickt ist, und ich schäme mich für das, was ich getan habe, und bedaure es.

Als ich aufwache, hält sie mich schlafend umarmt, aber ich spüre nicht, daß sie mir vergeben hat. Die Flecken auf ihrer Schulter sind unübersehbar. Sie werden sich gelb verfärben und noch tagelang zu sehen sein. Sie sind nicht fortzureden.

6.18

Ein Spaziergang am Ende der Welt, die Erdbebenplatte, allein; die Sandbänke von Ebbe und Flut, und die Einsiedelei des einen, der das wahre Kreuz fand. Damals, am Tag des Erdbebens, wurde in der Stadt der schwache Priester geboren, dessen Kompositionen verstreut wurden, durch viele Hände gingen und schließlich Eingang fanden in die Bibliothek mit den gekrümmten Wänden. Dort lagen sie, bis die Ekstase ungehört zu den krönenden Engeln und der Taube emporschwebte. Wenn wir Delphine wären, was würden wir spielen? Hätten wir vier Hände, hätte sich Bachs Geist dann weiter verzweigt? Sollen sich unsere Daumen an entgegengesetzten Enden gegenüberstehen. Lassen wir uns die Zähne ziehen, laßt uns Fischbein haben wie die Wale, auf daß unsere Planktonliebe wachse, auf daß wir mit nicht knirschenden Zähnen planschen und platschen.

Trauer und Reue, Trauer und Reue brechen das ehebrecherische Herz entzwei. Sie rufen den Flug aus, dort auf 6 D muß sie sitzen, ohne etwas zu sehen, auf den Winden schwebend. Wird sie landen, ist sie gelandet, kann sie landen und alle Papier kontrollieren und stempeln lassen? Ist sie von dieser Körpergröße; sind das ihre besonderen Kennzeichen? Sind ihre Augen golden, ihre Haare blau? Sie hat die Wohnung grau marmoriert. Sie hat *die Liebe* in mein Notenheft geschrieben. Campari winkt vom Lido, und bei diesem Anblick singe ich von der Forelle. Von oben dunkelt Licht auf roten Säulen, die Farbe von Algen, und Musik liegt auf nicht aufgerauhten Regalen.

Signora Mariani soll von den Laken halten, was sie will. Die Grafschaft Tradonico soll die Loquathaine pflegen und gegen Lawinen Vogelscheuchen aufstellen. Soll sich der rauchige Käll von Marsriegeln erhalten und Yuko Gartenrauten an Beethovens Grab niederlegen. Der Herr des Hauses von Rochdale mag seinen Sarg zu einem Kanu auseinanderklappen und sich auf dem Wasser vergnügen. Mag Zsa-Zsa auf einem Kissen aus Schellfisch in Marias Cellokasten schlafen. Lang lebe Mrs. Wessen, auf daß sie ihren tausendsten Mond erlebe. Mag Ysobel ihre Stirn glätten. Die arme Virginie soll nicht weinen. Mag all das und nichts geschehen, denn wie soll ich diese Tage überleben?

Das Kochen eines Eis ist nicht rückgängig zu machen, noch kann Vertrauen neu besiegelt werden. Wir spielen hier in der dunklen, unheilverkündenden Schule, in der das Kreuz stark nach vorn geneigt ist, doch die Menschen applaudieren. Wir spielen dort in der Villa auf dem Festland Italien, die Rose sonnenheiß, die Iris stirbt auf einer eingemauerten Wiese, so groß wie der sechste Teil Venedigs. Zwei große weiße Hunde sind da, wie sportliche Eisbären. Die Kirschen sind reif, und ich wandle im Hain, küsse sie und beiße sie von den Bäumen.

Ich habe meine Mittel erschöpft. Ich habe einen Hund auf einem Boot gesehen, es war der wiedergeborene Hund Carpaccios. Ich sah ihn, er war klein, weiß, treuergeben und wachsam für alles, was um ihn herum geschah. Er bemerkte den Wert der Perlen einer Frau, er verstand den Kummer des Invicta-behängten Teenagers. In träge fließender Dyslexie formte der Fluß unter den Brücken ein S, worauf der schlichte Kahn schwamm, der lebhafte Hund ein Schmuckstück auf seinem Bug. Seine Vorderpfoten waren so still. Meine Hand hielt in diesem Augenblick inne, oder war es später? Jedes Tier ist danach traurig, doch wie wenige bereuen.

Der Blitz zuckt und stürmt über die schwarze Lagune auf die weiß beleuchtete Kirche zu, ihre zwiegesichtige Fassade sowohl Dur als auch moll. Da ist das Becken, in dem wir alle getauft und benannt wurden, wiewohl wir uns nur verneigten und flüchteten. Piers, Helen, Billy, Alex, Michael, Jane, John, Cedric, Peregrine, Anne, Bud, Tod, Chad, James, Sergei, Yuko, Wolf, Rebecca, Pierre: Wie viele Schiffe und Samen werden dieses Regiment füllen, diese Firma, diese Wursthaut? Die Inseln sind unheiter und voller Lärm. Hinter der rosa-weißen Mauer wird ein Gestell mit einer Winde hochgezogen. Ein Kreuzfahrtschiff tutet, und ein Spatz schreit. Grünes Brackwasser, der Luftballon eines Kindes, Glocken aus Bronze. Sie liest es von meinen Lippen ab, und ihre werden blaß.

Siebter Teil

7.1

»Willkommen in London, willkommen, willkommen, willkommen. Wie ich höre, war es ein *überwältigender* Erfolg«, sagt Erica. »Gratuliere, gratuliere, gut gemacht! Lothar hat *geschwärmt.*«

»Lothar war gar nicht da«, sage ich und halte den Hörer noch ein bißchen weiter weg vom Ohr.

»Ich weiß«, sagt Erica ein wenig ernüchtert. »Er war in Straßburg – 'tschuldigung, Salzburg – wie dumm von mir!«

»Warst du im Sugar Club zum Mittagessen, Erica?«

»Nein, nein, nein, ich habe mich nur versprochen. Hoffentlich war Piers nicht sauer. Piers macht sich manchmal wegen so etwas ins Hemd. Er meint, daß irgend jemand dabeisein, Hände schütteln und die Presse und alle Mächtigen, wer immer das auch ist, vollquasseln muß. Aber die Kritiken waren gut, er muß also glücklich sein. Ich wünschte, ich wäre dortgewesen, um all eure Händchen zu halten, besonders in der Pause, aber so ist es nun mal. Beim nächstenmal.«

»Wer hat dir davon erzählt?«

»Wovon?«

»Der Pause.«

»Niemand, niemand, hab's nur hier und da gehört. Ein kleines Vögelchen, Gerüchte … schrecklich dramatisch, muß ich sagen. Aber manchmal spielt man dann phantastisch, all das Adrenalin, das im Körper schwebt – schwimmt, meine ich.«

»Wie weit hat es sich schon herumgesprochen?«

»Nicht weit. Im Vertrauen gesagt, es war Lothar, und er wußte es vom Management des Musikvereins. Sie meinten, es ihm sagen zu müssen; und Lothar ist die Diskretion in Person – was ihm wiederum Probleme mit Piers eingebracht hat. Ach, *entre nous*, ich habe allmählich genug von Piers – und wie ich höre, hat er genug von mir. Stimmt das?« Erica klingt plötzlich hellwach.

»Was meinst du damit?« frage ich.

»Na, deine Julia. Sagen oder nicht sagen. Lothar hat's ihm nicht gesagt oder nicht sagen können, und Piers betrachtet das als Vertrauensbruch. Das arme Mädchen ist stocktaub, wir haben ein Recht darauf, das zu wissen, und so weiter. Du weißt ja, wie Piers ist. Meinst du, er versucht, mich loszuwerden?«

»Nein, das glaube ich nicht, Erica. Du bist eine wunderbare Managerin. Wie kommst du auf die Idee?«

»Agentin. Nur Agentin. Nichts Exotischeres. Eine Reihe von Dingen. In letzter Zeit die ›Kunst der Fuge‹. Ich höre mich bei allen um«, sagt Erica arglos – oder ist es arglistig? »Piers ist kein Hallodri. War auch nie einer, oder? Obschon ich gehört habe, daß er in Wien abends ziemlich ungezogen war. Und du, warst du brav?«

»Was meinst du mit brav?«

»Definier du es und weich mir nicht aus, und dann beantworte meine Frage.«

»Nein, definier du es ... Übrigens, Julia ist nicht stocktaub.«

»Nein, nein, natürlich nicht, natürlich nicht, aber man könnte wunderbar damit werben. Lothar sollte nicht versuchen, es zu verheimlichen. Warum dieses traurige Lächeln? Sie spielt wie ein Engel, hört aber keinen Ton ... Mit der richtigen Werbung könnte sie die Albert Hall füllen.«

»Um Himmels willen, Erica! Was soll das werden – Barnum and Bailey?«

Aber Ericas Gedanken sind schon weiter. »Das ist das Schwierigste mit euch: Wie promotet man ein Quartett? Wer ist ein Quartett? Welches ist seine wahre Persönlichkeit? Vier gesichtslose Gesichter. Wenn ich eure Persönlichkeiten aufspalten könnte, wie bei den Spice Girls, gäbe es phantastische Crossover-Möglichkeiten ...«

»Also wirklich, Erica!«

»Ach, Michael, sei doch nicht so humorlos. Ich überlege mir nur mehr Möglichkeiten, mehr Knete nach Hause zu bringen – sozusagen. Ysobel ist in der Hinsicht schrecklich schlau. Aber in musikalischer Hinsicht ist sie so heikel, daß sie damit durchkommt. Ich muß jetzt los.«

»Ein Nickerchen, um deinen Schwips auszuschlafen?«

»Ha! Und was machst du?«

»Ich übe auf der Bratsche. Nach so langer Zeit müssen sich meine Finger erst wieder daran gewöhnen. Heutzutage muß man flexibel sein. Crossover, du weißt schon. Und dann ist da natürlich noch das Vibrato ...«

»Oh, du schlauer Kerl ... hoffentlich sehen wir uns bald ... sei brav ... und setz dich für mich ein, wenn Piers häßliche Dinge über mich sagt ... alles Gute ... bis ba-ald!« sagt Erica und legt rasch auf.

7.2

Ich durchlebe noch einmal unseren, Julias und meinen, letzten Tag in Venedig.

Ich habe eine Probe, sie muß einen Flug erwischen. Wir halten uns im Zaum und haben Angst davor, einander zu konfrontieren. Wir versinken in einer früheren Dunkelheit, nur daß sie jetzt schlimmer ist. Sie packt, meidet meinen Blick.

Was ich getan habe, ist unverzeihlich – aber auch ich bin nicht in versöhnlicher Stimmung. Am Abend, bevor sie mir das Buch gab, liebten wir uns, mehr auf ihren Wunsch hin als auf meinen. Doch nur ein paar Stunden später schrieb sie den Brief an diesen anderen Mann: ja, ja, ihr Mann, ja.

»Wie konntest du diesen Brief nur lesen? Wie konntest du Luke ins Spiel bringen? Ich dachte, wir bewegten uns auf einer anderen Ebene.«

Warum das? Bin ich ein Gabelstapler?

»Ich hasse ihn nicht. Ich hasse dich nicht. Was ich getan habe, tut mir leid.«

Sie sieht mich an, als würde sie mir nicht glauben. »Ich werde mich irgendwo verstecken und James weiter anlügen müssen. Ich werde ihm erzählen müssen, daß ich irgend jemanden besuche oder weiß Gott was tue. Ich verstehe dich nicht – falls ich dich je verstanden habe. Was bedeutet deine Entschuldigung? Ich werde Luke nicht ansehen können.«

»Ich verstehe dich auch nicht – falls ich dich je verstanden habe. Warum treibst du dieses Spiel mit mir? Warum hast du mich zu dir nach Hause eingeladen, damit ich deinen Mann kennenlerne? Ich weiß es immer noch nicht. Warum bist du mit mir hierhergekommen, wenn alles zwischen uns nur Schwindel ist?«

Diese Analyse vermischt sich mit einer früheren. Hatte die Krise damals demnach drei Angelpunkte? Waren es nicht nur der Lehrer und sein Student, die ihren Willen aneinander maßen? Aber haben wir diesen Stoff nicht getragen, bis er fadenscheinig war? Die Depression machte mich grausam. Ich fühlte mich abgeschnitten, sogar von ihr. Meine Beziehung zu Carl begann fast wie eine Liebesbeziehung. »Ich kann mich jetzt auf niemanden einlassen«, sagt sie, hätte ich damals gesagt – aber kann ich das und nichts weiter gesagt haben? Fühlte ich mich von dieser jüngeren Frau herabgesetzt, die eine winzige Spur Verachtung für meine Unwissenheit an den Tag legte? »Ich dachte, wir bewegten uns auf einer anderen Ebene.« Ich hatte nie, was für sie selbstverständlich war – ist.

Und jetzt erzählt sie mir, was sie nicht gelesen hat: »*Deine* Briefe waren in Wien, in einer Kiste. Ich habe sie letzte Woche gefunden. Es war ein ziemlicher Schock. Ich habe meinen Vater damals gebeten, sie mir nicht nachzuschicken. Ich wußte nicht, daß er sie aufgehoben hat – jedenfalls mußten sie zusammen mit anderen Papieren dort hineingekommen sein. Ich fand sie neben alten Puppen und anderen Sachen, die meine Mutter nicht aussortiert oder weggeworfen hat. Ich habe sie nicht gelesen – wie hätte ich sie lesen sollen? Es war nicht nur, daß du selbst auch in Wien warst. Ich fürchtete die Erinnerungen, die sie ausgraben könnten, zehn Jahre alte Gedanken, die heute nur noch die halbe Wahrheit sind.«

»Hast du deswegen beschlossen, mit mir nach Venedig zu kommen?«

»Ich weiß es nicht – es geschah soviel – ja, wahrscheinlich – zum Teil.«

»Du hast sie also doch gelesen?«

374

»Nein, habe ich nicht – ich fing an, einen zu lesen. Ich habe zufällig einen ausgesucht. Ich konnte ihn nicht weiterlesen. *Nicht.*«
Aber hier in dieser Wohnung, in der wir glücklich waren, ist niemand außer uns. Sie läßt meine Hand einen Augenblick lang auf ihrer Schulter liegen. Meine Handfläche berührt sie, meine Finger bewegen sich nicht über die blauen Flecken. Sie las sie also, meine ungeschliffenen Worte der Reue und des Unglücks. Sie waren nicht gealtert.
»Michael, schreib mir nicht«, sagt sie.
»Wirst du mich anrufen – oder mir faxen – oder vorbeikommen?«
»Ich weiß es nicht. Vielleicht. Ja, mit der Zeit. Jetzt laß mich.« Aber in diesen Sätzen höre ich die Stimme ihres Vaters: eine kleine Lüge, um sich einfacher loszumachen.
Sie geht, um ein Fax zu schicken. Nach einer Stunde kehrt sie zurück. Ich trage ihr Gepäck zur Haltestelle. Sie sagt, ich solle zurückgehen. Ich weigere mich. Wir stehen da, ohne miteinander zu sprechen, bis das Boot kommt, das sie zum Lido bringen wird. Von dort wird sie direkt zum Flughafen fahren. Schnell steigt sie ein. Kein Kuß, nicht einmal das, um eine Szene zu vermeiden.
Ich gehe zu unserer Probe. Ich wohne weiterhin in der Wohnung in Sant'Elena. Ich lese, gehe spazieren, tue, was man für gewöhnlich tut. Ist es das, was passiert, wenn man das eigene Leben nicht mehr in der Hand hat?
Ja, ich bin von woanders hierhergelangt, wo ich bin. Aber auch ich bin höheren Mächten unterworfen – der Musik, meinen Kollegen, dem Leben von jemandem, der ohne mich besser dran ist. Kann ich der Musik jetzt überhaupt noch dienen? Manchmal tasten sich meine Finger über ihr Buch, als enthielte es eine unbekannte Form von Blindenschrift. Auch hier in London ist es ein Talisman, der mich während der Wochen des Wartens auf sie beruhigt.

375

7.3

Ihr Buch mit dem grau marmorierten Einband liegt aufgeschlagen auf dem Notenständer in meiner Zelle, und ich spiele den ersten Kontrapunkt, aber auf einer Bratsche. Er ist im Alt-Schlüssel geschrieben, deswegen ist er leicht zu lesen.

Uns ist klargeworden, daß wir nicht zwei, sondern drei Bratschen für unsere Arbeit an der »Kunst der Fuge« brauchen: Helens reguläre Bratsche; die übergroße, tief gestimmte Bratsche und eine für mich, um die Teile zu spielen, die tiefer sind als der Umfang meiner Geige. Für diesen Zweck kann ich nicht einfach Helens normale Bratsche leihen, weil ich auch zu Hause üben muß.

Ich habe die Bratsche, auf der ich jetzt spiele, von einem Händler geliehen. Es ist ein seltsames Vergnügen, nach so vielen Jahren wieder einmal mit dem größeren Instrument zu musizieren. Ich hatte vergessen – nicht eigentlich vergessen, aber ich bin nicht mehr daran gewöhnt –, wieviel mehr man dabei strecken muß.

Allmählich werden wir uns – einigermaßen schockiert – über die Komplexität unseres Projekts klar. Was genau sollen wir eigentlich aufnehmen? In welcher Reihenfolge sollen wir die diversen Fugen und Kanons spielen? Wenn nur drei von uns spielen, sollte dann Piers oder ich die höchste Stimme übernehmen? Welche Fugen erfordern, daß Helen die tiefe Viola spielt und ich meine Geige mit ihrer Bratsche austauschen muß? Da Bach keinem der Stücke ein Tempo zugewiesen hat: Welches ist das beste Tempo?

Wir haben beschlossen, all das erst einmal Billy zu überlassen. Er ist unser Rechercheur, Denker und Regisseur. Wenn er uns anweist, etwas traurig oder stürmisch zu spielen, werden wir es traurig oder stürmisch spielen. Wenn wir es auf seine Weise versucht haben, können wir verbessern, anpassen oder verwerfen. Vielleicht kann uns nur jemand mit den Instinkten eines Komponisten durch dieses musikalische Dickicht führen. Piers weiß das und akzeptiert es. Ich wußte nicht, daß er seine Zweifel hinsichtlich der »Kunst der Fuge« Erica gegenüber noch einmal geäußert hat.

In bemerkenswert kurzer Zeit – und ich vermute, daß er in Vene-

376

dig angefangen hat, daran zu arbeiten – hat Billy ungefähr ein Dutzend Seiten produziert, die alle potentiellen Fragen aufführen: Auslassungen, Reihenfolge, Tempi, Auswechslungen, Umstimmen der Instrumente, Personal, unterschiedliche Lesarten. Er schreibt über Bachs Partitur, die gestochene Ausgabe von 1751, ein Jahr nach Bachs Tod veröffentlicht, über die zweifelhafte Frage, ob der Choral, den er diktierte, als er schon blind war und im Sterben lag, als Teil dieses Werks gedacht war, über die Plazierung der großartigen unvollendeten Tripelfuge, die, hätte er sie vollendet, mit größter Wahrscheinlichkeit als viertes Thema das Hauptthema des Werks beinhaltet hätte, über die Nachforschungen zu der von Bach intendierten Reihenfolge sowohl anhand allgemeiner Prinzipien als auch anhand der ausradierten Seitenzahlen in den noch existierenden Exemplaren der ersten gedruckten Ausgabe und über ein paar geheimnisvolle numerologische Fragen im Zusammenhang mit den Buchstaben von Bachs Namen.

Außerdem hat er, der liebenswerte Billy, mit dem Computer Stimmen für Piers, Helen und mich mit den Notenschlüsseln angefertigt, die für die von uns benutzten Instrumente am passendsten sind. Das muß Ewigkeiten in Anspruch genommen haben.

Wir üben selten etwas, ohne es vorher gemeinsam durchgelesen zu haben, und bislang haben wir nur den ersten Kontrapunkt gemeinsam gespielt. Aber besonders Helen und (in geringerem Maß) ich müssen uns für dieses Werk gründlich vorbereiten, wenn wir flüssig spielen wollen. Deshalb wende ich mich, nachdem ich das erste Stück aus Julias Buch gespielt und die leeren Seiten eine nach der anderen umgeblättert und das Wasser, den Himmel und die Steine Venedigs darauf projiziert habe, Billys computergenerierten Stimmen zu.

Ich studiere sie stundenlang für unsere erste Probe, denke darüber nach und spiele, bis sich mein Geist und meine Finger strecken, um zu erzeugen, was ich vor meinen Augen sehe und im Geist höre.

7.4

Schreib mir ein Wort der Liebe und des Trostes. Oder hinterlasse eine Nachricht auf meinem Anrufbeantworter. Oder steh vor meiner Tür, oder tauch auf meinem kleinen blauen Bildschirm auf. Ich habe dir geschrieben; ich weiß, daß das Fax durchging.

Es ist Juni; Eichhörnchen fressen die unreifen Feigen an der Mauer, verwelkte Kastanienblüten treiben über den Kies.

Ich habe nichts von dir gehört. Du hast auf mein ungebetenes Fax nicht geantwortet. Bist du nicht in der Stadt? Bist du verreist mit deinem Mann, seiner Mutter und deinem Kind? Trägt er nicht mehr seinen kleinen grauen Blazer und seine grüne Mütze, sind seine Tage nicht länger gezählt, beschriftet und benotet?

Wo hast du dich eine Woche lang versteckt, bis die blauen Flecken weg waren? In Wien im Haus deiner Mutter? Du hattest noch Tage übrig von denen, die du mir genommen hast. Ich kann mir selbst nicht vergeben. Das ist nicht alles, was ich dir angetan habe.

Die öffentlichen Plätze sind grellgelb vom Goldregen, und nahe dem tiefliegenden Garten steht der pilzbewachsene Weißdorn in rosa Blüte. Die kleinen grauen Monster marschieren in Zweierreihen.

Ich liebe Weißdorn und lila Flieder; doch modische Farben nehmen immer mehr überhand. Ich gehe hier und dort spazieren, und du spielst Bach für mich. Wiegt die Liebe so leicht in der Waagschale? Von oben in den Bussen sehe ich Sockel, Säulen und Simse. Über meinen Augen liegt ein Film: Das ist, was der große Steinmetz mit seinen vier Büchern aus London gemacht hat. Solche Werke brauchen viel Zeit, aber einmal getan, ist alles festgelegt.

Auch Katzen sehe ich, vor meinem geistigen und vor meinem wirklichen Auge. Eines Abends, spät, sah ich auf einem Spaziergang eine Frau. Sie stand am Wasser beim Arsenal, und elf Katzen kamen zu ihr, als sie sie rief und fütterte. Sie, die alte Frau, warf ihnen Reste aus einer Tasche zu, und sie miauten dankbar und gierig. Sie waren dünn, hellwach und räudig, nicht wie die gutgepflegte Zsa-Zsa aus dem Norden, die jetzt so krank ist.

Du sagtest, ich sollte warten, bis du dich melden würdest. Wie viele

Minuten werden gefordert von mir, der ich dich nach Jahren wieder berührte? Blick mich aus diesen blaugrauen Augen liebevoll an. Ja, lächle, lächle nur und lache. Sei vernünftig!

Dann fällt mir der Hof mit der Wäsche und der Glyzinie ein, auf den wir hinabsahen aus dem Zimmer, in dem wir uns liebten an den Tagen jener Woche und am Sonntag.

Ich lege mir die Hand auf die Schulter, wo dein Kopf lag. Dann sage ich deinen Namen, einmal, zweimal, ein drittesmal, ein viertes. Manchmal schlafe ich nachts so, in Gedanken bei dir; in manchen Nächten schlafe ich erst, wenn es dämmert.

7.5

Aber jetzt stehe ich vor ihrer Tür. Luke ist in der Schule, die Haushaltshilfe der Mutter attackiert den Konjunktiv im französischen Kulturinstitut, und James bedient den Abakus in der Canary Wharf. Wie wird sie das Klingeln hören? Es muß irgendeinen Mechanismus geben, denn sie öffnet die Tür. Ich lese in ihrem Gesicht. Freut sie sich, mich zu sehen? Ja und nein. Aber ich sehe keine Überraschung. Sie sieht so müde aus; ihr Gesicht ist verhärmt. Fehlt ihr der Schlaf oder der Seelenfrieden? Sie tritt zurück, und ich trete ein.

»Macht es dir nichts aus?« frage ich.

»Ich brauche Zeit für mich allein.«

»Ist jemand zu Hause?«

»Nein. Würde ich sonst so reden?«

»Wirst du mir vergeben, Julia? Ich wollte nicht sagen, was ich gesagt habe, oder tun, was ich tat ...«

»Ja«, sagt sie zu schnell.

»Ich weiß nicht, was in mich gefahren ist ...«

»Ich sagte, ja. Sprich nicht länger darüber.«

»Ich werde dich nicht fragen, warum du nicht zu mir gekommen bist. Aber hättest du nicht schreiben können?«

»Warum sollte ich nach allem, was passiert ist, auch dich hintergehen?«

Ich schweige, sage dann: »Wirst du mir heute dein Musikzimmer zeigen?«

Sie sieht mich erschöpft an. Sie hat nicht mit dieser Frage rechnen können, verhält sich aber, als würde sie nichts mehr überraschen. Sie nickt, aber es ist ein unausgesprochenes Zugeständnis − als könnte ich mir meine letzte Mahlzeit selbst zusammenstellen.

Wir gehen die Treppe hinauf. Der gesamte erste Stock ist ein Raum. In der Mitte neben einem nicht mehr benutzten Kamin steht ein schwarzer Steinway, vor einem Erkerfenster ein Schreibtisch, von dem aus man auf den Garten hinaussieht. Mein blauer Porzellanfrosch sitzt auf einem Stapel Notenpapier und blickt auf einen angefangenen Brief. Ich wende den Blick ab.

»Arbeitest du viel?« frage ich, als wir einander anschauen.

»Ja. Wien hat die Sache entschieden.«

»Du wirst also von jetzt an nur noch allein auftreten?«

»Ja.«

»Kannst du dir nicht eine Schnecke transplantieren lassen?« platze ich heraus.

»Wovon redest du? Du weißt überhaupt nichts von der Sache«, erwidert sie zunehmend wütend. Habe ich einst geglaubt, daß kein Zorn in ihr steckt?

Irgendwo im Haus klingelt viermal ein Telefon, dann ist es wieder still.

Ich sehe, daß die Goldberg-Variationen offen auf dem Flügel liegen.

»Da alles, was ich sage, dumm ist, warum spielst du nicht etwas?«

Sie setzt sich sofort, ohne zu widersprechen oder sich mit einem Wort einverstanden zu erklären, und ohne das Buch aufzuschlagen, spielt sie die 25. Variation, aber so, als wäre ich nicht anwesend. Ich stehe da, die Augen geschlossen. Nachdem sie zu Ende gespielt hat, steht sie auf und klappt den Deckel zu. Ich blicke zu Boden.

»Ich habe das erste Stück aus der ›Kunst der Fuge‹ gespielt«, sage ich.

»Würdest du bitte aufschauen? Danke. Ja?«

»Ich habe das erste Stück aus der ›Kunst der Fuge‹ gespielt. Mit einer Bratsche. Von deinem Buch.«

380

Sie blickt abgelenkt, zerstreut drein. Die Worte haben sie in ein Labyrinth aus Gedanken geführt.

»Wirst du auch die nächste Fuge in mein Buch übertragen?« frage ich. Ich will sie das gar nicht fragen, aber ich habe das Gefühl, daß ich sie nur durch eine Reihe von Fragen und Bitten zum Reden bringen kann.

»Ich habe zu hart gearbeitet«, sagt sie. Ich verstehe ihre Antwort nicht.

»Chopin? Schumann?« sage ich und denke an ihr Konzert in der Wigmore Hall.

»Und anderes.« Sie will nicht darüber reden. Sie wirkt ruhelos. Ihr Blick wandert zum Schreibtisch, auf dem der Frosch sitzt.

»Ich kann ohne dich nicht schlafen«, sage ich.

»Sag das nicht. Jeder schläft irgendwann einmal.«

»Was soll ich dann sagen?« frage ich gekränkt. »Wie geht es deinem Garten? Wie geht es deinem Tinnitus? James? Buzby? Luke? Ja, wie geht es Luke eigentlich?«

»Vermutlich gewinnt er täglich an akademischer, künstlerischer, musikalischer, sozialer, spirituteller, physischer und moralischer Statur«, sagt Julia verträumt.

Ich muß lachen. »Wirklich? Das ist ziemlich viel für einen kleinen Jungen.«

»Das war ein Zitat aus der Schulbroschüre.«

Ich küsse sie auf die Seite des Halses, wo keine Spur eines blauen Flecks mehr zu sehen ist.

»Nein – nein – laß mich. Sei nicht verrückt. Ich will das nicht.«

Ich lasse sie und gehe zum Fenster. Eine Amsel pickt an etwas unter einem regennassen Rhododendronbusch. Vielleicht meint sie, zu harsch reagiert zu haben. Sie kommt zu mir und legt mir ganz leicht die Hand auf die Schulter.

»Können wir nicht Freunde sein?«

Da sind sie also, endlich, diese Worte.

»Nein!« sage ich und drehe mich nicht um. Soll sie mein Achselzucken interpretieren.

»Michael, denk auch ein wenig an mich.«

Endlich wird mir mein Name zugestanden.

Wir gehen wieder hinunter. Sie schlägt nicht vor, daß wir Kaffee trinken.

»Ich gehe jetzt besser«, sage ich.

»Ja. Ich wollte nicht, daß du kommst, aber hier bist du«, sagt sie und blickt mir unglücklich in die Augen. »Wenn ich dich nicht lieben würde, wäre alles wesentlich einfacher.«

Wird sie mich also besuchen? Darf ich wiederkommen? Wie immer ihre Antwort ausfallen mag, ich werde keine Ruhe finden. Ist es nicht die Liebe, die glatte Dinge aufzurauhen und rauhe Dinge zu glätten vermag?

Sie nimmt meine Hand, aber nicht in einer erzwungenen Abschiedszeremonie. Die Tür geht auf, schließt sich. Von der obersten Stufe sehe ich hinunter. Wasser, fünf Faden tief, fließt den Elgin Crescent hinunter, den Ladbroke Grove, durch den Serpentine in die Themse, und rote Doppeldeckervaporetti stottern wie Mississippi-Dampfer darauf herum. Ein kleiner weißer Hund sitzt auf dem Bug. Geh mit dem Atem der Flut, und mach keine Szene, und nimm dir ein Beispiel an der Weisheit des kleinen Hundes, der von woanders herkommt und weiß, daß ist, was ist, und – dieses Wissen ist noch bitterer – daß nicht ist, was nicht ist.

7.6

Wir sind bei Helen, um zu proben.

»Ich mache Diät«, sagt Billy. »Mir wurde gesagt, daß ich Übergewicht habe.«

»Nein!« sagt Helen. »Was für eine Verleumdung.«

»Der Arzt sagt«, erklärt Billy, »daß ich schwer übergewichtig bin, schwer übergewichtig, und mein Blutdruck ist gefährlich hoch, und wenn ich Lydia und Jango liebe, nehme ich besser ab, also werde ich es wohl tun müssen. Ich habe keine andere Wahl. Letzte Woche war ich dreimal im Fitneßstudio, und ich habe das Gefühl, als hätte ich schon ein paar Pfund abgenommen.«

Helen lächelt.

»Es ist einfach schrecklich«, sagt Billy. »Er sagte ›schwer übergewichtig‹ … Er hat nicht einmal versucht, taktvoll zu sein … Habt ihr alle meine Noten angeschaut?«

»Sie sind toll«, sage ich. Billy richtet sich auf. Helen und Piers nicken zustimmend. Hier sind wir also wieder. Auch ich habe meine Familie.

»Du mußt Wochen gebraucht haben, um alle unsere Stimmen einzugeben«, sage ich.

»O nein«, erwidert Billy. »Ich habe sie einfach von einer Partitur eingescannt – einfach eingescannt, gesäubert, hier und dort einen Notenschlüssel angepaßt und ausgedruckt. Es ist schon erstaunlich, was man heutzutage alles machen kann.« Seine Augen funkeln angesichts dieser Möglichkeiten. »Mein Programm hat jetzt eine Playbackeinstellung für Klavier namens Espressivo – ein paar kontrollierte Irregularitäten, und man merkt kaum, daß ein Computer spielt und nicht ein Mensch. Bald werden sie's perfektionieren, und man wird es überhaupt nicht mehr merken. Musiker werden überflüssig …«

»Komponisten vermutlich nicht«, fährt Piers ihn an.

»O doch«, sagt Billy hoch erfreut über seine eigene Hinfälligkeit. »Fugen zum Beispiel – man kann alles mögliche mit dem Computer machen. Nehmen wir mal an, du willst das Thema einer Fuge vom zwölften Ton an wiederholen, erhöht, umgekehrt und eineinhalb Takte verzögert – man drückt nur ein paar Tasten, und schon ist es passiert.«

»Aber wo bleibt dabei die Phantasie? Die Musik?« frage ich.

»Ach«, sagt Billy, »das ist kein Problem. Man muß bloß jede Menge Kombinationen generieren, sie auf harmonische Kompatibilität prüfen und sie an Menschen auf Schönheit testen. Ich bin überzeugt, daß Computer uns in zwanzig Jahren in Sachen Geschmackssicherheit übertreffen werden. Vielleicht wird es sogar eine Formel für Schönheit geben, auf Grundlage von Tests mehrerer Parameter. Die Zukunft wird nicht vollkommen sein, aber vollkommener, als die meisten von uns heute sind.«

»Widerlich«, sagt Helen. »Eiskalt. Eine Art Schach.«

Billy blickt gekränkt drein. »Eine Art heiliges Schach.«

»Also«, sagt Piers. »Zurück in die unvollkommene Gegenwart. Das ist zwar alles sehr faszinierend, Billy, aber hättest du was dagegen loszulegen?«

Billy nickt. »Ich dachte, wir fangen mit etwas an, bei dem Michael nicht Bratsche spielen muß«, sagt er. »Das ist selbstverständlich kein Mißtrauensvotum ...«

Ich sehe ihn aufmerksam an.

»Nein, wirklich nicht«, sagt Billy. »Ich will die Sache nur einfach halten, versteht ihr, so einfach wie möglich. Und am Anfang wäre es wahrscheinlich auch besser, wenn Helen nicht mit der großen, tiefer gestimmten Bratsche spielt.«

Helen nickt unmerklich.

»Dann haben wir nur die Wahl zwischen Kontrapunkt fünf oder neun«, sagt Billy. »Welcher ist euch lieber?«

»Du bist der Boß«, sagt Piers.

»Okay«, sagt Billy. »Nummer fünf. Pizzicato von Anfang bis Ende.«

»Was?« sagen wir alle drei nahezu unisono.

Billy ist erfreut über seine Wirkung. »Na, was habt ihr denn zu verlieren?« fragt er. »Es dauert doch nur drei Minuten oder so. Also, Michael, fang an«, sagt er eine Spur diktatorisch. »Hier ist das Tempo.«

»Billy, du bist verrückt«, sage ich.

»Wir haben die Tonleiter noch nicht gespielt«, bemerkt Helen.

»Ich habe sie vergessen«, sagt Billy. »Spielen wir sie. Die d-Moll-Tonleiter – pizzicato.«

»Nein!« sagt Piers, von diesem Sakrileg zum Eingreifen gezwungen. »Wir können die Tonleiter nicht pizzicato spielen. Das würde eine Travestie daraus machen. Wir spielen sie zuerst mit dem Bogen, und dann kannst du mit uns machen, was du willst.«

Wir streichen die erste Tonleiter, und dann läßt Billy sie uns zupfen, was bizarr klingt, und anschließend zupfen wir Kontrapunkt fünf. Obwohl wir kein Gefühl für die Länge der gehaltenen Töne bekommen und obwohl die gezupften Geigen verglichen mit dem Cello erbärmlich klingen, steht der Kontrapunkt in kantiger Klarheit vor uns. Zudem ist es eine Übung in Intonation. Das haben wir nie gemacht, als wir den ersten Kontrapunkt als Zugabe übten. Vielleicht hätten wir es tun sollen.

Billy führt uns Schritt für Schritt weiter. Als nächstes spielen wir ihn mit unserem gewöhnlichen Vibrato. Beim dritten und alle weiteren Male so gut wie ohne Vibrato: der Stil, in dem wir nach Billys Ansicht das Werk vortragen oder aufnehmen sollten. Es geht langsam, ist aber erhellend. Nach ungefähr einer Stunde nehmen wir uns den zweiten Kontrapunkt vor, der in unserem Umfang liegt, und verfahren damit ebenso.

Und dann, mit einem Schlag, ist das Quartett wie verwandelt – sein Klang, seine Struktur, sein Auftreten. Wir gehen direkt zu einem Stück über, für das Helen und ich die tieferen, größeren Instrumente benutzen müssen. Wir fühlen uns sonderbar unproportioniert und sehen auch so aus: verglichen mit uns selbst und den anderen. Ich spiele die geliehene Bratsche, Helen, was man eine Tenor-Bratsche nennen könnte. Sie klingt erstaunlich, träge, knurrig, voll und unheimlich, und plötzlich lachen wir alle vier vor Vergnügen – ja, vor Vergnügen, die Welt draußen existiert nicht mehr –, obschon wir nicht aufhören zu spielen.

7.7

Wir spielen ein Stück nach dem anderen in einer Reihenfolge, die Billy sich ausgedacht hat. Unsere Probe sollte von zwei bis sechs Uhr dauern, aber wir beschließen, nach dem Abendessen weiterzumachen. Helen und Billy kochen Pasta und Sauce, während Piers und ich uns um den Wein und den Salat kümmern und den Tisch decken. Billy ruft Lydia an, um zu sagen, daß es später wird, und auch Piers telefoniert einmal.

Dieses Impromptu-Abendessen ist die erste Mahlzeit seit Monaten, die wir vier gemeinsam einnehmen – wie wir es früher oft getan haben; und es ist sonderbar, daß es ausgerechnet in London und nicht unterwegs stattfindet. Weder in Wien noch in Venedig haben wir gemeinsam gegessen. Die wenigen Tage mit Julia konnten nicht aufgeteilt oder mit anderen geteilt werden. Und nachdem sie abgereist war, behielt ich mein einzelgängerisches Verhalten bei.

Billy widersteht einer zweiten Portion. Daß wir noch mehrere Stunden Arbeit vor uns haben, spielt keine Rolle. Es ist noch immer so aufregend, daß wir die »Kunst der Fuge« spielen, noch dazu für eine Plattenaufnahme, und daß Helens unwahrscheinlich gestimmtes Instrument genau unseren Wünschen entspricht, ist eine riesige Erleichterung, so daß die Atmosphäre mehr der einer Feier als der eines Arbeitsessens gleicht.

»Rebeccas Kind wird Hope heißen«, sagt Helen.

»Es wird also ein Mädchen?« fragt Piers.

»Das wissen sie nicht. Sie wollen es nicht vorher wissen. Aber es wird auf jeden Fall Hope heißen.«

»Blöder Vater, blöder Name«, meint Piers. »Ich werde nicht zur Taufe gehen. Stuart ist der langweiligste Mann, den ich kenne.«

»Das kannst du Rebecca nicht antun«, sagt Helen. »Außerdem ist er nicht langweilig.«

»Er ist langweilig. Er ist eine Art Mikrowelle der Langeweile. In dreißig Sekunden ist man vor Langweile verdorrt. Nein, geschmolzen«, sagt Piers und pfeffert seine Pasta ausgiebig.

»Was macht er?« fragt Billy.

»Irgendwas Elektronisches«, sagt Piers. »Und er spricht die ganze Zeit darüber mit einer schrecklich nasalen Stimme, auch wenn keiner der Anwesenden eine Ahnung hat, wovon er spricht. Er stammt aus Leeds.«

»Liverpool«, sagt Helen.

»Jedenfalls aus einer Stadt, die man vergessen kann«, sagt Piers.

Früher hätte ich mich solchen Provokationen gestellt, aber das ist Jahre her.

»Es gibt jetzt ein spezielles Shampoo für Rothaarige«, sagt Helen.

»Gut«, sagt Piers mit glaubwürdig geheucheltem Interesse. »Sehr gut. Erzähl uns mehr darüber.«

»Meint ihr, daß wir die ›Kunst der Fuge‹ irgendwann einmal auf der Bühne spielen sollten?«

»Ach, Billy, nicht jetzt«, sagt Piers.

»Warum nicht?« frage ich. »Laßt uns darüber reden. Das wäre jedenfalls besser, als über Rebeccas und Stuarts zu diskutieren, die Billy und ich nicht kennen.«

»Ihr wißt gar nicht, wie glücklich ihr euch schätzen könnt«, sagt Piers.

»Rebecca ist unsere Freundin, seitdem sie ein Baby war«, sagt Helen. »Und sie war Piers' erste Freundin.«

»War sie nicht«, sagt Piers. »Außerdem habe ich nichts gegen sie.«

»Ja, ich glaube, wir sollten damit auftreten«, sage ich. »Schließlich kam unsere Zugabe gut an.«

»Aber können wir ein Publikum so lange bei der Stange halten?« fragt Billy. »Das ganze Stück ist in derselben Tonart – oder zumindest beginnt und endet jede Fuge in derselben Tonart.«

»Das gilt auch für die Goldberg-Variationen«, sagt Helen. »Zumindest ist es derselbe Grundton. Und Pianisten füllen ganze Säle damit.«

»Aber mir macht auch das Immergleiche in der ›Kunst der Fuge‹ Sorgen«, sagt Billy. »Ich meine die Struktur – bei einem öffentlichen Auftritt. Andererseits gibt es eine Steigerung. Vielleicht könnten wir die Hälfte spielen ...«

»Warum hast du in deinem Papier nichts davon erwähnt, Billy?« frage ich.

»Ach, ich weiß nicht. Ich dachte, es wäre eh schon zu lang.«

»War es nicht«, sagt Helen.

Billy zögert einen Augenblick und fährt dann fort: »Ich persönlich – und das hat nichts zu tun mit Ysobel oder Stratus oder unserem Quartett – bin der Meinung, daß Streichinstrumente Fugen ideal herausbringen, ideal. Sie können Töne besser halten als ein Cembalo oder ein Klavier. Sie können individuelle Stimmen besser ausdrücken. Und im Gegensatz zu, sagen wir mal, Blasinstrumenten ermöglichen sie Doppelgriffe – wie Piers und ich sie am Ende des ersten Stücks heute machen mußten, wenn aus vier Stimmen sechs werden. Außerdem geben mir Mozart und Beethoven recht.«

»Ach ja? Tun sie das?« fragt Piers. »Wann hast du zum letztenmal deine himmlischen Verbindungen spielen lassen?«

»Brauchte ich nicht. Es ist eine wohlbekannte Tatsache, daß Mozart Fugen von Bach für ein Streichquartett arrangiert hat und Beethoven eine von Händel.«

Wir blicken überrascht drein.

»Das ist eine wohlbekannte Tatsache, nicht wahr?« sagt Piers drohend.

»Tja, vielleicht nicht überall«, sagt Billy und lächelt zufrieden.

»Wenn das stimmt …«, sagt Helen, »wenn das wirklich stimmt, könnten wir dann nicht die erste Hälfte der ›Kunst der Fuge‹ spielen und dann – nach der Pause – diese Arrangements von Mozart und Beethoven? Das wäre ein großartiges Programm, und das Publikum hätte seine Abwechslung.«

»Ja«, sagt Piers und stöhnt, »warum bauen wir nicht unser ganzes Leben um Fugen-Programme auf?«

»Fugen geben den mittleren Stimmen mehr Macht«, sagt Helen etwas selbstgefällig.

»Macht. Macht«, sagt Piers. »Wer hat mit dir über Macht gesprochen? Nein, sag's mir nicht. Ich rieche Sandalen.«

»Ach, Billy«, sagt Helen plötzlich. »Ich habe den idealen Nachtisch für dich. Er ist in genau dreißig Sekunden fertig.«

Sie springt auf, geht zum Kühlschrank, dann zur Mikrowelle, stellt sie für zehn Sekunden an und kommt dann mit fünf gelben Kirschen auf einem Teller zurück, den sie vor Billy stellt.

»Was ist das?« fragt er.

»Gelbe Kirschen. So gut wie keine Kalorien.«

»Aber was hast du damit gemacht?«

»Iß sie schnell und frag danach. Schnell.«

Billy nimmt vorsichtig eine in den Mund und verdreht dann ekstatisch die Augen. Er ißt sie eine nach der anderen auf.

»Wunderbar«, sagt er. »Außen sind sie wie geschmolzene Kirschen und innen wie ein knuspriges Sorbet. Heirate mich, Helen.«

»Du bist schon verheiratet.«

»Stimmt. Wie hast du sie gemacht?«

»Gekauft, gewaschen, eingefroren, in die Mikrowelle gesteckt. Das ist alles.«

»Du bist ein Genie.«

»Ich nenne es *Cerise microsorbet*. Ich glaube, ich werde eine eigene Schule gründen.«

»Das wäre großartig«, sage ich. »Eine Streichquartett-Kochschule. Helen ist die Direktorin, Piers und ich sind die Schüler, und Billy ist das Versuchskaninchen. Erica hätte keine Probleme mehr, uns ein Image zu verpassen.«

»Warum braucht Erica ein Image für uns?« fragt Piers.

»Ach, sie meint, daß wir irgend etwas brauchen, was uns in der Musikwelt bekannter macht. Streichquartette sind schwer zu promoten.«

»Typisch Erica«, sagt Piers. »Ich habe über sie nachgedacht. Ich glaube, wir sollten uns einen anderen Agenten suchen.«

Billy, Helen und ich reagieren, jeder auf seine Art, zurückhaltend.

»Ich war nicht zufrieden mit unserer Reise«, sagt Piers. »Wir haben kaum etwas verdient und – also, es gab auch noch andere Probleme.« Piers vermeidet es, mich anzusehen. »Jetzt steht uns das Klarinetten-Quintett mit Cosmo bevor. Wir haben schon mit ihm gespielt und wissen, daß er okay ist, aber wenn wir ihn nicht kennen würden, woher sollten wir es dann wissen? Wie können wir unserer Agentin vertrauen, wenn sie uns nicht umfassend informiert?«

»Erica wußte nicht, was mit Julia los ist«, sage ich. »Sei fair, Piers. Lothar wußte es und entschied, daß er es uns nicht sagen konnte. Wenn du darüber nachdenkst, jemanden loszuwerden, dann sollte er es sein. Nur das willst du nicht, weil er der beste Agent Österreichs ist.«

»Ich hätte gern noch ein paar Kirschen«, sagt Billy rasch.

Helen wiederholt ihre Kreation, und diesmal bekommt jeder von uns eine Portion. Sie schenkt Grappa aus, den sie in Venedig gekauft hat, und die gute Laune ist wiederhergestellt.

Die zweite Hälfte der Probe beginnt. Aber jetzt kann ich die Welt draußen nicht vergessen, und von Zeit zu Zeit attackiert mich sekundenweise Panik, wenn meine Hände die Noten vor mir spielen, meine Gedanken aber woanders sind, und ich spüre, wie mir die graue Toilette neben dem Brahms-Saal auf den Leib rückt.

7.8

Ich komme spät nachts nach Hause und höre den Anrufbeantworter ab.

»Michael, hier spricht James, James Hansen. Ich muß mit Ihnen sprechen. Bitte, rufen Sie mich im *Büro* an«, beginnt die Nachricht. Es folgt eine kurze Pause und Rascheln von Papier. Er hinterläßt seine Nummer und fügt, etwas schroff, hinzu: »Ich wäre Ihnen dankbar, wenn Sie mich so bald wie möglich anrufen würden.«

Danach folgt eine weitere Botschaft, die ich aber nicht aufmerksam höre, und ich muß das Band zurückspulen. Irgend etwas von einer überfälligen Partitur, die ich von einer Bibliothek ausgeliehen habe. Ich schließe und öffne die linke Hand, die mir etwas weh tut – die Probe war lang, und ich bin noch nicht wieder daran gewöhnt, auf der Bratsche zu spielen.

Warum hat er und nicht Julia angerufen? Warum soll ich ihn in seinem Büro anrufen? Was hat Julia ihm erzählt?

Meine Gedanken werden vom Klingeln des Telefons unterbrochen. Wer ruft so spät noch an? Es muß gegen elf Uhr sein.

»Hallo – Michael?« sagt die Stimme meines Vaters.

»Dad? Was ist los? Alles in Ordnung?«

»Sie ist tot – Zsa-Zsa ist gestorben. Heute nachmittag. Ich habe schon bei dir angerufen, aber es war immer der Anrufbeantworter dran.« Die Stimme meines Vaters klingt verdrossen, weinerlich.

»Tut mir leid, Dad.«

»Ich weiß nicht, was ich tun soll.«

»Mußtest du sie einschläfern lassen?«

»Nein – sie lag wie immer nach dem Mittagessen unter dem Tisch, und ein oder zwei Stunden später haben wir sie dort gefunden.«

»Oh, Dad. Es tut mir schrecklich leid. Sie war eine wunderbare Katze.«

»Sie hätte bei mir auf dem Schoß sterben können.« Ich höre, daß die Stimme meines Vaters bricht. »Ich erinnere mich noch an den Tag, als deine Mum ihr den Namen gab.«

»Wie geht es Auntie Joan?«

»Sie ist ganz durcheinander«, sagt er und versucht, sich zusammen-zunehmen.

Arme Zsa-Zsa. Arme, alte, treue, aggressive, Lachse klauende, ter-ritoriumsbewußte, schlaue Katze. Aber sie hatte ein langes Leben und ein ereignisreiches.

»Dad, ich komme dich nächste Woche besuchen. Oder spätestens die Woche danach.«

»Ja, komm, Michael, bitte.«

»Dad, tut mir leid, daß ich so lange nicht mehr bei euch war ... Wo willst du sie begraben?«

»Merkwürdig, daß du fragst«, sagt mein Vater und klingt etwas hei-terer. »Wir haben gerade darüber geredet. Joan meint, wir sollten sie verbrennen lassen, aber ich finde, wir sollten sie im Garten ver-graben.«

»Aber hoffentlich nicht in der Nähe des Gartenzwergs.«

»Nicht in der Nähe des Gartenzwergs?«

»Nein«, sage ich bestimmt.

»Aber der steht sowieso im Garten der Boyds«, sagt er.

»Ich weiß, aber nur einen halben Meter von unserem entfernt, und er sieht halb zu uns rüber.«

»Wo schlägst du vor?« fragt er.

»In einem Blumenbeet.«

»Na gut, ich werde drüber nachdenken. Danke, daß du angerufen hast, Michael. Ich war ganz durcheinander, und wenn du jetzt nicht angerufen hättest, hätte ich dich angerufen, auch wenn es schon spät ist.«

»Aber ich habe nicht angerufen«, sage ich und halte dann inne. »Ist schon in Ordnung, Dad. Bis bald, Dad, gute Nacht.«

»Gute Nacht, Michael«, sagt mein Vater und legt auf.

Ich bin müde: Kopf, Hand und Herz. Ich döse ein und denke dabei: Worüber will ihr Mann mit mir sprechen?

Ich träume jedoch von Zsa-Zsa. Im Traum sage ich zu ihr – ihr Kopf liegt auf meinem Arm –, schau, ich weiß, daß das ein Traum ist, Zsa-Zsa, und du bist tot, aber wenn es dir recht ist, träume ich weiter von dir; und irgendwie gelingt es mir.

7.9

Schnell wähle ich James Hansens Büronummer; aber bevor jemand abnimmt, lege ich wieder auf. Nach ein paar Minuten wähle ich erneut. Seine Sekretärin stellt mich zu ihm durch.

»Danke, daß Sie so schnell zurückrufen, Michael«, sagt er. »In knapp einer Woche hat Julia Geburtstag, wie Sie vielleicht wissen, und ich gebe eine Party für sie – und da Sie so gute Freunde sind, können Sie vielleicht kommen … Hallo, Michael, sind Sie noch dran?«

»Ja. Ja, danke für die Einladung, James, ich komme gern.«

»Also gut, dann am Mittwoch, gegen sieben Uhr. Es soll eine Überraschung werden, und deswegen wäre ich Ihnen dankbar, wenn Sie es niemandem sagen.«

»Und wo wird die Party stattfinden?«

»Bei uns zu Hause. Ein Nachbar kümmert sich um Essen und Trinken, deswegen hoffe ich, daß Julia nichts davon merken wird. Ich versuche, die Zahl der Gäste auf ungefähr ein Dutzend zu beschränken, weil sie sich unter vielen Menschen nicht konzentrieren kann – deswegen habe ich Ihre Kollegen aus dem Quartett nicht gefragt.«

»Nein, ich – ich verstehe schon, warum, ich meine, das ist eine gute Idee.«

»Hoffentlich ist das Wetter besser als heute.«

»Ja.«

»Also, ich freue mich wirklich, daß Sie kommen können. Ich sehe Sie dann in ein paar Tagen. Es war schön, als Sie bei uns waren.«

»Ja, also, danke. Viele – herzliche Grüße an Julia.«

»Die müssen warten, meinen Sie nicht auch?«

»Doch, natürlich. Aber woher haben Sie meine Telefonnummer?«

»Wo man sie am einfachsten findet. Aus dem Telefonbuch.«

»Aber natürlich.«

Ich lege auf, benommen vor Erleichterung. Ja, ich werde hingehen – ja, sage ich mir, ich werde hingehen müssen, denn alles andere wäre unverständlich. Was wird sie sagen, wenn sie mich sieht?

Was werde ich ihr schenken? Hat sie James von dem blauen Frosch erzählt, den er oft sehen muß? Das kann sie nicht getan haben. Ich hätte es bestimmt gespürt.

7.10

Es ist Mittwoch. Ich habe mein Geschenk, in Papier gewickelt, auf den Tisch neben der Tür gelegt. Ich schüttle Hände.
Aber heute ist er nicht so erfreut, keineswegs herzlich. Er ist höflich, mehr nicht. Er grollt nicht, aber er verhält sich kühl. Das Wetter ist herrlich, und die Gäste tummeln sich im Garten. Dunkle, geäderte Rosen blühen. Kellner gießen in leere Sektflöten nach, und Julia, die ganz normal gekleidet ist, sieht hinreißend aus.
Wie ist sein Verhalten zu erklären? Irgend etwas im Büro? Schlechte Laune? Wenn es etwas anderes ist, etwas, was mit mir zu tun hat, hätte er dann nicht anrufen und sagen können, daß die Sache abgesagt ist? Bin ich für ihn nicht unwichtig?
Julia lacht, unterhält sich, sieht mich – und wird ernst. Luke kommt zu mir, und wir unterhalten uns eine Weile. Was aß das Monster, nachdem ihm alle Zähne gezogen wurden? Den Zahnarzt. Buzby springt herum, und Luke rennt ihm nach. Ich stehe da und sehe zu. Nach einer Weile kommt Julia zu mir und sagt, ohne mich zu begrüßen: »Michael, ich weiß nicht, warum James dich eingeladen hat – aber ich glaube, er weiß über uns Bescheid, irgendwie, ich weiß nicht, woher. Die letzten Tage war er nicht er selbst.«
Aus der Ferne sieht er zu uns.
»Ich bin mir sicher, daß er es letzte Woche nicht wußte«, sage ich.
»Bist du denn sicher?«
Sie nickt.
»Hat er irgend etwas gesagt?« frage ich.
»Nein – nicht direkt.«
»Kein so glücklicher Geburtstag.«
»Nein.«
»Ich fahre in ein paar Tagen nach Rochdale. Komm mit. Du hast

immer gesagt, daß du einmal mitkommen würdest – daß du sehen willst, wo ich geboren und aufgewachsen bin.«

»Ich kann nicht, jetzt nicht und auch in Zukunft nicht.«

»Ach, Julia, es ist nicht gut, was passiert, stimmt's?«

»Ich weiß nicht, was passiert … Ich unterhalte mich jetzt besser mit den anderen Gästen.«

»Ich habe mein Geschenk auf den Tisch gelegt.«

»Danke.« Sie kann mir nicht in die Augen sehen. Was wird sie sagen, wenn sie merkt, daß es ein zwölf Jahre alter Bonsai ist, den man alle zwei Tage gießen muß? Wenn sie ihn nicht pflegt, wird er eingehen.

Ich warte, bis sie mich endlich ansieht, und sage dann: »Ich werde irgendeine Ausrede erfinden und gehen. Aber bitte komm bei mir vorbei. Bitte.«

Noch während ich die Worte ausspreche, denke ich: Was bin ich, ein Schoßhund?

»Ja, ja, ich komme – aber laß mich jetzt, Michael.«

»Gut«, sage ich. »Ich werde gehen und James entgegentreten.«

»Nein. Nicht«, fleht sie. »Misch dich unter die anderen und geh ihm aus dem Weg. Vielleicht habe ich im Schlaf geredet – vielleicht hat Sonia etwas gesagt – oder Jenny – oh, wie schrecklich das alles ist.«

»Julia, wir sind beide Menschen, die nichts verheimlichen können.«

»Sind wir das?«

»Ich liebe dich. Ist das offensichtlich genug? Er kann nicht von den Lippen lesen, oder?«

»Ich muß gehen«, sagt sie. »Bitte, geh noch nicht sofort. Das würde komisch aussehen. Auf Wiedersehen, Michael.«

Sie läßt mich allein. Ich trinke und esse eine Weile mit Leuten, die ich nie kennenlernen werde, dann verabschiede ich mich von Luke und auf dem Weg hinaus von James.

»Haben Sie sich von Julia verabschiedet?« fragt er. »Sie müssen es tun.«

»Ich habe ihr gesagt, daß ich früh gehen muß, sie weiß, daß ich mich einfach davonschleichen werde.«

»Wie schade. Etwas Unerwartetes?«

»Ja, Arbeit.«

»Woran arbeiten Sie?« fragt er. Spielt er mit mir?

»Die ›Kunst der Fuge‹. Wir haben morgen eine lange Probe, und ich bin erbärmlich schlecht vorbereitet.«

»Julia mag sie – wie Sie wahrscheinlich wissen«, sagt James. »Sie spielt manchmal Teile davon. Ziemlich hintergründige Musik, nicht wahr?«

»Hintergründig?«

»Ach, es passiert viel mehr, als man anfänglich denkt. Ich bin selbstverständlich kein Musiker und weiß nicht, ob ich mich richtig ausdrücke ... aber Julia sagt, daß sie letztlich froh ist, daß ich kein Musiker bin. Irgendwie paradox. Wenn ich einer wäre, könnte ich mit ihr spielen. Andererseits, als sie das Gehör verlor, hätte ich sie vielleicht nicht dazu ermutigt weiterzumachen. Es ist natürlich eine hypothetische Frage, aber es ist eine Erleichterung für mich, mit jemandem darüber sprechen zu können, der sich auskennt.«

»Ja. Tut mir leid, James. Ich muß los. Danke. Es war sehr schön.«

Er sieht mich gleichmütig an und reicht mir dann die Hand. Ich schüttle sie und gehe.

7.11

Ich bin, wie versprochen, wieder nach Rochdale gefahren. Mein Vater ist seit Weihnachten gealtert.

Wir sitzen um zwei Uhr nachmittags in Owd Betts, und seine Tränen fallen auf seine Seezunge. Draußen ist es bewölkt. Die untere Hälfte des Himmels ist von einem perlengleichen Licht erfüllt, der See schimmert matt.

»Es ist nur eine Katze, Stanley«, sagt Auntie Joan. »Es ist nicht Ada.«

Das lenkt meinen Vater soweit ab, daß er finster vor sich hin starrt.

»Hör auf, Stanley, du hast genug Truthähne sterben sehen.«

»Auntie Joan«, sage ich.

»Er braucht das«, sagt Auntie Joan ungerührt. »Seit Tagen ist er so.

Sagt kein Wort. Das ist nicht gesund. Und mir ist langweilig. Daß du gekommen bist, tut ihm gut, mein Lieber.«

»Hoffentlich. Dad, warum schaffst du dir nicht ein kleines Kätzchen an. Ich besorge dir eins.«

»Bloß nicht«, sagt Auntie Joan bestimmt. »Was soll daraus werden, wenn ich zuerst sterbe? Und wenn er zuerst stirbt, will ich mich nicht darum kümmern müssen.«

Angesichts dieser brutalen Logik schweige ich. Mir geht durch den Sinn, daß eins ihrer bewundernswertesten Talente darin besteht, die Sache in die Hand zu nehmen, wenn jemand stirbt, und alle anzutreiben, bis sie sich der Tatsache stellen. Vielleicht ist dem so, weil ihr Mann Bestattungsunternehmer in Balderstone war.

»Und was ist mit dir los?« fragt sie mich. »Hat sie dich verlassen?« Ich stelle mein Guinness ab. »Wer?« frage ich.

»Wer immer sie ist. Du hast immer wieder ganz plötzlich diese Armesündermiene.«

»Auntie Joan, was genau passierte mit dem Paar, das nach Scunthorpe durchgebrannt ist?«

»Na, er hat sich natürlich scheiden lassen und sie geheiratet. Aber seine arme Frau hat nie die volle Versicherungssumme für den Laden gekriegt. Die Versicherung des Lastwagenfahrers hat ein bißchen was bezahlt und sich dann geweigert, noch mehr zu zahlen.« Mein Vater hat angefangen, eines von Gracie Fields' gewagteren Liedern zu summen. Die Hälfte seiner Seezunge ist verschwunden.

»Damals wurde man noch nicht einbalsamiert«, sagt Auntie Joan aus keinem erkennbaren Grund. »Er bekam zur Begrüßung einen großen Whisky, wenn er in ein Haus ging, wo jemand gestorben war, und er hat einfach angefangen und den Leichnam angezogen. Ohne ihn einzubalsamieren. Die Toten blieben im Haus und wurden dann begraben.«

Zu seiner offensichtlichen Freude kommt Dads Ingwer-Zitronenpudding in einem See aus Eiersauce. Zsa-Zsas Gespenst dräut nicht länger über dem Essen. Auntie Joan kehrt zu ihrer üblichen Mischung aus Klatsch und Träumerei zurück und schikaniert uns nicht länger.

»Vergiß nicht, Stanley«, sagt sie und wendet sich abrupt an meinen Vater, der sich mittlerweile erholt hat, »das Leben ist es wert, daß man sich darüber beklagt.«

Mir gefällt es hier, auch wenn ich mir beinahe den Kopf an den niedrigen Balken angeschlagen hätte, als wir hereinkamen. Owd Betts ist für mich ein Symbol freundlicher Hoffnung, wiewohl es exponiert im Moor steht, oben an der Straße. Als Schüler unternahmen ein Freund und ich einmal eine gesponserte Wanderung von Blackpool nach Rochdale. Wir wurden mit dem Bus am Meer abgesetzt, und dann mußten wir zu Fuß wieder nach Hause finden. Vom Regen gepeitscht, mit Blasen an den Füßen, erschöpft und halb verhungert erreichten wir schließlich Owd Betts und hatten zum erstenmal das Gefühl, daß das Ziel in Sicht war. Ich erinnere mich noch an das Entsetzen in den Augen meiner Mutter, als ich nach Hause kam. Ich schlief drei Tage lang.

Ich erinnere mich an diese so weit zurückliegenden Zeiten, als mein Herz von Liebe weder wußte noch sich danach sehnte. Was hätte ich davon gehalten, wenn ein Außenseiter in die Ehe meiner Eltern eingedrungen wäre? James war geschickt; er hat Luke nicht erwähnt.

»Ich gehe zu Fuß zurück«, sage ich.

»Warum um Himmels willen, Michael?« fragt mein Vater.

»Ich will das Guinness abarbeiten.«

»Und wer wird uns zurückfahren?« will Auntie Joan wissen.

»Du natürlich«, sage ich lächelnd. »Du hast uns ja auch hergebracht.«

»Aber es sind Meilen. Du wirst Stunden unterwegs sein.«

»Nur ein paar Meilen. Abends bin ich zu Hause. Ich war zu lange in London. Ich brauche das.«

»Na gut«, sagt Auntie Joan, »gib mir nicht die Schuld, wenn du in einen Minenschacht fällst.«

Ich zahle, bringe sie zum Auto und sehe zu, wie es ein wenig unsicher die Straße entlangfährt. Auntie Joan mag Arthritis haben, aber das Lenkrad gibt sie ebenso ungern aus der Hand wie den Herd.

Aus irgendeinem Grund ist die Straße hinter Owd Betts gesperrt, und Polizisten in grasgrünen Jacken sind damit beschäftigt, die

Autos zurück nach Rochdale zu schicken. Ein Mann in einem ein-
spännigen Sulky protestiert vergeblich. Irgendwo muß ein Unfall
passiert sein. Ich verlasse die Straße und gehe den Hügel hinauf.

7.12

Von hoch oben rücken das Schild von Owd Betts, das Gasthaus
selbst, die von Butterblumen, Disteln und einer verwitterten
schwarzen Steinmauer gesäumte Straße, der See, die grünen Jacken
der Polizisten in die Ferne, und es gibt nur noch Gras und Wind.
Der Lärm der Autos ist verstummt, aber durch das laute Pfeifen des
Winds höre ich die Hufe des Pferds. Ich habe Pech, es nieselt ein
bißchen, aber im Westen entdecke ich einen schmalen blauen Streifen am Himmel.
Die Luft ist frisch und schneidend, der Boden eine gemusterte Flä-
che aus Grasbüscheln und schwarzer Erde: Hunderte verschiedener
Gräser, manche mit fedrigen Spitzen, andere mit winzigen vier-
zackigen Sternen; niedrige Blaubeersträucher mit noch grünen Beeren – alle beugen sich oder widerstehen dem peitschenden, stürmischen Wind.
Ich kauere mich in eine Mulde; der Wind läßt nach; ich lege mich
hin, obwohl es feucht ist, und der Wind erstirbt, der Horizont verschwindet, und es gibt nichts außer Himmel und Stille.
Irgendwo muht eine Kuh; und das Muhen wird übertönt von einem schmeichlerischen Laut, ein Zwitschern der Freude und der
Kraft, das sich zu einem wahnsinnigen ungehemmten Lied steigert,
das höher und höher aufsteigt, als würde sich die Lerche ungesehen
in den niedrigen grauen Himmel hinaufschrauben.
Vielleicht werde ich sie sehen, wenn sie herabstürzt. Nein, ich würde aufstehen und mich umsehen müssen; und ich bin zufriedener,
wenn ich mit dem Arm über den Augen daliege – oder den Himmel durch die Finger betrachte.
Jetzt steigen zwei, dann drei und dann, obwohl der Himmel kaum
heller geworden ist, Legionen Lerchen von der feuchten Erde auf

in einem unbeschwerten Kontrapunkt, jede bewahrt ihr eigenes
Selbst, auch dann noch, wenn sie sich unter die anderen mischt.
Aber warum kann die Lerche nicht sie selbst sein, ohne daß sie
Sinnbild sein muß, ohne daß sie mit anderem verglichen wird von
denen, die sie am meisten lieben?

> Gleich Weisen, welche schweben, doch nie streunen;
> Getreu sich Himmel als auch Heim vereinen.

O feierlich langweiliger Affe.

> Wie die edle Maid,
> In des Turmes Klammer,
> Lindert Liebesleid
> In geheimem Jammer
> Mit Klängen zart, als tränke die Liebe ihre Kammer.

O weitschweifig schwärmerischer Laffe.

> Sie steigt hinauf, dreht ihre Kreise;
> Die Silber-Kette ihrer Weise
> Läßt fallen sie in vielen Gliedern
> Mit Pfeifen, Zwitschern, Triller-Liedern …

Ah, das, das ist es.

7.13

Ich bin mit Mrs. Formby nach Blackstone Edge und darüber hinaus
gefahren, wo die Straße durch die geschwärzten Felsen schneidet.
Die Steinmauern enden, die Moore erstrecken sich ungehindert, die
Hochspannungsmasten stehen weit hinein nach Yorkshire.
Wir unterhalten uns über die Musik, die das Quartett derzeit beschäftigt. Als ich ihr von der geplanten Aufnahme erzähle, erhellt
sich ihre Miene.

Sie fragt mich, was mich diesmal nach Rochdale geführt hat. Ich erwähne meinen Vater, meine Tante und Zsa-Zsa. Außerdem, so sage ich, bräuchte ich keinen Grund, um nach Hause zu kommen. Sie wirkt unglücklich und als wäre ihr unbehaglich zumute, und mir sinkt das Herz in die Hose.

»Michael, die Geige, ich fürchte, es hat keinen Sinn. Blut ist dicker als Wasser, und ...«

Ich nicke.

»Mein Blut ist etwas zu dick. Bluthochdruck. Warum, weiß ich nicht. Ich bin eigentlich ein ruhiger Mensch.«

»Hoffentlich ist alles in Ordnung.«

»Ja, mir geht's gut, wahrscheinlich werde ich hundert. Also, wie ich schon mal sagte, ich mag meinen Neffen nicht besonders, aber so ist es nun mal.«

»Das habe ich befürchtet.«

»Aber du bist trotzdem zu mir gekommen.«

»Ja, natürlich. Und außerdem ...«

»Ja?«

»Sie haben meinen Vater vor ein paar Monaten nach meiner Telefonnummer gefragt, deswegen dachte ich, daß Sie mit mir sprechen wollten.«

Sie schweigt eine Weile, dann sagt sie: »Ich hab's nicht übers Herz gebracht, dich anzurufen. Was wirst du wegen einer Geige unternehmen?«

»Darüber habe ich noch nicht nachgedacht.« Ich halte einen Augenblick inne. »Wann wollen Sie sie zurück?«

Sie blickt verwirrt drein, als hätte sie die Frage nicht verstanden.

»Mrs. Formby, Sie müssen wissen, daß ich sie dabeihabe«, sage ich verzweifelt. »Ich nehme sie immer mit, wenn ich nach Rochdale komme. Sie gehört Ihnen, hat Ihnen immer gehört. Aber vielleicht könnte ich sie noch ein paar Monate behalten. Bis wir mit der Aufnahme fertig sind. Ich möchte Sie nur um diese Gnadenfrist bitten.«

»Ach, aber der Fonds ist noch gar nicht eingerichtet. Das wird auf jeden Fall noch ein paar Monate dauern.«

»Ich danke Ihnen.«

»Nein, Michael, nein – du sollst dich nicht bedanken. Es muß sehr schwer für dich sein.«

Ich nicke. »Tja, es ist besser, geliebt und die Liebe verloren zu haben, nicht wahr, Mrs. Formby, als nie geliebt zu haben.«

Was sage ich da? Warum lächelt sie?

»Wie probt ihr die ›Kunst der Fuge‹?« fragt sie.

Ich erzähle ihr, wie Billy die Sache strukturiert, von Helens tiefer Bratsche, daß auch ich eine Bratsche spielen muß, von Piers' Zweifeln, von Ysobel Shingle und Erica. Sie ist hingerissen.

»Und wie tief mußt du gehen?« fragt sie.

»Normalerweise bis zum F, aber manchmal – bei zwei oder drei Stücken – bis zum E oder D.«

»Hast du mir nicht erzählt, daß du für das Konzert in der Wigmore Hall die tiefste Saite unserer Geige zum F heruntergestimmt hast und daß du sie so ganz instinktiv spielen konntest?«

»Ja.«

»Warum machst du es jetzt nicht genauso?«

Ich sehe sie an. In der Tat. Warum nicht? Ich habe darüber nachgedacht, aber nicht wirklich ernsthaft. Es hätte seine Vorteile: Abgesehen von den drei Stücken, bei denen ich so tief spielen muß, daß ich gezwungen bin, die Bratsche zu nehmen, könnte ich immer Geige spielen. Insgesamt wäre die Textur unseres Quartetts konsistenter. Andererseits wäre es etwas eigenartig, die meiste Zeit die nicht normal gestimmte Geige zu spielen – vor allem, weil es die Geige für die Proben anderer Stücke und für Konzerte verändern könnte.

Aber am wichtigsten ist jetzt, daß ich meine wie auch immer gestimmte Geige während unserer letzten gemeinsamen Monate so oft wie möglich spielen kann.

»Mrs. Formby, ich glaube, das ist eine ausgezeichnete Idee.«

»Es tut mir wirklich leid, Michael. Ich möchte nicht, daß du glaubst, ich hätte nicht an dich gedacht.«

»Nein, nein, Mrs. Formby. Sagen Sie das nicht.«

Ich erzähle ihr von meiner gestrigen Wanderung und den Lerchen.

Hinter ihren dicken Brillengläsern werden ihre Augen größer, und sie lächelt.

»He ...«, beginnt sie.

»He ...«, fahre ich fort, und wir rezitieren das Gedicht, abwechselnd jeder eine Zeile, fehlerfrei.

»Till ... «, sagt sie am Schluß und seufzt.

Ich schweige, und nach einer Weile murmelt sie schließlich selbst, nahezu unhörbar, die letzte Zeile.

7.14

Welches sind meine Aktivposten, meine Mittel? Mein Bogen gehört mir, meine Möbel, meine Bücher, 4000 Pfund an Ersparnissen und was mir von meiner mit Hypotheken belasteten Wohnung gehört. Leider kein Auto und auch kein Mäzen.

Nach meiner Rückkehr nach London spreche ich mit Piers, der selbst ein neues Instrument sucht. Zuerst sagt er nichts, dann nur: »Mein lieber Michael.«

Er erzählt mir von einer Stiftung – ich habe früher schon davon gehört –, die Musikern, die Instrumente suchen, zinsgünstige Darlehen gewährt. Aber diese Kredite allein reichen nicht aus.

Kann mir meine Bank helfen? Wenn ich Geld hätte, könnte ich vielleicht meine Geige doch behalten. Piers weiß es nicht. Seine Bank weigerte sich.

Während der letzten zwei Jahre war er bei allen Händlern in London, fand jedoch nichts, was ihm gut genug gefiel und bezahlbar war. Jetzt geht er zu Geigenauktionen in der Hoffnung auf einen vom Glück begünstigten Fund. Das sollte ich ebenfalls tun, sagt er; wir könnten gemeinsam Instumente prüfen und spielen und für die bieten, die uns gefallen und die wir uns leisten können. Bin ich interessiert? Aber es kann einem das Herz brechen, warnt er; bislang fand er drei Geigen und wurde bei jeder überboten.

Oder vielleicht kann Sanderson eine neue für mich bauen nach den Maßen meiner Geige. *Der* Geige, *der* Geige. Merk dir das.

Die Zeit arbeitet nicht für mich. Im Gegensatz zu Piers suche ich nichts Besseres als das, was ich jetzt habe. Am Ende des Jahres werde ich nichts mehr haben.

7.15

Ich gehe zu meiner Bank. Ich trage meinen Fall vor. Ich werde um Dokumente und Belege gebeten. Nach zwei Tagen gehe ich erneut hin.

Ich werde empfangen von einem gutgelaunten jungen Mann, der die erste Person Singular aus seinem Wortschatz gelöscht hat. Er schüttelt meine nicht zitternde Hand. Setzten Sie sich. Bitte. Wir halten nichts vom Stehen an einem Schalter. Kaffee? Ja, und Zucker, bitte, denn alle drei Parzen befinden sich in dieser wohltuenden Tasse: pflanzliche Bohne, tierische Milch, mineralischer Löffel. Ich studiere den Kaffeesatz und die Sprenkel in der Iris seines freundlichen, unbarmherzigen Auges. Von ihm erfahre ich, daß die Bank mein Problem bedacht hat. Die Bank erkennt meine Bonität an. Die Bank weiß die Tatsache zu schätzen, daß ich mein Konto nie überzogen habe. Die Bank schätzt mich als Kunden. Die Bank wird mir nicht helfen.

Warum? Warum? Ist sie nicht ein Hilfsmittel meiner Profession? Gelten mein Wort und mein Ruf nichts?

Mr. Morton – ich glaube, so heißt er – erklärt, daß mein Einkommen gering ist. Mein Einkommen ist unsicher. Ich bin keiner Institution angegliedert. Ich bin kein ständiges Mitglied der Camerata Anglica. Ich bin eine Aushilfskraft, die nach Bedarf angefordert wird. Meine Hypothekenzahlungen sind zu hoch. Die Bank ist der Ansicht, daß die Kombination meiner derzeit bereits zu leistenden Zahlungen und die geschätzten Zahlungen für einen Kredit für ein relativ teures Instrument mir kaum mehr etwas zum Leben lassen würden. Die Bank hat in erster Linie meine Interessen im Auge.

Aber in meinem Interesse liegt es doch, jeden Kredit zurückzuzahlen, den Sie mir gewähren.

Wird jemand für Sie bürgen, falls Sie mit Ihren Zahlungen in Rückstand geraten? Nun, Mr. Holme, es tut uns leid, aber unsere Richtlinien …

War es das also? Werde ich sie nicht mehr berühren können, sie nicht mehr hören, nicht mehr ansehen können? Diesen Gedanken kann ich wirklich nicht ertragen, Mr. Morton. Ich habe sie, seitdem ich mich erinnern kann.

Norton.

Entschuldigen Sie. Tut mir leid. Die Formulare haben sich in meinen Händen wie von selbst zerknüllt.

Bitte bewahren Sie Ruhe, Mr. Holme, werfen wir einen Blick auf Ihre Vermögenswerte. Vielleicht wollen Sie sich überlegen, Ihre Wohnung zu verkaufen? Die Bank ist, nun, assoziiert mit einer Immobilienfirma. Die Bank würde alles tun, um mir behilflich zu sein. Ich brauche ein Fenster. Wo?

Die Bank möchte Sie jedoch darauf hinweisen, daß Ihre Vermögenswerte nicht substantiell sind, daß der Immobilienmarkt schwer kalkulierbar ist und daß, wie Sie sicher wissen, gewisse Kosten und Provisionen anfallen werden.

Ist es das, was ich tun muß? Was für eine andere Lösung gibt es? Ist es die Schuld des Computers? Der Direktion? Warum hat das Büro eines Managers kein Fenster? Ist das eine Richtlinie? Warum muß dieses Ding aus Holz mich zugrunde richten?

Er wird mir einen Klon aus hartem und weichem Holz klonen; er wird es einlassen mit Harzen von den Handelsschiffen Venedigs: Sandarak, Dammar, Mastix, Kolophonium. Er wird sie mit den Därmen von Tieren bespannen. Dreihundert Jahre Schweiß und Tränen werden sauer darauf regnen, ein Jahr für jeden Tag, dreihundert Jahre Musik werden durch ihre geschwungenen Münder erklingen, sie wird wieder mein sein; das Einmalige wird repliziert. Oder soll ich mit Piers zu Auktionen gehen und meine drängende Hand heben – ich will das – oder das – oder das.

Aber ich will meine Tononi, die ich zu sehr liebe. Soviel ich auch verkaufe, erbettle, leihe, ich kann mich nicht so weit strecken.

7.16

Mein lieber Michael,

ich sagte, daß ich Dich besuchen würde, aber ich kann nicht. Ich kann die Anspannung nicht mehr ertragen. Ich kann kaum mehr Klavier spielen. Es scheint, als bliebe mein Herz stehen, wenn ich versuche zu spielen.

Alles bedrückt mich. Bitte, antworte nicht auf diesen Brief, besuche mich nicht, und frage mich nicht nach einer Erklärung.

Ich werde nicht sagen, daß ich Dich immer lieben werde. Es würde zu falsch klingen. Es ist überhaupt nicht falsch – aber was würde es Dir oder mir nützen, es zu wissen oder auszusprechen?

Ich fühle mich wie eine Gefangene meiner Gedanken und dieses Zimmers. Du hast es gesehen und kannst Dir vorstellen, wie ich am Schreibtisch oder am Klavier sitze. Ich wollte, daß Du es siehst, aber jetzt bist Du zu präsent, hier und überall sonst in meinem Leben. Ich muß erneut Frieden finden, um meinetwillen – und für Luke und James, der verloren und müde wirkt.

Mit Dir bin ich ruhelos geworden und unsicher, ängstlich, schuldbewußt und dummerweise voller Freude und Schmerz. All das ist unerträglich und einzig meine Schuld. Frag mich nicht, warum oder wie, ich weiß es selbst nicht. Ich weiß nur, daß ich nicht damit fertig werde, Dich zu sehen oder zu wissen, daß ich Dich sehen kann.

Wer, wenn nicht ich, für die es ein Vorher und ein Nachher gibt, hätte wissen müssen, daß man sein Leben nicht noch einmal leben kann. Ich hätte an jenem Abend nie hinter die Bühne kommen dürfen. Bitte, vergib mir, und wenn Du mich ebensowenig verges-

sen kannst wie ich Dich, dann denk zumindest jeden
Tag und jedes Jahr weniger an mich.
In Liebe – ja, Du weißt, was ich empfinde. Deswegen
kann ich es auch noch einmal niederschreiben –

Julia

7.17

Das ist nicht wahr. Aber ich habe gesehen, wie der Brief durch die
Klappe fiel. Ich sah ihre schräge Handschrift und riß ihn auf.
Der Aufzug. Nein. Anhalten, zurückholen, diesen Brief nicht aus-
liefern. Ihn nicht zur Post bringen, nicht schreiben, nicht denken.
Julia, überdenke es um der Barmherzigkeit willen und um Gottes
willen, an den du glaubst. Ich werde mich taub dafür stellen, ich
werde ihn ignorieren. Wie wäre das? Ich werde ihn nicht noch einmal lesen, wie ich ihn jetzt noch einmal lese. Ich werde etwas von
Schubert auflegen. Das Forellenquintett, vergnügt und geschmeidig
die kleinen Fische, heraufbeschworen aus keiner unermeßlichen
Tiefe. Das hast du gespielt, und das und das. Es würgt mich. Ich
rasiere mich hastig. Das Blut meines Herzens wie Stoppeln auf meinem Kinn, aber schau nur, es ist wieder glatt und sauber und heil.
Nichts von dem muß oder mußte sein.
Ich werde mit einem Doppeldeckerbus fahren, um dich in der ver-
stopften Straße zu suchen, in der ich dich einst sah. Das Laub des
Sommers verdunkelt den Serpentine. Nur weil ich weiß, wo es ist,
errate ich das Wasser dahinter, so wie ich mich auf deine Güte verlasse. Wirst du die Pflanze am Leben erhalten, die ich deiner Obhut
anvertraute? Davon hast du nicht ein einziges Wort geschrieben.
Der Engel von Selfridges ist nicht in Spendierlaune. Haben wir ihn
beleidigt?
Wie schmuddlig sind die Gehwege überall, befleckt mit schwarzen
Häufchen Kaugummi. Dies ist nicht der richtige Ort.
Ich kenne deine Adresse, und so stehe ich jetzt am hellichten Tag
vor deiner Tür.

7.18

Julia steht vor mir, ihr Sohn an ihrer Seite. Ich höre die Eigenheiten ihrer Stimme. Die Worte sind mir gleichgültig.

Luke sagt etwas zu mir, und ich lächle, ohne etwas zu hören oder zu verstehen. »Aber solltest du nicht in der Schule sein?« frage ich.

»Es sind Ferien.«

»Ich werde mir deine Mutter eine Weile ausleihen, Luke. Wir müssen über Musik reden. Ist deine Nanny da? Ich verspreche, sie wieder zurückzubringen.«

»Kann ich nicht mitkommen?« bittet er.

Ich schüttle den Kopf. »Nein, Luke, es furchtbar langweilig. Schlimmer als Tonleitern. Aber sehr wichtig.«

»Ich könnte mit Buzby spielen.«

»Liebling, das ist keine gute Idee«, sagt sie. »Ich habe ganz vergessen, daß ich weg muß. Ich bin bald wieder zurück. Ach, Michael, ich habe immer noch deine Schallplatte.«

»Ich kann sie ein andermal mitnehmen.«

»Nein, jetzt ist es am besten«, sagt sie leichthin. Ein kurzes Lächeln für Luke. In einer halben Minute ist sie zurück, mit der LP von Beethovens Streichquintett in der weißen Hülle.

»Julia, behalte sie.« Nein, diese Intensität wird nichts bringen.

»Nein, Michael, ich will sie nicht«, sagt sie. Und drückt sie mir in die Hand.

Luke scheint beunruhigt. »Wann ist bald?« fragt er.

»In einer Stunde, Liebling«, sagt Julia.

Wir gehen einen Hügel hinauf und einen Hügel hinunter und in einen Park, in dem Pfaue sich putzen und schreien. Ihre Miene besagt, ich werde ihm eine Stunde geben und nicht länger und die Dinge klarstellen. Es wird keine endlosen Kodas geben. Im japanischen Garten setzen wir uns, wo auch andere sitzen, auf einen Abhang in der Nähe des Wasserfalls.

»Sag etwas, Julia.«

Sie schüttelt den Kopf.

»Sag etwas. Irgend etwas. Wie konntest *du* so etwas tun?«

»Wie konntest du so etwas tun?«

»Ich mußte dich sehen. Du kannst das nicht ernst meinen.«

Wieder schüttelt sie den Kopf.

»Konntest du üben?« frage ich.

»Michael, ich will dich nicht wiedersehen.«

»Was macht dein Tinnitus?«

»Hast du nicht gehört, was ich gesagt habe?«

»Hast du nicht gehört, was *ich* gesagt habe? Was macht dein Tinnitus? Hörst du besser oder schlechter? Wirst du wieder mit mir spielen? Es gibt ein Problem mit der Tononi, Julia – ich muß darüber nachdenken.«

»Michael, ich kann mich nicht von deinen Problemen zwingen lassen, mit anderen Leuten zu spielen.«

»Mit anderen *Leuten*?«

»Mit irgend jemand. Ich werde nicht mehr, nie mehr mit jemand anders spielen.«

»Was bedeutet er dir? Bedeutet er dir, was ich dir bedeute?«

»Michael, hör auf damit.«

»Was passiert mit uns?«

»Uns? Uns? Wer ist uns?«

»Julia.« Ich schließe die Augen. Ich senke den Kopf. Der Wasserfall rauscht in meinen Ohren. »Ich nehme dich niemandem fort«, sage ich schließlich. »Ich wäre damit zufrieden, wenn ...«

»Wir fliegen für einen Monat nach Boston«, sagt sie.

Ich fahre mit der Hand über das Gras. »Woher weißt du, daß er es weiß?«

»Er ist verletzt. Ich sehe es, und ich ertrage es nicht. In der schlimmsten Zeit, als ich mich im Spiegel kaum wiedererkannte, sah ich in seinen Augen, daß ich noch ich selbst war. Er half mir. Ich kann ihn lesen, Michael.«

»Wie hat er es herausgefunden?«

»Michael, verstehst du denn nicht – das ist völlig unwichtig. Vielleicht hat überhaupt niemand etwas gesagt. Menschen, die jahrelang zusammenleben, können so etwas spüren. Vielleicht hat er nur den falschen Tonfall in meiner Stimme gehört.«

408

»Kannst *du* das in *seiner* Stimme hören?«

»Michael!«

»Du wirst ohne mich zurechtkommen, Julia. Aber ich nicht ohne dich.«

»Michael, mach nicht alles noch schwieriger.«

»Hast du jemals mit ihm getanzt?«

»Getanzt? Was für eine Frage ist das? Sagtest du getanzt?«

»Liebst du ihn?«

»Ja. Ja. Ja. Natürlich tue ich das.«

»Aber du hast ihn geheiratet ...«, ich halte inne.

»Aus Enttäuschung?«

»Das wollte ich nicht sagen.«

»Doch, das wolltest du. Oder etwas Vergleichbares. Aber das ist nur die halbe Wahrheit. Ich mochte ihn von Anfang an. Er ist nicht flatterhaft – wie ich. Er ist nicht launisch – wie ich. Er stellt keine Fragen aus heiterem Himmel. Er hat mich getröstet. Er hat mich glücklich gemacht. Er hat verhindert, daß ich verrückt werde. Er hat mir Mut gegeben.«

»Und ich kann das nicht? Habe das nicht?«

»Ich liebe ihn jetzt. Ich kann ohne ihn nicht leben. Warum diese Dinge erklären? Oder Luke. Wie konnte ich nur so dumm sein – schlimmer als dumm, so selbstsüchtig, so eigennützig, so rücksichtslos? Ich werde damit nicht fertig, Michael. Es sieht zwar so aus, ist aber nicht so. Abends, wenn das Licht aus ist, hört er seine Eltern nicht miteinander sprechen. Alle Kinder hören das. Ich hasse meine Taubheit. Wenn ich blind wäre, könnte ich besser damit umgehen. Gäbe es die Musik nicht, wäre ich ein Wrack.«

Ich kann dem nicht folgen, kann es nicht entwirren. Es reicht so weit zurück in das jeweilige Hinterland unseres Lebens.

»Du bist ein Einzelkind. Ich auch – das ist ein Teil davon«, sagt sie, ihre Stimme ist wieder ruhiger.

»Teil von – meinst du, Teil des Problems?«

»Ich möchte noch ein Kind. Luke braucht einfach jemanden, mit dem er mich teilen kann, oder er wird so egoistisch, wie ich es bin.«

»Warum diese Logik nicht auch auf James anwenden? Braucht er niemanden, mit dem er dich teilen kann?«

Sie macht sich nicht die Mühe, darauf zu antworten. »Ich muß zurück«, sagt sie.

»Wir werden uns also nicht wiedersehen?«

»Nein.«

»Du wirst selbstverständlich für mich beten – wie auf Torcello.«

»Ja. Ja.« Sie weint jetzt, aber sie muß mich ansehen, wenn sie mich verstehen will.

»Ein merkwürdiger Gott, der dich taub werden läßt.«

»Wie billig und einfach, so etwas zu sagen.«

»Möglich. Aber nicht so einfach, es zu widerlegen.«

»Und grausam.«

»Und was glaubst du, daß du bist? Hältst du mich für einen – einen Porzellanfrosch, denn du nehmen und auf den Boden werfen kannst, wenn du das Interesse daran verloren hast oder beschließt, daß er Unannehmlichkeiten macht? Wie konntest du mir das alles in einem Brief sagen, Julia? Hättest du nicht wenigstens …«

»AUS der Wiese. AUS der Wiese, bitte. AUS der Wiese.« Ein strenger Knödel von einer Polizistin macht ihre Verbotsrunde. Die ruhigen Paare gehen auseinander. Wir stehen auf.

»Aber warum?« frage ich die Frau benommen. »Warum?«

»Dort ist das Schild. AUS der Wiese, bitte.«

Am Ende der Wiese liegen glatte Steine, der Zen-Rand des Teiches. Ich werde euch berühren. Führt mich.

»Und was ist mit den Steinen?« frage ich.

»Mit den STEINEN?« Die Polizistin dreht sich um und starrt auf die Steine.

»Ein Schild hinsichtlich der Steine gibt es nicht, oder?«

»Michael«, sagt Julia, ihre Hand auf meinem Arm. »Streite nicht mit ihr. Bitte. Laß uns gehen.«

»Danke, Julia. Ich lebe jetzt mein eigenes Leben.«

»Ich SAGE Ihnen, WEG von den Steinen.«

»Wenn es kein gesetzliches Verbot gibt, was können Sie dann tun? Was würden Sie tun, wenn ich mich auf einen Stein stelle?«

»Ich … ich … ich würde Sie ANZEIGEN«, sagt die Frau und deutet mit dem Finger auf mich.

Sie geht auf dem Weg davon. Wir machen uns sauber, stehen da und sehen uns eine Weile an. Ich werde sie nicht küssen. Ich brauche Frieden. Ich werde zum Wasser hinuntergehen und die glatten runden Steine berühren.

Julia hält mir noch einmal die Schallplatte hin. Das ist die Musik, die wir beide einst liebten. Ich verlor sie und fand sie wieder.

Ich sehe die Platte an, dann Julia und werfe das verdammte höhnische Ding in den Teich.

Sie versinkt. Ich wende mich nicht um, um ihre Miene zu betrachten. Ich lasse sie stehen und gehe davon.

7.19

Die Straßen sind voller Lärm. Ich sitze in meinem Nest hoch über der Welt. Der Wind bläst gegen die Fensterscheiben, aber abgesehen davon, gibt es nichts.

Mein Blick fällt auf ihr Buch, ihren Brieföffner. Nein, laß sie, warum meine Wut an diesen Dinge auslassen?

Auf meinem Anrufbeantworter sind keine Nachrichten. Ich stelle ihn ab. Hin und wieder klingelt das Telefon. Ich nehme nicht ab. Wer immer es ist, wird es müde zu warten.

Ich sitze da und lasse den Himmel dunkel werden.

Der Himmel ist grau, im Zimmer ist es noch nicht kalt. Ich sitze in der Stille. Mein Kopf sinkt auf meine Brust. Ich möchte der Hoffnung abschwören und dadurch Frieden finden.

7.20

Das Telefon klingelt wie wahnsinnig, zum Wahnsinnigwerden. Ich lasse es klingeln. Es hört nicht auf, zwanzig-, fünfundzwanzigmal läutet es, jedes Klingeln bohrt sich in die Masse meines Gehirns.

Schließlich nehme ich ab. »Ja? Hallo.«

Die Stimme einer Frau: »Spreche ich mit der Londoner Köderfirma?«

»Was?«

»Ich sagte, spreche ich mit der Londoner Köderfirma? Warum gehen Sie nicht ans Telefon?« Es ist der laute, grauenhafte Tonfall des Südens.

»Meinen Sie ›Köder‹ wie in Angeln?«

»Ja. Natürlich.«

»Ja, hier ist die Londoner Köderfirma. Was wünschen Sie?« Meine Stimme muß ziemlich heftig klingen.

»Forellenköder.«

»Forellenköder? Das würde ich nicht empfehlen.«

»Warum nicht?«

»Bei Forellen ist es besser, sie zu kitzeln.«

»Ich habe Sie nicht um Rat gefragt ...«

»Ich bin neu hier. Was für Forellenköder wünschen Sie?«

»Was meinen Sie damit?«

»Wir haben Sie small, medium und large; Geschmacksrichtung: Kaffee, Schokolade, Lakrize; gerippt, kariert, extrastark ...«

»Hören Sie, dort ist doch die Londoner Köderfirma, oder?«

»Also, eigentlich nicht, aber den vielen Anrufen nach zu urteilen, könnte ich sie genausogut sein.«

»Wie können Sie es wagen, so mit mir zu sprechen? Das ist reine Schikane.«

»Darf ich Sie daran erinnern, Madam, daß Sie mich angerufen haben. Am liebsten würde ich mir Ihre Nummer beschaffen, Sie jeden Tag um Mitternacht anrufen und Ihnen Die Forelle vorspielen.«

»Das ist absolut unerträglich. Ich werde mich an Ihren Chef wenden – an die Polizei.«

»Sie können tun, wozu Sie verdammt noch mal Lust haben, Madam. Nur rufen Sie hier nicht mehr an. Ich habe einen schweren Tag hinter mir, wie ich ihn nicht einmal Ihnen wünsche. Die Liebe meines Lebens hat mich verlassen, und die Polizei hat gedroht, mich anzuzeigen, Ihre Drohungen schrecken mich also nicht. Und ich

würde Ihnen Forellenköder nicht empfehlen, Madam, weil nach dem neusten Stand der Forschung 99.93 Prozent derjenigen, die im Jahr 1880 Forellenköder benutzten, mittlerweile verstorben sind.«
Am anderen Ende der Leitung wird tief Luft geholt, dann der Hörer aufgelegt.
Ich ziehe den Stecker aus der Wand und sitze still da, Stunde um Stunde, horche auf nichts, warte auf nichts.

Achter Teil

8.1

Nur meine strenge tägliche Routine hält mich aufrecht. Wir, vier Stimmen, treffen uns und bilden ein Geflecht. Ich spiele und werde von meinen Kollegen gelobt, und ich verneige mich, ich verneige mich, denn nur das Leid treibt mich achtbar durch die Noten. Meine Geige spürt, wohin ich steure, und läßt mich nicht vom Weg abkommen, der direkt und schmal ist. Wie wenige Monate uns nur noch bleiben.

Die Sonne geht auf, geht unter. Pflichtbewußt übe ich, was ich üben muß. Wir treten auf, und der lästige Fan taucht wieder auf, um uns mit seiner Verehrung zu verspotten. Wird nichts gegen ihn unternommen? In der Garderobe werden wir ins Verhör genommen und befragt. Ich bin nicht dabei.

Meine Geige, ich bin traurig wie du, doch ich danke dem Mond für diese kurze Gnadenfrist. Deine Saiten sind zuverlässig. Wie wird der Architekt über dich lächeln? Er wird dich schätzen und aufteilen lassen, Boden und Decke, zwischen seinen Töchtern. Deine goldene Maserung wird seine Waagschalen füllen. Wie dick, wie sauer muß Blut sein, daß es Seelenverwandtschaft zerstören kann?

Des Nachts verwende ich das Alphabet der Blinden und Stummen. Eine Hand spricht mit der anderen und weiß, was sie tut. Sensorisch, sensibel, sensitiv. Zwei andere bleiben unausgesprochen: sinnlich, sinnenfroh. Zwei weitere entziehen sich mir – sensiv, sensal –, denn ich weiß nicht genau, was sie bedeuten; damit sind es sieben. Sensationell ist ein zweifelhafter Fall, lieber lasse ich drei Finger ohne Entsprechung. Sie kann auf zwei Manualen spielen, wie ich es nicht kann, aber was bewegt die Stereocilia in ihrem kaputten Bad?

Der Mond geht auf, geht unter. In Boston vergehen diese Wochen im gleichen Rhythmus. Muß ich die Pflanzen aufführen, die dank des Golfstroms die Plätze Londons schmücken? Soll ich den unwandelbaren Kalender mit Farben und Säften beklecksen? Die goldenen Hülsen der Lindensamen liegen häufchenweise neben dem Randstein. Die Flächen nahe des Round Pond sind staubig weiß vom blühenden Gras. All das, so scheint es, passiert zwischen Neumond und Neumond. Aber dann prasselt der Regen, knattert nahezu, in der Platane hinter mir. Und jetzt ist es eine Art Dampf, vermischt mit dem Pollen der Lindenblüten, der vom Gras aufsteigt und unter den untersten Ästen hängenbleibt.

8.2

Der Weißdorn ist voll grüner Beeren, und die Früchte des Feuerdorns sind reif. Meine Füße haben den Halt verloren, meine Hände suchen nach einem Ansatzpunkt. Die Tage sind drückend, in den Straßen herrscht Karneval. Ich sagte, ich könnte ohne dich nicht schlafen, doch ich schlafe. Ist das nicht verwunderlich?

Heute sind wir im Auktionshaus Denton's. Ich will erleben, wie Piers bietet, ich selbst kann einen solchen Schritt Richtung Treulosigkeit, den ich bald werde tun müssen, heute noch nicht machen. Piers empfindet nichts für seine Geige. Aber jetzt hat er eine gesehen, in der Hand gehalten und gehört, die er liebt; er hat sie von Denton's ausgeliehen und zwei Tage lang mit uns gespielt. Sie ist glänzend rot, mit schwarzer Maserung. Leider – oder, was Piers' Hoffnungen anbelangt, Gott sei Dank, denn das mindert ihren finanziellen Wert – ist die Schnecke nicht vom ursprünglichen Geigenbauer. Sie hat einen runden, vollkommen unwehleidigen Ton, für meinen Geschmack ist sie etwas zu volltönend und hat zu viel Widerhall, aber Piers liebt sie mit der Leidenschaft einer plötzlichen Liebe, die erfüllbar scheint. Mit all seinen Ersparnissen und dem, was er sich leihen kann, kann er gerade den geschätzten Preis aufbringen. Die 15 Prozent für das Auktionshaus werden ihn nahezu ruinieren, aber er ist sich sicher, daß sie ist, was er will. Es wird Jahre dauern, bis er sie abbezahlt hat.

Im Katalog ist sie als eine P.J. Rogeri aufgeführt. Henry Cheetham, der weltgewandte, onkelhafte, ein grünes Wildlederjackett tragende Chef der Abteilung für Musikinstrumente von Denton's, hat sich Piers geschnappt. Empörtes Schnauben, ängstliche Blicke auf seine Armbanduhr und geschäftiges Hin- und Herschauen in dem Raum voller Geigen begleiten seinen so zuversichtlichen, so vertraulichen Monolog.

»Ach ja, die Händler sagen, daß die Auktionshäuser hinter dem schnellen Geld her sind, aber ich habe noch keinen Händler gesehen, der in einem Speicher verhungert ist, ihr vielleicht? Bei uns ist zumindest alles glasklar. Der Preis ist das höchste Gebot bei einer öffentlichen Versteigerung – plus unsere, tja, eigentlich ziemlich bescheidene Provision. Na gut, wir verlangen sie vom Verkäufer und vom Käufer, aber die laufenden Kosten und so weiter. Und wir veranstalten sicherlich nicht die Art faulen Zauber wie sie. Händler! Verglichen mit ihnen sind wir Heilige! … Also, viel Glück, Piers, alter Freund, ich hoffe, daß du nicht überboten wirst. Das letztemal war wirklich jammerschade. Aber ich habe das Gefühl, daß du für diese aufgespart wurdest. Schau dir nur die Einlage an – die Maserung – den Glanz! Was für ein Ton. Was für ein Timbre. Was für, äh, was für eine *tolle* alte Geige das ist. Ihr seid wie füreinander geschaffen. Ach, schon zwanzig vor drei. Ich muß runter. Du hast dich doch angemeldet, oder? Gut … gut … sehr gut! Piers ist ein Profi!« fügt er, an mich gewandt, vertraulich hinzu. »Er wird Ihnen zeigen, welche Saiten hier aufgezogen werden. Ha, ha, ha!« Zufrieden mit seinem Kalauer geht er gewichtig aus dem Raum. Piers ist krank vor Angst.

»Ich wette, daß Henry zu jedem sagt, daß sie wie für ihn geschaffen ist. Hunderprozentig.«

»Das gehört vermutlich zu seinem Job.«

»Verdammt, auf wessen Seite stehst du, Michael?« sagt Piers unglücklich und verärgert.

»He, jetzt komm schon«, sage ich und lege ihm die Hand auf die Schulter.

»Es sind noch zwanzig Minuten, bis die Versteigerung anfängt. Wie soll ich die bloß überstehen? Auf die Zeitung kann ich mich nicht konzentrieren. Small talk will ich nicht machen, und ich trau mich nicht, was zu trinken.«

»Wie wäre es, nichts zu tun?« schlage ich vor.

»Nichts?« sagt Piers und starrt mich an.

»Ja. Wir gehen runter, setzen uns und tun nichts.«

8.3

Um 15 Uhr betritt unten im großen Saal der Auktionator im hellgrauen Zweireiher das Podium. Er fährt sich mit der rechten Hand durch das ergrauende blonde Haar, klopft auf das Mikrofon vorn an seinem Stehpult, nickt zwei Leuten im Publikum zu. Ein junger Mann mit grüner Schürze – er sieht aus wie ein Metzgersjunge, denke ich erschrocken – steht vor dem Podium. Er hält die zum Verkauf aufgerufenen Objekte hoch: zuerst ein paar Bücher über die Kunst, Saiteninstrumente zu spielen; dann Bogen: silbergefaßt, goldgefaßt, beingefaßt. Der Metzgersjunge hält sie sehr vorsichtig an der Spitze und am Frosch. Der Auktionator wirkt desinteressiert und zugleich hellwach, seine Stimme klingt schmeichelnd und munter. Sein Blick schweift schnell zwischen dem Parkett, wo wir sitzen, und der Reihe von Telefonen zu unserer Linken hin und her.

Der Preis eines Bogens steigt rasch vom Mindestgebot von 1500 Pfund, weniger als die Hälfte des unteren Schätzwerts im Katalog.

»Zweitausendzweihundert hier … ja, von Ihnen, hier direkt vor mir … zweitausendvierhundert …« Eine junge Frau an einem der Telefone nickt. »Zweitausendsechshundert … ja. Nein? Nein? Zweitausendsechshundert zum ersten; zum zweiten« – er schlägt mit dem Hammer leicht auf das Pult – »verkauft für zweitausendsechshundert an …?«

»Käufer Nummer zweihundertelf, Sir«, sagt die Frau am Telefon.

»Nummer zweihundertelf«, wiederholt der Auktionator. Er trinkt einen Schluck Wasser.

»Willst du wirklich die ganze Zeit hier sitzen bleiben?« frage ich.

»Ja.«

»Aber du hast doch gesagt, daß es zwei Stunden dauern wird, bis die Rogeri unter den Hammer kommt. Ist das nicht alles bloß der Auftakt?«

»Ich will hier warten. Du kannst tun, was du willst.«

Er bietet für nichts anderes. Er will nichts anderes. Er quält sich. Aber er verfolgt die Preise und weist mich darauf hin, daß das meiste für weniger als den niedrigsten Schätzpreis verkauft wird. Das ist ein gutes Vorzeichen, oder? Ich nicke. Ich war noch nie auf einer Versteigerung und bin kaum in der Lage, ihm moralisch Beistand zu leisten, so nervös bin ich.

Das Geheimnis besteht darin, erklärt Piers, für jedes Gebot den Gesamtpreis inklusive Provision und Steuern zu kalkulieren, das Maximum zu bestimmen, das man bereit ist auszugeben, und nicht davon abzuweichen, gleichgültig wie hektisch geboten wird oder wie verführerisch der Preis ist. Mit einem Bleistift zieht er einen Kreis um die Ziffer, über die er nicht hinausgehen will, und unterstreicht sie obendrein.

Er deutet auf die Händler, die in den ersten Reihen sitzen. Trotz der Kluft zwischen ihnen und den Auktionshäusern haben sie nichts dagegen, in Feindesland zu erwerben, wonach ihr Herz begehrt. Nach einer Stunde kommt eine spröde, arrogante Frau mittleren Alters herein, stark geschminkt mit Lippenstift und Wimperntusche und mit einem grimassenhaften Lachen, und genießt die Aufmerksamkeit, die sie erregt. Sie vertritt einen der wohlhabenderen Händler. Ein bärtiger, bescheidener Kollege reagiert auf ihre witzigen Bemerkungen mit einem unterdrückten Kichern. Sie bietet für ein paar Objekte, indem sie nickt, nimmt nach einer halben Stunde ihre sieben Einkaufstaschen und treibt sich noch eine Weile auffällig im Gang herum, bevor sie geht.

Wer sind die anderen? Ich erkenne eine Frau, die Amateurgeigerin und Mitglied des Managements der Wigmore Hall ist. Ich sehe Henry Cheetham diskret auf der Seite sitzen. Ein paar Gesichter kenne ich von der Orchesterarbeit oder von Plattenaufnahmen. Aber London ist ein musikalisches Universum, und wer die anderen sind, weiß ich nicht.

Die Auktion ist von Cellos über Bratschen zu Geigen fortgeschritten.

»Meine Damen und Herren«, sagt der Auktionator, »bitte melden Sie sich, wenn Sie den leisesten Zweifel haben, daß ich Sie bemerkt habe. Bisweilen sind Finger schwer zu sehen, besonders hinter einem Katalog, und es ist sehr umständlich, das Bieten noch einmal zu eröffnen, nachdem es beendet war. Ich nehme das Gebot von neunzehntausend Pfund entgegen und entschuldige mich bei dem Herrn hier ganz vorn …«

Piers sieht schlecht aus. Er atmet langsam, um sich zu beruhigen. Eine Geige, die ebenso geschätzt ist wie die, die er will, wird für etwas mehr als den unteren Schätzwert verkauft, und seine Schultern entspannen sich. Die Auktion, die so langsam begann, schreitet in einem verrückten Tempo voran. Bevor er damit rechnet – denn in seiner Nervosität hat er aufgehört, die im Katalog angegebene Reihenfolge im Auge zu behalten –, wird die Rogeri aufgerufen.

Als er sie in Händen hielt, schien sie ihm zu gehören. Aber jetzt ist es der Junge mit der Schürze, der sie vor uns hochhält.

Vor der goldenen Grundierung blitzt die rotbraune Maserung auf. Sie schämt sich nicht ihrer »späteren italienischen Schnecke« und läßt sich nicht dazu herab, sich darum zu sorgen, wem sie gehören wird. Messrs. Denton und Denton werden sie verkaufen an den, dessen Bedürfnis am größten, dessen Geldbörse am vollsten ist, der seine Zukunft am rücksichtslosesten belasten wird, der über die stärkste Kaufkraft verfügt.

Piers bietet erst, als sich die Interessenten im Parkett und am Telefon verausgabt haben. Der Schätzwert liegt dank der gesegneten nicht originalen Schnecke zwischen 35000 und 50000 Pfund. 28000 Pfund wurden bereits geboten, der Preis, für den die andere Geige verkauft wurde.

Nach einer kurzen Pause hebt er die Hand. Der Auktionator wirkt erleichtert.

»Dreißigtausend von einem neuen Bieter. Dreißigtausend hier in der Mitte. Bietet jemand mehr als dreißigtausend Pfund?« Jemand in unserem Rücken hebt die Hand, denn der Auktionator blickt nach ganz hinten. »Zweiunddreißigtausend. Zweiunddreißigtausend sind geboten.« Er fixiert Piers, der nickt. »Vierunddreißig, vierunddreißigtausend.« Sein Blick schweift vor und zurück zwischen den zwei verbliebenen Bietern. »Sechsunddreißig …. achtunddreißig … vierzig.«

An seinen Händen, die sich an den Katalog klammern, an seinem willentlich langsamen Atmen erkenne ich, wie verwirrt Piers ist. »Sie wurden überboten, Sir«, sagt der Auktionator und deutet mit dem Kugelschreiber in der Hand auf ihn. »Vierzigtausend sind geboten, bieten Sie mehr?« Piers kann kaum an sich halten und sich nicht umwenden zu seinem unsichtbaren Rivalen, der mit jedem Gebot so hastig riesige Stücke seiner Ersparnisse und seines Verdienstes schluckt. Er nickt, gelassen, ruhig.

»Zweiundvierzigtausend«, sagt der Auktionator. »Vierundvierzig. Sechsundvierzig. Achtundvierzig.«

Es folgt eine Pause, während der Auktionator zu Piers blickt und auf sein Angebot wartet. Schließlich nickt Piers.

»Fünfzigtausend«, sagt der Auktionator ungerührt. »Zweiundfünfzig. Vierundfünfzig. Sechsundfünfzig. Achtundfünfzig.«

»Piers!« flüstere ich schockiert. Er hat die eingekreiste Zahl um zehntausend Pfund überschritten.

»Bietet jemand mehr als achtundfünfzigtausend? Ganz hinten?« Der Auktionator wartet. Im Raum ist es vollkommen still. Mittlerweile ist klar, daß die beiden Interessenten Musiker und keine Händler sind, denn sie haben bei weitem überschritten, was für einen Wiederverkauf sinnvoll wäre. Das Teil aus Ahorn und Fichte ist nicht etwas, was sie wieder aus den Händen geben werden.

Ein Handy klingelt schrill, und klingelt und klingelt und klingelt. Alle Köpfe wenden sich der Quelle des Lärms zu. Piers' Karte fällt zu Boden. Der erschrockene Junge mit der Schürze dreht die Geige um und wieder zurück. Der Auktionator runzelt die Stirn. Das Klingeln hört ebenso plötzlich wieder auf, wie es begonnen hat.

»Das hat vermutlich Christie's hier detonieren lassen«, sagt der Auktionator und bringt die Leute damit kurz zum Lachen. »Nun, nach diesem Intermezzo sollten wir vielleicht fortfahren. Achtundfünfzig.

Achtundfünfzigtausend sind geboten. Sehe ich ganz hinten sechzig? Ja? Sechzig. Zweiundsechzig?« Er sieht zu Piers, dessen Schultern zusammengesackt sind.

»Hör auf, Piers«, flüstere ich. »Bei der nächsten Auktion wird wieder etwas dabei sein.«

Aber Piers blickt zu der Geige, die der Metzgersjunge hält, und nickt erneut.

»Zweiundsechzig. Zweiundsechzig sind geboten. Vierundsechzig? Vierundsechzig. Sechsundsechzig?«

Piers nickt, sein Gesicht bleich.

»Sechsundsechzig. Werden ganz hinten achtundsechzig geboten? Achtundsechzig.«

»Scheiße«, raunt Piers vor sich hin. Die Frau vor ihm dreht sich halb um.

»Nicht, Piers«, sage ich. Er starrt mich finster an.

»Entschuldigung, Sir, war das ein Gebot? Bieten Sie siebzig?«

»Ja«, sagt Piers zum erstenmal laut mit ruhiger Stimme, der die Pein anzuhören ist. Hat er sich damit verraten? Wenn ja, gut so. Soll der andere sie kriegen, Piers. Richte dich nicht zugrunde.

»Siebzig. Zweiundsiebzig? Ja, zweiundsiebzig. Vierundsiebzig?«

Ich sage nichts. Ich habe ihm genug zugesetzt. Piers schweigt. Das scharfe Auge des Auktionators ist auf ihn gerichtet, taxiert seinen inneren Kampf. Er drängt ihn nicht. In der Hand hält er den Kugelschreiber. Schließlich nickt Piers noch einmal.

»Vierundsiebzig. Sechsundsiebzig? Sechsundsiebzig sind geboten. Sir?«

»*Nein! Nein!*« flüstere ich Piers zu.

Und endlich schüttelt Piers geschlagen den Kopf.

»Sechsundsiebzig. Weitere Angebote? Sechsundsiebzig zum ersten, sechsundsiebzig zum zweiten, verkauft für sechsundsiebzigtausend Pfund an Käufer Nummer … einhundertelf.«

Der Hammer schlägt auf. Im Raum bricht Tumult aus. Die nächste Geige wird vorgezeigt.

Piers stößt einen langen, halb geschluchzten Seufzer aus. In seinen Augen stehen Tränen der Enttäuschung und Verzweiflung.

»Posten Nummer eins-sieben-eins. Eine sehr schöne und seltene venezianische Geige von Anselmo Bellosio ...«

8.4

»Damit sind wir für heute am Ende.«

Zehn Minuten sind vergangen, seit die Rogeri verkauft wurde. Piers bleibt sitzen, während sich alle um ihn herum erheben.

Schließlich stehen auch wir auf. Neben der Tür gratuliert jemand einer jungen Frau, die erschüttert wirkt. Sie muß der unsichtbare Bieter ganz hinten gewesen sein. Sie sieht zu Piers, macht den Mund auf, als wollte sie etwas Tröstliches sagen, überlegt es sich dann jedoch anders.

Piers bleibt stehen und sagt: »Entschuldigen Sie, daß ich so lange mitgeboten habe. Ich wollte sie unbedingt. Verzeihen Sie.« Bevor sie antworten oder er zusammenbrechen kann, geht er in den Flur.

»Lieber Freund«, sagt Henry Cheetham und winkt, während er auf uns zukommt. »Lieber Freund. Was soll ich sagen? So ist es eben. Sie hatte das Gefühl, daß sie für sie wie *geschaffen* war. So kann es gehen: Erst schleppt es sich dahin und dann plötzlich – Wahnsinn! Elektrisierend.« Er holt ein braunes Taschentuch hervor, um sich etwas Unsichtbares vom Kinn zu wischen. »Wenn es dich tröstet«, fügt er hinzu, »ich bin sicher, daß sie noch viel höher gegangen wäre. Tja, es ist eine komische Welt. Aber nil desperandum und so weiter ... Beim nächstenmal wird's hoffentlich ... äh ... ach, hallo, Simon. Entschuldigt mich.«

Plötzlich sehe ich vor mir, wie Mrs. Formbys Neffe meine Geige unter den Hammer des Auktionators legt, und ich verspüre den instinktiven Drang, sein selbstgefälliges Gesicht zu Brei zu schlagen. Mein Herz rast, meine Fäuste ballen sich gegen jemanden, den ich nur flüchtig kenne.

Piers führt die Hand an die Stirn. »Nichts wie raus hier.«

»Ich muß pinkeln. Bin sofort wieder da.«

Als ich mir einen Weg durch die Menge bahne, begrüßt mich die junge Frau von der Wigmore Hall, die ich im Publikum erkannt hatte.

»Hallo, Michael.«

»Hallo, Lucy.«

»Aufregend, was?«

Ich nicke, sage aber nichts.

»Tut mir leid für Piers.«

»Ja. Hast du auch geboten?«

Sie nickt. »Allerdings nicht in der gleichen Größenordnung.«

»Und hast du sie bekommen?«

»Nein. Heute ist auch nicht mein Tag.«

»Pech. Entschuldige, ich muß auf die Toilette. Ach, übrigens, Lucy, ich wollte dich um einen Gefallen bitten. Könntest du mir eine Karte reservieren, sobald der Kartenverkauf für Julia Hansens Konzert beginnt? Manchmal sind sie ziemlich schnell weg.«

»Gern.«

»Wirst du's auch nicht vergessen?«

»Nein. Ich schreib's mir auf. Ihr habt mit ihr in Wien gespielt, oder?«

»Ja. Ja. Danke dir, Lucy. Bis bald.«

»Weißt du schon, daß sie ihr Programm geändert hat?«

»Ja? Gut. Schubert statt Schumann zweifellos.«

»Nein. Sie spielt Bach.«

»Bach?«

»Ja.«

»Bach? Bist du sicher?« Ich starre sie an.

»Natürlich bin ich sicher. Sie hat uns vor einer Woche aus den Staaten ein Fax geschickt. Ich kann dir sagen, daß Bill nicht gerade erfreut war. Wenn man eigentlich Schumann und Chopin spielen wollte, sollte man nicht plötzlich zu Bach wechseln. Aber sie hat uns ihre Gründe erklärt: Der Umfang der Oktaven ist geringer, mehr innerhalb ihrer … du weißt es doch, oder?«

Ich zögere, bin einen Augenblick unsicher, worauf sich ihre Frage bezieht, dann nicke ich. Sie scheint erleichtert.

»Ich sollte es eigentlich nicht erzählen«, fährt sie fort. »Ich habe an-

426

genommen, daß du von ihrem, hm, Problem weißt, da ihr mit ihr gespielt habt. Aber es darf sich nicht herumsprechen. Ihr Agent besteht darauf, daß wir es niemandem sagen. Darf ich dir eine vertrauliche Frage stellen? In Wien gab es doch keine Schwierigkeiten mit ihr, oder, Michael?«

»Nein. Überhaupt keine.«

»Trotzdem, eine merkwürdig Wahl für ein Konzert, dachte ich – die ›Kunst der Fuge‹.«

»Nein – nein – nicht die ›Kunst der Fuge‹! Das kann nicht sein. Oder?«

»Also, man kriegt sie nicht allzuoft zu hören«, sagt sie. »Ich habe im Veranstaltungsprogramm nachgesehen. In dem Monat wird sie nirgendwo sonst in London gespielt. Ich kann mich auch tatsächlich nicht daran erinnern, wann ich sie zum letztenmal live in einem Klavierkonzert gehört habe. Aber ganz sicher kann man nie sein. Ein Jahr lang hört man kein Konzert für Kontrabaß, und dann plötzlich, presto: drei Kontrabaß-Konzerte von drei Musikern in einer Woche. Was ist los mit dir, Michael? Alles in Ordnung? Du siehst aus, als hättest du ein Gespenst gesehen.«

»Alles in Ordnung«, sage ich. »Ich bin okay.«

Ich schaffe es auf die Toilette. Ich schließe mich in einer Kabine ein, setze mich auf die Schüssel und starre die Tür an, mein Herz schlägt dumpf, unregelmäßig in meiner Brust.

8.5

Zu Hause versuche ich sie zu üben und kann es nicht. Meine Hände wollen sich nicht damit beschäftigen. Meine Fingerkuppen weigern sich, die Saiten zu berühren. Ich zwinge sie dazu und höre den Klang, bevor der Bogen ihn erzeugt. Aber jetzt rebellieren meine Ohren. Das ist jenseits aller Vernunft. Ich, der ich die »Kunst der Fuge« liebe, kann nicht einmal für mich selbst einen Teil davon spielen. Ich übe Tonleitern und warte, bis es vorüber ist.

Aber am Abend bei der Probe mit den anderen hat der Anfall meine

Hände immer noch im Griff. Wir spielen die Tonleiter, aber selbst dabei erscheinen mir die Töne, die ich spiele, fremd. Hören sie es nicht? Dann sagt uns Billy, welche Fuge wir spielen sollen.

Ich versuche, die Saite tiefer zu stimmen. Nach einer Weile blicken mich die anderen amüsiert an. Erst scheint es zu tief für ein F, dann zu hoch.

»Fertig?«

»Ja.«

Billy nickt. Ich muß als dritter von uns vieren einsetzen.

»Was spielst du da herum, Michael?« fragt Piers.

Nein, nein, ich spiele nicht herum, ich spiele nichts, dieses etwas hat mich am Nerv gepackt. Ich kann nicht atmen, und an meinen Armen stellen sich die feinen Härchen auf.

»Um Himmels willen, was ist denn los?« fragt Helen.

Alles hat aufgehört. Warum habe ich nicht eingesetzt? Ich dachte, ich würde spielen, tat es aber nicht.

»Michael«, sagt Piers, »reiß dich zusammen.«

Aber die Verbindung zwischen meinem Auge und meiner Hand besteht nicht mehr. Ein einfacher Trick und am Montag noch im Bereich meiner Möglichkeiten. Es sind die Hämmer, nicht der Bogen, der die Saiten zum Klingen bringt. Ich sehe den Raum, in dem, während wir spielen, sie spielt. Aber nein, sie schläft in Boston, gut verheiratet.

»Also, versuchen wir's noch mal«, sagt Billy.

Ich erzeuge einen Ton, aber der Ton läßt die anderen sofort aufhören. Die vielen Knochen in diesen gut trainierten Händen können nicht mehr sauber agieren, und dieser Geist ist vergiftet.

»Verdammt noch mal, Michael«, sagt Piers, »das wird hoffentlich kein zweites Wien.«

»Sollen wir es zuerst mit der ersten Fuge versuchen?« fragt Billy.

»Nur damit wir reinkommen. Schließlich kennen wir die in- und auswendig.«

»Nein, nicht die erste Fuge«, sage ich. »Tut mir leid … in ein, zwei Tagen bin ich wieder in Ordnung.«

Es war die erste Fuge, die all das um mich geschlungen hat. Sie hat sie zu mir geführt, und an jenem Abend spielte sie sie. Sie ist der nicht bezahlte klägliche Rest des Geschenks, das sie mir versprach und nie gab.

»Tja, was sollen wir tun?« sagt Billy. »Sollen wir etwas anderes proben? Aber ich weiß nicht, ob wir die Noten haben. Und diese macht uns noch soviel Arbeit ... Erica sagt, daß der Produzent und vielleicht auch der Toningenieur sich bald mit uns treffen wollen. Die Zeit vergeht so schnell. Vielleicht sollten wir einfach drauflosspielen.«

»Ich weiß nicht, ob ich heute dazu in der Lage bin«, sage ich. »Mit dem Stück habe ich ein paar kleine Schwierigkeiten.«

»Ich würde das nicht ein paar kleine Schwierigkeiten nennen«, sagt Piers. »Wenn du daraus eine Gewohnheit machst, wird es für uns alle unmöglich.«

»Was meinst du damit?« frage ich.

»Ich meine, du solltest ernsthaft darüber nachdenken. Wir haben einen Vertrag unterschrieben, die ›Kunst der Fuge‹ aufzunehmen. Das Maggiore wird keine schludrige Aufnahme machen.«

»Sei still, Piers«, sagt Helen, rot vor Zorn. »Mach keine albernen Drohungen. Glaubst du, daß Billy – oder ich – oder Michael – zulassen würden, daß unter unserem Namen eine schlampige Aufnahme veröffentlicht wird? Wir treffen uns hier wieder übermorgen um drei Uhr nachmittags – einverstanden? Schlaf dich aus, Michael – du siehst vollkommen erledigt aus. Ich rufe dich später an. Du mußt dir von uns helfen lassen, wenn wir irgend etwas für dich tun können.«

Ich spanne den Bogen ab. Ich packe die Geige ein. Ich verabschiede mich hastig, ohne die anderen anzusehen. Was mich betrifft, so muß ich mich gehenlassen, schlafen. Ich muß diese Bögen wieder zu einem Gewölbe zusammenfügen. Unter den vergoldeten und grauen Cherubinen will auch ich von einem idealen Himmel träumen.

8.6

Helen hinterläßt eine Nachricht. Ich rufe nicht zurück. Eine Karte von Virginie, die mit Freunden verreist ist. Ein Brief von Carl Käll. Ich mache ihn nicht auf. Warum sollte ich mit aller Welt Frieden schließen?

Sie ist ein grausamer Ort. Letzte Nacht wurde am Round Pond ein Schwan umgebracht. Die Kehle wurde ihm durchgeschnitten. Doch eine Gondel ist gewiß so schön wie ein Flügel, die Beine eines Pfaus sind so häßlich wie die eines Schwans. Sein pickliger Kadaver wird in Eis konserviert.

Warum muß sie mich an diesen Ort hinunterschleudern? Ich sollte über all das ernsthaft nachdenken. Das sind meine Optionen: ja und nein. Wenn ich die Fuge spielen könnte, würde ich dann nicht bleiben? Um ihretwillen, wenn nicht um unser aller willen? Aber ich kann keine zwei Takte spielen, ohne mich festzufressen.

Ich wende meine Arten von Balsam an: ein Spaziergang im Park, aber nicht zur Orangerie; die Schachaufgabe, wobei meine Hand die Bridgespalte bedeckt; der weise Wodehouse, nicht der unstete Donne; die Amsel in meiner Straße, weder Lerche noch Nachtigall. Wie spät muß sie in diesem Jahr noch singen?

Ich erwache zum Klang des ersten Kontrapunkts: Lauter und lauter hämmert sie ihn, denn sie kann ihn nicht hören. Sie hat mich überflüssig, geringer gemacht. Die kleinen grauen Anzüge sind zurück, also ist auch sie zurück. Tag für Tag, auf jede nur erdenkliche Weise – akademisch, künstlerisch, musikalisch, sozial, spirituell, körperlich, moralisch – gewinnen die Kinder in der Pembridge School an Statur.

Weitere Neuigkeiten. Die Musik wird aus dem Leben ärmerer Kinder entfernt. Nun Kinder, wessen seid ihr kundig? Des Lesens und Schreibens, der Musik, des Rechnens. Und noch einmal, alle zusammen: Unkundig des Lesens und Schreibens, unkundig der Musik, unkundig des Rechnens. Die heiligen Mächte werden euch die Musik ebenso sicher austreiben wie den Verdammten. Überlaßt die Musik denjenigen, die sie sich leisten können. In zwanzig Jahren

430

wird kein Metzgerssohn mehr Geiger werden, und nein, auch keine Metzgerstochter.

Ich kann sie nicht spielen, auch nach den zwei Tagen Gnadenfrist nicht – ebensowenig könnte ich den Serpent oder die Schalmei spielen, auch wenn ich zwei Monate oder zwanzig Jahre dafür Zeit hätte. Was von mir Besitz ergriffen hat, liegt außerhalb meiner Kontrolle. Es ist ein pfeifender Pembridge-Junge, der fragt: Kanntest du meine Mutter, bevor ich geboren wurde? Gibt es so etwas – eine Zeit, bevor ich geboren wurde? Tränen steigen ihm in die Augen, weil es so etwas gibt.

Was ist der Unterschied zwischen meinem Leben und meiner Liebe? Das eine berückt mich, die andere verdrückt sich. O Luke, o Luke, stell mir keine Rätsel mehr. Warum bist du nicht mein Sohn?

8.7

Winter werden vergehen, Lippen bleiben ungeküßt, das Herz wird nicht beschwichtigt, zwischen Händen und Ohren gibt es keine Verbindung. Es darf kein Geheimnis bleiben. Ich reiße Carls Brief mit den Fingern auf. Was ist das?

Ja, er will sich nur wieder melden. Er hat meinen Brief erhalten, den er als freundlich und unaufrichtig betrachtete; ja, da er so unverhohlen taktvoll war, wirkte er eigentlich unfreundlich. Er weiß sehr genau, welche Gefühle ich ihm gegenüber hege. Altersschwäche, darauf möchte er mich aufmerksam machen, ist nicht unbedingt gleichbedeutend mit Senilität. Er will sein Bedauern nicht noch einmal zum Ausdruck bringen, sondern nur feststellen, daß er schließlich doch zu dem Schluß gekommen ist, daß das Quartett mein wahres Zuhause ist. Er ermahnt mich zu bleiben, wo ich bin. Vielleicht besteht sein musikalisches Vermächtnis in einer Reihe zweiter Geiger. Zweifellos habe ich gehört, daß Wolf Spitzer jetzt Mitglied des Traun Quartetts ist. Er schreibt nichts über seinen Gesundheitszustand, seine Pläne oder Unternehmungen. Er bittet nicht um Antwort. Ende des Briefs.

Merkwürdiges Geschoß, das mich zu einem Zeitpunkt trifft, da niemand wissen konnte, nicht ich, nicht die anderen, daß zwischen uns etwas im argen liegt. Er ist zu dem Schluß gekommen; auch gut. Für Wolf muß ich mich freuen und tue es auch, aber in mir brennt, daß dieser Mann immer noch das Recht für sich fordert, gutzuheißen oder zu verdammen, was ich tue oder unterlasse.

Tief in der Nacht weckt mich Durst, und anschließend kann ich nicht mehr schlafen. Neben meinem Bett liegt das von ihr geschriebene Buch. Mit Wasser an den Fingern gehe ich Note für Note meinen Part durch. Seite für Seite höre ich meine unreinen Töne. Die Noten lösen sich auf, Kreise und Striche verschwimmen zu einem Geschmier, das Wasser in meinem Glas wird trüb und braun. Die Nässe sickert in die darauffolgenden Stimmen, in die noch nicht beschriebenen und sauberen Seiten. Als wäre es abgenutzte Blindenschrift, berühren meine Finger meinen Namen, den du einst schriebst; und schau nur, ich kann ihn nicht mehr lesen.

8.8

Als ich es ihnen sage, reagiert Helen als erste.

»Michael, nimm dir eine Woche frei, und komm dann wieder – du kannst nicht wirklich aussteigen wollen. Was ist mit der Solidarität der Mittelstimmen? Wir werden ohne dich nicht zurechtkommen. Ich jedenfalls nicht, das weiß ich. Was soll aus Bristol werden, wo wir nächste Woche auftreten müssen? Aus allen Auftritten, die wir zugesagt haben? Ich könnte es nicht ertragen, mit jemand anders zu spielen.«

»Ich hab's nicht so gemeint, verdammt noch mal«, sagt Piers. »Du bist verrückt, Michael, wenn du glaubst, daß ich es so gemeint habe. Ich will nur nicht, daß wir eine schlechte Aufnahme machen. Drohst du uns mit Ausstieg, nur weil ich das gesagt habe? Helen hat mir die Hölle schon heiß gemacht, bevor du diese Bombe hast platzen lassen. Okay, du kannst im Augenblick nicht mehr, aber du wirst wieder können. Du machst offensichtlich eine Krise durch.

Du bist nicht der einzige von uns, der für Probleme sorgt. Das ist auch früher schon passiert. Wir haben sie gelöst. Wir werden sie auch diesmal lösen. Wir sind nicht so fragil.«

Aber es ist sinnlos; das Geflecht ist aufgelöst. Ich habe es gründlich durchdacht. Denkt an Stratus, sage ich, denkt an Ysobel. Wie oft wird einem so eine Chance geboten? Eine zweite Geige, tja, ihr habt schon einmal eine gefunden.

Billy ist niedergeschlagen. Er sagt nicht viel. Er sieht deutlicher als die anderen beiden, daß es sinnlos ist, daß die Dinge zu weit fortgeschritten sind. »Der letzte, der zu uns gekommen ist, der erste, der geht«, sagt er. »Wir werden dich vermissen, Michael.«

Sie werden mich alle vermissen, niemand kann mir Glück wünschen. Warum auch, wenn ich uns das antue? Wir reden im Kreis, und nichts bewegt sich.

Ich bin euch von keinem Nutzen mehr mit meinen toten Fingern. Ich kann noch nicht einmal eine Pause durchstehen. Spielt ohne mich weiter, wie ihr eine Minute spieltet in dem Saal, in dem sie spielen wird. Es ist ein gezielt abgeschossener Pfeil, und er hat sein Ziel getroffen. Nein, nicht einmal das; all das ist nebensächlich für ihre Ziele. Sie muß doch ihr Leben retten, oder etwa nicht?

Sagt, daß ich krank bin; grüßt Erica. Was vorbei ist, ist vorbei. Ich leide an der Fuge. Und die Geige, die ich spiele, wird mir genommen werden. Nachts wie auch tagsüber bin ich halb Fleisch, halb Holz.

8.9

Nein, sagt Erica, wie könnte sie mich jetzt noch vertreten? Keine Küsse für mich. Sie spricht sehr streng. Eine Dummheit, irreparabler Schaden, Karriere. Sie werden jemand anders finden, sie müssen, du zwingst sie dazu; und was ist mir dir? Ich mag dich, Michael. Wie konntest du dir nur so etwas zustoßen lassen?

Helen ruft wieder an, verweigert Tränen. Was werde ich arbeiten? Werde ich zurechtkommen? Wo ist mein Anker? Warum nicht jetzt damit aufhören? Aber über all das habe ich selbst nachgedacht. Es stimmt, ich habe in Venedig nicht mit euch gegessen, aber als wir vom rechten Weg abkamen, sahen wir Augustinus' Hund.

Es war einmal eine Katze, sagt sie traurig.

Ein Hund.

Eine Katze, früher einmal.

Ich sah einen Hund. Sie sah einen Hund. Es war ein Hund. Eines Tages sah ich ihn sogar auf einem Boot, eine liebevolle Replik, wachsam.

Eine Katze, ursprünglich, in der Skizze. Im Britischen Museum, glaube ich.

Nein, das kann nicht sein. Ich werde mir die Ohren zuhalten. Liebe Helen, sag, daß es nicht stimmt.

Warum den Tatsachen nicht ins Gesicht sehen? Warum jetzt ausgerechnet darüber streiten?

8.10

Die Geige liegt neben mir auf dem Kopfkissen, ich schlafe, wache auf, schlafe wieder. Draußen in den fest verwurzelten Bäumen rasten die Zugvögel. In wessen Händen wird sie singen? Wie kann ich ohne sie spielen? Wie mit ihr? Ich stimme sie sorgfältig, und erneut klingt sie gut. Ich kann sie nicht kaufen, für mich fordern, ertragen.

Blizzard-Konfetti wirbelte um mich herum: Faxpapier, Büschel weißer Hundehaare, Schnee auf einem Parkplatz, die Tasten aus Elfenbein, auf denen sie spielt. Wenn jede Stimme ihrer Hände eine Stadt wäre, welche übernähme dann welchen Part? Sie wird taub, und ich bin es, der die Stücke, die sie spielt, nicht spielen kann. Wie redet man jemandem zu, dem der Wille fehlt? »Das ist etwas, was ich für niemanden außer für dich spielen würde.«

Außerdem sind das alles nicht nur Hirngespinste. Das Ding, das ich halte, fällt nahezu auseinander. Das ist kein Tinnitus in meinem Kopf. Sie brummt, sie klagt, sie stirbt einen summenden Tod. Der angeschwollene Bauch kratzt am Griffbrett. Sanderson wird sie sich ansehen, wird sich um sie kümmern, ihre Krankheiten diagnostizieren, er wird sie pressen, piken, ihre gute Laune wiederherstellen. Sie hat Grund zu klagen, das sind unsere letzten gemeinsamen Monate. Aber warum jetzt diese plötzliche Meuterei?

8.11

Gestern ist Mrs. Formby gestorben.
Auntie Joan ruft mich an, um es mir zu sagen. Offensichtlich hatte sie vor zwei Wochen einen Schlaganfall, nach dem sie nicht mehr richtig sprechen konnte. Gestern morgen hatte sie einen zweiten Schlaganfall und starb auf dem Weg ins Krankenhaus.
Ich bin froh, daß sie nicht monate- oder jahrelang bettlägerig war und bis fast zum Schluß klar im Kopf und in der Lage war zu sprechen. Wie bei meiner Mutter kam das Ende schnell.
Ich wünschte, ich hätte erfahren, daß sie so krank war. Auntie Joan und mein Vater wußten selbst nichts von dem ersten Schlaganfall. Ich wäre hingefahren, hätte sie ein letztesmal besucht und etwas für sie gespielt. Für sie hätte die Tononi überall gesungen – zu Hause, im Krankenhaus, bei Blackstone Edge.
Ihre Tononi. Ich trauere um die Geige und um mich selbst. Es wird nicht mehr Monate, sondern nur noch Wochen dauern, bis sie mir abverlangt wird.
Ich werde nicht zur Beisetzung fahren – sie wird verbrannt, sagt Auntie Joan. Mrs. Formby haßte Beerdigungen – hatte keine Geduld mit den Trauernden, die zu der ihres Mannes kamen, und ging nie zu den Begräbnissen ihrer Freunde. Der Architekt wird dort sein, eine Katze aus Cheshire, die von Sahne träumt. Seine Frau wird sich zurückhalten, sich von ihrem Mann leiten lassen. Ihre drei heulenden Töchter werden sich ihr Gekeife und Geschmolle für den Nachhauseweg aufsparen.
In seine Hände werde ich meine geliebte Geige legen.
Ich liebte Mrs. Formby. Sie hat in mir die Freude an der Musik

435

geweckt. Durch ihren Tod koste ich das Unglück, das sie bringen kann.

8.12

»Bitte, etwas mechanischer«, sagt der Dirigent. Es handelt sich um eine Aufnahme einer Klaviersonate von Mozart, die irgendein kreativer Geisteskranker zu einem Konzert ohne Klavier aufgeplustert hat. So etwas nennt man: Sei dein eigener Maestro. Junge ehrgeizige Pianisten werden ihre Sonate zu Orchesterbegleitung spielen. Mozart läßt zu wünschen übrig: Der Geisteskranke hat neue Melodien hinzugefügt, und die Triangel macht tink, tink, tink. Die Camerata Anglica spielt, und die meisten Musiker empfinden Brechreiz. Aber das ist jetzt mein Lohn und Brot: Mein Bogen hebt und senkt sich, Rhythmus und Intonation sind perfekt.

Einst dachte ich, daß ich mir eine Geige kaufen würde. Jetzt, wenn die Post durch die Klappe in der Tür fällt, denke ich: Bitte, keine in Rochdale abgestempelte Briefmarke. Ein Tag Gnadenfrist mehr. Ich entdecke weiße Haare. Ich reiße sie aus. Ich habe häufig Kopfschmerzen. Jetzt denke ich: Katze oder Hund? Katze oder Hund?

Wie ergeht es dem Maggiore ohne mich? Wie haben sie die Dinge gekittet? Helen ruft noch manchmal an, aber nur um zu fragen, wie ich zurechtkomme, nicht um mich zurückzuholen.

In der Grafiksammlung des Britischen Museums fällt das Licht durch das Dach. Der Carpaccio wird mir gebracht. Die Skizze ist klar.

Augustinus hat keinen Bart; das Notenbuch ist leer.

Und auf dem Boden sitzt eine Katze. Nein, nicht einmal eine Katze, nicht einmal das, sondern ein schlaues Hermelin oder Wiesel an einer Leine!

Warum? Warum? Warum? Warum? Ich habe viel eingesteckt, aber das geht über mich hinaus. Der arme Hund wird weinen, weil es eine Zeit gibt, als er noch nicht geboren war. Ein Hermelin!

Hermelin, tue ich dir Unrecht? Bist du winterweiß? Du hast keine schwarze Schwanzspitze, aber das ist eine Skizze: das Astrolabium ist ein O, das Notenblatt leer. Rein, keusch und edel in den Wintermonaten, verdirbst du im Sommer und wirst braun.

Wo wurde der Hund, der mich tröstete, gezeugt? Mußte er krätzig, klapperdürr und katzenkrallig werden? Wir küßten uns im ersten Stock, ohne zu wissen, daß wir beobachtet wurden.

Zsa-Zsa, du bist gestorben. Die alte Witwe Formby ist gestorben. Spricht Carl ebenfalls wie das Licht eines Zwergsterns von jenseits des Grabs? Vor der Grafiksammlung hängt eine Karte von Venedig. Davon und von anderen Dingen muß ich sie informieren. Sie wird es wissen wollen. Auf der Oxford Street fuhren unsere Gondeln aneinander vorbei. Sie lüftete den Schleier und war schnell verschwunden.

Letzte Nacht glitten ihre Hände über die Tasten. Was spielte sie, das meinen Traum beruhigte? Auf jeden Fall Bach; aber ich hatte es nie zuvor gehört. Wie viele Kammern braucht ein Herz, um solche Musik zu spielen? War es etwas, was er in den Jahren, die auf seinen Tod folgten, schrieb?

8.13

Seltsam, ein Mann zu sein und nie ein Kind in sich wachsen spüren. Nicht zu spüren, wie sich ein Teil von dir öffnet und ein Teil von dir dich verläßt, schreiend, als wäre es kein Teil von dir. Dann setzt es eine grüne Mütze auf, zieht einen grauen Anzug an und hat Freunde. Sie warten auf der Treppe vor der Pembridge School darauf, daß Teile von ihnen selbst herauskommen, und sie alle haben das einst erlebt.

Es ist die Zeit für Kastanien und ihre stachligen Schalen. Platanenblätter, Lindenblätter wirbeln umher. Was hält der junge Luke aus Boston von Kastanien? Was hält die Oma in Klosterneuburg – der 26. Bezirk von Wien im Reich – von Kastanien? Sie steht murmelnd unter der Blutbuche. Dort säumen Kastanien und Pappeln die Donau.

Es ist Viertel vor vier. Sie kommen heraus und werden geküßt, aber wo ist Luke? Dort parkt ihr Wagen. Sie steigt aus und läuft die Treppe hinauf. Luke ist da, und sie. Ihre Gesichter sprechen von ihrem Glück.

Sie steht auf dem Gehsteig in der Nähe ihres Autos. Sie sieht mich nicht, und sie kann mich nicht hören. Das muß neu konfiguriert werden. Verdi kann nicht von Wagners Lippen lesen, und der Löwe nicht von den Lippen des Vogels Greif.

Ich bin jetzt in Sichtweite. Sie erschrickt. Wie blau ihre aufmerksamen, angstvollen Augen sind.

»Michael.«

»Hallo, Julia. Wußtest du, daß Carpaccios Hund …«

»Was?«

»Du weißt schon, in Venedig, in der Schiavoni …«

»In Venedig, wo?«

»In der Schiavoni …«

»Steig ein, Luke.«

»Aber Mom – es ist Michael. Ich wollte …«

»Steig sofort ein.«

»Okay, okay, nur keine Aufregung.«

»Was soll das? Warum belästigst du uns?«

»Aber ich wollte doch nur sagen …«

»Ja?«

»Der Hund war ursprünglich eine Katze. Oder ein Wiesel. Oder ein Hermelin. Jedenfalls kein Hund. Ich habe die Zeichnung gesehen, die Zeichnung, die er selbst gemacht hat.«

»Michael, was genau wolltest du sagen?«

Ich will soviel sagen, daß ich nichts sage. Maggiore, Formby, Tononi, Augustinus … Namen in einem Telefonbuch, wie können sie ihr Herz brechen?

»Also, was? Steh nicht einfach bloß rum.«

»Ich …«

»Michael, es ist hoffnungslos.«

»Ich dachte, du würdest mich immer lieben.«

»Ich habe nicht geglaubt, daß es soweit kommen würde.«

»Julia …«

»Nein. Luke kann dich sehen. Bleib, wo du bist.«

»Carl Käll hat mir geschrieben.«

»Michael, es tut mir leid, aber ich will nicht länger reden.«

»Der Bonsai ...«

»Ja«, sagt sie voll Bitterkeit. »Ja. Es geht ihm gut. Es geht ihm sehr, sehr gut. Ein großartiges Geschenk. Vermutlich sollte ich dir dafür danken.«

»Warum spielst du die ›Kunst der Fuge‹? Was hast du vor?«

»Die ›Kunst der Fuge‹? Warum? Warum nicht, um Himmels willen? Auch ich liebe sie. Und jetzt muß ich wirklich gehen, glaub mir. Und, Michael, du belästigst mich. Verstehst du? Du belästigst mich. Bitte, warte nie wieder auf mich. Ich will dich nicht sehen. Wirklich nicht. Ich werde zusammenbrechen, wenn ich ... Wenn du mich liebst, wirst du das nicht wollen. Und wenn du mich nicht liebst, dann geh einfach und lebe dein Leben.«

Sie hält die Hand vor die Augen. »Und nein, sag mir um Himmels willen nicht, was von beidem zutrifft.«

8.14

Drei Wochen sind vergangen, seitdem ich sie gesehen habe. Eins nach dem anderen entferne ich die Dinge aus den Fächern in meinem Kopf.

Nein, diese Vision kann ich nicht mehr brauchen, auch ohne diese Tatsache kann ich auskommen: Räume, Bücher, Begegnungen, die Flecken in ihrer Iris, der Duft ihrer Haut: Sollen sie unter der Woche vormittags abgeholt werden, sollen sie in mit Helium gefüllten Ballons davonschweben.

Endlich glaube auch ich, daß ich auf nichts bauen kann, daß es nichts gibt, worauf man bauen kann. Es hat lange gedauert, denn die Hoffnung zeugt gutgeschützte Keime. Was mich anbelangt, so denke ich: Würde ich diese Dunkelheit, diese Leere verlassen, das Universum würde nicht einmal niesen. Ich wäre frei von Träumen und Gedanken, wäre mein eigener Maestro. Mein Vater allerdings würde trauern. Auntie Joan würde trauern. Während der Herbst kühler wird, bilden sich Ringe unter meinen Augen.

Was ich nicht loswerden kann, muß unzugänglicher verstaut werden. Ich werde Lagerraum mieten in einem Vorort und dort alle unerwünschten Dinge ablegen: Duft, Klang, Anblick, Neigung.

Es ist Samstagmorgen, aber ich gehe nicht schwimmen. Von der Brücke aus beobachte ich, wie das Licht auf dem Wasser spielt, im Schlepptau der Wasserschlangen, jenseits des Lido. Ich lese die hilfreiche Warnung auf der Brücke: »Lebensgefahr. Geringe Wassertiefe. Nicht von der Brücke springen.« Nein, nein, ich kann schwimmen, ich werde leben, bis ich Arthritis kriege.

Das ist mein Lieblingsbaum, die Platane – überall ist sie knotig und knorrig und schält sich die Rinde. Aber warum hier suchen? In den vielen Jahren habe ich in den Mooren nicht ein einziges Lerchennest gefunden. Hier höre ich auch keine Hufe, sondern Gekläff. Es ist ein Hundequartett – ein kleiner weißer Hund, ein großer brauner, der Dreibeinige von der Teufelsbrücke, ein fuchsähnlicher Eindringling. Sie bellen, sie jaulen, sie schnüffeln. Sie kickt einen Schuh in ihre Mitte, und mit musikalischem Geschrei reißen sie ihn in Fetzen. Sie wissen nicht, wer wen kennengelernt hat, was außerhalb unserer Welt liegt oder in unseren Herzen geschieht. Sie sind charmant; in ihren Augen ist Liebe und Eis.

Es gibt hundert Arten Taubheit. Je angespannter ich bin, desto weniger höre ich. Deshalb ist es sinnvoll, meine Taten zu ordnen.

Konzentriere dich auf ein paar Dinge: das Brot, die Zeitung, die Milch, Gemüse, etwas für die Mikrowelle, das Buch, das du heute abend lesen wirst. Lese wieder Worte: Du hast kein Quartett mehr, mit dem du spielst, keine Partituren, die du studieren mußt. Verschiebe die Arbeit, die du erledigen mußt, bis es soweit ist.

Aber stimme die Saiten. Spiele Tonleitern. Mehr als Vater, Mutter, Freund oder Geliebte war sie deine Gefährtin. Es bleiben uns nur noch Wochen, Tage. Spiele Tonleitern darauf, Stücke, die dir Ruhe bringen. Entferne den Kinnhalter, spüre ihr Holz.

Schließe deine Bücher ab. Fahre mit dem Bus. Gehe zu Fuß. Du befindest dich in der einsamen Mehrheit. Wer von denen, die um dich herum sitzen, gehört deiner nicht erwählten Bruderschaft an? Der Plapperer, der Lächler, der Stille, der aussieht, als würde er sich in der Menge schämen?

Der Schaffner – das Schulmädchen, das »*Fou!*« flüsterte – der Mann, der an einem Stand alte Kalender verkauft – die junge Verkäuferin, die so dunkles Haar hat wie Virginie?

8.15

»Sie gehen weg wie warme Brötchen, die T-Shirts. Kann gar nicht genug davon herkriegen.« Sie lächelt mich an.

»Haben Sie noch große Nummern in der roten Farbe da?«

»Das Rostbraun? Nur was auf dem Tisch liegt, tut mir leid. Wir haben heute morgen das Lager geräumt.«

»Aha …« Auch ihr Gesicht hat etwas, was mich festhält.

»Von den großen gibt es nur wenige«, sagt sie. »Es ist nicht die richtige Mischung. Wir haben uns schon in der Zentrale beschwert.«

»Ah ja, die Zentrale. Die und der Computer.«

»Irgend jemandem muß man ja die Schuld geben«, sagt sie und lacht.

»Tut mir leid, nicht meine Schuld, der Computer ist abgestürzt.«

»Tut mir leid, ich mache Mittagspause. Anweisung der Zentrale.«

»Wenn es kein rostbraunes gibt, nehme ich ein schwarzes. Tut mir leid, dieser Fünfpfundschein ist gefälscht. Schuld ist der Computer.«

»Sie wären überrascht«, sagt sie und betrachtet ihn genau. »Davon sind eine Menge im Umlauf.«

Ich inspiziere den glänzenden Penny, den sie mir gegeben hat.

»Sie sollten reinbeißen«, sagt sie kichernd. »Er könnte aus Schokolade sein.«

»Tut mir leid, samstags gibt es keine Schokoladenpennys.«

»Anweisung der Zentrale«, sagen wir beide und lachen.

»Wann gestattet Ihnen die Zentrale, heute abend nach Hause zu gehen?«

»Ich habe einen Freund«, sagt sie.

»Oh«, sage ich. »Oh.« Aus meiner Stimme ist jedes Lachen verschwunden.

»Also«, sagt sie kühl. »Ich glaube, Sie gehen jetzt besser.«

Sie hat keine Angst vor mir, sondern eine andere Angst, vor der Zerbrechlichkeit von Vertrauen. Sie wird eine Zeitlang nicht mehr mit Kunden auf diese Art plaudern.

»Entschuldigen Sie«, sage ich. »Tut mir leid. Sie sind so nett. Ich dachte nur ...«

»Bitte gehen Sie. *Bitte.*«

Sie blickt sich nicht nach dem Abteilungsleiter um, sondern schaut auf den Tisch mit den rostbraunen, schwarzen und grauen T-Shirts.

8.16

Um halb zwei Uhr nachts gehe ich ruhelos zu der Reihe von Telefonzellen neben den Recyclingtonnen. Sogar zu dieser Stunde sind ein paar Leute hier und da auf den Straßen unterwegs. Ich drücke auf die Tasten.

»Hallo?« sagt eine leise, süße Stimme mit einem leichten irischen Akzent.

»Hallo, könnte ich mit Tricia sprechen?«

»Das ist Tricias Nummer. Kann ich Ihnen helfen?«

»Ich, also, ich habe – ich habe Ihre Karte in der Telefonzelle gesehen, ich meine ihre Karte, und ich würde gern wissen, ob sie bald Zeit hat – also, in der nächsten halben Stunde oder so ...«

»Ja, mein Süßer, das hat sie. Wo bist du jetzt, mein Schatz?«

»In Bayswater.«

»Das ist ja ganz nah. Ich werde dir Tricia beschreiben. Sie ist ein englisches Mädchen, langes blondes Haar, sehr hübsche Beine, glatt rasiert, 90-60-90.«

»Wie alt ist sie?«

»Sie ist ... sechsundzwanzig.«

»Und wieviel, ich meine ...«

»Zwischen vierzig und siebzig Pfund, mein Schatz.«

»Aha. Und darin ist inbegriffen …«

»Massage, dann oral und Geschlechtsverkehr«, sagt sie honigsüß.

Nach einer Weile sage ich: »Soll ich mir Ihre Adresse notieren?«

»Ja, Süßer, Carmarthen Terrace zweiundzwanzig, Wohnung Nummer drei. Unten einfach klingeln.«

»Tut mir leid, ich – ich weiß nicht, wie es geht. Zahle ich Sie im voraus?«

»Wie immer du willst, mein Lieber«, sagt sie, und man hört ihrer Stimme das Lächeln an. »Ich bestehe einzig und allein darauf, daß wir ein Kondom benutzen.«

»Sind Sie Tricia?«

»Ja. Ich freue mich, dich bald zu sehen, Süßer. Danke für den Anruf.«

8.17

Was sie nicht fühlt, täuscht sie vor. Sie ist ungefähr fünfunddreißig, attraktiv, erfahren, freundlich. Alles, was ich monatelang zurückgehalten habe, zwingt sich aus mir heraus. Danach fange ich an zu weinen. Sie komplimentiert mich nicht hinaus, sondern bietet mir eine Tasse Tee an.

»Es ist jemand, an dem dir sehr viel liegt, nicht wahr?«

»Ich weiß es nicht.«

»Du mußt nichts sagen.«

Ich sage nichts. Sie sagt nichts. Wir nippen still an unserem Tee. Das Telefon klingelt, und sie sagt zu mir: »Möchtest du duschen und dich anziehen, Liebling?«

»Ja. Ja. Ich brauche jetzt eine Dusche.«

Das Rosa des Badezimmers, mein Gesicht im Spiegel, der kleine alte Pooh der Bär auf der Ablage, der unangenehme Geruch. Ich spüre, wie eine schreckliche Übelkeit in meinen Eingeweiden wütet. Ich gehe zur Toilettenschüssel und würge. Nichts kommt heraus. Unter der Dusche verbrühe ich mir die Haut, lasse alles in Dampf aufgehen. Ich bin angezogen. Ich bedanke mich murmelnd und will gehen.

443

»Du hast noch nicht bezahlt, Süßer.«

Ich zahle, was sie verlangt, und verabschiede mich. Meinem Herzen geht es schlecht, mir geht es schlecht bis ins Herz. War das ich während der letzten Stunde?

»Verlier meine Nummer nicht, Süßer. Komm wieder«, sagt sie und schaltet das Licht im Treppenhaus an.

8.18

Die Arbeitsvermittlung füllt meine Tage mit Terminen: Jingles für Werbeagenturen, Hintergrundmusik für Filme. Ich sitze in einem Aufnahmestudio in Wembley, löse eine Schachaufgabe, lese die Zeitung. Die Kollegen haben die Neuigkeit über das Maggiore gehört, aber sie lassen mich in Ruhe. Ich höre, wie jemand einmal Julia Hansen erwähnt, aber der Rest geht im Stimmen der Instrumente unter.

Lucy von der Wigmore Hall ruft an, um zu sagen, daß sie mir eine Karte für Julias Konzert am 30. Dezember zurückgelegt hat. Oder wollte ich zwei Karten? Ich danke ihr, werde aber nicht in der Stadt sein. Sie soll sie jemand anders geben.

»Ach, wohin fährst du?«

»Ich weiß nicht – Rochdale, vermutlich, über Weihnachten.«

»Tut mir leid, daß du nicht mehr beim Maggiore bist.«

»Tja, so ist es eben. Ein Neubeginn.«

»Hoffentlich habe ich dich nicht gestört, Michael.«

»Nein. Nein. Überhaupt nicht. Überhaupt nicht.«

Sie legt auf, und ich mache Inventur. Heute morgen war der Lagerraum leer, aber jetzt verstauben dort bereits allerlei Dinge: ein Porzellanfrosch, ein ausgestopftes Hermelin. Ich sitze im Bus Nummer 7.

Hinter dem Britischen Museum ist ein kleines Fotostudio. Dort gebe ich zwei Abzüge der Zeichnung in Auftrag, einer soll an mich, der andere an sie geschickt werden. Ich will das Hermelin in Ruhe studieren. Soll sie mein Vergnügen und meine Gedanken teilen.

444

Eine nette Frau in der Grafiksammlung holt mir einen alten Artikel, der die zwei offen zu Füßen des heiligen Augustinus liegenden Musikstücke enthält, eins davon sakrale, das andere weltliche Musik. Ich betrachte sie, bis ich sie in dem stillen Raum hören kann. Je nach Laune orchestriere ich sie: mit Saiteninstrumenten, Holzbläsern, Stimmen, Lyren.

Die Hälfte meiner Briefe lasse ich ungeöffnet. Ich meide Holland Park, auf dessen Steine ich nicht treten darf. Mnozil hat ein neues Management, und ich bin geläutert, gereinigt. Alles geht vorbei, alles Fleisch ist einerlei.

Ich träume von Carl. Er hört zu, wie ich einen Jingle für Hundefutter spiele. Er läßt den Kopf ekstatisch nach hinten sinken. »Halte den Ton«, sagt er. »Immer halten. Dein Spiel, das mir noch nie wirklich mißfallen hat, treibt mir jetzt Tränen in die Augen. Aber weißt du, ich bevorzuge Bach.«

»Das ist ein subjektives Urteil«, sage ich. »Aber wenn Sie wollen, spiele ich etwas von ihm für Sie.«

Er wird wütend. »Das ist nicht Bach, das ist ein Bächlein«, wettert er. »Spiel Johann Sebastian.«

»Ich kriege ihn nicht in die Finger, Herr Professor. Julia McNicholl hat ihn mir weggenommen.«

Er ist außer sich. »Das lasse ich mir nicht bieten. Das lasse ich mir nicht bieten. Ich werde dich aus meiner Klasse werfen. Du hast auf meinen Brief schlecht geantwortet. Das war falsch, vollkommen falsch. Du wirst Wien sofort verlassen – durch die Abwasserkanäle.«

»Ich werde Wien nie wieder verlassen …«

»Na gut«, sagt er traurig. »Na gut, erfüll den Wunsch eines sterbenden Mannes. Spiel noch einmal die Hundefutter-Arie. Und mit weniger Gefühl. Wir müssen lernen, die Absichten des Komponisten zu respektieren.«

»Wie Sie meinen, Herr Professor«, erwidere ich. »Aber warum sich die Mühe machen, vor mir zu sterben?«

8.19

Es klingelt an der Tür. Es ist ein Einschreiben aus Rochdale.

Ich unterzeichne und lasse es ungeöffnet auf dem Küchentisch liegen. Die Mandarinen sind verschimmelt. Ich muß sie wegwerfen.

Ist es so? Man sitzt auf der Anklagebank, und während der Richter anhebt, bemerkt man, daß der dunkle, nahezu lilafarbene Lippenstift der Frau in der zweiten Reihe verschmiert ist.

Sie sind gekommen, um das Sorgerecht zu fordern. Bitte, laßt uns noch einen Tag. Ich fechte nichts an. Das Kind schläft. Es wird von selbst zu gegebener Zeit aufwachen.

Soll ich dich spielen und dann aufgeben? Soll ich dich ungespielt aufgeben, damit die Erinnerung an unseren Abschied nicht von Klängen verdorben wird, damit sich keine weiteren Verluste zu Bach gesellen: Mozart, Schubert, alles, was mir Leben gibt.

Was sollte ich spielen, wenn nicht das, wo sollte ich spielen, wenn nicht hier? »Tea for Two« chez Tricia? Die Hundefutter-Arie für meinen alten, müden Lehrer? Die nicht zitternde Tonleiter mit meinen fremd gewordenen Freunden? »Die aufsteigende Lerche« zu Ehren eines verschwundenen Geistes?

Ich nehme sie heraus, ich stimme sie, ich schließe die Tür meiner Zelle. Ich spiele sie im Dunkeln, und ich weiß nicht, was ich spiele. Es ist ein Medley, eine Improvisation, wie ich sie nie zuvor gespielt habe, sie kommt mehr aus ihrem Herzen als aus meinem. Es ist eine Klage, aber ich fühle mich, als hätte sie mich bereits verlassen, und spüre, daß sie nicht um mich klagt.

Aber jetzt ist es das Largo von Vivaldi, das ich an jenem wundersamen Tag in seiner Kirche spielte. Ich spiele es, sie spielt mich, und in der Dunkelheit meiner Zelle weiß ich, daß ich die Wiederholung nicht hören werde, es ist Zeit, ein Ende zu machen und die Schutzgötter der Hölzer, aus denen sie besteht, zu bitten, daß sie in ihrem zukünftigen Leben – und möge sie noch einmal zweihundertsiebzig Jahre leben – oder mehr, oder mehr – von ihren Besitzern geschätzt und gut behandelt werden möge.

Leb wohl, meine Geige, meine Freundin. Ich liebte dich mehr, als ich in Worte fassen kann. Wir sind ein einziges Wesen, aber jetzt müssen wir uns trennen und werden nie wieder unsere gemeinsame Sprache hören. Vergiß meine Finger und unsere Stimme nicht. Ich werde dich nicht mehr hören, aber ich werde dich nicht vergessen.

8.20

Lieber Mr. Holme,
Sie werden zweifellos davon Kenntnis haben, daß Mrs. John Formby (Cecilia Formby) kürzlich verschieden ist. Soweit ich weiß, waren Sie ein guter Freund der Verstorbenen, und ich möchte Ihnen seitens unserer Firma unser tiefempfundenes Beileid aussprechen.
Varms & Lunn sind seit vielen Jahren Mrs. Formbys Anwälte, und sie ernannte meinen Partner William Sterling und mich zu ihren Testamentsvollstreckern.
Mrs. Formbys Testament wurde zusammen mit den dazugehörigen Dokumenten vor zehn Tagen am Bezirksgericht hinterlegt. Nun wurde das Testament rechtswirksam eröffnet und bestätigt.
In einem von unserer Firma gemäß ihren Anweisungen verfaßten und von ihr eine Woche vor ihrem Tod unterschriebenen Nachtrag zu ihrem Testament hinterläßt Ihnen Mrs. Formby eine alte italienische Geige (Carlo Tononi, ca. 1727), steuerfrei.
Soweit ich weiß, befindet sich die Geige derzeit in Ihrem Besitz. Dort mag sie auch verbleiben, bis die Regelung des Nachlasses soweit fortgeschritten ist, daß sie endgültig in Ihren Besitz übergeht.
Mrs. Formbys Tod liegt bereits ein paar Wochen zurück, wir konnten Sie jedoch erst jetzt von ihrem Letzten Willen informieren. Die Verzögerung lag

zum Teil daran, daß Mrs. Formby in ihrem Nachtrag eine Adresse angab, die nicht länger gültig ist.

Mrs. Formby hat Ihnen zudem einen Brief hinterlassen, den ich als Anlage hinzufüge. In den Tagen vor ihrem Tod war sie körperlich behindert, aber im Vollbesitz ihrer geistigen Kräfte, und ihre Absichten waren eindeutig. Sie hat mir diesen Brief im Krankenhaus diktiert. Da sie nur noch undeutlich sprechen konnte, las ich ihn ihr vor, um sicherzugehen, daß meine Niederschrift keine Fehler enthielt. Dann ließ ich ihn tippen, und sie unterschrieb.

Sollten Sie Fragen hinsichtlich des Erbes oder anderer damit verbundenen Angelegenheiten haben, entweder jetzt oder aus was für Gründen auch immer in der Zukunft, so werden Sie hoffentlich nicht zögern und sich mit uns in Verbindung setzen.

Mit freundlichen Grüßen

Keith Varms

Anlage:
Brief von Mrs. John Formby an Mr. Michael Holme.

8.21

Mein lieber Michael,

ich fürchte, ich habe Dir während des letzten Jahres aufgrund meiner Unsicherheit, wem ich die Geige hinterlassen soll, große Seelenqualen verursacht, und das tut mir leid. Ich spürte Deinen Kummer, als wir früher im Jahr über die Angelegenheit sprachen, und es war sehr ehrenhaft von Dir, nicht zu versuchen, meine frühere Entscheidung zu beeinflussen, und sie klaglos hinzunehmen.

Du warst mir ein wahrer Freund, seitdem Du sechs

oder sieben Jahre alt warst, und wir haben beide gute wie schlechte Zeiten erlebt. Ich möchte dazu beitragen, die guten Zeiten für Dich zu mehren, und das ist der beste Weg, der mir einfällt, um das zu gewährleisten. Außerdem wäre es mir unerträglich, wenn meine Geige in die Hände eines Fremden verkauft würde, da Du so viele Jahre auf ihr gespielt hast.

Ich hoffe, Du vergibst mir meine Unterschrift. Ich fürchte, Vaughan Williams' hohe Triller würde ich nicht mehr schaffen.

Ich wünsche Dir alles Gute, obschon die Asche dieses »Ichs« – zu meiner großen Zufriedenheit, glaub mir – bei Blackstone Edge verstreut sein wird, wenn Du diesen Brief erhältst.

Auf Wiedersehen. Lieber Michael, und möge Gott Dich segnen.

Deine (unleserlich)

8.22

Nicht mich, sondern Sie, Mrs. Formby, so er denn existiert. Ich bin zu unruhig, um zu schlafen. Ich verspüre keine Erleichterung, sondern kann es nicht glauben. Ich nehme meine Geige nicht einmal aus dem Kasten. Es kann nicht wahr sein, doch es ist wahr. Die mir jetzt wiedergegeben wurde, hatte ich verloren geglaubt.

Ihre Worte haben mich mit Leben erfüllt und mir den Schlaf geraubt. Die Parktore öffnen sich mit dem ersten Licht. Schiefergrau und korallenrot spiegelt sich die Dämmerung im See. Die Blumen im tiefliegenden Garten wurden untergeharkt. Das Keckern eines Eichhörnchens, das Planschen einer kleinen Ente, eine herumhüpfende Amsel unter der ausgedünnten Lindenhecke: Das ist alles. Ich bin allein mit dieser sorgenvollen Freude.

Lassen Sie mich von meiner Welt berichten. Der Blick schweift weiter, da die Welt wieder kahl ist. Jemand hat orangefarbene Linsen unter die Pappel gestreut. Die Taubenschar watschelt und stolziert dazwischen herum. Kalte dicke Krähen stehen still, sie krächzen nicht, sind auf der Hut.

Musik: Die Graugänse schreien über dem Round Pond. Sie fliegen niedrig, landen dann mit den Füßen zuerst auf dem Wasser. Die Schwäne schlafen ungestört weiter, die Köpfe in den Federn vergraben.

Was hatte von Ihnen Besitz ergriffen, daß Sie sie mir wieder in Besitz gaben, Sie, die Sie dem Tod nahe waren und nicht mehr deutlich sprechen konnten? Wollen Sie mir nur die Geige geben, oder muß ich von der Welt eine Lektion lernen?

8.23

Die Stimme am Telefon ist angespannt vor unterdrückter Wut.

»Michael Holme?«

»Ja.«

»Hier spricht Cedric Glover. Wir haben uns kurz kennengelernt letzte Weihnachten im Haus meiner Tante – Mrs. Formby. Ich bin ihr Neffe.«

»Ja. Ich erinnere mich. Mr. Clover, der Tod Ihrer Tante tut mir sehr leid ...«

»Wirklich? Das überrascht mich angesichts der Tatsache, wie sehr Sie davon profitiert haben.«

»Aber ...«

»Meine Tante war eine alte Dame und nicht im Vollbesitz ihrer geistigen Kräfte. Es war nicht schwer, ihr etwas abzuluchsen.«

»Aber ich wußte überhaupt nicht, daß sie krank war – ich habe sie nicht besucht – zu meinem großen Bedauern.«

»Nun, jemand anders hat sie besucht. Meine Frau war fast die ganze Zeit dort – hat sie gepflegt, wie es nur ein Familienangehöriger kann –, ich verstehe also nicht, wie es ihr gelang, sich mit ihrem Anwalt in Verbindung zu setzen und diesen undankbaren Nachtrag zu verfassen. Aber sie konnte sehr gerissen sein.«

»Damit hatte ich nichts zu tun. Woher – woher haben Sie meine Nummer?«

»Wollen Sie meine Töchter wirklich um ihre Ausbildung bringen? Glauben Sie wirklich, daß meine Tante das wollte?«

»Nein, ich …«

»Es wäre anständig von Ihnen, wenn Sie die Geige der Familie zurückgeben würden, ohne eine juristische Angelegenheit daraus zu machen, wozu ich, das versichere ich Ihnen, jederzeit bereit bin.«

»Bitte, Mr. Glover, ich liebte Ihre Tante. Ich möchte Bitterkeit vermeiden …«

»In diesem Fall rate ich Ihnen dringend, nicht zynischer- und selbstsüchtigerweise behalten zu wollen, was Ihnen nicht gehört, weder in ethischer noch in juristischer Hinsicht. Es ist klar, daß sie während der letzten Tage verwirrt und extrem beeinflußbar war.«

»Mr. Glover, ich habe sie nicht beeinflußt. Ich wußte nicht einmal, wie krank sie war. Sie schrieb mir einen freundlichen klaren Brief. Ich will an die Worte glauben, die sie schrieb.«

»Ja, ich bezweifle nicht, daß Sie das tun. Hat sie ihn unterschrieben?«

»Ja.«

»Tja, wenn die Unterschrift auf dem Nachtrag ein Maßstab ist, werden Sie sicher einsehen, auf welch schwachen Füßen Ihre Sache steht. Es ist das Gekritzel eines schwachsinnigen Kindes. Ja, sie war so daneben, daß sie einen Parkplatz als Ihre Adresse angegeben hat. Einen Parkplatz!«

»Bitte, Mr. Glover, sagen Sie so etwas nicht. Sie war eine Freundin. Wie kann ich aufgeben, was sie mir geschenkt hat?«

»Geschenkt? Geschenkt? Ich fürchte, Sie haben da was mißverstanden. Als sie noch im Vollbesitz ihrer geistigen Kräfte war, wollte sie Ihnen nichts schenken. Sie beabsichtigte, mit dem Verkaufserlös der Geige einen Fonds für mich und meine Töchter einzurichten, und ich weiß, daß sie Ihnen das auch mitgeteilt hat. Ich bin ein vernünftiger Mann, Mr. Holme. Ich mißbillige, was meine Tante getan hat, angesichts dessen, was wir für sie getan haben, aber ich verzeihe ihr, weil sie nicht mehr wußte, was sie tat. Ich muß Ihnen jedoch sagen, daß Sie, sollten wir in dieser Angelegenheit nicht zu einem Kompromiß kommen, sowohl die Geige als auch eine große Summe Geld für Gerichtskosten verlieren werden.«

Das sind keine leeren Drohungen, und Angst und Schrecken erfüllen mich. Und dann sind da noch die elenden, elenden Töchter: Kann ich ihnen wirklich nehmen, was von Rechts wegen ihnen gehört, und in Frieden leben? Was werde ich empfinden, wenn ich den Bogen hebe? »Was schlagen Sie also vor, Mr. Glover?« sage ich ruhig. »Was kann ich tun?«

»Ich habe eine Schenkungsurkunde für die Hälfte des Verkaufserlöses der Geige entworfen ... Ihre Unterschrift ist erforderlich. Dann kann sie verkauft und der Erlös gerecht geteilt werden.«

»Aber das kann ich nicht tun – ich kann meine Geige nicht verkaufen.«

»Ihre Geige. Wie ich sehe, haben Sie nicht lange gebraucht, um sie als Ihr Eigentum zu betrachten.«

»Die Geige. Die Geige Ihrer Tante. Wie immer Sie wollen. Ich liebe sie. Können Sie das nicht verstehen? Es würde mich umbringen, sie für Geld herzugeben.«

Er schweigt eine Weile und sagt dann kalt und verärgert: »Ich unterbreite Ihnen ein letztes Angebot, Mr. Holme, wirklich das allerletzte. Sie müssen meiner Familie zumindest die vierzig Prozent ihres Werts zurückerstatten, den Sie dem Rest der Hinterlassenschaft genommen haben.«

»Mr. Glover – ich habe nichts genommen ...«

»Sie haben sehr wohl etwas genommen, und zwar eine ganze Menge. Sind Sie sich darüber im klaren, was das Wort ›steuerfrei‹ bedeutet? Es bedeutet, daß Sie keinen Penny Steuer zahlen müssen, während der Großteil des Erbes – zu dessen Wert die Geige zählt – einer vierzigprozentigen Erbschaftssteuer unterliegt. Und Sie zahlen nichts, überhaupt nichts! In anderen Worten: Wir zahlen Ihre Steuer. Sie haben die juristische und moralische Pflicht, uns diesen Betrag zurückzuerstatten. Sie können doch nicht ernsthaft glauben – und erwarten, daß ein Gericht das glaubt –, daß meine Tante wollte, daß wir Sie unterstützen?«

»Ich weiß es nicht – ich weiß nicht, was ich glauben soll. Ich kenne mich mit diesen Dingen nicht aus.«

»Nun, dann schlage ich vor, daß Sie darüber nachdenken, aber nicht lange. Ich befinde mich im Haus meiner verstorbenen Tante. Sie haben die Telefonnummer. Wenn ich nicht innerhalb von vierundzwanzig Stunden von Ihnen höre, übergebe ich die Angelegenheit meinen Anwälten. Auf Wiedersehen, Mr. Holme.«

Ich stütze die Stirn auf die Hände. Ich betrete die schallgedämpfte Zelle nicht, in der die Geige liegt. Nach einer Weile gehe ich ins Schlafzimmer und starre an die Decke. Das Licht spielt auf der Wand; ein Hubschrauber knattert vorbei. Ich bin jetzt zu müde, um zu schlafen. Schließlich werde ich sie doch auf die eine oder andere Art verlieren. Mrs. Formby, da Sie mich lieben, sagen Sie mir, was ich tun soll.

8.24

Ich rufe Varms & Lunn an und spreche mit Mr. Varms, der wesentlich nasaler klingt, als ich es vom Verfasser des Briefes erwartet hätte. Ich danke ihm und sage, wie sehr mich sein Brief überrascht hat.

»Mrs. Formby dachte schon, daß Sie so reagieren würden«, sagt er.

»Sie haben sie im Krankenhaus besucht. Hatte sie große Schmerzen – oder Probleme?«

»Ein paar Probleme. Keine großen Schmerzen. Nach ihrem ersten Schlaganfall bestand sie darauf, so schnell wie möglich nach Hause zurückzukehren. Sie starb zu Hause – oder vielleicht im Krankenwagen, in dem sie geholt wurde. Wie in solchen Fällen üblich, starb sie sehr schnell.«

»Darüber bin ich froh.«

»Aber nicht, wenn Sie verstehen, was ich meine, zu schnell. Sie hatte noch Zeit, Inventur zu machen und ihre Dinge zu ordnen.«

»Ja. Ich verstehe … Mr. Varms, ich weiß nicht, wie ich mich ausdrücken soll. Gerade wurde ich angerufen …«

453

»Ja?« Mr. Varms' nasale Stimme klingt vor Aufmerksamkeit fast wie
eine Oboe.

»Von ihrem Neffen, einem Mr. ...«

»Glover. Ich kenne den Herrn.«

»Er behauptete, ich hätte kein Recht auf das Instrument. Er sagte
ein paar Dinge ...«

»Mr. Holme, ich war besorgt, daß er sich versucht fühlen würde,
derartiges zu tun, weswegen ich meinen Brief so formuliert habe,
wie ich es tat. Ich will Ihnen versichern – ähm, nochmals versichern, daß seine Drohungen und Behauptungen völlig haltlos sind.
Er hat sie auch mir ausführlich dargelegt, und ich konnte ihn nur
mit Mühe davon abbringen, sie dem Gericht zu präsentieren. Er
wollte den Nachtrag anfechten, der wie üblich von zwei unabhän-
gigen Zeugen unterschrieben wurde, einer davon Mrs. Formbys
Arzt. Ich erklärte Mr. Glover, wie teuer ihn die Sache zu stehen
kommen könnte, wie wahrscheinlich es wäre, daß andere Teile des
Testaments seiner Tante dadurch in Zweifel gezogen würden, daß
sich deswegen die Testamentsvollstreckung verzögern könnte, wie
vehement die Zeugen und ich seine Anfechtung bekämpfen würden und wie gering seine Aussichten auf Erfolg wären. Ich habe mir
die Freiheit genommen und ihn, ähm, darauf hingewiesen, daß Mrs.
Formby ihre Absichten in ihrem Brief an Sie noch einmal unzwei-
deutig klargemacht hat, wiewohl ich Ihnen versichere, daß ich ihn
den Brief nicht habe lesen lassen. Ich kenne den Inhalt ja auch nur,
weil sie selbst nicht mehr schreiben konnte.«

»Mr. Varms, ich hatte ja keine Ahnung. Sie waren sehr freundlich ...«

»Überhaupt nicht, das versichere ich Ihnen. Ich tue nur meine
Pflicht als Mrs. Formbys Testamentsvollstrecker – und als Verfasser
ihres Letzten Willens gemäß ihren Anweisungen. Hatte er sonst
noch etwas zu sagen?«

»Er sagte, daß ich ihm zumindest die Steuern zurückerstatten soll,
die er gezahlt hat. Es wäre meine juristische und moralische
Pflicht ...«

»Mr. Holme, diese juristische Pflicht gibt es nicht. Was die Moral

454

angeht, kann ich Ihnen nicht raten, aber ich darf Sie davon in Kenntnis setzen, daß es sich um kein geringes Erbe handelt. Mr. Glover, als der zweite Begünstigte, wird eine Menge Geld erben, mit oder ohne Steuern. Und wie ich aus seinem, ähm, durchaus selbstbewußten Auftreten schließe, nagt er auch sonst nicht am Hungertuch.«

Ich muß lachen, Mr. Varms ebenfalls.

»Sie mögen Mr. Glover also nicht besonders«, sage ich.

»Nun, er sprach ziemlich geringschätzig über seine Wohltäterin, nicht gerade ein sympathischer Zug.«

»Hoffentlich war er nicht unhöflich zu Ihnen.«

»Nach unserer ersten Begegnung war er überhöflich. Ja, schmeichlerisch, wie man es häufig bei Menschen antrifft, deren Drohungen sich als unwirksam erweisen. Übrigens, da ist noch etwas, wovon ich Sie in Kenntnis setzen sollte. Es war nicht Mrs. Formbys Absicht, Ihnen fünfzig oder sechzig Prozent oder einen anderen Anteil der Geige zu vermachen. Sie war, wenn ich so sagen darf, eine sehr scharfsinnige Dame und wußte, daß jedes Darlehen, das Sie aufnehmen müßten, ihren Absichten zuwiderliefe, die darin bestehen, wenn ich mich salopp ausdrücken darf, Sie glücklich und nicht zum Schuldner zu machen. Nun, ich habe Ihren Anruf erwartet, Mr. Holme, aber Sie verstehen hoffentlich, warum ich Sie nicht vor dieser Sache warnen konnte. Sollte er seine Drohungen in die Tat umsetzen, kann ich Sie selbstverständlich nicht vertreten, aber ich nenne Ihnen gern eine andere Anwaltskanzlei. Ich glaube jedoch nicht, daß das nötig sein wird. Ich vermute, daß eine entschiedene Reaktion Ihrerseits diese ärgerlichen Behauptungen aus der Welt schaffen wird. Mrs. Formby war entschlossen, diesen Nachtrag anzufügen, und sie verstand jedes Wort davon. Ich hoffe, Sie haben Freude an der Geige.«

»Danke, Mr. Varms. Ich weiß nicht, was ich sagen soll. Vielen herzlichen Dank.«

»Nichts zu danken.«

»Mögen Sie Musik, Mr. Varms?« frage ich, ich weiß nicht, warum.

»O ja, ich mag Musik sehr.« Mr. Varms klingt plötzlich aufgeregt und scheint das Gespräch rasch beenden zu wollen. »Ähm, gibt es sonst noch etwas? Falls ja, bitte melden Sie sich.«

»Sonst gibt es nichts. Noch einmal vielen Dank.«

»Auf Wiedersehen, Mr. Holme.«

8.25

Mrs. Formby:

Ich weiß, Sie sind tot und können diese Zeilen nicht lesen. Ich wünschte, ich hätte von Ihrem Schlaganfall gewußt.

Mein Leben war dabei, ins Elend abzugleiten. Danke, daß Sie mich nicht vergessen und angenommen haben, daß auch ich Sie nicht vergessen habe, obwohl ich Sie nicht besuchte.

Ich werde jedes Jahr zur richtigen Zeit nach Blackstone Edge fahren. Ich werde Ihre Geige mitnehmen, wann immer ich in den Norden fahre.

Ich habe Sie nie gefragt, wo oder von wem Sie sie kauften. Diese Geschichte geht mit Ihnen zu Ende.

Ich kann jetzt nichts mehr für Sie tun, aber das, was Sie für mich getan haben, wird andauern, bis auch ich sterbe.

Wenn es soweit ist, möge mir die Erinnerung an Sie raten, in wessen Hände ich sie übergeben soll.

Beide, Ihr Freund und Ihre Geige danken Ihnen – aus ganzem Herzen und aus dem Stimmstock.

8.26

Eines Nachts wache ich schweißgebadet auf, das Blut rauscht mir in den Ohren.

Ich habe geträumt. Ich befand mich in einer U-Bahnstation, Holborn, glaube ich. Ich stand unten vor einer Rolltreppe und spielte auf meiner Tononi. Auf der Rolltreppe fuhren Gruppen von Fremden nach unten, dazwischen immer wieder paarweise Leute, die ich kannte. Billys Sohn Jango kam Hand in Hand mit Mrs. Formby vorbei. Sie warf eine Münze in meinen Hut und unterhielt sich weiter mit Jango. Ich wußte im voraus, daß Carl kommen würde, und da war er, zusammen mit seinem Schützling Virginie. Er nickte mir zu und sagte etwas durch bläuliche Lippen. Sie wirkte glücklich und ging wortlos an mir vorbei.

Ich spielte lange langsame Akkorde auf leeren Saiten. Wenn ich einer Quinte überdrüssig war, ging ich zu einer anderen über. Julias Mutter, die auf dem Kopf ein Diadem und unter dem linken Arm Carpaccios Hund trug, fuhr herunter, mit Handschellen an die Polizistin aus dem Holland Park gefesselt. Hatte sie gegen eine Quarantäneregelung verstoßen? Ich wußte, daß all das vorübergehend war, daß ich es in jedem Moment abstellen konnte. Ich war zwar Teil des Traums, aber auch der Träumer.

Aber während die Paare an mir vorbeizogen, bisweilen von vielen Fremden unterbrochen, wurde ich zunehmend angespannt. Ich war hin- und hergerissen zwischen Hoffnung und Angst, weil ich dachte, daß ich auch Julia sehen würde, und nicht wußte, wer bei ihr wäre. Aber sie war nicht unter den vielen langweiligen Leuten aus meiner Vergangenheit, Cousins und Mathematiklehrer und Musikerkollegen, und mich verließ der Mut.

Ich betrat die Rolltreppe nach oben, um sie zu suchen. Oben hielt die Rolltreppe an und setzte sich dann erneut in Bewegung, diesmal nach unten. Während ich hinunterfuhr, wurde sie immer schmaler und dunkler, und ich war allein. Alle anderen waren verschwunden, und abgesehen von der Musik, die ich ununterbrochen machte, war es still. Die Rolltreppe fuhr tiefer und tiefer in die Erde, vorbei an der Stelle, an der sie zuvor geendet hatte; ich konnte nichts tun, um sie anzuhalten. Ich spielte nicht länger die drei ruhigen Akkorde, sondern eine bezwingende, furchterregende Musik, die ich nur langsam als meine einzige, ohne Begleitung gespielte Linie aus der »Kunst der Fuge« wiedererkannte.

Ich erstickte fast und schluchzte laut. Aber ich konnte weder die Musik noch die Rolltreppe stoppen. Die Geige spielte besessen weiter wie ein verhexter Besen, und wenn nicht unten auf der wirklichen Straße die Alarmanlage eines Autos losgegangen wäre und die Hülle meines Traums durchdrungen hätte, wäre ich immer weiter in eine unendliche Nacht hinabgefahren.

8.27

Man soll es nicht dramatisieren. Es ist nur Liebe, nicht das Leben. Wie weit reicht diese Maßlosigkeit, diese Sensibilisierung? Sie wird dich nicht daran hindern, deinen Lebensunterhalt zu verdienen. Gereicht all das deiner Geige zur Ehre? Was diejenigen anbelangt, die du verloren hast, berücksichtige, was sie glücklich macht. »Um Himmels willen, Michael, hast du ihr nicht schon genug weh getan?«

Soll dein Körper sich bewegen, wenn deine Gedanken beruhigt sind. Schwimm. Nein, ich komme jetzt wie sie mit Menschenmengen nicht mehr zurecht. Aber wenn ich in einem Orchester mitspiele, komme ich zurecht, oder? Was ist mit Spaziergängen? Gehe, was du gehen kannst. Gehe irgendwohin, wenn du nirgendwo hingehen mußt. Es ist fünf Uhr morgens, aber das ist das winterliche London, es gibt keine venezianische Dämmerung. Die, die die Nacht hinter sich haben, treffen die, die den Tag vor sich haben. Ich höre Schritte hinter mir, aber ich schaue mich nicht um, und sie sind plötzlich fort.

Denke an deine Schüler. Aber das tue ich doch. Ich verbringe Stunden vor, während und nach dem Unterricht damit, daß ich über Elizabeths Haltung des Handgelenks, Jamies Arpeggios und Clives

Fähigkeit, vom Blatt zu spielen, nachdenke. Ich bringe nicht den Willen auf, ungeduldig zu sein.

»Warum ist die schöne Frau nie mehr hier, Michael?« sagt Jamie kichernd, der mittlerweile die Geige liebt, wer weiß, warum. »Jessica, ja, ich habe ihren Namen nicht vergessen.«

»Sie kommt nicht jeden Tag, Jamie.«

»*Muß* ich das bis zum nächstenmal vorbereiten?«

»Ja«, sage ich und denke an Carl. »Du *mußt.*«

Ich lächle ihn an, und er lächelt überrascht zurück.

An den Abenden, an denen ich nicht arbeite, lese ich, da ich nichts mit meinen Kollegen oder für sie vorbereiten muß. Das ist ein anderes Leben, eins, in dem die Fenster nach Norden hinausgehen. Das Licht ist mild und blendet nicht.

Ich stoße auf diese Zeilen, an die ich mich noch vage aus meiner Schulzeit erinnere. Es muß zwanzig Jahre her sein.

> Doch niemals einer fand den andern,
> Daß dies das Herz von Schmerz befreit –
> Getrennt sie standen, und entzweit,
> Wie Klippen – trennend tief die Ritze;
> Jetzt trüb ein Meer fließt zwischen jenen;
> Jedoch nicht Hitze, Frost, noch Blitze
> Kann völlig löschen, muß ich wähnen,
> Die Narben-Spuren des Gescheh'nen.

Ich gehe nicht mehr zu Tricia. Eine sexlose Ruhe: Diese Gunst zumindest wird mir zuteil.

8.28

In der Nähe der griechischen Kirche sind die Bäume immergrün.

»Persistent«, nannte Virginie sie.

Die Kinder von Archangel Court drücken auf alle Knöpfe des Aufzugs. Kichernd warten sie darauf, daß ich ihnen Vorhaltungen mache, und sind enttäuscht, als sie merken, daß ich es nicht eilig habe.

Das Mädchen bei Etienne's nimmt allen Mut zusammen und fragt mich, warum ich immer sieben Croissants kaufe, und erklärt mir dann, daß man sie nicht einfrieren sollte.

Rob hat am Mittwoch zehn Pfund in der Lotterie gewonnen und gibt den Gewinn für weitere Lose aus.

Mrs. Goetz meint, ich solle an einem Samstagabend, wenn ich nicht arbeiten muß, mit ihr in ein Obdachlosenheim gehen.

Dave die Wasserschlange läuft mir auf dem Queensway über den Weg. »Hallo, Mike, wohin bist du denn verschwunden?«

Aber ich bin nicht verschwunden. Ich bin hier und beobachte, was in der Welt vor sich geht.

Eines Morgens klingelt das Telefon.

»Michael Holme?«

»Am Apparat.«

»Fisher. Justin Fisher.«

Der Name – die Stimme – der lästige Fan!

»Es war sehr verstörend gestern abend«, fängt er ganz unvermittelt an. »Vollkommen hoffnungslos! Aber es hat keinen Zweck, es ihnen zu sagen. Ein Boccherini-Aufguß. Sie behaupten, daß sie Sie nicht hinausgeworfen haben. Es war eine junge Frau – leider überhaupt nicht zu vergleichen mit Ihnen: wie Nierenfett nach einem Soufflé. Nein, nein, nein, so geht es nicht. Bedenken Sie doch, was Sie der Kunst schuldig sind. Und sie haben mir erzählt, daß Sie viel mit der Camerata Anglica machen – allein der Name, halb italienisch, halb lateinisch!«

»Mr. Fisher ...«

»Im Kaiser-Quartett haben sie immer wieder gestimmt und ge-stimmt, und das hat mir die Laune verdorben. Natürlich sind sie durcheinander. Wie kann man mit einem wunden Daumen oder einem wunden Herzen spielen? Neulich habe ich mit einem Gei-genbauer gesprochen, der behauptet, daß er Sie kennt. Lassen Sie ihn in Ruhe, sagte er. Quartette halten länger durch als Geiger, und am längsten halten Geigen. So ein Zynismus. Aber so ist die Welt heutzutage. Ich dachte: Meint er es nach außen hin ernst, und ist er im Kern verrückt? Oder umgekehrt? Wie auch immer, ich habe ihn nicht ganz verstanden. Da dachte ich, ich versuche es mit dem Telefonbuch. Unterbrechen Sie mich, wenn ich zuviel rede. Gähnen Sie etwa?«

»Überhaupt nicht. Ich war gerade dabei ...«

»Mehr wollte ich sowieso nicht sagen«, unterbricht er mich gereizt. »Ich werde nicht mehr von Ihrer wertvollen Zeit beanspruchen. Aber wenn ich Sie nicht anstelle des Nierenfetts sehe, kann ich Ihnen versprechen, daß ich keine verbrannten Opfergaben mehr vor dem Altar des Maggiore niederlegen werde. Kehren Sie zurück, und zwar sofort! Auf Wiedersehen.«

8.29

Lebe ich auf einer Insel? Zeit ist vergangen: Sekunden, Stunden, Monate. Der Tag, an dem ich sie letztes Jahr wiedersah, ist vorbei. Es ist jetzt Dezember. Ich gehe spazieren, bemerke aber weniger von der kahlen Umgebung. In der Lobby von Archangel Court schmückt Mrs. Goetz den Weihnachtsbaum. Wer hängt die Kugeln an die Hansen-Tanne? Sie? Oder sie und er? Oder beide und Luke?

Ich nehme zu meinem eigenen Erstaunen die Einladung zu Nicholas Spares Party an. Im Zweifelsfall kann ich wieder gehen, ohne Aufsehen zu erregen. Keiner von den anderen wird dort sein. Piers wird bestimmt nicht eingeladen sein. Vor meiner Reise nach Norden sind Hackfleischpasteten, verhunzte Weihnachtslieder und die Gesellschaft von Menschen, die ich kaum kenne, genau das richtige für mich. Das zumindest stimmt: Wo ich einst litt, quält mich heute nichts mehr.

Es ist nicht so kalt, wie es sein sollte. Ein, zwei Stunden oder länger spiele ich Tonleitern auf meiner Geige. Dabei kann ich mich konzentrieren, es tröstet mich, es verscheucht die Gedanken. Manchmal sehe ich Gesichter vor mir: darunter das meiner Mutter, das meines ersten Geigenlehrers, ein junger Mann, der selbst ganz erpicht auf Tonleitern war.

In der Lobby begegne ich meinen Nachbarn und denke: Was für ein Unglück verbergen die lächelnden Gesichter? Welches Glück verbirgt sich hinter dieser traurigen Miene? Warum sollte ersteres wahrscheinlicher sein als zweiteres? Wird erzwungenes Lachen das Herz zu Gummi verhärten?

8.30

Nicholas Spare hat Piers das letztjährige Vergehen vergeben, warum wäre er sonst auf dieser jährlichen Party? Und Piers hat Nicholas anscheinend die heftige Attacke gegen die Forelle verziehen.
Dieses Jahr gibt es nicht roten Punsch, sondern weißen Wein. Piers wirkt bereits betrunken. Bevor mir etwas einfällt, was ich sagen könnte, ist er bei mir und drängt mich an die Wand.
»Michael!«
»Mein lieber Junge!« murmle ich, weil mir in meiner Verlegenheit nur die Nachahmung bleibt.
»Also bitte, mach dich nicht über unseren Gastgeber lustig. Dieses Jahr ist er depressiv, nicht aggressiv.«
»Ach ja? Warum?«
»Er sucht vergeblich nach Liebe, sogar in Hampstead Heath.«
»Oh, dann ist es ernst«, sage ich. »Und wie geht es dir? Wie geht es euch allen?«
»Michael, komm zurück.«
Ich seufze und trinke mein Glas aus.
»Na gut, na gut«, fährt Piers fort. »Im Augenblick will ich dich nicht drängen. Aber wie ist es dir ergangen? Seit Ewigkeiten läßt du dich nicht mehr blicken. Niemand weiß, ob du tot bist oder noch am Leben. Warum versteckst du dich? Kannst du uns nicht wenigstens besuchen? Helen ist deprimiert. Sie vermißt dich. Das tun wir alle. Sie hat es aufgegeben, dich anzurufen, nachdem du auf ihre Nachrichten nicht reagiert hast. Was gibt es bei dir Neues?«
»Die guten Neuigkeiten? Oder die schlechten?«
»Die guten. Spar dir die schlechten für unser nächstes Treffen auf.«

462

»Ich habe eine Geige.«

»Großartig. Was für eine?«

»Eine Tononi.«

»Carlo?«

»Ja.«

»Wie deine alte.«

»Es ist meine alte.«

»Du hast sie gekauft? Wie konntest du dir das leisten?«

»Piers, sie wurde mir geschenkt.«

»Geschenkt? Wie das? Von der alten Schachtel in Yorkshire?«

»Sprich nicht so über sie.«

»Entschuldigung. Entschuldigung.« Piers hebt beide Hände und verschüttet etwas Wein auf seine Hemdbrust.

»Sie ist gestorben. Und hat sie mir vermacht.«

»O Scheiße!« sagt Piers. »Alle erben was, nur ich nicht. Ach, ich mein das nicht so. Ich freue mich wirklich für dich. Wirklich. Auf die alten Schachteln. Mögen sie alle schnell sterben und ihr Geld hungernden Geigern hinterlassen.« Er hebt sein Glas.

Ich lache und, Verräter der ich bin, hebe meines.

»Eigentlich sollte ich mich nicht beschweren«, sagt Piers. »Ich habe auch eine Geige. Zumindest glaube ich das.«

»Was für eine?«

»Eine Eberle. Eine außergewöhnlich gute.«

Ich lächle. »Herzlichen Glückwunsch, Piers. Nachdem wir bei Denton's waren, habe ich mich wirklich mies gefühlt. Die Eberle stammt aus Neapel, oder? Oder aus Tschechien? Gab es nicht auch einen tschechischen Eberle?«

»Keine Ahnung. Meine ist aus Neapel.«

»Ach, übrigens, Mrs. Formby lebt – lebte – in Lancashire, nicht in Yorkshire.«

»Nur damit alles klar ist?«

»Genau.«

Piers lacht. »Siehst du? Wir können doch miteinander reden. Du mußt sie hören, Michael. Sie hat einen wunderschönen Ton – ausgeglichen auf allen Saiten, warm, aber klar. Sie klingt erstaunlich in

E-Dur, wenn du dir das vorstellen kannst. Auf komische Weise ist sie das Gegenteil von der Rogeri. Vielleicht hätte die mir zuviel Resonanz gehabt. Besonders für die Aufnahme des Bach.«

»Hast du sie von einem Händler oder von einer Auktion?«

»Weder noch«, sagt Piers. »Es ist eine sonderbare Geschichte. Ich komme mir ein bißchen vor, als hätte ich vom Pech eines Freundes profitiert. Luis. Du kennst doch Luis, oder?«

»Nein.«

»Ach?« Piers scheint überrascht. »Na ja, wie auch immer, er war gezwungen, sie zu verkaufen, und hat sie mir angeboten, weil er auf diese Weise keine Händlerprovision zahlen muß. Er hatte eine großen Kredit aufgenommen, um sie zu kaufen, und konnte aus allen möglichen Gründen den Rückzahlungen nicht mehr nachkommen. Der endgültige Schlag für ihn war, als ihn das LSO hängenließ.«

»Wie das?« frage ich und bin zutiefst dankbar, über das London Symphony Orchestra und den mir unbekannten Luis zu reden statt über die Bach-Aufnahme.

»Also«, sagt Piers, »der alte Luis hat vorgespielt, hat seine Sache gut gemacht und bekam das Angebot, auf Probe am zweiten Pult der ersten Geigen zu spielen. Seine erste echte Chance, mit ihnen zu spielen, war eine Tournee in Japan und ein paar damit in Zusammenhang stehende Konzerte in London die Woche davor. Er hat ein paar ziemlich lukrative Jobs dafür sausen lassen: der arme unbedarfte Südländer, er war schon immer in das LSO verliebt. Dann, keine vierundzwanzig Stunden bevor sie spielen sollten, rief ihn jemand vom Vorstand an und teilte ihm mit, daß sie die Stelle in der Woche zuvor besetzt hatten, aber Luis könne mitkommen, wenn er wolle. Kein Wort des Bedauerns, keine Entschuldigung – nichts.«

»Was für Gründe haben sie angegeben?« frage ich, plötzlich wirklich interessiert.

»Offenbar spielten schon seit einer Weile zwei andere Geiger auf Probe für diese Stelle, und der Vorstand war ›unter Druck‹ und mußte zwischen diesen beiden entscheiden, ohne Luis berücksichtigen zu können.« Piers versucht die Anführungszeichen mit den Händen zu machen – eine riskante Prozedur.

464

»Aber warum haben sie ihm in diesem Fall überhaupt angeboten, auf Probe zu spielen? Oder ihn für die Tournee zu verpflichten?« frage ich.

»Keine Ahnung. Frag sie. Ihr Vorstand besteht aus Leuten wie du und ich, gewöhnliche unterdrückte Musiker, die glauben, daß die Welt sie mies behandelt.«

»Warum hat er nicht die Augen zugemacht und ist mitgefahren, wenn ihm das Geld so wichtig war?«

»Genau das habe ich ihn auch gefragt. Ich hätte es vermutlich getan. Schließlich geht es überall schäbig zu, und es gibt Schlimmeres. Aber er sagte, er hätte auch seine Ehre und er wolle nicht anfangen, das Orchester zu hassen, dessen Klang er liebt, seitdem er zum erstenmal seine Viertelgeige in die Hand genommen hat. Vielleicht hat er recht. Wenn wir alle ein bißchen mehr Stolz hätten, würden sie uns vielleicht besser behandeln … Ach, weiß Gott. Vermutlich ist es kein Spaß, beschissen zu werden, auch nicht von seinem Lieblingselefanten. Und außerdem war es nur der Tropfen, der das Faß zum Überlaufen brachte. Wie auch immer, ich habe zu Luis gesagt, daß ich die Eberle liebe und daß ich sie ihm sofort abkaufe, aber wenn er sie innerhalb von sechs Monaten zurückkaufen will, kann er das. Er hat edelmütig protestiert und irgendwas dahergeplappert, aber ich sagte, er soll den Mund halten – ich käme mir vor wie ein Scheißkerl, wenn ich ihm diese Möglichkeite nicht bieten würde. Aber ich habe dem armen Kerl auch gesagt, daß ich nach sechs Monaten eine so tiefe Bindung mit ihr eingegangen wäre, daß ich sie nicht mehr hergeben könnte. Tiefe Bindung! Ich rede schon wie Helen.«

»Es dauert wirklich, bis man dich kennt, Piers.«

»Das ist eine freundliche Bemerkung von jemandem, der seit sechs Jahren mit mir verheiratet ist.«

»Mittlerweile geschieden.«

»Ja.«

Die Verschnaufpause ist zu Ende. Es führt kein Weg mehr daran vorbei.

»Und was für eine Bindung sind meine anderen Ehegesponse mit

der neuen zweiten Geige eingegangen?« frage ich so beiläufig wie
möglich. Es klingt nicht beiläufig, sondern nahezu kalt hingeworfen, ungerecht. Auf das Trauma der Scheidung folgte für sie direkt
das Trauma des Werbens, des Verlobens und der Mußheirat.

Piers holt tief Luft. »Wir haben es mit ein paar Leuten versucht,
mehr Frauen als Männer. Ich dachte, Helen wollte, daß alles beim
alten bleibt, aber im Gegenteil. Sie will nicht, daß wir einen Mann
an deine Stelle setzen. Sie schreit mich ständig an. Sie hat sich sogar
von Hugo getrennt, Gott sei Dank. Sie ist noch immer durcheinander ... Wegen der Aufnahme können wir es natürlich nur mit
Leuten versuchen, die auch Bratsche spielen.«

»Und Stratus?« frage ich und umgehe, wozu ich nichts zu sagen
habe.

»Sie waren anständigerweise damit einverstanden, den Vertrag beizubehalten«, sagt Piers. »Aber die ›Kunst der Fuge‹ bringe ich mit
dir in Verbindung, Michael. Das tun wir alle. Nicht nur weil du ein
phantastischer Musiker bist, sondern weil du zu uns gehörst. Keine
Ahnung, wie wir ohne dich das Gefühl dafür kriegen sollen. Die
anderen spielen mit uns auf Widerruf. Sie sind alle irgendwie okay,
besser als okay, aber die Tonleiter konnten wir mit keinem spielen.«

Ich spüre, daß in meinen Augen Tränen brennen.

Eine weitere ausholende Geste, mehr verschütteter Wein. »He, Michael, reiß dich zusammen, ich will dich nicht zweimal an einem
Abend durcheinanderbringen.«

Ich schaue einen Augenblick lang weg.

»Du bist ein mieser Egoist«, sagt Piers plötzlich.

Ich entgegne nichts. Ich habe sie im Stich gelassen. Wenn die
»Kunst der Fuge« platzt, wird Helen mir dann je verzeihen?

»Es ist noch immer alles offen«, sagt er. »Gerade noch. Wir können
nicht viel länger mit einer zeitweiligen zweiten Geige spielen. Und
wir können die zweiten Geigen nicht viel länger hinhalten. Das ist
nicht fair.«

»Nein.«

»Wir müssen Ende Januar entscheiden.«

»Ja. Also ...«

»Michael, sag mir eins. Ist es nur die ›Kunst der Fuge‹? Es ist doch nicht so, als könntest du überhaupt nicht mehr spielen, oder?«

»Ich weiß es nicht. Ich weiß wirklich nicht, was es ist. Ich wünschte, ich wüßte es. Die sechs Jahre, die ich mit euch zusammen war, möchte ich um nichts in der Welt missen. Als ich dich heute abend hier sah, wäre ich am liebsten gegangen. Ich wußte, daß ich das Thema nicht vermeiden kann, aber jetzt haben wir darüber gesprochen. Also bitte, Piers, laß uns das Thema wechseln.«

Er sieht mich kalt an. »Na gut. Billys Sohn hatte vor ein paar Wochen Menengitis.«

»Was? Jango? Menengitis?«

Piers nickt.

»O nein. Ich kann's nicht glauben. Geht es – geht es ihm wieder gut?«

»Na ja, du hast dich so lange aus der Welt zurückgezogen, wie sollst du wissen, was du glauben kannst oder nicht? Ja, es geht ihm wieder gut. An einem Tag war er völlig okay, am nächsten wäre er beinahe gestorben. Billy und Lydia waren fix und fertig. Sie haben sich immer noch nicht erholt. Aber der kleine Kerl ist wieder vollkommen gesund – als ob er nie krank gewesen wäre.«

»Piers, ich muß hier raus. Ich muß spazierengehen und frische Luft schnappen. Ich glaube nicht, daß ich die Weihnachtslieder ertragen kann.«

»Wer kann das schon!«

»Ich bin ein mieser Egoist.«

»Ein mieser Egoist? Warum das denn?« Piers blickt ungeheuchelt überrascht drein. Aber hat er mich nicht genau das vor einer Minute genannt?

»Ich weiß nicht«, sage ich. »Ich glaube, ich will keine tragischen Geschichten mehr hören. Und wie geht es Billy sonst? Ich meine, abgesehen davon.«

»Abgesehen davon, Mrs. Lincoln, wie hat Ihnen das Stück gefallen?‹«

»O Mann, Piers.«

»Er hat uns sein Stück aufgebürdet.«

»Oh. Und?«

»Du wirst erst wissen, wie es ist, wenn du zu uns zurückkommst. Oder sollte ich sagen ›falls‹?« Piers beäugt mich zynisch. »Wenn ich länger darüber nachdenke, ist es vielleicht etwas, was dich davon abhalten könnte.«

Ich lache. »Ich – also, ich vermisse euch alle. Sogar der lästige Fan fehlt mir. Wann ist euer nächstes Konzert? Nein, nicht euer nächstes – ich werde bis zum dreißigsten in Rochdale bleiben –, ich meine euer übernächstes.«

»Am zweiten Januar – im Purcell Room. Aber soll am dreißigsten nicht …«

»Ja.«

»Du gehst also nicht hin, um sie zu hören?«

»Nein.«

»Was ist am dreißigsten in Rochdale los?«

»Nichts.«

»Nein, sechs Jahre reichen vielleicht nicht, um jemanden zu verstehen«, sagt Piers und schaut mich besorgt an.

8.31

Der Wind raschelt elektrisch in den Pappeln. Die Schwäne fauchen mich an. Sie schwimmen zwischen den Eisschollen im Round Pond, und der Himmel ist so blau wie im Sommer.

Scheiben aus Eis, matt und klar. Der Wind treibt sie an das südliche Ufer. Sie schieben sich übereinander, geben etwas nach und brechen. Sieben Schichten dick, halb gestrandet, liegen sie da durchsichtig wie Glas und knarzen und bewegen sich, während der Wind das Wasser peitscht.

Nein, nicht wie eine ungeölte Tür; mehr wie ein altes Boot. Oder nein, das ist es nicht, nicht genau. Wenn ich diese Oberflächen nicht sehen würde, könnte ich das Geräusch dann deuten? Knarzen, Wellen schlagen, verschieben, nachgeben, knistern, seufzen: So etwas habe ich nie zuvor gehört. Es ist ein leises Geräusch, sachte, intim.

Das ist die Stelle, an der ich erfuhr, daß sie nicht hören kann. Ich breche ein Stück ab; es schmilzt in meiner Hand. Ich traf sie im Winter und verlor sie, bevor der Winter kam.

Nein, an diesem Tag werde ich nicht hier sein, nicht erreichbar für den Klang.

Das Eis bewegt sich wie eine Haut auf den Wellen des Sees, und die Schwäne schwimmen ohne Mühe auf dem winterlichen Wasser.

8.32

Wieder fahre ich von Euston aus nach Norden.

Die meiste Zeit schlafe ich. Mein Ziel ist, in der Ausdrucksweise der Durchsagen, wo der Zug endet.

Es ist ein kalter Vormittag, drei Tage vor Weihnachten. Ich verbringe einen Tag in Manchester, um meine Lieblingsorte aufzusuchen, und werde am Abend nach Rochdale weiterfahren.

In der Bibliothek gebe ich die Partitur zurück. Ich schließe die Augen, während sich ein blinder Mann mit seinem Stock vorantastet, die Krümmung der Wand entlang.

In der Kathedrale berühre ich die Tiere, die in die Miserikordien geschnitzt sind, Einhörner und Drachen.

In der Nähe der Bridgewater Hall lege ich die Hand auf den riesigen runden Probierstein und schaue in das Becken, das der Kanal unterhalb von mir bildet.

Was hält mich in London? Warum kehre ich nicht nach Hause zurück?

Nichts, was mir am Herzen liegt, hält mich jetzt noch in London. Alle die, die mich lieben, sind gestorben oder sehr alt. Dad und Auntie Joan leben in Rochdale. Noch bevor ich ins College ging, kam ich nach Manchester. Auch wenn meine Sprechweise kaum mehr vom Dialekt geprägt ist, entspannen sich meine Ohren, sobald ich hier bin: Sie sind zu Hause mit Bacup und Todmorden und den anderen Namen, die Auswärtige falsch aussprechen.

Wenn ich in Manchester oder Leeds oder Sheffield leben würde, könnte ich mehr Zeit mit ihnen verbringen – ein Wochenende im Monat, vielleicht auch mehr, nicht drei- oder viermal im Jahr ein paar ungewisse Tage. Ich könnte meine Wohnung verkaufen und hier eine billigere kaufen. Aber warum dann nicht gleich nach Rochdale ziehen, mit den Mooren darum herum, wo es keine Parkpolizei gibt, die verfügt: Betreten verboten, Singen verboten, Freuden- und Schmerzensschreie verboten, Berühren der Steine verboten, Verfüttern von Plumpudding an Lerchen verboten.

Nein, nicht Rochdale mit seiner Stabilbaukastengilde, den Trokkenmauern, den Federballspielern, dem Club der Deutschen-Kurzhaarpointer-Besitzer. Nicht Rochdale, dem das Herz herausgerissen wurde, nicht Rochdale mit dem kleinen Marktplatz, den toten Straßen meiner Kindheit, die zu vertikalen Slums verkommen sind. Nicht Rochdale, von wo aus ich in die Stadt, in der ich arbeite, fahren müßte.

Welche Arbeit? Das Hallé vielleicht, das die Elefantenarena meiner Kindheit mit magischem Klang erfüllte? Ein bißchen Unterrichten, vielleicht in meinem alten College? Musik mit einem Trio, das ich gründen könnte? Ich habe früher ein Trio gegründet, ich könnte es wieder tun. Wer würden der Pianist und der Cellist sein? Es gibt nur ein Werk, das ich nie spielen würde.

London ist ein Geigendschungel. In seiner Traurigkeit, in seiner Geschäftigkeit finden sich die unterschiedlichsten Brosamen. Aber ich habe aufgehört, im Serpentine zu schwimmen, und bin kurzatmig geworden. Wenn es je mein Zuhause war, so ist es das nicht mehr.

Ich umarme den Probierstein. Ich presse die Stirn und das Gesicht dagegen. Er gibt keine schnelle Antwort. Er ist sehr glatt, sehr kalt und zuinnerst sehr alt. Schnee fällt und wirbelt über das Becken des Kanals.

8.33

Es ist ein ruhiges Weihnachten. Hin und wieder schneit es. Zsa-Zsa liegt in dem Garten begraben, in dem sie einst auf die Jagd ging. Man Vater hat diffuse Ängste, dann ist er wieder gut gelaunt. Ich fahre mit meinem weißen Mietauto zum Einkaufen und bekomme einen unweihnachtlichen Strafzettel. Auntie Joan kocht wie gewöhnlich ein üppiges Mahl. Wir reden über dies und das. Ich sage nicht, daß ich daran denke umzuziehen.

Dann fahre ich im Schneegestöber spazieren.

Der Friedhof ist in Weiß getaucht: die Gräber, die Grabsteine, die Blumen, die vor ein paar Stunden erst hingelegt wurden. Ich verliere die Orientierung: Wurde eine Hecke verpflanzt, oder ist es der Schnee, der mich verwirrt? Aber da ist er: eine grauer Stein, in den der riesige Steinmetz, ein Freund von Auntie Joans Mann, eingemeißelt hat: »In treuem Andenken an Ada Holme, die eingeschlafen ist« am soundsovielten, darunter Platz für ein, zwei weitere Namen. Ich lege eine weiße Rose auf das Grab meiner Mutter.

Der Schnee macht manche Straßen unbefahrbar, aber nicht die Straße nach Blackstone Edge. Ich fahre an Mrs. Formbys Haus vorbei: Ein Schild besagt, daß es zum Verkauf steht.

Bei Blackstone Edge werfe ich ein bißchen von Alufolie warm gehaltenen Plumpudding in den Schnee. Die feuchten schwarzen Krümel werden den Schnee schmelzen und auf die schwarze Moorerde sinken. Aber die Lerchen sind natürlich vor Monaten fortgeflogen. Es hat aufgehört zu schneien, die Sicht reicht weit und ist klar. Aber ich sehe nicht einmal einen Raben oder eine Saatkrähe. Ich hole die Geige aus dem Auto. Ich spiele etwas aus »Die aufsteigende Lerche«. Dann stimme ich die tiefste Saite zum F herunter. Meine Hände sind warm, ich bin ruhig. Ich befinde mich nicht in einem dunklen Tunnel, sondern in einem offenen Moor. Ich spiele für sie die große unvollendete Fuge aus der »Kunst der Fuge«. Zweifellos ergibt meine Stimme allein keinen Sinn, aber sie kann die Teile ergänzen, die ich höre. Ich spiele, bis mein Part zu Ende ist, und höre zu, bis auch Helen aufgehört hat zu spielen.

8.34

Am 30. fahre ich mit dem Zug nach London. Es ist ein klarer Tag, nur hin und wieder sieht man eine Wolke. Als ich in Euston eintreffe, ist es dunkel. Ich habe kein Gepäck, nicht einmal meine Geige.

Ich gehe direkt zur Wigmore Hall. Das Konzert ist ausverkauft.

Der junge Mann am Kartenschalter sagt, daß er überrascht gewesen sei, angesichts dessen, was sie spielt. Er führt einen anderen Faktor an. »Das Konzert der tauben Pianistin‹, so was in der Art. Ich finde es ein bißchen hanebüchen, daß manche nicht einmal ihren Namen kennen. Aber so ist es eben. Seit Wochen ist das Konzert ausverkauft. Tut mir sehr leid.«

»Wenn Karten zurückgegeben werden …«

»Normalerweise werden immer ein paar Karten zurückgegeben, aber das hängt vom Konzert ab. Ich kann nichts garantieren. Dort drüben steht die Schlange.«

»Haben Sie keine Karten zurückgelegt – für irgendwelche Mäzene oder Wohltäter oder so?«

»Nein, offiziell nicht, nein, so etwas machen wir offiziell nicht.«

»Ich bin hier auch schon aufgetreten. Ich spiele beim – beim Maggiore Quartett.«

»Ich werde mein Bestes tun«, sagt er achselzuckend.

Es ist eine Stunde vor Konzertbeginn. Ich bin der sechste in der Reihe. Aber eine Viertelstunde vor Beginn wurde erst eine Karte zurückgegeben. Die Eingangshalle hat sich mit Leuten gefüllt, die einander begrüßen, plaudern und lachen, Programme kaufen, ihre bestellten und bezahlten Karten abholen. Ständig höre ich ihren Namen und das Wort »taub«, »taub«, wieder und wieder.

Mich erfaßt Panik. Ich trete aus der Reihe und gehe hinaus. Der Abend ist windig und kalt. Ich frage jeden, der hineingeht, vorbeigeht, Programm in der Hand, oder die Treppe vor dem Gebäude in das Restaurant hinuntergeht, ob er eine Karte übrig hat.

Zwei Minuten vor Konzertbeginn bin ich außer mir. Zweimal hat es schon geläutet – und jetzt klingelt es zum drittenmal.

»Oh, hallo, Michael, du bist also doch gekommen. Piers sagte ...«

»Oh, Billy, Billy – ich stehe hier – ich – oh, Billy – das mit Jango ist ja entsetzlich.«

»Ja, er hat uns einen ziemlichen Schrecken eingejagt. Lydia wollte auch kommen, ist aber doch lieber bei ihm geblieben. Sie hat es am härtesten getroffen. Wir gehen besser rein.«

»Ihre Karte. Hast du eine Karte übrig, Billy?«

»Nein. Ich habe sie vor zwei Tagen zurückgegeben ... Willst du damit sagen, daß du keine Karte hast?«

»Nein.«

»Nimm meine.«

»Aber Billy ...«

»Nimm sie. Red nicht lange, Michael, oder keiner von uns kommt mehr hinein. In einer halben Minute schließen sie die Türen. Die Lobby ist schon fast leer. Red nicht, Michael. Nimm sie und geh hinein. Geh.«

8.35

Ich sitze in der ersten Reihe auf dem Balkon. Im Saal wird gemurmelt. Ich blicke hinunter auf die Köpfe der Menschen. In der fünften Reihe sehe ich einen kleinen Jungen, vermutlich das einzige Kind hier, und neben ihm seinen Vater.

Sie betritt die Bühne, sieht sie an und lächelt. Einen Augenblick, länger als nur einen Augenblick, blickt sie sich um, besorgt, suchend, dann setzt sie sich an den Flügel.

Sie spielt ohne Noten, den Blick manchmal auf die Hände gerichtet, manchmal die Augen geschlossen. Was sie hört, was sie sich vorstellt, weiß ich nicht.

Ihr Spiel besitzt keine forcierte Gravitas. Es ist von unvorstellbarer Schönheit – klar, lieblich, unerbittlich, Phrase über Phrase, Echo über Echo, die unvollendete, endlose »Kunst der Fuge«. Es ist eine Musik sondergleichen.

Regen setzt ein. Er fällt leise prasselnd auf das Oberlicht.

Auf den elften Kontrapunkt folgt die Pause.

Jetzt kommt das Chaos: die ungewisse Reihenfolge der Stücke bei meiner Rückkehr – und hier im Foyer Geplauder, Klatsch, Lob. Ich kann nichts mehr hören.

Ich dränge mich durch die Halle in den Regen hinaus. Ich gehe lange durch die Straßen, die Dunkelheit des Parks. Wieder einmal stehe ich neben dem Serpentine. Der Regen hat meine Tränen fortgewaschen.

Musik, solche Musik, ist Geschenk genug. Warum nach Glück verlangen; warum hoffen, nicht leiden zu müssen? Es ist genug, es ist Segen genug, Tag für Tag zu leben und hin und wieder solche Musik zu hören – nicht zuviel, denn die Seele würde es nicht ertragen.

Anmerkung des Autors

Musik liegt mir noch mehr am Herzen als Sprache. Als mir klar wurde, daß ich darüber schreiben würde, überkam mich Angst. Nur langsam konnte ich mich mit dem Gedanken daran aussöhnen.

Freunde und Fremde haben mir bei der Arbeit geholfen: Streicher, die häufig Mitglieder eines Quartetts waren oder aufgrund ihres Engagements für Alte Musik mit Problemen abweichenden Stimmens zu tun hatten; Pianisten; andere Musiker und Komponisten; Instrumentenbauer, Restaurateure und Händler; diejenigen, die dabei helfen oder versuchen dabei zu helfen, Musik zu erschaffen und zu verbreiten – Lehrer, Kritiker, Musikagenten und Manager, Geschäftsführer von Plattenfirmen, Saal- und Festivalmanager; diejenigen, die die Orte, über die ich schrieb, besser kennen als ich – Londoner, Rochdalianer, Venezianer, Wiener; diejenigen, die die Welt der Gehörlosen verstehen: in medizinischer Hinsicht wie die vielen Ärzte, die mir mit Rat zur Seite standen, oder weil sie mit ihrer Ausbildung befaßt sind – vor allem meine Lehrerin im Lippenlesen und ihre Klasse – oder Taubheit aus eigener Erfahrung kennen.

Viele Menschen sprachen mit mir über die Welt meiner Charaktere; ein paar über die Charaktere selbst. Einige Freunde stimmten großzügigerweise zu, die Rohfassung des Manuskripts zu lesen – eine Aufgabe, die zu absolvieren ich kaum ertrage, auch nicht bei meinen eigenen Werken. Andere verziehen mir, daß ich aus ihrem Leben verschwand, als Autor, als Stimme und als Person.

Auf die Gefahr hin, redundant zu erscheinen, möchte ich besonders drei Musikern danken – einem Pianisten, einem Schlagzeuger, einem Streicher –, die mir auf ganz unterschiedliche Weise halfen, wo Vorstellungskraft allein nicht ausreichte: mir ein Bild davon zu machen, wie es ist, in den Zonen zu leben, gelebt zu haben und auch weiterhin zu leben, die an der Grenze der Welt der Gehörlosigkeit mit den Welten des gehörten, falsch gehörten, halb gehörten oder vorgestellten Klangs liegen.